Randy Gerson
藍迪・格爾森

Monica McGoldrick
莫妮卡・麥戈德里克

Sueli Petry
蘇莉・派崔

—— 著 ——

家庭系統評估與會談

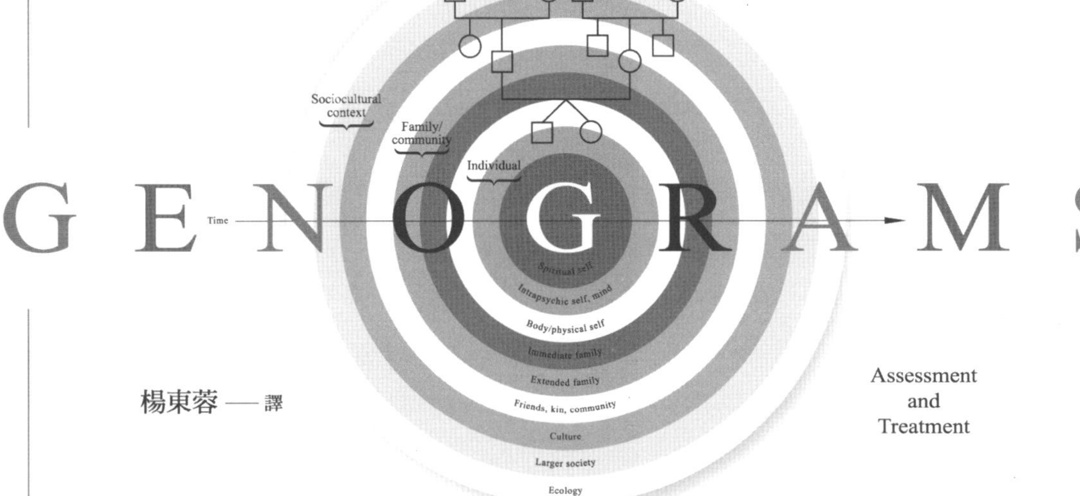

Assessment and Treatment

楊東蓉 —— 譯

在社會脈絡下探索家庭，掌握評估與會談的技巧

獻給我們的家人。

我們從他們那裡得到力量，

也將我們所有努力的成果

都留給他們。

Content

- 追蹤家庭結構、角色和功能的平衡
- 在家系圖上追蹤關係模式和三角關係
- 追蹤家庭的生命週期與重要生命事件
- 生命週期轉變的時機
- 追蹤家系圖上的伴侶關係：家庭的結合
- 追蹤育兒早期階段的家系圖模式
- 追蹤有幼童的家庭
- 育兒中期的家系圖模式
- 家庭在中年期的各個階段：青春期、離家獨立、成年早期、組建新伴侶關係，以及向前邁進
- 生命週期的後章：成長、復原力、回顧、照顧、失落、悲傷和傳承
- 追蹤家庭度過失落中的生活能力
- 建立家庭年表
- 追蹤艾瑞克．艾瑞克森的家庭：生命週期中的秘密
- 追蹤生命事件的巧合
- 壓力的累積：伊麗莎白女王的「恐怖之年」
- 追蹤創傷性巧合的事件：貝特森家族的例子
- 追蹤重要的生活變化、轉變和創傷
- 追蹤週年反應
- 在歷史時空中追蹤家庭：社會、經濟和政治事件以及同代群體
- 追蹤家系圖上社會階層、財務和向下的社會流動
- 追蹤移民遷徙
- 追蹤家庭照顧
- 在家系圖上追蹤特定主題
- 追蹤遺漏的訊息和矛盾之處

｜專文推薦｜

家庭關係需要的不是束縛而是理解

江元凱

近三十年，是台灣社會工作專業發展快速的階段，就筆者在民間組織從事青少年工作的角度，前面的十年，「直接服務」是因應青少年社會議題，著重於方案服務與工作模式、模組的發展，以及兒少福利的倡議與立法，除了倡導兒少的保護觀念，並使政府與民間以及父母的責任、相關保護措施與福利資源於法有據；其後十年，在政府投入資源並與民間的合作下，轉向以個案為中心（重心）的服務。

直到近十年，個案的家庭工作才逐漸從紙上的紀錄、評估為主，到有較為具體、積極的工作，而家系圖的繪製，是從將「個案管理」工作導入服務流程才開始，通常是為了開案、轉案與定期評估的需要，並且礙於作業時間、資料蒐集與篇幅的限制、容易繪製與閱讀，圖面甚為簡要；此外，在實際服務個案的過程，「家」往往是較被忽略的；事實上，多數直接服務的社工，可能剛從學校畢業不久，尚未成家，沒有子女或子女尚年幼，對於自己的家庭，無論是原生家庭或是婚姻，都還有很多議題與困惑，而日常面對個案及方案服務、機構活動、繁雜的行政事項，已經手忙腳亂，想到個案問題來源的家庭，更是一個頭兩個大，非有必要，敬而遠之，往往等到個案研討或督導會議，才交代有限的進度，等待專家給予指導。

近年來，為了落實「兒童權利公約施行法」，政府檢視除了既有的保護及社安系統外，盤點可以主動支持具教養困境與風險的家庭相關服務資源，除了首善之都，各地資源闕如，於是開始積極布建；未來十年的發展趨勢，相信會是跨系統、平台的合作，並在社區或安置服務兒少的過程中，納入積極的家庭工作。

鑒於此一趨勢，社工人員自然有必要加強對家庭的會談技巧、家系圖的繪製以及家庭評估的能力。雖然本書的作者莫妮卡・麥戈德里克（Monica McGoldrick）表示「這本書是寫給一般大眾看的，而非專業人士」，然而，本書可以說是更適合有需要從事家庭工作的專業人員閱讀，尤其是多數社工缺乏完整的家庭工作訓練，難以理解或同理個案與家庭的脈絡，往往著眼個案問題與家庭關係的表象；社工在家系圖的繪製上，也以人口學資料為主，框出同住成員、加上成案相關事件說明就算完成，很少會繪入以外的主題圖層資訊。

事實上，本書剛開始閱讀，可能感覺像教科書，讀起來有些吃力，尤其對於沒有專業背景的人而言，但是當「案例」出現，逐漸變得有趣，讓讀者進入案主三代的世界，同理各個家庭成員的處境，也理解這些「名人」案主，他們後續展現的成就與家庭密不可分，但也受到那些家庭羈絆的限制；在理解這些家庭的同時，筆者也檢視自己的成長歷程、目前的家庭關係，是否同樣受到過去家庭的影響？特別是系統中兩兩與三角關係的平衡現狀，存在著哪些其實是失衡下的壓力平衡？又延伸到與其他手足系統對過去原生家庭的關係位置與責任。

我甚喜歡從事助人工作，並非因為助人所帶來的成就感，事實上，助人者的成就感往往趕不上投入的時間、心力與失落，但真正支撐我的，除了使命，最令人著迷的是，每個個案，都帶給我對生命的反思，進而感到清晰與真實，而每個個案，都是從家庭糾結的迷霧中產出的，我們需要從中「梳理」出真實的脈絡，才能貼近案主，持續與個案及其家庭工作；梳理的過程即所謂「評估」，而評估需要運用「工具」，包括評估量表、家系圖、生態圖、也包括各相關學理基礎、訪談指標與項目、搭配運用前述各項工具的會談能力。

本書從「家系圖」的繪製出發，為了完整繪製所有資訊，需要透過家庭會談來蒐集；書中除了分段說明家系圖可納入的主題圖層，並列出各圖層訪談的項目與問句，同步以名人的家庭系統作為案例，一方面運用案例故事發展與家庭系統的觀點進行闡述，另一方面也反過來說明與解釋家庭系統的理論觀點，對於從事家庭工作的一線人員而言，是相當實用的工具書。

對於非專業背景的讀者，更推薦可以閱讀；筆者的妻子非專業人員，但基於筆者的工作，有機會接觸到家庭相關理論運用在生活及子女教養的互動上，她覺得相當有興趣；有時在孩子的學校，聽到其他家長談到家庭問題、跟孩子的互動、手足間的矛盾，她似乎立即可以抓到議題的線頭。本書在家庭常見的代間傳遞、界限模糊、三角關係、功能遞補、角色替代、權力位階、毒性教條、家庭秘密、不公平的照顧壓力、關係截斷……等現象，透過案例與清楚的說明，相信會帶給讀者對於家庭有新的視野，從而在各種家庭挑戰中，找到新的路徑。

十年前認識本書的譯者東蓉及其夫婿衛國，可以說是緣分，更是上帝奇妙的安排，當時正是我工作轉折的階段，對他們夫婦而言，似乎也是如此，就這麼一路上，給了我們交錯扶持的過程。東蓉橫跨心理與社工專業（我認為這是最棒的專業組合），對於兒少及家庭工作有很深的興趣與著墨，實務歷練豐富，我則是長期投入少年的社區犯罪防治、保護性少年的安置服務、弱勢兒少的培力發展服務，與家庭工作密不可分；才初次見面，與夫妻二人就如老朋友一樣，相談甚歡，後續也是很自然的合作，像家人一樣。令人印象深刻的是他們夫妻二人的相處，至今看起來還像學生時代的「班對」，我想，東蓉也將「健康家庭」模式體現在自己真實的家庭生活中；夫妻關係，是健康家庭的基石。

開心閱讀這本書的譯作，我想代表從事家庭工作的一線社工，感謝東蓉願意費時翻譯這本書，對實務工作有所幫助；同時謝謝閱讀這本書、願意為促進家庭健康而努力的讀者，在接納多元價值的時代，婚姻不是束縛而是理解，理解才能邁向復原之路。

本文作者為社團法人中華民國更生少年關懷協會現任秘書長

｜專文推薦｜

家系圖：整合社會文化脈絡的治療之鑰

林佩儀

這本《家庭系統評估與會談》是治療領域的明珠，其價值遠超一般工具書。透過巧妙運用家系圖，書籍引領助人者深入治療核心，揭開家庭動態的神秘面紗。

初次認識譯者東蓉老師，是她參加我的「社會文化知情之雙軌創傷治療理論」課程，隨後又參與了我以「社會文化知情」為核心的一系列課程，包括哀傷與失落介入策略，危機處理和個案諮詢團體。在我們的專業助人工作中，我們都深知治療中的脈絡至關重要，特別是家庭背景、歷史脈絡以及所處的社會文化價值觀。

然而，台灣的助人工作者訓練往往偏向個人內在的探索，時常忽視個案所處的家庭文化脈絡以及社會情境。在我過去三年培訓台灣治療師經驗中，我持續強調家庭與社會文化脈絡在治療中的重要性，並將這一理念融入訓練課程。這本書以家系圖作為穿越個案內在、家庭關係與社會文化脈絡的完美工具，對治療師而言，無疑是一本寶藏。

透過建立家系圖，治療師能夠更全面地掌握家族歷史與價值觀，在家庭會談與評估中，這使得原本抽象的、隱匿的家族關係，成員的文化背景，不同價值體系的衝突，以及因為傳承所遺留下問題模式，能夠一一浮現。此外，透過家系圖的功能，不只是關注「個案」個人的問題，同時幫助家庭其他成員重新檢視，所謂的「問題」是什麼？讓詮釋問題「根源」的視角，有機會被挑戰，以及再定義。

家系圖的應用範疇極為廣泛，透過細緻描繪，它本身就是一種介入策略，協助治療師和個案深入理解治療主題，並找到有效的因應策略。之外，家系圖還能延伸運用在家庭雕塑、文化家系圖、性別家系圖、性之家系圖，還有家庭遊戲家系圖等。這種應用延伸到宗教、生涯、教育、生命週期、哀傷與失落、健康照護，以及寄養兒童等各個治療領域。

作者透過親身經歷，生動地展示了家系圖在臨床實務中的應用，如何成為解碼家庭衝突的重要工具。譯者東蓉老師，擁有二十年深厚的第一線臨床工作經驗，並在訓練社福單位的助人者方面技巧優越。她流利的語言功底使她能夠栩栩如生地轉譯作者的訊息，讓台灣的專業助人者可以透過東蓉的解碼，學習並吸收作者的專業知識與技巧。

這本書不僅提供了更全面的視角，更在深入個案的同時，將社會文化脈絡融入治療，為治療師提供一個深入家庭歷史的便捷的方式，幫助治療師遠離表層問題，為個案治療點亮一盞明燈。誠摯推薦，這是一本無論對於新手還是資深心理師都會深受啟發的指南，絕不能錯過。

本文作者為美國執業心理師、Spring Care公司心理治療師
Unified心理治療培訓諮詢委員會的文化顧問

｜專文推薦｜

將一幅原本浸沒在幽微中的家庭圖像勾勒出光亮

侯南隆

任何一位心理助人工作者，在提供專業服務時，皆是按照「個案評估」、「服務計劃」、「服務執行」、「成效評估」的步驟進行。

「評估」是所有助人工作的起手式，任何一位專業工作者，皆依循一套自身承襲自養成教育、繼續教育以及實務體驗後所積累的理論體系觀點，來進行上述的每一個步驟。對於一位關注與認為「家庭系統、結構、關係與互動對人有著深遠影響」的工作者，在面對一位當事人（或伴侶、家庭、團體）時，腦海中個案背後的家庭結構是理解個案求助議題、困擾非常重要的背景與脈絡。在心理工作實務中，「家系圖」是將此一家庭結構與脈絡圖像化，具象地幫助工作者以及個案看見家庭的結構樣貌，非常重要的工具。

家系圖廣泛地受到社工師、心理師、家族治療師、醫師、護理師等專業人員運用在社會福利服務、健康照護、心理衛生和心理處遇的專業場域，以及教育場域之中。基本上，家系圖是以個案（指標人物，IP）為核心，開展出上下共至少三代的家庭成員關係樣貌的圖像。一幅家系圖，蘊含著千言萬語，無比豐富的意涵。

工作者能透過審視目前家庭脈絡背景的廣度，評估個案和其核心家庭成員之間的連結，捕捉家庭脈絡的複雜性，包括家庭歷史、互動模式與關係，註記家庭歷史中發生的重大事件。

家系圖的繪製與判讀、解析，幫助我們釐清跨越世代以及多個家庭間複雜的家族模式，突破我們在探討個案狀況時線性敘述的有限性，發現隱藏在家庭結構中可能有所進展的新觀點，幫助助人者及個案捕捉到浮上意識層面上的議題，得以與主訴問題進行連結，豐富改變與轉化的可能性，引領工作者得以運用系統化的視角來推進臨床評估及處遇。

因此，助人者須學習如何繪製出有豐富意涵的家系圖，這得回到家系圖繪製時得注意與考量的繪製與闡釋規則。本書將家系圖繪製與判讀闡釋，以手冊的形式清晰地呈現。不同於「靜態性」的家系圖展現，本書特別提示了「歷史」時間性的重要性，以年代順序來描繪家庭歷史上的節點和關鍵事件，突顯出家庭發展的動態樣貌，浮現出隱藏在其中的重複模式。

秉持家庭系統觀的助人工作者，看待個案時，是帶著「脈絡」的思維觀點來理解、思考與工作的。這是一個包括生活結構空間、互動關係、重大事件交互作用，呈顯在發展歷史中的四維軸向圖象。

家系圖可說是心理助人工作者所發展出來的一套有標準化符號的「語言系統」。工作者間可透過家系圖，交換與溝通專業工作中的訊息。此外，還能在不同的領域，發揮獨特的運用，譬如在醫護領域，透顯疾病的系統性關聯。乃至延伸至社區資源、社會結構脈絡，具社區脈絡意義的家系圖，或是稱之為「生態圖」。

以系統動態發展的觀點妥善運用家系圖，還能追蹤家庭模式、結構、角色、資源和功能的變化、發展與平衡，顯現家庭及成員的生命週期與重要生命事件。助人工作者一方面可以形成家庭中問題、困擾、議題，以及如何應對壓力的假設；另一方面也可以針對工作或改變的目標與方向進行設定，把握到工作的重點。譬如：針對家庭功能失衡之處進行調節與平衡，或是對現家庭中僵化的三角關係進行，透過「去三角化」（detriangling）加以鬆動，以處理關係中的疏離或衝突。

本書全面性地說明並介紹，助人工作者如何透過家系圖，對於個案及其家庭形成一個動態性結構化與脈絡化的圖像，不僅幫助工作者，也協助個案及家庭成員對於家庭有著深入與細緻性的理解，是助人工作者必備且需熟練的重要工具與技能。

譯者楊東蓉老師是非常資深的家庭工作者，在其深厚的實務經驗的基礎之下，使得本書的翻譯貼合實務工作現場，相信每一位閱讀本書的助人工作者皆能獲得相當大的助益。

本文作者為臺灣醫療健康諮商心理學會副理事長
中華兒童暨家庭守護者協會理事長

｜專文推薦｜

生命探源之旅：我和家系圖的相遇交織

張貴傑

多年來，這本書一直是我教授家庭評估相關科目的必讀參考書目。作為一位專業助人工作者（社工、心理師、輔導老師）、教育訓練者（教師）以及研究者，家系圖都會是我帶領著當事人、督導專業助人工作者的重要工具。

回想自己跟家系圖的接觸與認識，正因為大學念的是社會工作學系，家系圖是必備學習的評估工具。年輕的時候真的不知道這張圖有什麼功能，就當成一個課業囫圇吞棗地學著。直到，這幾張圖在我的生命中開始流動，並讓我可以反思。

這讓我想到家系圖影響我最重要的三次經驗。

第一次是大學三年級，當時的我已經是幼獅義務張老師，藉著這個身分，相關科系的窮學生可以用很優惠的價格參加許多當時大師開設的輔導相關課程。那個假期，我來到高雄的澄清湖畔，在家庭重塑工作坊中的其中一個分組，成為主要探索者，畫著自己的三代家系圖、家庭重要大事年表，藉由鄭玉英老師的帶領，我踏上理解張家及蔡家的故事。那次的影響力很震撼，我改變了和家人的互動方式，也把以為是痛苦的童年經驗，重新轉化為巨大的生命力量。

第二次是考上彰師大的輔導研究所，在修習郭麗安老師家庭諮商相關課程時，再次由家系圖看見代間傳遞的力量，也看見我用自己的叛逆承住對於張家與蔡家命運的枷鎖，再看見自己的人際模式與生命韌性。

第三次是自己已經成為老師，在參加吳熙琄老師後現代家族治療課程訓練的時候，畫出家系圖，這時候手足已經結婚，家裡已經有了下一代，再檢視，看見家系圖裡的生命流動，這張圖也成為後來教授家庭諮商相關課程的自我揭露基礎。

我告訴學生，想要成為助人工作者，便無法捨棄對於自身來處的探索，那是生命韌力與力量來源。隨著生命的成熟，檢視與碰觸家庭議題，已是我專業學習及工作卅年來的常態了。但是多年的教學經驗讓我看見，家庭是學習者最難以碰觸的部分。

家系圖是提供當事人以及陪伴夥伴一同探索的地圖。藉著這張圖的慢慢開展，許多的家庭故事與秘密都躍然紙上，隨著我看見與閱讀家系圖的經驗越來越多，在專業督導工作及心理諮商工作上，都可以很清楚地看見代間傳遞的故事與跡象，以及許多無法言說的家庭發展歷程。

作者莫妮卡（Monica McGoldrick）很努力，也很勇敢地把這個評估工具堅持整理出來，雖然在心理治療裡有許多不同的聲音，但是，我們都無法不承認，家系圖是一個評估家庭快速及精準的好工具。

在督導實務工作的經驗裡，簡易的家系圖（二代圖）往往是社工或是心理師、輔導老師必備的資料。許多專業夥伴的會談是沒有目標與意圖的（intentional interviewing），真的很可惜！現在我可以將這本書推介給更多的家庭助人工作者運用。

謝謝東蓉隔了多年，經這本書翻譯出來，搶先閱讀中文譯稿，看見如實呈現原作的意圖，更清楚地引領有效能的學習。看得出來本書跟原作第三版（此指英文版）進行了不小篇幅的修訂，對於想要學習的夥伴，這中文本的出現真是一大福音。另一方面我替自己的學生感到開心，下學期要開設的家庭與伴侶諮商專題研究課程的其中一本教科書，居然有中譯本了！

本文作者為淡江大學教育心理與諮商研究所副教授兼所長

|譯者序|

以系統為師，解構家庭之謎

簾外雪紛飛，冬寒才興。
羅衫不耐三更寒。
夢裡不知身何處，如入五里霧。
人生幾何，長煙一空。
順藤摸瓜探身世，冰山無限好。
獨坐湖畔思悄然。
別時容易見時難，愛稍縱即逝。
秋風若有南來雁，未忘故人煩寄聲。

——林衛國

時間過得很快！

此刻看著窗外的雪，思緒帶我回到二十五年前我第一次學習此書（英文版）的場景，透過無數次的越洋電話，填補許多我所未知的家庭故事和資訊，同時也看到專屬於我和家庭的傳承，這個學習機緣，同時也開啟我對系統的好奇與學習。

轉眼間，距今已十年過去了！這十年，作者和我一樣，彼此生命皆有了許多的變化，經歷許多人生課題及專業的學習，本書的豐富讓我在翻譯的同時，更深刻地與自我連結和自我整合！

這十年，我的兩個孩子從嬰幼兒到青春期、父親的辭世、離開朝九晚五上了近十一年班的機構，成為自由工作者。離開專業的舒適圈，讓我在翻譯此書時，重新思索我從我的家庭系統中所傳承的禮物（冒險、勇敢、堅持、韌性、好學、認真），也重新認回被我遺忘或不想承認的部分（霸道、專制、悲觀、自卑、打岔）。

評估是運用好奇來核對自己的假設。家系圖是一張生動的故事地圖，會談技巧則是繪製這張地圖的筆，體現的是人與人之間深度的連結，涵蓋了聆聽、表達和理解的能力，慢慢地從探索並理解自己的過去、根源和所處的家庭環境，建構更深入、更具意義的對話，在個人內在系統、人際系統、家庭和社會文化系統下，解鎖過去不為人知的故事，促進自我覺察及認識，添加對現在的掌控。

翻譯此書歷時數個月，期間我再度從台灣來到加拿大，日前正值翻譯第五章時，從事十多年安置和收出養工作的我，突然被一道跑到腦海中的提問卡住：「有歸屬感就會有紮根的感覺嗎？什麼是根？」我停下來，開始思索：我的過去、家庭如何影響我？而我的現在又如何決定我的現在和未來？

我的父親十四歲父母雙亡，一夕間長大的他，安頓好年幼的弟弟和妹妹，便離家，為謀生而去當學徒，十九歲跟隨軍隊，最後落腳台灣。經媒妁之言，與母親結婚，有了我們。我上大學那一年，他開心能和大陸老家的弟、妹聯繫上，但重聚的熱情在被大侄子詐騙之後，澆熄了。之後，先父與其弟妹間的聯繫，僅剩下打電話敘敘舊。父親自此不再「回家」，因為他說：我的家在這（指的是我、弟弟和媽媽）。也因此，先父灑脫地選擇海葬處理後事。

反思我自己，似乎也是如此！家人所在之處就是我的根、我的歸屬感。我也將會選擇海葬，讓一切回歸大自然！這樣的傳承和覺察是這次翻譯最棒的禮物！

或許先父接受老家不在了的事實；或許他已經習慣這些人生遺憾和生命失落，因為連結最深的母親，早在他才十四歲時就已不再為其呵護；或許他習慣以打岔的方式逃避內心深處的悲傷與失落，故選擇海葬為灑脫。那我呢？今天我體會到：我雙腳穩穩的踏在地上，仰望美麗的天空，世界之大，我就是我自己的根！在上帝的國度裡。

雖然這本書有談到技巧，但更提醒我們，著重臨床實證研究的心理學領域、講求速效因應危機的現實、醫療保險的介入，技巧及技術漸漸成為主流，談的是步驟、說的是SOP標準作業程序，卻往往容易忽略了彼此最根本的「關係」，因此家系圖提供了一個獨特的視角、透過家系圖的情感共鳴，讓我們不要忘了眼前的這個人，不要忘了人與人之間深度的「連結」，身為一位助人工作者的我，能成為一束光，用生命去影響生命。

我今日之所以為我，需要感謝生命旅途中的許多人，尤要感謝我的父母親，培育我許多內在的資源；外子衛國對我全然的接納和包容，更是我的繆思；感謝我的一雙子女，讓我練習更真實貼近自我。感謝啟示出版社對本書的看重及無私的出版，讓這本以系統為師、解構家庭之謎的書，提供更多人一個探索內在世界，促進心理健康和個人成長的實戰工具和路徑指南。

| 作者序 |

追蹤家庭的迷人故事

這本書源於對家系圖在臨床、研究和教學價值上的長期興趣。過去五十年來，家系圖作為一種繪製家族模式的實用工具，普及於美國和全球的醫護專業人員。我們最初撰寫本書的夢想現在似乎已然成真：研究和繪製家系圖所創建之資料庫的電腦軟體。

過去幾十年，家系圖已廣泛地運用在醫學、心理學、社會工作、諮商、護理和其他醫療保健、人類服務甚至法律領域。《家庭系統評估與會談》反映出家系圖在臨床處遇上的運用日益增長和普遍，尤其是不斷研發的家庭遊戲家系圖。

本書試圖以更好的方式說明，我們社會中家庭形式和模式的多樣性和許多臨床實務上家系圖的應用。家系圖仍是一個不斷發展的工具，根據讀者的回饋和該領域中的其他發展，我們擴展本書，略微修改前一版所使用的符號。我們相信隨著作為工具的家系圖繼續發展下去，臨床工作者也能持續使用家系圖追蹤家庭歷程的複雜性。

雖然家系圖對於知情的人來說，提供一個極佳窺探家庭互動豐富性的視角，但對於不認識劇中人物的人來說，家系圖看起來就像是將方塊和圓形，複雜的排列在一頁紙上。對於此困境，我們主要的解決方法是用著名家庭來舉例說明我們的觀點，這些家庭我們或多或少都有所了解，而不是臨床案例。

值得一提的是，我們是家庭治療師，不是歷史學家，因此我們所收集關於這些家庭的資訊是有限的。大部分的資料來源是源自傳記、報紙和網路。比起我們從出版物中獲得的資訊，讀者可能對一些家庭擁有更多的資訊。我們提前先為資料中的任何不準確之處道歉。

希望這裡的概略描述能激勵讀者，更進一步追蹤這些家庭的迷人故事，如：艾瑞克森、芳達、佛洛伊德、甘迺迪、羅布森和羅斯福。令人驚訝的是，只從少數家庭描述中，便取得這些歷史上最有趣人物的人格特質。我們相信，未來的傳記作者將更加意識到家庭系統，並使用家系圖擴展他們對所描述的個人和家庭的視角。

標準家系圖符號

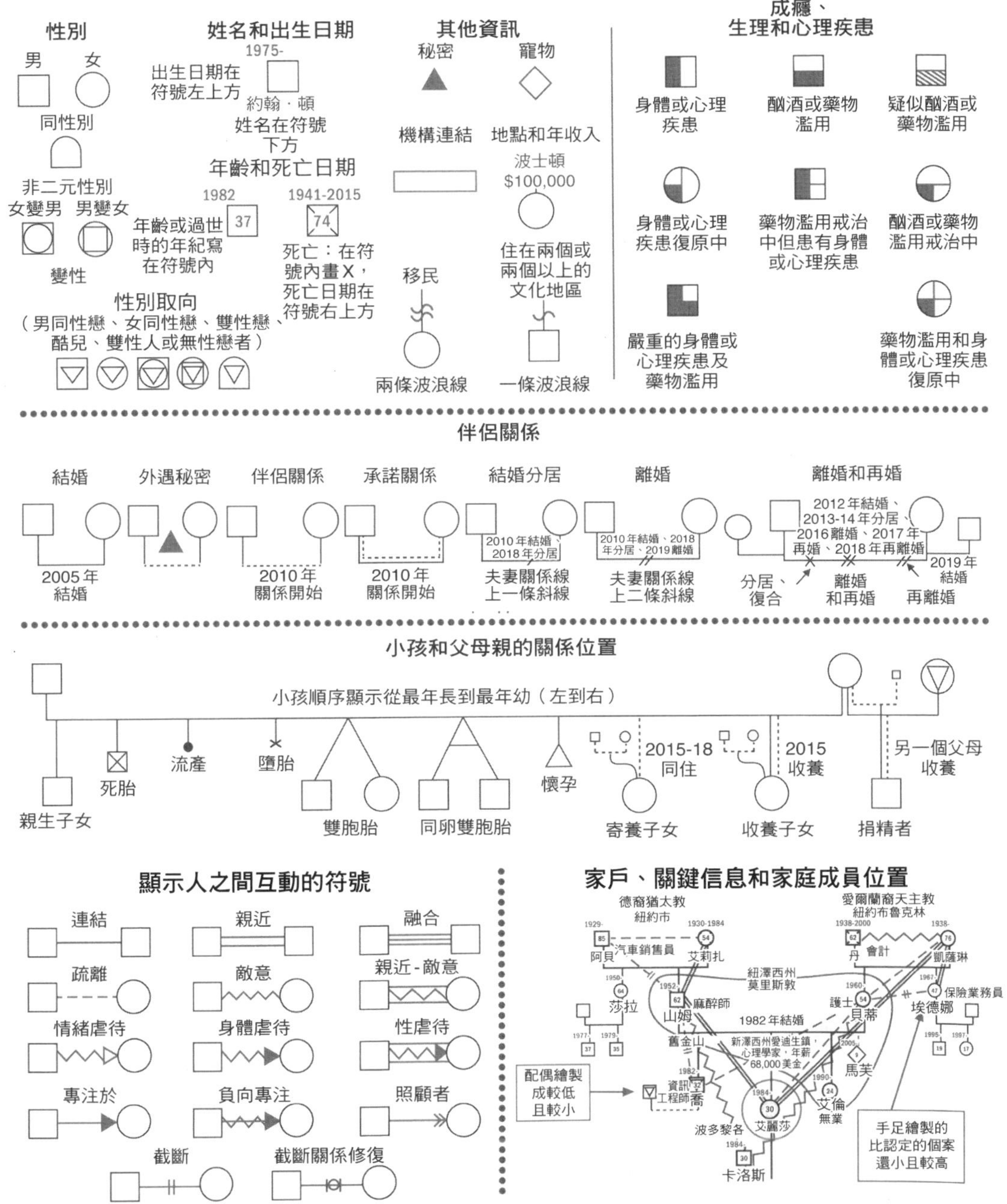

性別
男
女
同性別
非二元性別
女變男
男變女
變性
姓名和出生日期
1975-
出生日期在
符號左上方
約翰．頓
姓名在符號
下方
年齡和死亡日期
1982
37
年齡或過世
時的年紀寫
在符號內
1941-2015
74
死亡：在符
號內畫X，
死亡日期在
符號右上方
性別取向
（男同性戀、女同性戀、雙性戀、
酷兒、雙性人或無性戀者）
其他資訊
秘密
寵物
機構連結
地點和年收入
波士頓
$100,000
移民
兩條波浪線
住在兩個或
兩個以上的
文化地區
一條波浪線
成癮、
生理和心理疾患
身體或心理
疾患
酗酒或藥物
濫用
疑似酗酒或
藥物濫用
身體或心理
疾患復原中
藥物濫用戒治
中但患有身體
或心理疾患
酗酒或藥物
濫用戒治中
嚴重的身體或
心理疾患及
藥物濫用
藥物濫用和身
體或心理疾患
復原中
伴侶關係
結婚
2005年
結婚
外遇秘密
伴侶關係
2010年
關係開始
承諾關係
2010年
關係開始
結婚分居
2010年結婚、
2018年分居
夫妻關係線
上一條斜線
離婚
2010年結婚、2018
年分居、2019離婚
夫妻關係線
上二條斜線
離婚和再婚
2012年結婚、
2013-14年分居、
2016離婚、2017年
再婚、2018年再離婚
分居、
復合
離婚
和再婚
2019年
結婚
再離婚
小孩和父母親的關係位置
小孩順序顯示從最年長到最年幼（左到右）
親生子女
死胎
流產
墮胎
雙胞胎
同卵雙胞胎
懷孕
2015-18
同住
寄養子女
2015
收養
收養子女
另一個父母
收養
捐精者
顯示人之間互動的符號
連結
親近
融合
疏離
敵意
親近-敵意
情緒虐待
身體虐待
性虐待
專注於
負向專注
照顧者
截斷
截斷關係修復
家戶、關鍵信息和家庭成員位置
德裔猶太教
紐約市
1929-
85
阿貝
汽車銷售員
1930-1984
54
艾莉扎
愛爾蘭裔天主教
紐約布魯克林
1938-2000
62
丹
會計
1938-
76
凱薩琳
紐澤西州
莫里斯敦
1950-
64
莎拉
1952-
62
麻醉師
山姆
1960-
54
護士
貝蒂
1967-
47
保險業務員
埃德娜
1977-
37
1979-
35
1995-
19
1997-
17
1982年結婚
舊金山
新澤西州愛迪生鎮，
心理學家，年薪
68,000美金
2005-
9
馬芙
1982-
32
資訊
工程師
喬
1990-
24
艾倫
無業
1984-
30
艾麗莎
波多黎各
1984-
30
卡洛斯
配偶繪製
成較低
且較小
手足繪製的
比認定的個案
還小且較高

CHAPTER 1

家系圖：繪製家庭系統

家系圖是現代版的家庭樹，所繪製的不僅僅是祖先，更顯示的是你歸屬於誰，以及橫跨數個世代的家庭模式，是迄今為止，最佳探索及持續以系統觀追蹤家庭基本資訊的方法。

透過家系圖的運用，實務工作者在人卡住的外顯議題上，能夠提供較深入的洞察，如：生氣、憂鬱、焦慮和關係的截斷或衝突。家系圖所能展現出的家庭關係和功能模式是遠超越文字或問卷的。

過去五十年，家系圖儼然成為一個最被廣泛用來繪製和瞭解家庭模式的實用架構。本書會涵蓋家系圖的實務、理論、圖解和臨床上的運用。家系圖之所以適用於我們，是因為其將複雜的家庭模式，以一種清晰圖像化的方式展現出來。

家系圖不僅可以引導我們和個案的工作歷程，也能幫助我們更理解自己的家庭。

什麼是家系圖？

家系圖紀錄了至少三個世代關於家庭成員和他們彼此之間關係的訊息，然後將這些家庭訊息以圖像化的方式呈現，讓我們得以快速地一窺複雜家庭模式的全貌，更成為一個提出假設的豐富資訊資源庫，即協助我們理解在家庭的脈絡下，臨床議題是如何隨著時間被解決。

家系圖的運用範圍從簡單繪製一個家庭的基本人口統計學資訊（Turabian, 2017），大約花十到十五分鐘的時間來進行初談、醫療或護理的訪談（Wright & Leahey, 1999; Libbon, Triana, Heru & Berman, 2019），到運用鮑文（Bowen）系統取向繪製數代的家庭情緒系統，直到完成整個治療歷程（如同我們所做的一般）。家系圖會談不僅能夠幫助我們在充滿挑戰的社會脈絡下，圖解和釐清跨越多個家庭的複雜家庭模式，還能擴展對家庭敘述的有限性，提供生活經驗和未來可能出現的新觀點，幫助個案看到浮上意識層面的議題，並連結主訴問題。

本書討論繪製家系圖的規則，以及不同類型之家系圖的闡釋原則。本書也會探討如何在個人、家庭和較大文化及社區模式下研發出假設。就像我們運用系統化思維來思考家庭的演進，家系圖的準則如同繪製過程本身一樣，也會隨著時間而演變。我們定義符號和慣例，此讓家系圖成為摘要家庭資訊和描繪家庭模式的最佳速記語言。與本書配套的《家庭評估與會談案例》（*Genogram Casebook*，中譯本由啟示出版）則是一本手冊，談的是家系圖在系統取向治療上的臨床應用。另一本配套書則是《家系圖之旅：與你家人重新連結》（*The Genogram Journey: Reconnecting with your family*），該書的前身書名是《你能再次回家》（*You Can Go Home Again, 1995*），描述的是你如何運用家系圖系統化地改變你自己的家庭關係。

這本書是寫給一般大眾看的，而不只是專業人士，用的素材是名人家庭的家系圖，包括貝多芬、馬克思兄弟（the Marx Brothers）和甘迺迪（Kennedys），說明多世代的家系圖模式，並解釋你如何能修改應對功能不彰模式的反應，包括：創傷性失落、截斷、衝突和其他有問題的家庭模式。

我們歸屬於誰的家系地圖？

家系圖以系統化的視角引導實務工作者進行臨床評估和處遇，其認為家庭成員在生死中密不可分地交織在一起，社會上的所有成員，如同自然界的所有其他生物一樣，都相互關聯著。無論是人還是他們的問題（或問題的解決方案）都不是存在於真空中。正如保羅・弗雷勒（Paolo Freire）所說：「沒有人獨自去任何地方，即使是那些隻身抵達的人……我們帶著許多結構的記憶，一個沉浸在我們歷史和文化中的自我。」（1994, p.31）

所有人類都密不可分地交織成更廣泛的互動系統，其中最根本的系統便是家庭。除了不尋常的情況外，家庭是我們所屬之最主要和最強大的系統。在這個架構中，「家庭」是由至少三個世代的整個親屬關係網絡組成，無論是目前現存，還是隨著時間的推移而演變（McGoldrick, Garcia Preto & Carter, 2016）。根據我們的定義，家庭是指那些透過共同的血緣、法律、文化和情感歷史而連結在一起的人，也包括那些未來可能會連結在一起的人。家庭成員的生理、社會和情感功能是相互依存的，系統一部分的變化會在系統的其他部分迴盪著。此外，家庭互動和關係往往是具高度互惠、模式化和重複性。正是這些模式使我們能夠從家系圖中進行初步的預測。

這裡的一個基本假設是，症狀反映了在某個既定時刻的當下，系統對整體脈絡的因應。系統成員的行為在許多層面上來回穿梭著——從生物性到個人內在，再到人際關係，如：核心家庭和大家庭、社群、文化等及其他。此外，家庭行為，包括問題和症狀，更進一步衍生出情感和規範意義，這些意義則是和家庭的社會文化和歷史背景有關。因此，運用系統觀評估問題時，需考量問題和這些多面向的連結。

家庭在生物（包括情感）、法律和文化結構和過程中被組織起來，並按世代、年齡、性別和其他因素區分。你在家庭結構和更大脈絡的位置能夠影響你的功能、關係模式和你所建立的下一代家庭的型態。性別和出生序是影響手足關係和性格的關鍵因素。鑑於家系圖上對應的不同家庭結構配置，實務工作者能夠提出可能的個性特徵、關係與功能相容性的假設。民族（McGoldrick,

Giordano & Preto, 2005）、種族、宗教、移民、階級、財務狀況和其他社會經濟因素，以及家庭的生命週期階段（McGoldrick, Garcia Preto & Carter, 2016）、歷史世代或位置（Elder, 1977, 1992; Phelps, Furstenberg & Colby, 2002）也影響家庭的結構模式。這些因素都成為家系圖繪製的一部分。

運用家系圖繪製家庭結構

通常，我們和個案進行第一次會面、收集資訊時，就會開始根據資訊構建家系圖，並隨著新資訊的取得而進行修訂。雖說初步評估是建構治療的基礎，然而，我們要強調的是，實務工作者通常不會將評估和治療劃分開。實務工作者和家庭成員之間的每次互動都會為評估提供資訊，從而影響下一次的處遇。隨著時間所整合的新資訊，則會大大豐富我們對個案及其家人認知的可靠性。

家系圖幫助實務工作者瞭解一個人及其家人。因此，它們可被視為一種在治療中「加入」家庭的重要方式。訪談員透過家系圖建構系統觀，該系統觀有助於追蹤家庭議題是如何在時空中演變，進而得以重新界定（reframe）、去毒（detoxify），以及常態化情緒負載（emotion-laden）的問題。當與個案共同合作將負面的生活故事重新界定為復原力和轉化的敘述時，家系圖變得極其有價值。再者，家系圖訪談提供現成的系統化問話的工具。家系圖訪談除了提供實務工作者訊息之外，也幫助他們和個案連結，從一個系統化的觀點來理解個案。

在這本書中，我們特別在第三章〈家系圖訪談〉一章中，提供了一些提問的問句建議，用以理解和釐清家系圖中的家庭模式（我們的配套書《家系圖之旅》〔*The Genogram Journey*〕在每一章節的後面也都包括一系列詳盡的系統化問句，藉以促進在家系圖工作中對模式的理解）。家系圖幫助實務工作者和家庭看到「較鉅視的部分」——即從現況和歷史脈絡中檢視問題。從橫向跨家庭脈絡背景和縱向跨世代的家系圖中，實務工作者和家庭得以檢視家庭結構、關係和功能的訊息，可參照**圖 1.1：家系圖模板**。

實務工作者能透過審視目前家庭脈絡背景的廣度，評估個案和其核心家庭成員之間的連結。此概述或許也能指出他們與更鉅視系統（大家庭、朋友、社

圖1.1　家系圖模板

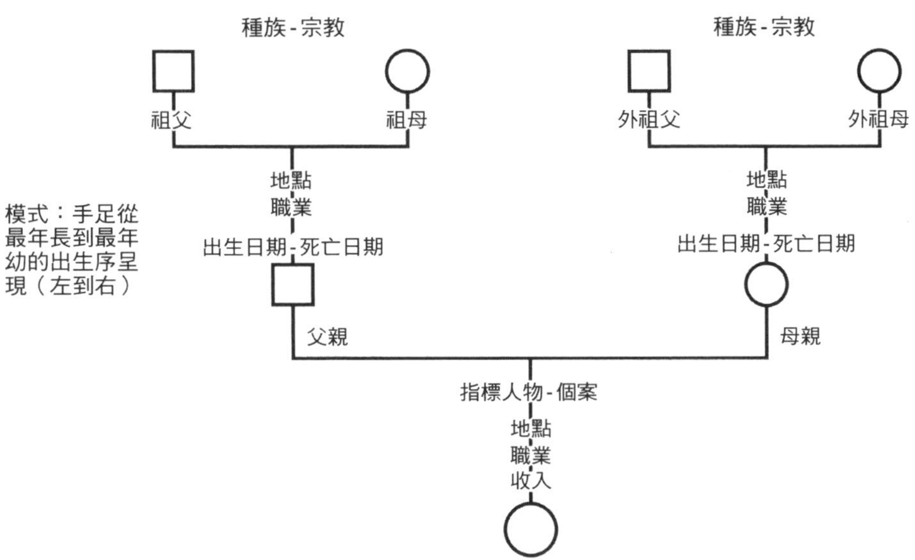

群、社會和文化）的連結。這可以幫助我們評估家庭在其整體脈絡下的優勢和脆弱。根據我們的定義，家庭包括的不僅是那些與我們有生物性相關聯的人，還有所有與我們享有共同歷史和潛在未來的人。因此，我們在家系圖中包括核心家庭和大家庭成員，以及那些在家庭生活中曾經同住過或扮演重要角色之舉足輕重的非血緣「親屬」、朋友和寵物。

我們也註記會影響家庭成員的事件（搬遷、生命週期變化）和問題（疾病、創傷、功能不彰）的資訊（Holmes & Masuda, 1974; Holmes & Rahe, 1967）。我們能在家系圖上，從多重面向追蹤家庭成員當前的行為和問題，並在各種次系統（如：手足、核心家庭、三角關係和互惠關係），或與較大的社群和社會文化脈絡的關係中，檢視指標人物（index person，「被指定的病人」〔I.P.〕或是有問題或症狀的人）。

家系圖允許我們繪製家庭結構、功能和關係圖，並在獲取更多資訊時更新該圖。對於臨床記錄來說，家系圖提供了一個有效的訊息摘要，使不熟悉案子的人能夠快速掌握大量關於家庭的資訊，找出潛在的模式、問題和資源。雖然寫在圖表或調查問卷上的筆記很容易遺失在記錄裡，但家系圖上的資訊能夠很快地被辨識出，且能夠在每一次臨床訪視中，依據所獲得的新資訊增添或修正原有的家系圖。我們也可以繪製家庭歷史中任何一個時間點的家系圖，其會顯示當時的年紀和關係，用來更理解家庭模式如何隨著時間而進化及演變。不久的將來，實務工作者可以運用軟體追蹤家庭時間軸（timeline）或年代表（chronology），並且跟隨整個家庭生命週期（life cycle）中，關係、健康和功能的關鍵發展細節。

家系圖讓我們更容易捕捉家庭脈絡的複雜性，包括：家庭歷史、模式、事件和巧合的壓力源，其可能對病患照護有持續性的重大影響。就如同表達及組織我們思考歷程的語言，關係和功能性模式的家系圖能夠協助實務工作者系統化地思考發生在他們個案生命中的事件和關係，與他們家庭中的健康、疾病、關係和功能模式之間具有什麼樣的關連性。

家系圖資訊的收集應是完整臨床評估的一部分，不僅知道家庭成員和人們之間如何連結，也追蹤他們當前情況和歷史相關的事證。家系圖主要的功用是用於闡釋，讓實務工作者在進行家庭評估時，能夠為下一步的評估提出可能的假設。但它不能像用食譜一樣做臨床的預言。透過家系圖，實務工作者能夠敏感與功能不彰和復原力資源有關的系統議題。

在社會脈絡下探索家庭

為了系統性地瞭解一個家庭，顯示圍繞血緣和法定關係的家庭脈絡也是很重要的。增加的對象可包括朋友、教父教母、鄰居，甚至那些早已死去、卻是希望和靈感來源的人（或悲觀和絕望的來源）也可以包括在內。另外，圍繞的關係也能包括那些活在個案心中的人、那些在需要時提供貸款的人，以及那些給予力量和勇氣的人。

正是這種親友網路，除了血緣關係的親屬或是那些目前尚在人世的人，還有那些能幫助你更瞭解你個案並幫助個案獲取資源的人。這些當中的一些人有可能是負面自言自語「腳本」（script）的原作者，是故，重要的是要幫助個案修改或中和這些腳本。

家系圖挑戰個人主義、線性思考，並促進家庭系統觀

我們社會中的許多力量迫使我們不要去注意我們歷史的重要關鍵面向，如：在我們的歷史書中，婦女和有色人種大多是被忽視，且他們要在我們的社會中獲得成功的困難度也是更大的。支持現狀的不成文社會「規定」敦促我們不要去思索這些不平等，也不要從系統角度去思索人類心理學。反之，我們被迫運作的方式，就好像單獨的個體能夠且應該定義他或她自己的生活一樣。

家系圖挑戰了這樣的取向。他們要求所問的問題要超越「有禮貌的」對話，且要揭示家人保守的秘密，所問的問題甚至是我們的老師可能不希望我們挑戰的部分。因此，家系圖的研究必然是一種反叛行為——指引我們提出關於我們家庭和文化歷史以外的問題，以尋求更充分地瞭解自己。家系圖模式的探索是需要「跳出框架」的思維。

例如，我們製作教授者的家系圖或教科書作者的家系圖，來確定我們是否可以相信他們的觀點。舉一個例證，我們的心理學祖先弗洛伊德（Sigmund Freud，我們將在第八章討論他的家系圖）總想淡化他的家族史。因此，建製他的家系圖會是一個挑戰。但是，在生命週期的流轉中，運用家系圖展開家庭模式的探索，可說是非常療癒的——是治療消極負向的解藥。它讓我們在處理家庭問題和困境時，開啟對家庭優勢和復原力的欣賞。儘管我們的祖先經歷了許多的困難和挫折，但我們之所以在這裡，正是因為他們實際上在面對生存和困境中，依舊堅持的韌性和創造力。

家系圖讓日曆說話

家庭自身會複製。上一世代所發生的事，常會在下一世代重複發生——即，同樣的議題會在世代間出現，儘管實際行為可能以不同的形式呈現。鮑文把此稱為家庭模式的「跨世代傳遞」（multigenerational transmission）。該假設

是，前世代的關係模式可能提供下一世代家庭功能的隱含模型。在家系圖上探索這種模式重複是我們評估和處遇的基本工具之一。

家系圖「讓日曆說話」（let the calendar speak），用以呈現不同時間點發生的家庭事件，彼此之間的可能關聯性。

家系圖讓實務工作者從歷史的角度來審視家庭系統，評估過往的生命週期轉變、疾病模式，以及因失落和其他重要生活改變而產生家庭關係的提早改變，也將呈現的議題置於家庭演變模式的脈絡中來檢視。當家庭成員被詢問關於上一世代的主題（themes）、迷思、規則和緊張情緒議題的現況時，重複模式往往會變得清晰了然。當我們為特定的家庭現況議題提出假設時，這些因素提供了一個架構。

結合家系圖，我們通常會包括家庭年代表，其是以年代順序來描繪家庭歷史。年代表包括家庭歷史上的節點和關鍵事件，特別是與生命週期有關的事件，促使我們看到重複模式的能力（Elder, 1977, 1986, 1992; Stanton, 1992; Walsh, 1983; Nerin, 1986, 1993; McGoldrick, Garcia Preto, Carter, 2016）。

評估議題的脈絡：歸屬感、我們的多元身分、家的感覺

家系圖是一個核心的基礎圖，它雖然可以突出經驗、歷史、關係和功能的多個維度，但它的演變卻總脫離不了更大社會特徵（文化、政治、宗教、靈性、社會經濟階層、性別、種族和民族）的背景脈絡，而這些特徵將社會的每個成員組織成一個特定的社會利基（niche）。

我們越來越關注家系圖上多重身分角色和所屬的各種背景脈絡。我們的身分關乎我們的「家」的感覺，或正如瓦茨拉夫・哈維爾（Vaclav Havel, 1991）所說：

> 我們住的房子、我出生的村莊或城鎮……我的家人、我朋友的世界……（我的）社會和知識環境、我的專業、我的公司、我的工作場所……我居住的國家、我說的語言、我國家的知識和靈性氛圍。捷克語、捷克感知世界的方

式、捷克的歷史經驗……（和）勇氣和懦弱的模式、捷克幽默——所有這些都與我的家密不可分。

因此，我的家是我的國籍……它是我必不可少的一部分，如我的陽剛之氣，這是我的家的另一個層面……它也是我的捷克斯洛伐克性（Czechoslovakness），意味著我的公民身分。最終，我的家是歐洲、我的歐洲性（Europeanness），最後——可以理解的是這個星球及其現在的文明、整個世界。但這還不是全部：我的家也是我的教育、我的教養、我的習慣、我生活的社會環境……如果我屬於一個政黨，那也會是我的家……

人類家園的每個圓圈、每個面向，都必須平心而論、實事求是。沒有必要否認或……為了另一個面向排除任一個面向：沒有任何一人應被看輕或貶低。他們是我們自然界的一部分，一個組織得當的社會必須尊重所有人，並賦予他們所有自我實現的機會。這是人們能自在地認識身為人類的自己、行使身分的唯一途徑。

系統取向包括瞭解家庭當前的和歷史的脈絡（見**圖 1.2：問題評估脈絡**）。雖然家庭和社會總是隨著時間的推移而發展，但它們背負著傳承數代的歷史模式，以及在時間軸持續影響個人、家庭和社會的橫向因子（McGoldrick, Garcia Preto, & Carter, 2016）。

在家庭層面，縱軸包括家族史，以及代代相傳的關係和功能模式，這些模式則主要是透過情感三角關係機制傳遞的（Bowen, 1978; McGoldrick, 2016; Titelman, 2007; Guerin, Fogarty, Fay, & Kautto, 1996；另於網頁www.psychotherapy.net參看麥戈德里克的影片：「三角關係和家族治療：策略和解決方案」）。

這些組成是我們在家系圖評估中檢視的主要面向。家庭層面的橫軸描述家庭如何隨著時間的推移因應家庭生命週期的變化和轉變。這種橫向的流動既包括可預期的發展壓力，也包括那些可能擾亂生命週期進程的非預期事件——早逝、孩童出生時有殘疾、移民、慢性疾病、失業等。

在社會文化層面上，縱軸包括文化和社會歷史、刻板印象、權力模式、

圖1.2　問題評估脈絡

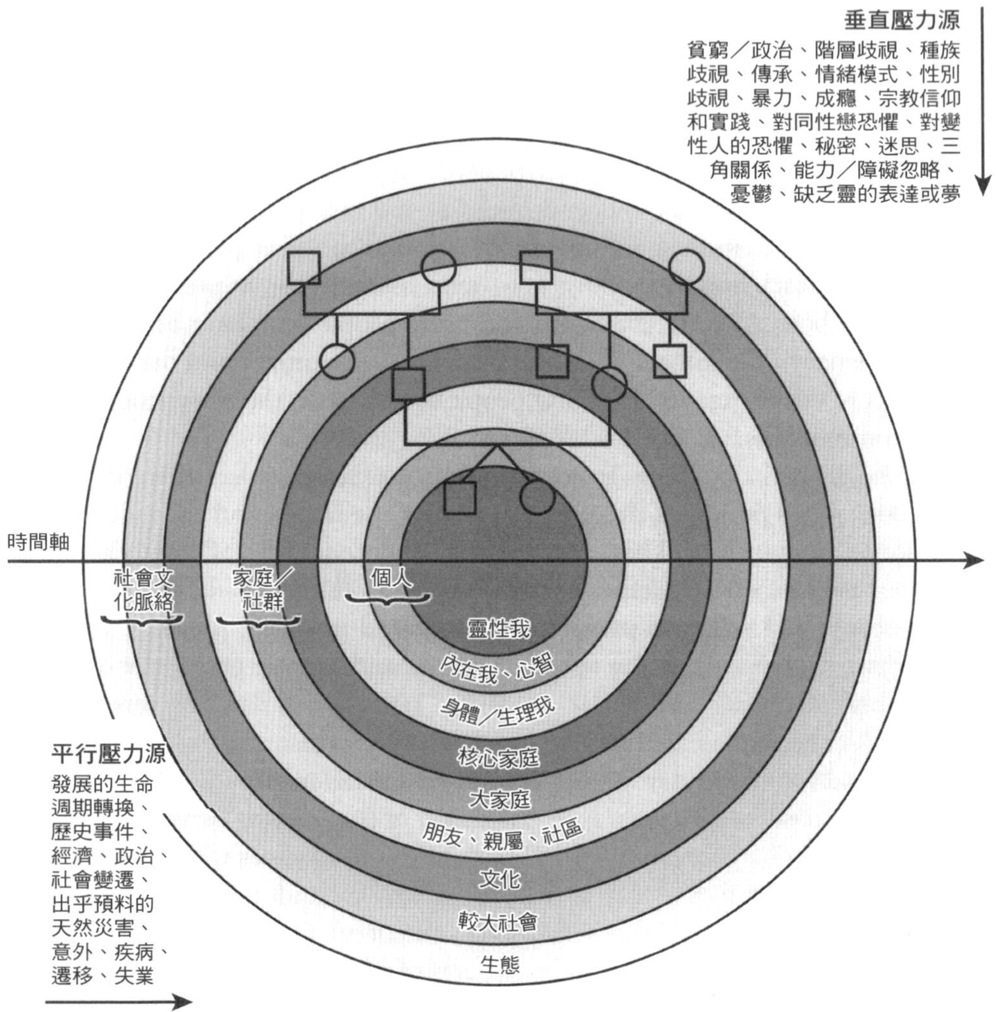

社會階級和信念，雖說所有這些都是代代相傳，但穿透或表達的方式也不盡相同。縱軸則涵蓋對家庭社會文化脈絡的密切評估，其包括一代傳承一代的文化和社會歷史、權力模式、社會階級、刻板印象和信念，及其對個人不同情感層面的影響。家庭文化群體的負面社會和文化的刻板印象，特別是創傷殘遺（legacy of trauma），將對家庭和個人的生活產生各種不同情緒和身體的影響。

持續影響當今世代的歷史創傷例子，包括：大屠殺對猶太人和德國人、奴隸制對非裔美國人和白人（那些從白人至上主義中受益的人）、殖民化對殖民地和殖民者、危害女同性戀者、男同性戀者、雙性戀者、跨性別者、酷兒（LGBTQ）和他們的異性戀家庭和社群之犯罪行為。

橫軸則是關乎是否與社群有連結、時事、社會政策，而這些因素對家庭和個人的影響是會隨著時間而持續的。這個軸描述了社會所「繼承」（縱軸）的種族歧視、性別歧視、年齡歧視、階級歧視、同性戀恐懼症、種族與宗教歧視對人們影響的結果，而在社會、政治和經濟結構上顯露無遺的這些歧視，限制某些人的選擇權，同時支持其他人的權力（McGoldrick, Garcia Preto & Carter, 2016）。當這個軸所承受的壓力大到某種程度，那麼任何家庭都將會出現失能的狀態。再者，縱軸上的壓力或許會產生額外的問題，以至於，即使是很小的橫軸壓力，都能對系統造成嚴重的影響。

例如，如果一位年輕母親與她的母親或父親有許多未解決的問題（縱軸焦慮），她可能在因應所謂為人父母的正常起起伏伏時（橫軸焦慮），會特別覺得難以招架。在一個家庭中，不同部分所發生的歷史巧合，或事件同時發生的巧合，可能不是隨機發生的，反倒是有系統地相互關聯，即使這些關聯可能是隱而不見（McGoldrick, 2011）。家系圖協助實務工作者追蹤一代代傳遞下來、橫跨目前家庭脈絡的焦慮的流動。

最重要的是，重要的家庭關係改變似乎更可能發生在生命週期轉換的時間點上。當家庭成員面臨重組彼此的關係、預備進入到下一階段的任務時，症狀往往會在這轉換的時機點簇擁成出（McGoldrick, Garcia Preto & Carter, 2016）。有症狀的家庭可能就卡在那個時間點，無法透過重組和繼續前進來解決僵局。家系圖評估中顯示的歷史和關係模式可以為這種僵局的本質提供一些重要線索——為了保存或阻止某種關係模式，或保護前幾世代的一些秘密或豐功偉業，症狀是如何發生的。

家庭中有許多的關係模式，親密和疏離的模式尤為特別。一個極端的狀況是衝突中，家庭成員的關係疏離或截斷（cutoff）。另一個極端是家庭似乎幾近被困在情感融合（emotional fusion）裡：看似矛盾卻相互依存的，或是過於親近到有害的程度。處於融合或分化不良關係中的家庭成員，容易出現功能不彰的情況，尤其當壓力或焦慮程度超過系統所能負荷時，這種功能不彰的情況往往更容易發生。系統界線越封閉，就越不被外界影響，結果是，家庭模式就會變得越加僵化。

看似封閉、融合系統中的家庭成員往往對彼此已有自動化反應，變動的外在系統事件不斷要求他們去適應，但他們實際上均不為所動。融合可能涉及正向或負向的關係。融合關係中的家庭成員可能對彼此感覺很好，或者只剩敵意和衝突。這兩種情況都是過度依賴的紐帶將他們捆束在一起。透過家系圖，實務工作者可以繪出家庭界線，並指出哪些家庭子系統是融合的，因而難以接收變動的新信息。

三角關係：正如鮑文（1978）和其他許多人所指出的，雙人關係往往是不穩定的。 在壓力下，兩個人傾向拉近第三者，透過和第三人形成兩人的聯盟來穩定系統。因此，情感系統的基本單位往往是三角關係。家系圖是識別家庭系統中重要三角關係的最佳地圖之一，不僅追蹤三角關係模式是如何一代代複製，也能發展策略來改變三角關係（Fogarty, 1973; Guerin, Fogarty, Fay & Kautto, 1996; Titelman, 2007; Kerr, 2019）。

家庭成員傾向在功能性整體中彼此契合

不同家庭成員的行為，彼此間互補或互惠，並不代表家庭成員有相同的權力去影響關係，顯而易見的權力差距如：男女之間、親子之間，年長和年輕的家庭成員之間，隸屬不同文化、階級或種族之家庭成員之間（McGoldrick, 2011）。其真正意指的是，歸屬某個系統，開啟人們對彼此的相互影響，以密不可分的方式，在彼此的行為中相互牽動著，我們因而能預期家庭中存有某種特定的相互依存或平衡，包括施與受、行動與反應。

因此，家庭所缺漏（如：不負責任）的一部分會由剩餘（如：過度負責任）的另一部分來彌補。家系圖協助實務工作者精準指出家庭中這種互補或互惠平衡形態的對比和習性。

家系圖的歷史

儘管現在世界各地的家族治療師、家庭醫生和其他健康照護提供者廣泛使用家系圖，但還是花了一個世代的時間，才讓不同健康照護領域，甚至家族治療師，接受共同認定的符號。實際上我們並不知道是誰最先開發家系圖，但家系圖被開始廣泛使用則是始於默里・鮑文（Murray Bowen）博士，而我們也是師承於他。他說，他不知道是誰最早開發家系圖的，但他偏好稱它為「家庭示意圖」（family diagram），而不是發明新名詞「家系圖」（genogram）。

我們能找到的最早的家系圖是由鮑文博士於一九五八年所繪製的，當時他正在美國精神醫學協會（American Orthopsychiatric Association）的研討會上進行演講，該工作坊稱之為「家庭為一個心理治療的單位」（Psychotherapy of the Family as a Unit），有許多早期的重要人物參加，如：維吉尼亞・薩提爾（Virginia Satir）、史蒂文・弗萊克（Steven Fleck）博士（Bow & Butler, 2013）。

一九六七年，鮑文博士在一次研究會上報告他自己的家庭工作（後來由吉姆・弗拉莫〔Jim Framo〕於一九七二年匿名出版），震驚了該領域。 同年，高登（Gordon）發表了第一篇關於家系圖的醫學文章，其被稱之為血統圖表（pedigree chart），從遺傳系譜學借來的名詞（Gordon, 1972）。一九七四年出版的喬治敦家庭研討會論文的第一卷，包括安德烈斯（Andres）、科隆（Colon）和霍爾（Hall）論文中的幾張家系圖（Andres & Lorio, 1974）。

第二年，艾琳・彭達加斯特（Eileen Pendagast）和查爾斯・謝爾曼（Charles Sherman）在紐約新羅謝爾家庭學習中心所出版的期刊《家庭》（*The Family*）中，發表了一篇題為〈家系圖指南〉（A Guide to The Genogram）的論文。一九七六年，菲爾・格林（Phil Guerin）和彭達加斯特在格林雜誌《家族治療》（*Family Therapy,* 1976）中加入一篇關於家系圖使用的章節。一九七八年，一本著名的家庭醫學教科書的其中一章，就是用來推廣日常臨床工作中使用的「家庭樹」（family trees, Medalie, 1978）。一九八〇年，醫學期刊的第二篇則進一步拓展家庭醫生對家系圖的理解（Jolly, Froom, Rosen, 1980）。

一九八〇年，貝蒂・卡特和我（莫妮卡）在我們的《家庭生命週期》（*The*

Family Life Cycle）一書中發表了家系圖的格式，我們將該書版權歸鮑文所有，因為他在促進實務工作運用家系圖上，扮演著核心角色，而我們將這些實務工作包含在本書的內容裡。同年，與鮑文一起受訓和工作的精神病學家傑克·布拉特（Jack Bradt），出版了一本名為《家庭示意圖》（*The Family Diagram,* Bradt, 1980）的小冊子，該冊子也提供了繪製家系圖的格式，但他喜歡稱家系圖為示意圖（diagram）或家庭圖表（family chart），因為他認為這是一個更具包容性的術語。

許多早期在家族治療和家庭醫學的先驅都發展了他們自己「最愛」的符號。有些人甚至完全拒絕使用「家系圖」一詞，寧願將其稱之「家庭示意圖」，就像鮑文的許多追隨者一樣（二〇〇八年在巴特勒討論）。 有些人，如維吉尼亞·薩提爾則使用了有點不同的「家庭圖」（family maps）。

有些人批評家系圖將個案生活的法律、生物和情感脈絡作為優先事項。澳大利亞治療師邁克爾·懷特（Michael White, 2006）認為，收集家系圖資訊是有問題的，因為它讓特定的原生家庭經驗比其他關係更「享有特權」，而這可能會消除或不尊重非家庭關係的連結。另一方面，他和敘事治療（Narrative Therapy）運動中的其他人對那些被主流社會邊緣化的人的歷史有著濃厚的興趣。我們相信正是這方面——闡明歷史模式——是家系圖中最有價值的面向之一。他們可以揭示家庭中隱瞞家人的東西——他們自己歷史的秘密。這樣的揭露有助於家庭成員揭開他們目前困境的神秘面紗，並多份理解，進而提供未來的解決策略。

事實上，家系圖最令人感到興奮的一點就是它引導家庭超越單一面向、超越線性觀點，尤其那些往往具有心理解釋特性的觀點。家系圖實際上教導人們系統化思考，因為一旦家庭成員和實務工作者注意到一種模式，他們的視野就會擴充並注意到其他模式。

家系圖的圖本身就非常豐富，有助我們同時注意到多種模式。從本質上來講，家系圖比基因圖表可以呈現的資訊更多。家系圖還包括非正式的親友關係。這些正是家系圖旨在傳達：人歸屬於誰、從哪裡來、誰影響他們的生活，以及什麼樣的資源可以幫助他們向前邁進。

即使是具有相似理論取向的實務工作者，對於要尋求哪些特定資訊、如何記錄以及這意味著什麼，都僅有鬆散的共識。正是出於這個原因，一個由家族治療和家庭醫學領域的家系圖支持者所組成的委員會，在一九八〇年代決定嘗試制定標準化的家系圖格式。

認可家系符號的重要性

如果我們要共享有關家庭的系統化資訊，我們只能在商定的符號下進行。此外，只有當我們都知道並能記住符號的意思時，符號的使用才具意義。如果我們創造一種具有許多符號的語言，卻不記得如何讀它們，就沒那個意義了。

北美基礎醫療照護研究（North American Primary Care Research）小組贊助共同完成本書所介紹的家系圖格式，該小組在一九八〇年代為了促進家庭研究和臨床工作的實踐，最初率先建立了商定的符號。系統治療師意識到他們需要一種商定的語言來共享家庭資訊。數位化家系圖的發展帶領我（莫妮卡）參與標準化家系圖符號的努力：促進家庭系統的研究。

家族治療和家庭醫學領域的領導者一起努力達成家系圖符號標準化的共識，並於一九八五年出版本書的第一版（此指英文版），主要的參與人物包括家族治療的鮑文和家庭醫學的傑克・弗魯姆（Jack Froom）和傑克・梅德利（Jack Medalie）等。 雖然鮑文的許多追隨者仍然認為家系圖不符合鮑文學派（Butler, 2008），但鮑文本人卻參與決策符號的過程。我自己（莫妮卡）就是直接與他共同決議哪些符號應該被包括在標準化的符號名單中。他和其他使用家系圖的傑出實務工作者成為北美基礎醫療照護研究小組委員會的成員，不僅定義實用的家系圖符號，還商定標準化格式。

從那時起，該格式已然變成實務工作者追蹤家庭歷史和關係的標準。自一九八五年最初商定並於本書第一版發表該格式以來，來自世界各地不同的團體提出一些修改的建議。對於將鮑文學派視為助人取向核心的我們來說，家系圖是映射出鮑文的系統性分化概念因素的關鍵工具。我們仍持續努力尋找方法將鮑文的社會歷程的概念納入家系圖——如同伊萊恩・蓬德爾（Elaine Pinderhughes）（Pinderhughes, Jackson 7 Romney, 2017）等人長期以來一直探索的社會情感歷程，在系統中與家庭歷程交織著。

本書（即英文版全新修訂的第四版）所包含的格式仍是進行式的工作。我們知道，除非每個使用家系圖的人都能記住符號所代表的意思，以及符號在家系圖上的位置規則，否則這將不會是一種可用的語言。雖然我們敦促使用者擴展他們的家系圖使用，即研發出相對應的獨特代碼，用以追蹤他們在特定議題上的研究，但這圖表要能具有真正價值，是需要獲得一定程度的共識的。

當然，擴展家系圖的使用勢必需要進一步修改格式，且希望我們都能擅長擴展我們在繪製家系圖的潛能，即使家系圖隨著時間而演變，但其依然能被辨識，如同貝特森（Bateson）所說：「地圖不是領土。」（1979, p.32）但地圖卻依然能夠促進我們知道我們當下所在的地點、去了哪裡、想去哪裡。

舉例來說，多年來，治療師對於用顏色區分編碼名稱、日期、位置、職業、疾病等極感興趣，其使得家系圖標準化的可能性因著電腦的運用而大為增加（Bradt, 1980; Lewis, 1989; Jordan, 2004）。我們還找到建立三維圖的方法，近觀個人資料，遠觀較大的家庭模式、社群或社會資料，其擴大了我們跨時空追蹤個人和家庭的能力。

多種家系圖的運用

《紐約時報》（*New York Times*）在二〇〇六年報導說，薩爾茨堡音樂節「對可憐的歌劇觀眾深感同情，因為他們必須自行搞清楚一切」，所以提供一種類似於家系圖的工具，幫助聽眾跟隨著莫札特歌劇中的家庭關係：「這個工具介於一個女學生的塗鴉和分子軌道（molecular diagram）之間，用心形、箭頭和僅有的言詞描述勾勒出角色之間的各種愛情關係和不幸遭遇。」（Oestreich, 2006）若是他們能認識家系圖就好了！

一位同事黛博拉．施羅德（Deborach Schroder, 2015）開發了一種最具創意、藝術為基準的家系圖，她將該家系圖運用於原生家庭的治療，而我們則和同事伊莉安娜．吉爾（Eliana Gil）共同發展家庭遊戲家系圖，其在第十一章會多所描述。

事實上，如果你用谷歌搜尋「星際大戰家譜」或「星際大戰家系圖」，你會看到許多人為了更理解《星際大戰》中天行者家族而不斷地繪製家系圖和家譜，網頁www.genopro.com的阿圖羅．阿爾瓦拉多（Arturo Alvarado）甚至製作了一個出色的小影片，用來教導觀眾關於《星際大戰》系列之家系圖的運用，該影片可在YouTube上看到：Https://www.genopro.com/genogram/examples/

許多看電視長壽劇的朋友和同事也常會詢問劇裡角色的家系圖，例如：《哈利法克斯最後的探戈》（*Last Tango in Halifax*）、《唐頓莊園》（*Downtown Abbey*）、《怪醫馬丁博士》（*Doc Martin*）、《冰與火之歌：權力遊戲》（*Game of Thrones*）或《這就是我們》（*This Is Us*）。我們整理了《這就是我們》的家系圖（**圖1.3：這就是我們**）來讓新看劇的朋友認識這迷人的四代家庭。這樣

圖1.3　這就是我們：顯示一些秘密和關係

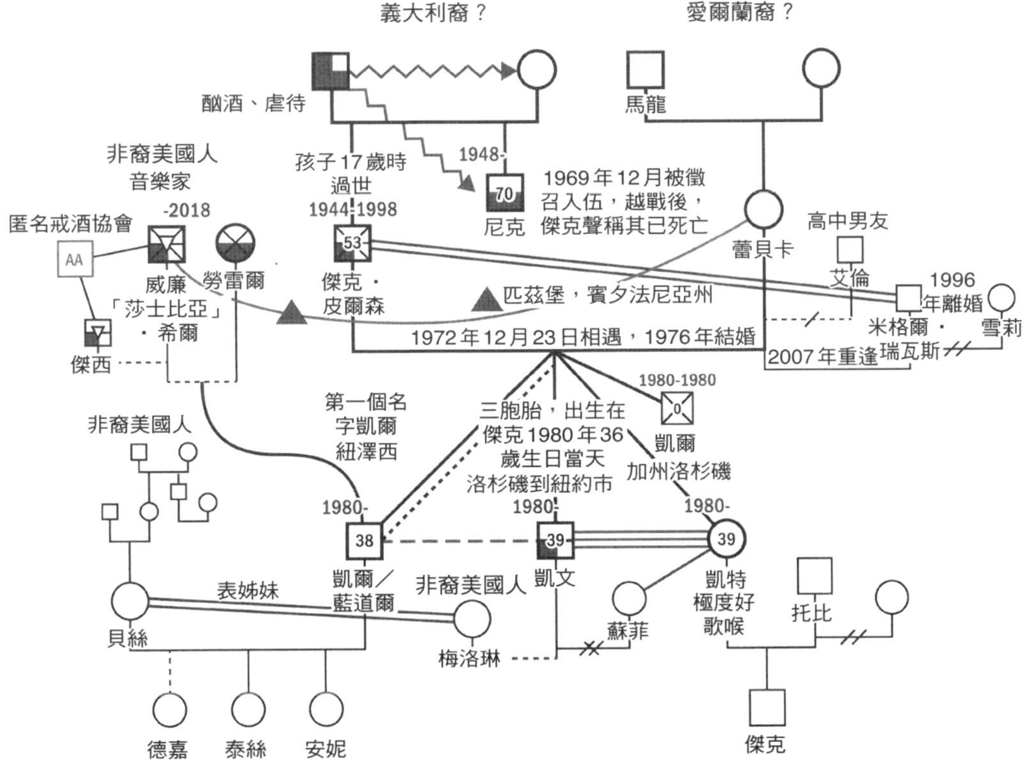

的家系圖例子充分展現出家系圖的重要性及便利性。明顯地，我們若是口頭說明這個家庭的關係，會讓聽的人很快地感覺到太複雜，而無法將任何資訊記住。

故事始於一個生三胞胎的白人家庭。有了家系圖的幫忙（假設你看得懂符號），你能輕易地看到他們的父母親，其中一位已過世。同一天出生的一位美國非裔寶寶則是被他的父母親遺棄，但被這個家庭收養。這個節目系列常運用倒敘法來呈現複雜交織的關係。家系圖中的細節讓我們更容易看到家庭關係是如何隨著時間發展的。

不意外，三胞胎中存活的兩個，凱文和凱特，有某種程度的融合關係，他們似乎能夠讀到彼此的心思，而他們之間非語言的溝通對他人來說是個謎團。同時，凱文和藍道爾之間總存有某種程度的競爭，從他們從小到大的同房，到在運動、學校中的較勁，不同的種族歧視經驗。他們過往家庭的經驗深深影響著他們的關係，包括養母和養子生父有聯繫卻從未告知過藍道爾的秘密。

因為異軍突起的基因族譜學（genetic genealogy），我們突然都能夠獲知我們的遺傳基因史，而這是我們以前從未想像過的方式。正如亞當・盧瑟福（Adam Rutherford）將他的書命名為：《我們人類的基因：全人類的歷史與未來》（*A brief History of Everyone Who Ever Lives,* 2017），我們驚覺我們還需要學習的東西有很多，才能系統化的理解我們彼此之間是如何相互連結的。 我們才剛剛開始瞭解那些可能深埋在家庭傳說裡的家庭和文化遺產——遠至我們與成吉思汗或瑪麗王后（Marie Antoinette）的連結，至更接近現實的文化和種族傳統（Jacobs, 2017; Harmon, 2006; Shapiro, 2019; 及例如：https://thegeneticgenealogist.com）。

我們當中有許多人已經開始透過線上DNA的共享來擴展我們的家系圖，這使我們能夠與世界各地的家庭成員建立連結。在電腦的幫助下，我們不僅能夠繪製我們的家譜，還能整合隨著所知而漸趨複雜的傳統遺產資訊。有時一些秘密可能會因而顯現，例如我們的父母或手足不是我們認為的樣子。

運用家系圖描繪更大的社會模式

雖然促進家系圖延伸運用的圖像尚未發展完全，但相關家系圖的文獻資料已著重擴展家系圖的意義至較大的社會脈絡之中。有時，我們實際上可以在家系圖上定義社區的資源和機構，以突顯家庭能取得社區資源或缺乏社區資源，以及與社區資源的關係（**圖 1.4：具社區脈絡的家系圖**）。

已經有一本書是寫關於「社區家系圖」的內容，儘管其中的圖不像家系圖，也沒有將三代家庭家系圖視為基本脈絡（Rigazio-Digilio, Ivey, Kunkler-

圖1.4　具社區脈絡的家系圖

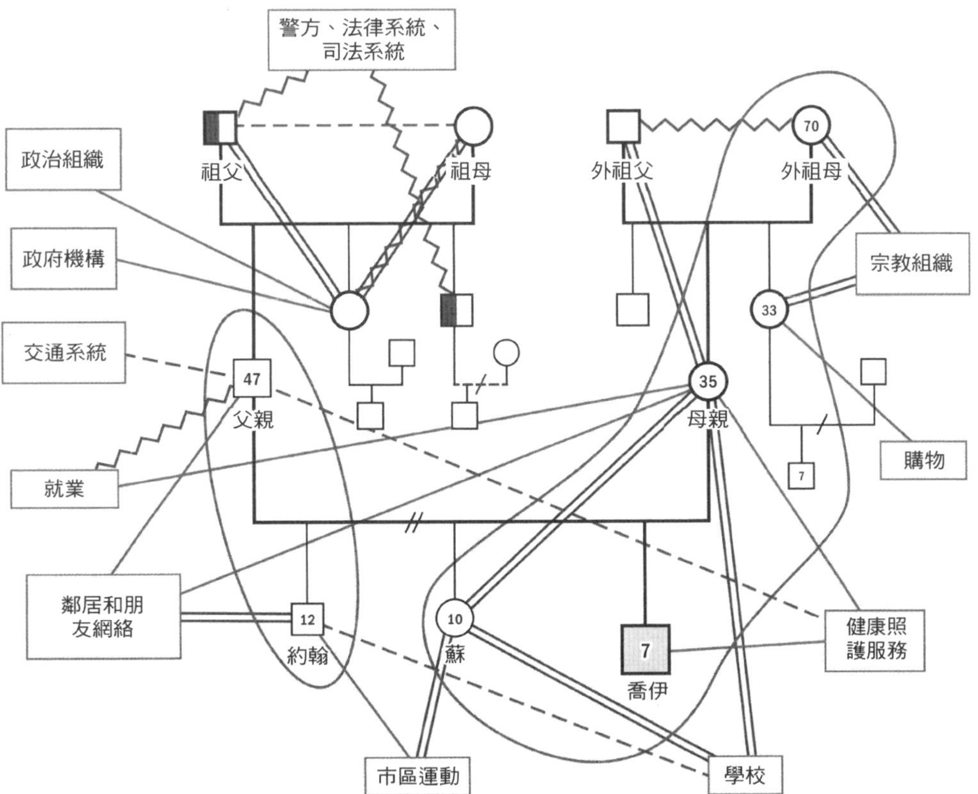

Peck & Grady, 2005）。

難以描繪擴展的家系圖，在於難以在一個家系圖的圖形上顯示多個維度的問題。這反映了一個長期以來的問題，即在沒有精細的電腦圖形的情況下，家系圖的繪製都會面臨必須在信息量和圖形的清晰度之間進行權衡。瑞蓋里歐・迪吉利歐（Rigazio-Digilio ）及其同事（2005）提出了一些方式，以描繪更大的暫時性的社區脈絡。這些圖表類似於生態圖，展示了個案隨時間而面對的各種事件和情境，這些事件和情境塑造了個案的經歷。雖然它們不是真正的家系圖，也不是家庭圖，但它確實描繪了人們生活層面的脈絡。我們期待家系圖不斷的發展，幫助我們在闡釋特定家庭模式時，能夠更清楚更大的文化因子的影響。

而其中，有被廣泛討論的「文化家系圖」，其特別著重家庭歷史的文化層次，另有宗教或靈性家系圖，其展現的是宗教和屬靈在家庭模式中所扮演的特殊角色。幸運的是，人們越來越意識到種族歧視、性別歧視，以及經濟或社會壓迫對個人和家庭的深切影響，是故，也開啟了我們討論如何運用家系圖呈現社會不公的創傷性影響（Hardy & Laszloffy, 1995; Goodman, 2013）。

許多人已經將家系圖的運用擴展到較大的社會結構脈絡。沙維斯（Scharwiess, 1994）運用家系圖探索多重世代、繼親手足和同母異父或同父異母手足的關係，用以顯示東德和西德在超過一個世代的分裂和統一後，所牽動之多重世代連結的演變，其中更發現他們必須因應非常不同且極具影響力之俄籍和美籍「繼父母」。

當我們成為一個全球化社會時，闡釋來自世界不同文化的家庭模式需要將文化因子考量進去。在一些文化當中，女人幾百年來被教養著她們婚後必須離開原生家庭、入住夫家，並在夫家的大家庭中試圖擔任家長的角色。在美國，家庭成員彼此的關係多半非常疏離，若實務工作者要試圖幫助這些家庭成員透過連結（如果有任何可能性的話）來消除這樣的疏離，會是相當不容易解決的難題。因此，為了理解不同文化脈絡中的模式，我們需要考量婚姻、姻親、長者和手足模式在不同文化下的意義，並思索如何將這些不同的文化納入我們的對話之中。

家系圖在醫學和護理領域的運用

家系圖在這些領域的運用可分為幾個部分：提高醫生、護士和其他醫療保健專業人員的敏感度，協助他們敏察病人是否有一些社會心理問題；增強對病患的評估、診斷和護理；提供一個評估和與特定病患族群（如：長者）互動的架構，特別是醫療照護過程（如同重大疾病診斷的當下）中的關鍵時刻；預防問題或介入時和家庭探索這些問題（Alexander & Clark, 1998; Baird & Grant, 1998; Bannerman, 1986; Campbell, McDaniel, Cole-Kelly, Hepworth, & Lorenz, 2002; Christie-Seely, 1986; Crouch & Davis, 1987; Dumas, Katerndahl, & Burge, 1995; Garrett, Klinkman, & Post, 1987; Like, Rogers, & McGoldrick, 1998; Mullins & Christie-Seely, 1984; Olsen, Dudley-Brown, & McMullen, 2004; Shellenberger, Shurden, & Treadwell, 1988; Sproul & Gallapher, 1982; Troncale, 1983; Wright & Leahy, 1999, 2013; Zide & Gray, 2000）。

研究顯示家庭對健康和疾病的影響很大。而婚姻關係和家庭關係，如同生物因子一樣，對健康結果的影響不容小覷（Rolland, 1994, 2018; Campbell et al., 2002; Siegel, 2015, 2016）。 家族史在評估常見疾病風險的價值正日益增長（Wattendorf & Hadley, 2005）。 根據預防性處遇的系統化檢視，人類基因體計畫（Human Genome Project）、許多疾病之遺傳因子的確認、國家臨床實踐指南的建立，都更加彰顯在評估中加入家系圖的概念是重要的（Wattendorf & Hadley, 2005）。由於家系圖提供家庭人口統計學、重病史、關係和基因遺傳風險的資訊，故詳細的家系圖成為病患之醫療評估的重要部分（Campbell et al., 2002; Rolland, 1994, 2018）。

家庭醫生是率先開發運用家系圖來有效記錄和追蹤家庭醫療史的人，也是第一個提議將家系圖符號標準化的人（Jolly, Froom, & Rosen, 1980）。醫學領域中，許多人非常努力結合家系圖，使之作為基礎評估工具。謝爾格（Scherger, 2005）寫道關於鼓勵家庭醫生提供真正家庭取向護理的需求，而家系圖資訊則在其中扮演重要的角色。他強烈主張使用新資訊科技來輔助追蹤和面對情境脈絡下的家庭，並主張這是我們社會為家庭提供適當護理的唯一一種嚴謹的方式。要做到這一點，我們必須開發系統性談論家庭問題的技術，並培訓醫生使用它，這樣他們就不會淹沒在我們當前系統的文書工作和保險業驅動的服務之內。

瑞斯福德（Rainsford）和舒曼（Schuman）在《美國醫學協會雜誌》（*Journal of the American Medical Association,* 1981）的一篇經典文章中曾寫道，家系圖和家庭年代表對於追蹤複雜、壓力纏身的案例十分重要，而這些案例通常最需健康照護體系的關注。這樣的家庭對系統來說可說是極度的負擔，更需要充分理解個人壓力對家庭整體的影響。作者花了七年的時間追蹤每一位家庭成員所經歷的壓力事件和就診情況，結果說明健康照護提供者針對所有家庭成員發展出長期縱向觀點的重要性，其可以讓健康照護提供者瞭解每個成員在特定時刻的臨床就診情況。

這種多重問題家庭出現在健康照護系統的每一個部門：急診室、社會服務處、學校和司法體系。因此，要求清晰且全面深度的方法來追蹤家庭模式便能說得通了。家系圖能夠追蹤臨床看診和其他家庭壓力事件的關聯性，不只關乎單一病人，也關乎所有其他的家庭成員。這種每次評估的對應讓我們更容易識別何時需要額外資源，阻斷嚴重和昂貴的功能障礙所引發的後續漣漪，尤其是多重問題的家庭。

麥克爾．克勞奇（Michael Crouch, 見第十章）是推動家系圖最有影響力的家庭醫師之一，也是其中一位最早為了專業發展而寫下繪製自己家庭的價值的家庭醫生，這種方法也廣為鮑文和他的追隨者所用。克勞奇甚至構建了一個描述家庭醫療和家庭醫學領域的家系圖（見**圖 10.6：家庭醫療和家庭醫學的家系圖**），顯示家系圖說明家庭之外系統的歷史潛力。

羅切斯特大學（University of Rochester）醫學院的蘇珊．麥克丹尼爾（Susan McDaniel）讓所有住院醫生呈現自己的家系圖，包括他們的家人如何因應疾病，並在尋求諮詢病例時，他們又如何思索自己家的疾病問題。她和她的同事所寫的醫療照護一文中，描述所有作者在進行個案的處遇之前，都會先討論自己在處理疾病的家族史（McDaniel, Hepworth & Doherty, 1993）。

追蹤家族治療的家系圖

為了弄清楚我們未來可能會去哪裡，我們增加自己在歷史和文化背景下自我理解的價值，也遵循克勞奇的豐富見解，我們為美國的家族治療史提供了兩張「家系圖」，其顯示至少來自四種不同「文化」群體的祖先成就了二十一世紀的家族治療實務。

從六〇年代到八〇年代，家系圖和一些精神醫學工作者和社會工作者合作便經歷了第一次發展的大爆發，這些夥伴展現對系統性觀點的興趣，並和家庭一起工作以解決其中一個成員的問題。雖然社會工作者的聲望較低，但他們一向都是用系統性來思考社會問題。以往，（服藥前）精神疾患病人在成年後，其絕大多數時間都在精神疾患機構渡過，故而，這兩個群體持續為推動去機構化而奮力地努力著。

在第二次世界大戰後的幾十年裡，這些精神病理學家對系統理論產生了興趣，其引導他們從整個家庭的脈絡中去探索一個人的問題。這與弗洛伊德的精神分析形成鮮明的對比，精神分析著重個體的內在心理歷程，且已然成為精神病學中的主要意識形態。在精神病學中如同局外人的各種精神病學家（精神病學似乎是醫學中最負盛名的專業），開始受到一般系統理論的啟發，開啟和社會工作者、人類學家、社會學家和其他人的合作。

一九六三年《社區精神健康法》（*Community Mental Health Act*）更進一步推動系統理論和實踐。尤妮斯．甘迺迪．施賴弗（Eunice Kennedy Shriver）學習社會學並從事社會工作多年，亦受到尤妮斯妹妹蘿絲瑪麗（Rosemary）的精神健康需求所啟發，故跟著倡導此法。就在她的兄弟約翰．甘迺迪（John Kenndy）被射殺的前一週，她說服了他簽署《社區精神健康法》（我們將在這本書中討論他們的家系圖）。《社區精神健康法》旨在服務那些在主流健康照護系統下被長期忽視之有精神健康需求的人，而家庭和社區的重要性在此被突顯出來。

我自己（莫妮卡）在家族治療的歷史始於一九六六年，當年我正在一家位於康乃迪克州新設的社區精神健康中心工作。一九六〇年代，臨床社會工作者

圖1.5　家族治療的家系圖

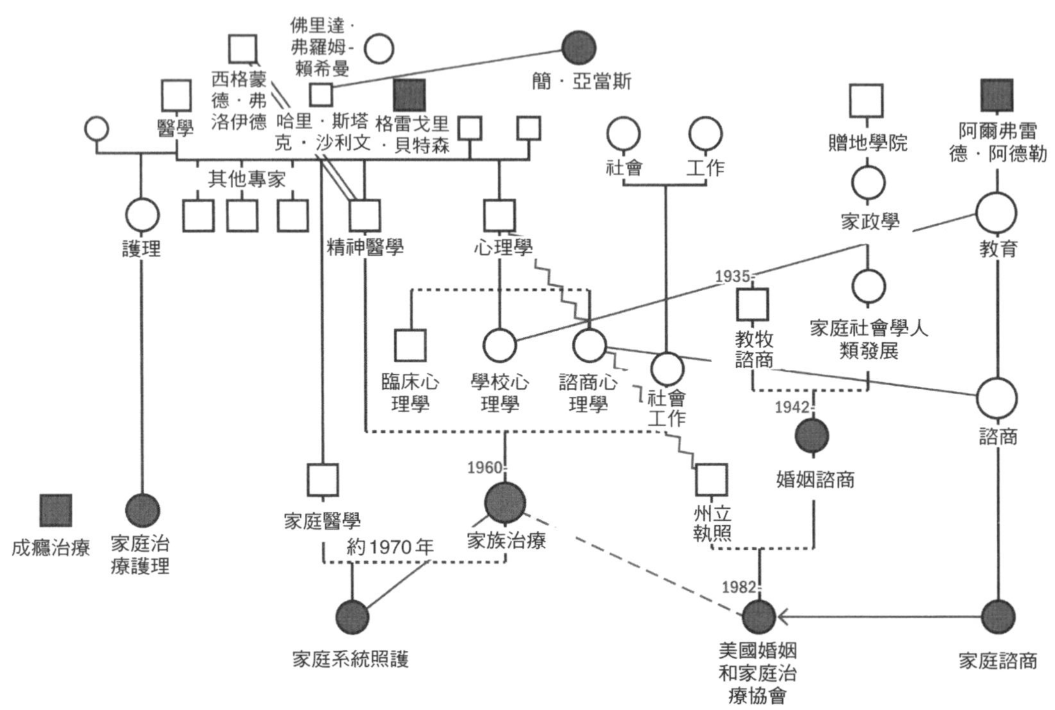

是主要的精神健康臨床醫生，所以他們自然而然地成為精神病學家治療病患的盟友。在美國，一九六〇年代末和一九七〇年代是家庭系統理論和實踐最活絡的發展時期（**圖1.5：家族治療的家系圖**）。

第一批系統性中心包括位於帕洛阿爾托（Palo Alto）的心理研究所（Mental Research Institute-MRI），其最早是由人類學家和控制論學家（cybernetician）格雷戈里·貝特森（Gregory Bateson）帶領的早期專案演變而來的，他的系統性思考對該領域有著深遠的影響。

心理研究所吸引了一群非常具有創造力的人，包括唐·傑克遜（Don Jackson）、傑·海利（Jay Haley）、保羅·瓦茨拉維克（Paul Watzlawick）、約翰·威克蘭（John Weakland）和卡洛斯·斯魯茲基（Carlos Sluzki）。 女性雖很少，卻有一個關鍵人物，即社會工作者薩提爾，她於一九五五年展開有史以來第一個家族治療培訓計劃（Luepnitz, 1989），並於一九五九年成為心理研究所的主要家族治療培訓師。

當我們回顧該領域的先祖時，精神病學家哈里．斯塔克．沙利文（Harry Stack Sullivan）因其「人際精神病學」對系統性思維的影響而受到讚揚。但他說，主要影響他的思維的一個關鍵是簡．亞當斯（Jan Addams）的工作，亞當斯是社會工作領域的創始人之一。然而，她的角色卻在歷史上被忽略了！這也是製作家系圖變得如此重要的原因之一。

心理研究所很快地便開展和紐約家庭學院（New York Family Institute）的合作，該學院後來變為阿肯曼家族治療研究所（Ackerman Family Institute），由奈森．阿克曼（Nathan Ackerman）和其他人，包括凱蒂．拉．佩里埃（Kitty La Perriere）和唐．布洛赫（Don Bloch）所帶領。這兩個機構創立家族系統期刊《家庭歷程》（*Family Process*）的發行，此期刊依然是系統領域中之獨領風騷、佔領導之位的期刊。

早期家族治療的領袖都半是精神病學家，但卻受系統化思維所吸引：鮑文、卡爾．華特克（Carl Whitaker）、伊凡．博佐梅尼．納吉（Ivan Boszormenyi Nagy）、薩爾瓦多．米紐慶（Salvador Minuchin）、迪克．奧爾斯瓦爾德（Dick Auerswald）和許多其他人。許多早期家族治療運動的創新者多是臨床社會工作者（包括薩提爾、佩吉．帕普〔Peggy Papp〕、貝蒂．卡特〔Betty Carter〕、奧爾加．西爾弗斯坦〔Olga Silverstein〕、瑪麗安．沃爾特斯〔Marianne Walters〕、芙瑪．華許〔Froma Walsh〕、卡羅．安德森〔Carol Anderson〕、哈利．阿龐特〔Harry Aponte〕、鮑立歐．蒙塔沃〔Braulio Montalvo〕等）及幾位心理學家（包括佩里埃、弗拉莫、卡羅琳．阿特尼夫〔Carolyn Attneave〕）。

有趣的是，成癮問題從以往到現在，都沒有真正地被包括在心理健康問題的類別裡。儘管從一個相近系統觀來看，我們合理推論所有的心理健康問題都會影響個人，但在大多數情況下，成癮治療卻似乎與其他心理議題的處遇是分開的。

現今家族治療的第二條「文化」線則是植根於一八六二年成立的贈地學院（Land Grant Colleges），該學院為女性提供了接受大學教育的第一個機會。婦女教育逐漸擴大，超越家政學，轉而關注家庭和婚姻，發展視角逐步演變，最終則聚焦於諮詢。接著，婚姻諮商與教牧諮商（尤其是來自於南方）結合一起成為一個婚姻諮商（Marriage Counseling）組織，該組織隨後更名為婚姻和家庭諮商（Marriage and Family Counseling），再之後則更名為美國婚姻和家庭治療協會（American Association for Marriage and Family Therapy-AAMFT），認證婚姻和家庭諮商或治療的治療師。

第三個「文化」團體是對家庭和家族治療感興趣的諮商員，他們主要是贈地學院的教育部門發展。有趣的是，雖然精神病學和心理學、部分社會工作最受弗洛伊德的影響，但弗洛伊德早期的精神病學同事阿爾弗雷德・阿德勒（Alfred Adler）卻似是第一個真正的家族治療師，也是我們所知道的第一個召集家庭一起解決成員個人問題的人。他早在一九一九年就這樣做了，而他的重點通常是其中的一名孩子。

直到最近，經過六十年系統思維和實踐的演變（以及許多人看輕家庭系統理論和實踐的力量），家庭治療似乎才逐漸和所有類型的諮商走向一起，包括心理、學校、生涯、輔導、婚姻和伴侶諮商、教牧諮商、成癮諮商等等。

家族治療的第四線則是從護理領域演變而來的，如洛林・賴特（Lorraine Wright）和莫琳・萊希（Maureen Leahey），她們似乎仍致力於系統理論和實踐的發展（2013）。

自一九九〇年代的改變

健康照護、心理衛生和心理處遇約在一九八九年受到管理式醫療護理（Managed Care-HMOs）、大型製藥公司（Big Pharma）和保險產業的強力影響下，有了重大的改變。近幾十年，家族治療遠不如個人取向來得重要，尤其是短期行為處遇（brief behavioral intervention），以及對非主流的心理衛生照護漸長的興趣，如：運動、瑜伽、武術和冥想如何影響心理及身體健康。

為了說明自一九九〇年代以來該領域的系統性變化，我們繪製第二個家系

圖1.6　自1990年家族治療的家系圖

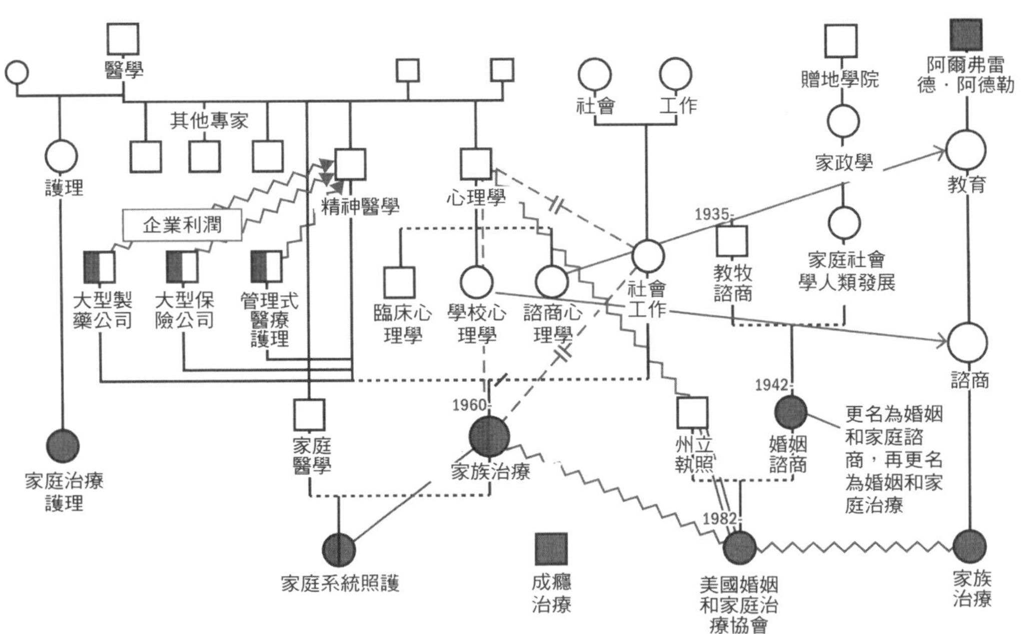

圖顯示其發展歷程（**圖1.6：自1990年家族治療的家系圖**），加入合作和暴力虐待的關係，這是保險企業集團、製藥業和管理式醫療護理、健康維護組織之間所發展出來的關係，最終接管了健康照護和心理衛生領域。精神病學遺棄了它的「子女」。

家族治療在這三股力量中，儼然如媒妁婚姻中的「後妻」（step-wife）。精神病學遺棄了家族治療、系統理論與實踐，宛如它放棄了藥理學以外的其他所有處遇方法。

發展第四十三區的臨床心理學，雖著重家庭心理學，但從未認定家庭心理學是心理學中的專業領域，甚至近幾年，系統化或以家庭為導向的取向，所受重視的程度均在消減。即便是系統化思維和實務的始祖：社會工作，也都屏棄了家族治療。同時，婚姻諮商似乎和證照委員會「結婚」，而成為「官方標記」的家族治療之始，但卻不特別強調系統化理論或實踐。

這是我們初步嘗試透過繪製出家族治療家系圖的演變，呈現我們這個領域歷史的複雜性。任何家系圖都只是呈現家庭或系統錯綜複雜演變的初版地圖。它永遠不可能傳達所有組織化流程的複雜性。但希望它能凸顯我們想用家系圖的繪製來組織歷史，且從系統的角度來擴展我們在脈絡裡對家庭、組織、社會運動的理解的重要性。

家系圖應用於探索特定模式和家庭研究

雖然家系圖幾乎與家族治療、家庭醫學和家庭系統護理領域一樣古老，但對其作為研究工具的巨大潛力才開始緩慢地受到關注。有鑑於家系圖能夠以相對簡單、可更新的圖像格式追蹤和維護大量的家庭資訊，且是實務工作者廣泛用於繪製個案歷史和背景脈絡的工具，那麼作為研究工具一途就顯得很不簡單。

我們知道，實務工作者發現家系圖有助於系統性思考、繪製家庭模式，並在脈絡裡理解個案問題的「意義」。出版品則清楚地呈現家系圖是全球有效且更被廣泛使用的臨床工具。

鮑文系統教練

顯而易見的，第一個使用家系圖的地方是在鮑文系統教練（Bowen Systems Coaching），從蓬勃發展的文獻中可一窺所知（Bowen, 1978; Carter, 1991; Carter & McGoldrick, 1976; Colon, 1973, 2005, 2019; Crouch, 1985; Friedman, 1971, 1987; Hall, 1987; Guerin & Fogarty, 1972; McGoldrick, 2004a, 2004b, 2011, 2016, 2019; McGoldrick & Carter, 2001; Pinderhughes, 2019; Titelman, 1998, 2003, 2007, 2015; Lerner, 1984, 1990, 1994, 1997）。

家系圖在臨床工作的應用一直在擴展，文獻也肯定了與個案合作構建家系圖的治療價值。它鼓勵人們讓自己的聲音被聽到，也賦權給個案自己去發掘他們的家庭歷程，並明確提議要將家系圖納入婚姻和家庭治療師培訓中（Dunn & Levitt, 2000）。

家系圖的應用和變異非常的多元：家系圖的家庭雕塑（Pepp, Silverstein, & Carter, 1973; Satir & Baldwin, 1983; Banmen, 2002）、文化家系圖（Congress, 1994; Hardy & Laszloffy, 1995）、性別家系圖（White）、性家系圖（Hof & Berman, 1986）、家庭遊戲家系圖（見第十一章）、依據不同生活情境而繪製的家系圖。我們之所以提出以下這些建議是希望啟發讀者們感受到家系圖在臨床工作上的潛能。

屬靈和宗教家系圖

好幾位作者已經展開探索屬靈和宗教家系圖的可能性（Dunn & Dawes, 1999; Frame, 2000a, 2000b, 2001; Hodge, 2001a, 2005a, 2005b; Willow, Tobin & Toner, 2011）。

教育和生涯重點家系圖

家系圖應用於生涯諮商的價值逐漸展現（Doughhetee, 2001; Gibson, 2005; Granello, Hothersall, & Osborne, 2000; Magnuson, 2000; Malott & Magnuson, 2004; Brott, 2001; Moon, Coleman, McCollun, Nelson, & Jensen-Scott, 1993; Okiishi, 1987）。

家系圖被視為教導文盲成年人閱讀的基礎工具，透過實務工作者訪談這些人的家系圖，將其謄寫下來，然後教導他們閱讀自己的生命故事（Darkenwald & Silvestri, 1992）。一些工作者也會運用職場和職涯家系圖來促進生涯決定的對話（Moon, et al., 1993; Gibson, 2005）

聚焦生命週期階段

臨床工作者也談到運用家系圖和不同生命週期階段的人一起工作的實用性，如：兒童（Fink, Kramer, Weaver, & Anderson, 1993）、婚前諮商的伴侶（Shellenberger, Watkins-Couch, & Drake, 1989）以及其他伴侶和家庭情況（Foster, Jurkovic, Ferdinand, & Meadows, 2002）和老年人（Bannerman, 1986; Erlanger, 1990; Golden & Mohr, 2000; Gwyther, 1986; Ingersoll-Dayton & Arndt, 1990;

Shellenberger, Watkins-Couch, & Drake, 1989; Shields, King, & Wynne, 1995）。

健康照護

約翰・羅蘭（John Rolland）在其二〇一八年的文章〈幫助伴侶和家庭探勘疾病和殘疾〉（Helping Couples and Families Navigate Illness and Disability），成功開啟大家對此話題全面和深度的討論。但也有許多其他人談到家系圖在健康照護中的相關性。

英格索爾—戴頓（Ingersoll-Dayton）和阿恩特（Arndt）（1990）為了提供老人服務評估和處遇的老人社會工作者（gerontological social work），或者支持那些照護老年而感受到自己角色沉重的專業人士，寫了一篇極具說服力的文章，論述家系圖在研究上的潛能。霍克利（Hockley）（2000）討論他們是如何運用家系圖在緩和（palliative）和安寧照護（hospice care）中提供舒適感；其他人則是著重在運用家系圖來識別心血管的風險（Wimbush & Peters, 2000）。

奧爾森（Olsen）、達德利—布朗（Dudley-Brown）和麥克馬倫（McMullen）（2004）證明了家系圖、生態圖（ecomaps）和遺傳家譜（稱為血統〔pedigrees〕）的結合，是照護領域中，針對健康照護評估的神助攻工具。在我們看來，血統資訊可以很容易地納入家系圖，因此沒有必要將其當作一個單獨的工具來考慮，但多種原因都顯示這種全面性的深度評估是絕對有其意義的。 奧爾森和她的同事已經闡述了這種評估的具體用途：

- 引導辨識風險因子
- 告知病患和他的家人關於面對照護管理策略、心理支持和生殖教育的臨床決定；風險降低、預防、篩查、診斷、轉診和疾病的長期管理
- 決定測試策略
- 建構遺傳模式
- 辨別高風險家庭成員
- 確定生殖選擇
- 區分遺傳學和其他風險因素

- 加強醫病關係
- 教育病患和家人
- 檢示溝通模式和障礙
- 探索代間脈絡中的情感和行為模式
- 幫助家庭將其視為一個相互依存的群體，以重要方式連結在一起
- 幫助家庭成員看到其他成員的共通性和獨特性
- 釐清家庭中的改變選項（如：重新安排家中成員）
- 避免疏離被視為「代罪羔羊」、不受整體家庭結構所支配的家庭成員
- 概括描繪家庭之間與對外機構的連結
- 示範取得資源的方式和資源模式，澄清當前的資源模式，並說明可能需要的額外資源

寄養童的治療

我們和其他人在本書的第十一章中，會分享此主題的兩個案例（Altshuler, 1999；Petry & McGoldrick, 2005）。

理解較大系統的影響

倫貝爾（Rembel）、諾伊費爾德（Neufeld）和庫什納（Kushner）（2007）為家系圖、生態圖和生態系圖（ecograms）的價值辯護，這些圖描述了影響個人和家庭系統的更大系統（Brown, 2004; Franklin & Jordan, 1995; Gilbert & Franklin, 2003; Hodge, 2000, 2005b; Murray & Murray, 2004）。其他建議的用途：追蹤再婚家庭中所看到的複雜關係的配置、因應和追蹤複雜、多元文化的家庭，或應用特定的家系圖去介入，如：家庭遊戲家系圖（見第十一章）。

家系圖可以提高臨床和研究資訊的準確性

奧爾森和她的同事（2004）還闡述了關於資訊準確性的重要議題。顯然，因著病患的記憶獲得其他家庭成員的確認，以及醫療記錄資料的整合，大大提高了準確性。 隨著時間的推移，越多記錄得以更新和查對，準確性也就越高。

這些都清楚地呈現了使用家系圖／生態圖／年代表的價值，資料的收集和添加是持續的，不僅來自不同家庭成員的貢獻，還有來自醫療保健、社會服務和其他的來源，而不是和治療師、護士或醫生的每一次新接觸，都要重新開始。

倫理和法律意涵

這樣的評估是具有倫理和法律意涵的。描繪病患的人際和生態圈的大量資訊，不得不讓人關注隱私及保密議題，資料的求證需要非常的小心。親戚和家庭成員資訊是要保密的，只有在資料提供人的同意下才能釋出。然而，我們應鼓勵病患與其親屬討論遺傳資訊，特別是這些親屬或其子女的未來健康可能會受到影響。對病患和醫療保健提供者來說，決定告訴誰和說什麼是重要的考慮因子，而在研究案中，隱私的保護和保密性也很重要，尤其是健康保險可能會因遺傳資訊而被拒絕。

立法者特定為了保護病患的權益而於一九九六年制定〈健康保險可攜帶性和責任法案〉（Health Insurance Portability & Accountability-HIPAA，衛生與公共服務部），以及為禁止使用遺傳資訊拒絕或取消保險範圍，於最近二〇〇五年制定〈遺傳資訊不歧視法〉（Genetic Information Nondiscrimination Act, S. 306，H.R. 1227）。

家系圖形式和功用的變革

有些實務工作者提議修改家系圖的格式，如：傅利曼（Friedman）、羅爾博（Rohrbaugh）和克拉考爾（Krakauer）（1988）的「時間軸」家系圖；麥特．瓊斯（Watts Jones）（1998）所描繪「功能性」家庭的家系圖；傅利森（Friesen）和邁尼特（Manitt）（1991）的依附家系圖；羅傑斯（Rogers）和霍洛威（Holloway）（1990）自我繪製家系圖（self-administered genogram）；以及柏克（Burke）和費伯（Faber）（1997）描述同性戀家庭網絡的家系網（genogrid）。

有一些實務工作者用以描繪組織，如執行醫療組織（McIlvain, Crabtree, Medder, Strange, & Miller, 1998）。其他則很有創意地將家系圖的概念擴展到他們所聲稱的性別圖（gendergram），用以繪製生命週期裡所經歷過的性別關係。

家系圖應用於探索文化和移民

家系圖亦用來描述家庭故事和拓展文化故事（Hardy & Laszloffy, 1995; McCullough-Chavis & Waites, 2004; McGill, 1992; Shelleberger et al., 2007; Sherman, 1990; Congress, 1994; Thomas, 1998; Keiley et al., 2002; Kelly, 1990; Estrada & Haney, 1998）。位在亞特蘭大市之喬治亞州立大學的邁肯古．亞金耶拉（Makungu Akinyela），任教非裔美國人研究系，其用家系圖來教一堂非裔美國家庭的課（個人談話）。這門課中，她教導學生在非裔美國家庭的政策、歷史、移民和文化發展的文獻脈絡下追蹤自己的家庭歷史。這樣的方式讓學生看到一些連結，即其自身家庭生活經驗和成長中的政策、經濟、社會脈絡之間的關聯。伊茲納加（Yznaga, 2006）形容家系圖的價值是其能促進墨西哥移民的跨文化能力。

西莉亞．法利科夫（Celia Falicov）的多維生態系統比較法（Multidimensional Ecosystemic Comparative Approach-MECA）納入更多重情境觀點，對擴展家系圖的繪製有最詳盡的探索。法利科夫在臨床實務和培訓中，運用對文化位置的豐富理解來擴展家系圖的繪製，其包括多維生態系統比較法地圖（MECAmaps）和多維生態系統比較法家系圖（MECAgenograms）。這些圖著重家庭的四個面向：他們的生態背景脈絡、家庭生命週期、組織化，及他們的遷徙／文化歷史（2012, 2015）。她非常詳細地探討將這些多重情境向度納入繪製家庭文化和生命週期經驗的可能性。

家系圖應用於軍人家庭

魏斯（Weiss）、科爾（Coll）、高爾貝（Gerbauer）、斯邁利（Smiley）和卡里略（Carillo, 2010）發展出一個非常實用的家系圖，特別針對軍人家庭議題而創造出來的特定家系圖，包括對他們來說有關的特殊符號。

家系圖應用於未來各種治療取向

家系圖可被應用於擬定治療策略，如重新框架、去除家庭遺毒（Gewirtzman, 1988）、焦點解決治療（Kuehl, 1995; Zide & Gray, 2000）、那些在寄養家庭長大或經歷多重安置的孩子，以及家庭系統排列（family constellations, McMillen & Groze, 1994; Altshuler, 1999; Colon, 1999）。瓦克泰爾（Wachtel, 2016）從心理動力的視角開始，談到家系圖如同「心靈之窗」（window into the psyche），擴展個案的世界觀、有意識或無意識的感覺。

他們提供了一個機會，以建樹性的方式來談論個人最深層痛苦的、衝突的、脆弱的經驗，如此才能聽到輸入的資訊。舒岑貝格（Schutzenberger, 1998）在跨代心理治療運用各種家系圖的變化，於治療時探索個案家庭樹裡所隱藏的議題。比爾・內林（Bill Nerin, 1986, 1993）是薩提爾的追隨者和家庭重整塑的支持者，運用家系圖和家庭年代表（family chronologies）做為和學生及個案與他們父母親重新連結的關鍵要素。

赫扎斯托夫斯基（Chrzastowski, 2011）探索家系圖在敘事治療中的應用，提供了一個非常有價值的討論。她運用家系圖分析（或者家庭成員的照片）作為進行回憶對話的機會，一起和那些完全被依附情感佔據的人（幫助他們與情感反應保持一定距離），以及那些情感型逃避依附的人（透過討論幫助他們重新連結）探索他們的故事。正如赫扎斯托夫斯基所說，家系圖提供了一個獨特探索和重述家庭故事的機會。

家系圖應用於探索失落和創傷與增強復原力

華許在二〇一六年所寫的《家族再生》（*Strengthening Resilience Family*）一書中提到她和約翰・羅蘭在洛杉磯所參與減少幫派暴力的方案，詳盡討論如何運用「復原取向家庭家系圖」（Resilience-Oriented Family Genograms），探索「關係生命線」和正向連結，包括同儕、社群和寵物。他們以家系圖為基礎，為發展復原力提供詳盡的附錄指南。另有一些是特別聚焦於運用家系圖來探索創傷和失落議題（Jordan, 2004, 2006; Goodman, 2013; McGoldrick, 2004; Kuhn, 1981）。

家系圖應用於培訓

學生研究自己的家系圖作為關鍵臨床培訓的重要性是無庸置疑（Carter &

McGoldrick, 1976; Magnuson & Shaw, 2003; McGoldrick, 1982; Soh-Leong, 2008; Kagnica, 2011, 2014）。阿頓（Aten）、馬德森（Madson）和約翰斯頓·克魯斯（Johnston Kruse）（2008）制定了一個模式，為的是運用學生受督經驗所建立的家系圖，來探索他們在成為督導前的偏好。

未來發展

家系圖電腦化很快地讓臨床工作者更容易追蹤家族史。我們希望能夠為了解特定模式而探索整個家系圖資料庫：遺傳模式、疾病、性別和手足功能模式、情感三角關係、前幾代經歷的失落或創傷、各種症狀之間的相關性等。

年代表將能夠顯示家庭歷史上任何特定時刻的事件，或前幾世代人生命週期中的特定時刻的事件。家譜學（Genealogy）軟體已行之幾十年。

此外，專門為臨床工作設計的新軟體程式正新興，這將鼓勵這一代精通電腦的治療師在臨床工作和教學中使用圖像。我們才剛開始意識到家系圖的研究潛力。即使家系圖符號和符號的標準化仍處於早期發展階段，但我們希望這本書能激發更多的討論，看看如何能將圖像電腦化的運用化到最大。

透過適當的加密，電腦化家系圖的圖像能附加到資料庫，不管是一次討論一個或兩個，都將開啟許多描述特定議題的可能性，然後轉移的圖像能用來顯示家庭歷史中的不同時刻，或不同的脈絡和主題（教育、健康和疾病、情感關係等）。當家庭隨著時間往前進，這些可能性將大大提高我們研究家系圖模式的能力，因為隨著病患更認識他們的醫療照護專業人員時，他們將能修改和更新家系圖的資料。

對醫療照護和精神衛生研究來說，臨床工作者能夠在每一次看診時，在病患的家系圖上增加其基本人口統計學、功能和關係資訊，則是非常有價值的。鑑於家系圖作為地圖的實質價值及其追蹤更深層資訊的潛力，它基本上能輕易符合特定研究目的所需。使用家系圖進行研究不需要特定的研究形式，而是日常臨床圖表的一部分，用於追蹤個人和家庭歷史，也許可以新增研究人員感興趣的特定資訊。

然而，該工具的演變需要幾個發展：

- 家系圖電腦化，如同一個機動圖像的資料庫，可以直接從資料庫挖掘資料用於研究，以及立即獲得對臨床工作者和病患有用的回饋。
- 處理加密和保密的議題，以便保護健康記錄的隱私。
- 促進記錄儲存和獲取家系圖資訊的便利性，以便激勵臨床工作者仔細記錄及更新新資訊。
- 促進臨床工作者回饋研究結果，以便他們看到仔細追蹤病患狀況的價值，因為他們和他們的病患將從及時的研究回饋中受益。

警語

整本書中，我們是根據家庭的家系圖來主張家庭的狀況，而所提供的這些觀察資訊，是作為嘗試性的假設之用，如同闡釋一般家系圖一樣，這些假設需要進一步探索。根據家系圖所提出的假設還不是事實。家系圖闡釋的原則如同地圖一般，透過突顯地勢的特徵來引導我們走過家庭生活之錯綜複雜的疆域。

這裡所顯示的家系圖的訊息，比我們所討論到的還多。我們鼓勵讀者利用這些繪製出的家系圖，開始發展自身在運用和闡釋家系圖的技巧。

因為電腦，我們能收集的訊息，比所能陳列的訊息還多，但很顯然地，家系圖所能陳列的訊息是有限的。臨床工作者所收集到的人們生活訊息，總是能比其在單一家系圖中所描述還更多。當我們能夠在電腦資料庫儲存所有歷史時，很快地，我們就能夠依特定目的，選擇呈現特定家系圖的面向。

名人的家系圖是由可用的傳記材料所繪製成的，可能有很多不準確的地方。 基於已花了數年時間研究家系圖，我們非常清楚獲得準確資訊的困難。另一方面，我們希望您能感受到我們的興奮，這份興奮是基於家系圖所帶來的豐富性。但若有錯誤，也接受我們事前的道歉。

CHAPTER 2

繪製家系圖

臨床上來說，收集家庭訊息和建構家系圖應該永遠都是我們一般參與、評估和協助家庭歷程的一部分。家庭成員帶著問題前來求助，並在問題的脈絡中述說故事，而我們從中收集資料。雖然家系圖中的基本資料，就如同醫療記錄的一部分，可以從一個結構化的格式中收集，但參與者必須理解資料收集的目地，且必須給予資料最大的尊重。

探索家庭歷史是一個密切合作的過程，並非只是技術性的適時收集而已。你提出的任何問題都可能觸發最敏感、最尷尬或創傷的經歷，因此家系圖永遠不會只是一連串為了收集「事實」訊息而提問的使用手冊。

然而，繪圖本身需要符合家系圖繪製的慣例，以便家系圖符號成為一種通用語言，讓臨床工作者能夠分享他們的理解。家系圖的價值在於其共享的象徵性語言，是臨床工作者繪製個人或家庭人口統計學、關係和功能結構和細節的速記法。本章除了講解家系圖的圖像元素，也提供如何為案例構建家系圖的示例。後面的章節則會詳盡講解隱含的模式，包括：特定家庭模式、文化模式和文化議題，以及這圖的實務及研究的涵義。

我們可以藉由訪談單一或多位家庭成員，來獲得家系圖訊息。顯然地，從多位家庭成員身上所得到的訊息，不但可以增加訊息的可信度，也可以提供我們比較這些觀點的機會。當然，我們會因為試圖理解不同版本的家庭歷史，以及想辦法記錄這些不同版本的故事，所要處理的複雜度會增加。

家系圖訪談的時機點

當然，我們不一定都會與幾位家庭成員見面，況且家系圖訪談通常是個別訪談。完成家系圖評估所需花費的時間差異很大。雖說一般而言，只需花十五分鐘或是更少的時間，就能收集到基本訊息（Wright & Leahy, 1999），但是，一個深度、完整的評估訪談則要包含多位家庭成員，所以往往會花上一至兩小時的時間。有時家庭成員需要長一點的時間才會感到自在，也才願意揭露他們歷史的創傷層面，因此，不難理解我們難以從單次的訪談中收集到所有的資料。

我們幾乎也不太可能會在第一次訪談中詢問如性創傷或身體創傷的毒害議題（toxic issues），尤其是當個案在另一位家庭成員面前揭露這樣的議題可能會讓他暴露於危險之中。甚至關於家庭的收入的提問，雖然對臨床評估來說這是重要資訊，但或許需要緩一緩，直到一些信任感建立後，再讓個案理解這些個人資訊為何重要。

臨床工作者常偏愛將他們的提問分布在不同的時間點來問，並根據他們與家庭之間工作的進展和家庭的信任感來發展家系圖。家系圖之所以能成為如此豐富重要的工具，是因為隨著臨床工作者對家庭歷史的瞭解越多，就越能夠更新和擴展家庭訊息。因此，家系圖本身就會成為一個更精確、更詳盡完整、和更有價值的家庭故事地圖。

描繪家庭架構

家系圖的主軸基礎是用圖像描繪世代之間家庭成員在生物性、法律和情感上的連結。家系圖是由代表人的方框和圓形、代表人與人之間關係的線條所建構而成的。繪製家系圖時，我們通常會至少包含三個世代（若指標人物有小孩和孫子女，則會四或五個世代），上溯至指標人物（index person, IP）的祖父母。

因應複雜的家系圖

因為家系圖能變得非常複雜，所以其實並沒有一套既定的規則要求定要包含所有的突發事件。我們想要呈現的是我們如何因應一些常見的問題。首先，它有助於事前規劃。顯而易見，如果四分之三頁的紙都填滿父親三手足的資訊，那麼當我們發現母親是老么，上有十一個兄姊時，繪製就會出現問題。因此，開始前，我們需要對父母親那一輩的手足數量和婚姻狀況有一個概括性的瞭解。以下的提問可以幫助我們起頭，預測複雜度和規劃圖像：

- 父母各自結幾次婚？
- 父母各自有幾個手足？
- 父母各自的排行？

這三個提問可以幫助你規劃紙上的空間。當然有些時候，還是會有狀況太過於複雜而無法擠在同一張紙上，因此你必須做出決定，看看個案的哪些重要家庭成員是你想要呈現在紙上的，然後加另一張紙（或用較大的活頁紙）持續記錄父親的其他四段婚姻關係和扶養的孩子。

一般來說，指標人物是家系圖的焦點人物，其他人的細節則要和這個指標人物有關才需要呈現出來。因此，家系圖的複雜度取決於所要包括的資料的深度和廣度。舉例來說，如果一個核心家庭，我們加入許多問題和創傷事件的細節，家系圖則可能變得複雜、擁擠和難以閱讀。也就是說，家系圖所能呈現的訊息有限，尤其是複雜的關係和多段婚姻關係。有時，為了聚焦在特定的議題上，必須重組或重畫家系圖，用以顯示評估重點。在某一刻，資訊會複雜到無法在家系圖上呈現，屆時就可能要繪製出特定的家系圖來顯示：

- 當下時刻的關鍵因子
- 症狀出現當下的關鍵因子
- 特定個案的時間年代表或特定的一段時間，如：當症狀開始出現時
- 過去創傷發生那段時間的關鍵因子

運用有限的符號繪製關鍵資訊

當我們要充實完整的核心家庭和大家庭的歷史資訊前，一開始的重點應放在每一位家庭成員的基本事實資訊上，這些資訊是家庭必不可少的統計資料和客觀資料，也是官方紀錄可以確認的。這些資訊的一部分有其放置的特定位置。

人口統計學資料

- **種族背景和移民：**種族是放置在所屬的家庭成員之上，而移民的波浪線則顯示在人的符號上方的直線
- **年齡：**人的方框或圓圈裡
- **出生年月日和死亡年月日：**人的符號的左上方和右上方
- **地點：**如果是和指標人物不同的話，則標示在人的符號上方
- **收入：**人的符號上方
- **職業：**人的符號旁邊
- **教育程度：**人的符號旁邊

一般來說，為了讓家系圖語言變得實用，研發者理解到僅為家系圖開發那麼多符號，除了讓其變得太複雜，也沒有人能記得符號的意思。於是我們試圖不要開發太多的符號，這樣人們才能學習「家系語言」，記得這些符號。臨床工作者為了更多的細節而必須看到基本家系地圖背後的意義。因此，符號的用意是為了能闡明簡單模式、改變生活功能及關係的關鍵議題。除此之外，臨床工作者必須注意其他更細節的資訊，或為他們特定的計畫或興趣發展出專屬他們的特殊符號。

舉例來說，雖然沒有自殺的符號，但其對家庭系統來說又非常重要，臨床工作者一般來說會想知道所有相關的細節。有些人建議創造自殺符號，那麼我們是否也要有謀殺、失蹤或其他創傷性失落的符號？自殺是所有死亡當中最具創傷性的，有鑒於它的毒害性，相關自殺的所有事證對於理解經歷此事件的家庭來說，都至關重要。這樣的家庭資訊，包括家庭網絡中其他的自殺或企圖自殺，都需要在家庭年代表和家系圖中被標註。然而，所有的細節和含義是無法被全部傳達的，所以選擇就變得相對重要。這考驗著臨床工作者的技巧和判斷力。因此，一些改變人生因子的指標會引導臨床工作者添加他們認為重要的訊息，因為家系圖上有足夠的空間，而不會讓圖表變得難以閱讀

過去多年，新增加的一些符號供家系圖使用，這些符號有：移民、秘密、寵物和家庭的極重要他人。的確，寵物可能是某些家庭成員僅能實際接觸一段時間的對象！而且，當寵物是個人治療的一部分，或是寵物生病或死亡的時候，牠們通常對家庭的健康或失功能扮演一個重要的角色。

和特定族群工作的時候，我們鼓勵視必要性及實用性加入特定的額外符號，好讓家系圖對研究者和臨床工作者所關注的模式，更發揮圖像解說的功用。

家系圖基本符號和它們的位置

下頁的**圖 2.1：基本符號**顯示符號和它們可能所在的位置。

- 男性是正方形框、女性是圓圈，以及新修訂的性別符號代表非二元性別（non-binary）。
- 圓圈外有正方形框代表跨性別男，正方形框外有圓圈代表跨性別女。
- 符號內有三角形代表男同性戀者、女同性戀者、跨性別者者、雙性戀者、酷兒、雙性人或無性戀者。
- 個人的名字寫在符號下方。
- 出生日期標明在個人符號的左上方。
- 死亡日期標明在個人符號的右上方。

圖2.1　基本符號

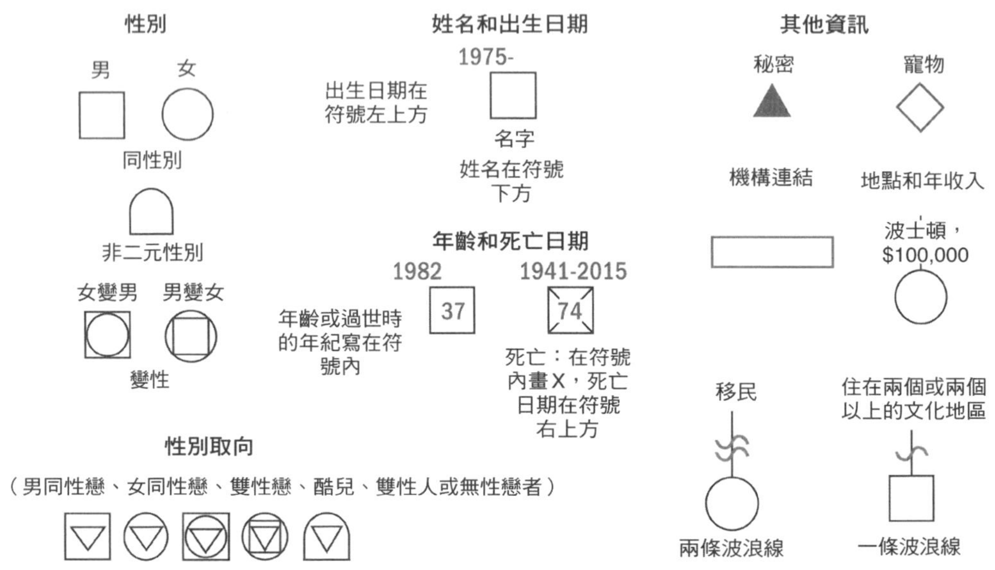

- 個人的所在地和收入標明在出生和死亡日期上方。
- 所屬機構，如：匿名戒酒會、宗教組織或兄弟會、一些個人所屬的其他機構，用長方形方塊表示，框內寫在機構名稱，外面用線連結方形框和個人符號。
- 寵物（有時會畫如同寄養童的虛線表示）用鑽石菱形代表。
- 符號上方畫兩條波浪線代表移民，但若不是移民而是居住在不同文化的地方則是畫一條波浪線。
- 實心的三角形意指秘密，不管是外遇、關係截斷、一個孩子的親子關係、自殺或其他任何事。你會備註秘密的內容。
- 個人的收入和現居地原則上是寫在出生和死亡日期的上方（其他經濟狀況，如：負債，相關的話也會包括其中）。
- 只要有空間，每一個人的其他人口統計資訊，如工作、功能或其他需要標示的資訊都會寫在符號旁邊。

家系圖上繪製伴侶關係

伴侶關係（**圖2.2：伴侶關係**）在家系圖上，在男性伴侶和女性伴侶（異性戀關係）之間畫一條線連結。女同性戀者、男同性戀者、雙性戀者、跨性別或酷兒（LBGTQ）族群，若是結婚，就會用同樣會畫實線。

- 男性伴侶（用正方形框表示）和女性伴侶（用圓圈表示）的異性戀關係，男性則會畫在左邊，而女性則會畫在右邊。
- 對異性戀伴侶來說，爺爺奶奶都會在圖的左邊，外公外婆則是在圖的右邊。
- 若伴侶在一起一段時間但沒有結婚，就用虛線表示。
- 一條虛線和一條實現平行存在則顯示沒有結婚但對彼此有承諾、認定對方的關係。
- 伴侶分開則是在伴侶關係線上畫一條右斜槓表示。
- 離婚則是在伴侶關係線上畫二條右斜槓表示。
- 若分開的伴侶復合，則在右斜槓上畫一條反斜槓，即伴侶關係線上形成X圖像，顯示分開的關係結束。

圖2.2　伴侶關係

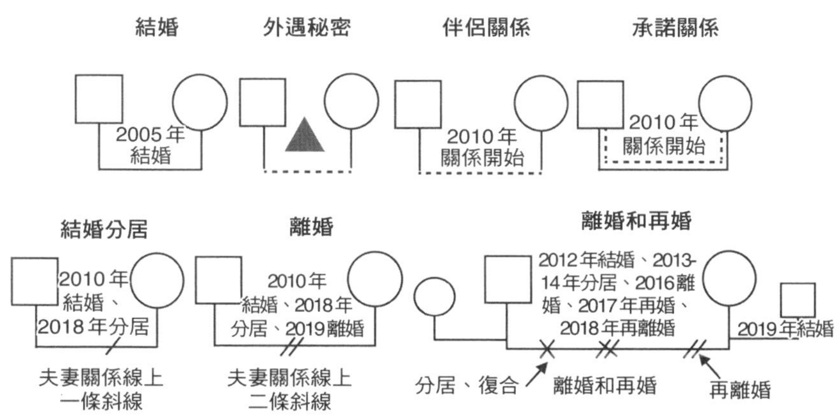

- 若離婚夫妻再復婚，則在離婚線上畫一條反斜槓。
- 一旦一個人有多段關係，要一直維繫男左女右，小孩依出生序從左到右，簡直是不可能。這個時候，就必須有所選擇，優先排序，看哪些是你想工作的主要對象、他們的重要伴侶和孩子。

家系圖上繪製小孩

小孩在家系圖上的位置，是理解他們生命中手足關係和成年人關係至關重要的資訊線索（**圖 2.3：小孩和父母親的關係位置**）。

- 父母關係線往下畫小孩的位置，依出生序從左到右。
- 親生孩子用實線連結。
- 小孩在嬰兒或孩童時期就死亡，則相較於其他小孩的位置，畫高一點、小一點，重點放在呈現失落。
- 流產是小圓點，墮胎則是小 X。
- 雙胞胎是同一個點上往下依出生序畫兩條線，若是同卵雙胞胎則是在兩線中央畫一條橫跨線。
- 懷孕用三角形表示（三角形內是正方形框或圓圈代表性別）。
- 寄養童用一條虛線表示，旁邊則標註同住日期。
- 收養童用一條虛線和一條實線平行表示，顯示其連結的永久性。再

圖2.3　小孩和父母親的關係位置

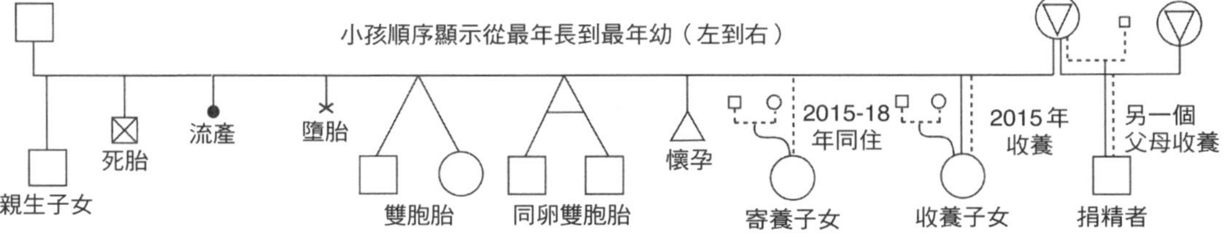

者，小孩的線旁邊則可以標示收養的日期。

- 小孩是透過捐精者生下的，則畫一條細的虛線連結捐精者和生產者，從他們之間的那條線往下畫小孩，該線條是穿過同性伴侶線的。

成癮和其他生理或心理疾患的符號

我們疾病的符號僅顯示成癮或是重大疾病。這些符號所代表的是生活改變的問題，但看圖的人必須查閱細節，以便理解問題的真實本質（**圖 2.4：成癮、生理和心理疾患**）。一般來說，疾病的本質可在符號旁標示出。家系圖軟體讓我們不管在生理或心理疾患上，都能夠進行更詳盡的追蹤。

我們能夠根據診斷目的而選擇要顯示哪個特定的疾病，或者另一方面可以隱藏一些資料細節，讓我們在追蹤家庭模式上更為容易。如果一個人參與匿名戒酒會或戒癮復原計畫的治療，或他們隸屬任何強大的附屬機構，如宗教、兄弟會或其他團體，則可畫出一條線連結代表治療師或復原計畫的長方形框（見**圖 2.1：基本符號**）。治療日期也可以標示。

圖2.4　成癮、生理和心理疾患

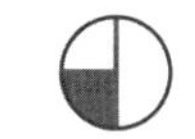

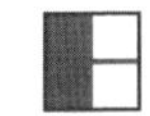

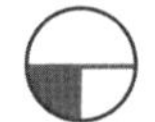

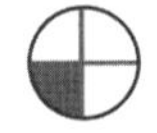

- 我們填滿符號的左半邊顯示生理或心理疾患。
- 正方形框或圓圈的下半部填滿顯示成癮。若只是懷疑而沒有確認的成癮，符號下半部以斜線取代實心。
- 若某人從疾病中復原，則只填滿左下方的四分之一的部分，但線還是要橫跨符號。
- 當一個人既有成癮行為又有精神疾患，則符號的四分之三要被填滿。
- 當一個人患有精神疾患但從成癮行為中復原，則左半填滿。

功能模式

功能資訊多多少少包括家庭成員的醫療、情緒和行為功能的客觀資訊，而其中的一些資訊則可以從人口統計學（學歷、職業、健康狀態和關係等）的資料中一目了然。即使家庭成員通常一開始對某家庭成員的一些客觀徵象（如曠工、酗酒）的描述相當模糊，會用「怪異的」、「不可靠的」來形容，但這些客觀徵象可能是這個人的功能指標。對家庭成員來說，可能需要一些時間才能傳達出家庭成員失功能的全部資訊。

家庭帶來的問題有時已經在前幾代就發生。多種徵狀模式，如酗酒、性虐待、暴力、自殺和身心症模式，常會一代複製一代。關乎成癮或疾患的家庭功能也可能複製了好幾代。這樣的傳遞不見得是線性。酗酒父親的小孩可能是禁酒者，但他們的孩子可能又會成為酗酒者。臨床工作者注意到模式的複製，或許能幫助家庭理解他們對當下情境的適應和可能適應不良過程。

所有家庭的復原力、優勢、成功及失敗都應被評估（Walsh, 2016），當我們可以幫助家庭看到自身的優勢和復原力，而非失功能時，他們因應難題的能力就越好。不管是成功功能的指標，或是失功能的指標，都必須被注意到。臨床工作者也或許能夠在每個人的符號旁標示全面功能運作的狀態，並在家庭年代表中追蹤功能的變化。

我們希望未來家系圖軟體能讓我們在家庭年代表上追蹤更多個人功能的細節資訊，也能追蹤物質濫用類型（每日大麻的使用、每週喝到爛醉、濫用處方籤的止痛藥等等），用以得知藥物濫用的問題是如何隨時間而演變。

家系圖上顯示關係

關係線因為過度簡化，變成是家系圖中最不可靠的線。我們不可能標示所有各式各樣的關係，尤其這些關係是會隨時間而變的。儘管如此，還是有基本的關係線用來表示顯示親密、疏離、衝突和截斷，另有其他幾種重要的模式，如：虐待和照顧（**圖 2.5：顯示人之間互動的符號**）。伴隨著所存在之更微妙的矛盾和依賴議題，而關係的某些重要面向（如人與人之間的權力區分）是我們尚無法在家系圖中傳達出來的。

我們會呈現以下符號的相對應關係：

- 一條直線意旨兩個人之間是有連結的。兩條直線是他們的關係親近。三條直線則代表著他們的關係是融合的（fused），即關係是高度相互依存的。
- 虛線代表疏離關係，鋸齒線代表衝突關係，鋸齒線外加量條直線意指親近又敵對的關係。

圖2.5　顯示人之間互動的符號

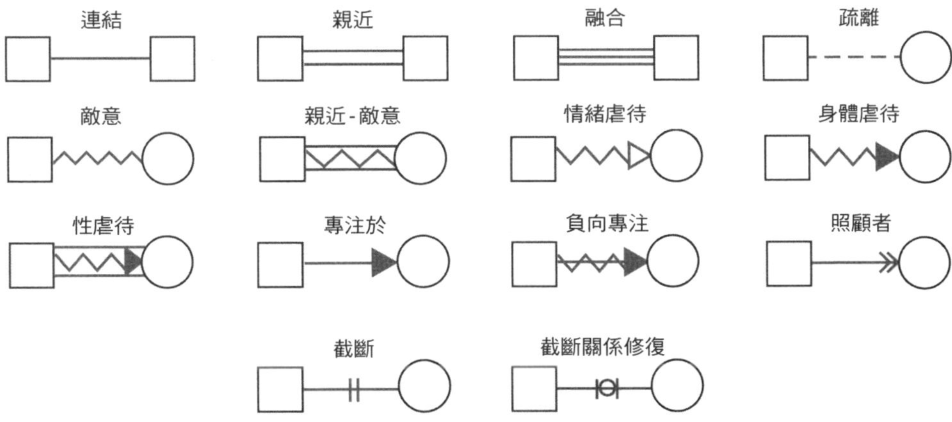

- 鋸齒線加一個空心的箭頭意指情緒虐待。
- 鋸齒線加一個實心的箭頭意指身體虐待，箭頭所指的是受虐者。
- 鋸齒線外加兩條直線意指性虐待，箭頭所指的是受虐者。
- 其他一條線加箭頭代表一個人將注意力放在另一人身上。當個人的重點都放在對他人負向，就是鋸齒線。
- 單一條線架上兩條斜槓代表關係截斷。
- 單一條線架上兩條斜槓，而斜槓中間有個圓圈，代表著截斷關係被修復。

家庭關係和角色

當然，家系圖軟體的存在讓我們可以更容易修改資料和關係線，或呈現歷史上任何特定時刻的壓力源。指出關係模式變化的時間點對追蹤家庭情感的流動歷程是很重要的。勾勒和描繪家庭成員間的關係是家系圖構建中最具推論的面向。這種特徵是根據家庭成員的報告和直接觀察。雖然在實務操作上，常見的關係描述，如「融合」（fused）或「衝突」（conflictual）很難定義，且持不同觀點的實務工作者的解讀也不同，但是，這些符號在臨床實務上描繪關係強度時確是十分有用。

當然，家庭關係會隨時間而變，如同上述所指出的，此部分的家系圖是最主觀，也是最易發生變化的。此外，有人主張任何衝突關係底下都意味著連結，而根據這樣的定義，它則反映了融合和衝突。然而，融合／衝突線常用來表示強烈的連結和明顯的衝突。

截斷是用來描繪關係的最為重要指標，因為它對家庭的影響是非常大的。家庭中，任一截斷關係的開始和結束都須要標明，因為截斷關係可能會逐漸擴散成其他疾病或失功能的模式。我們認為截斷，如同死亡一樣，對整個家庭系統會有重大的影響。鮑文曾說，他認為截斷對系統來說是影響預後（prognosis）最重要的家庭變項（Kerr & Bowen, 1988）。截斷也可能和高衝突或沉默的疏離有關。

關係問句

關係問句有助於我們儘可能收集許多家庭關係面向的資訊。例如，先生被問到：「你認為你和母親及哥哥的關係有多親近？」然後，太太則會被問到她對先生的這些關係的印象是什麼。目的是發掘家庭關係的異與同，且運用這些不同的家庭觀點，為臨床工作者和家庭豐富這幅家系圖畫作。

常見關係問句

- 有任何家庭成員，彼此現在不說話或已有一段時間不說話了？有任何成員曾經／現在有嚴重的衝突？
- 有任何家庭成員是特別親密的？
- 當需要幫忙時，誰會出手幫忙？
- 家庭成員會向誰透露心事？
- 所有的夫妻某種程度都會面臨一些婚姻的難題。你認為你遇到的難題或衝突是什麼？你的父母、手足的婚姻如何？
- 你和每個孩子的相處如何？有家庭成員的特定問題是和他們孩子的相處是關的嗎？
- 家庭關係的權力動力為何？有哪位家庭成員受其他人威脅？有哪位家庭成員更有權力界定關係中所發生的事？這裡所指的，不只是家中有領導力或情緒力量的家庭成員，也指因家中地位和／或因在社會上性別、種族、膚色、社經地位、年齡和性別取向，而享有較多權力的家庭成員。

關於家庭角色結構的問句

家庭成員所用的標籤（labels）和綽號具有其特殊的意義。通常，每一個家庭成員在家都會有一個綽號來形容，甚至約束其在家的位置，例如：暴君、超級母親、明星、反叛者、負責者或寶寶。標籤是個很好的線索，協助我們探索系統中情緒模式。

- 有任何家庭成員被視為照顧者？問題製造者？生病的？壞的？抓狂的？自私的？強者？弱者？主導者？跟隨者？成功者？失敗者？拯救者？
- 誰被視為溫暖的？冷漠的？關愛的？疏遠的？

有時，詢問其他家庭成員描述他們現有家庭成員的特徵，對我們的實務工作是有助益的，如：「你認為你的哥哥會如何描述你和太太的關係？」或「當你十三歲，也正是你兒子現在的年齡，你的父親會如何形容描述你？」再者，我們會儘可能多方面收集資訊，豐富家庭的觀感，同時介紹新資訊的通路。

親密、疏離、衝突等等的關係模式也會有世代重複的狀況。若我們沒有繪出跨數世代的家系圖，我們通常不可能發現被遺漏的複雜關係模式。透過找出這樣的模式，我們希望能幫助家庭避免在未來世代繼續重複此模式。

家系圖上的家戶、關鍵信息、家庭成員位置

建構家系圖時，以三代為基準，然後視需要擴展。我們繞著主要家戶畫線，如此我們就能知道誰住在家裡，以及其他關於核心家庭情況的關鍵信息。

圖2.6：家戶、關鍵信息和家庭成員位置顯示艾麗莎・巴爾哈（Alisa Bahr）的家系圖，她是一位三十歲的心理學家，在二〇一四年尋求治療。她是家中三個孩子的中間那個，她的哥哥喬搬到聖地牙哥，從事資訊科技。她的妹妹艾倫依然和父親山姆、母親貝蒂和他們的狗馬芙（顯示是寄養童）住在一起。

- **艾麗莎的位置比其他手足較低也較大**，用以說明她是指標人物或是我們家系圖的焦點。
- **艾麗莎的父親山姆、母親貝蒂也比他們的手足（莎拉和埃德娜）較低和較大**，來說明他們是主要家庭的一部分。
- **手足的配偶和小孩畫得較小和較低**，如喬的伴侶，來顯示他不是主要家庭的一部分。
- 山姆的母親幾年前過世，父親再娶一個有兩個孩子的離婚婦女。**父親**

圖2.6　家戶、關鍵信息和家庭成員位置

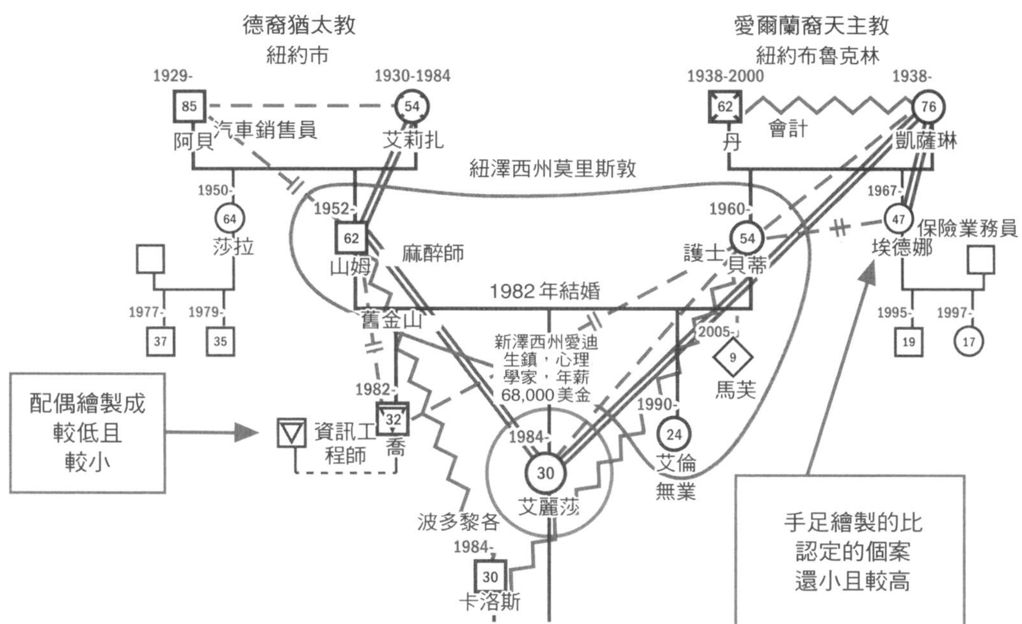

的第二任太太和她的前夫及小孩也畫得比父親小。

- 重要的關係被突顯出來：山姆和他父親的關係是截斷的。貝蒂和她妹妹的關係是截斷的，和她母親的關係是疏離的。
- **關於文化背景**（上方顯示最早的世代）、**職業、收入、所在地、家內關係**的關鍵信息都在家系圖上標示出來。
- **家戶內的主要成員被圈起來**。在這個案例中，指標人物艾麗莎自己一個人住，父母親則是和小妹艾倫、他們的狗一起住。

關乎每位家庭成員的資訊

以下是和每一個家庭成員有關的資訊，雖然我們不見得都會涵蓋到：

- 出生、結婚、分居、離婚、生病和死亡日期（包括原因）

- 排行
- 種族、階級和宗教背景
- 因教育、收入或婚姻而有的任何階級轉變
- 目前的信仰和宗教上的改變
- 職業和教育程度
- 目前的所在地
- 目前關係狀態（親密、衝突、切斷）

家系圖能夠顯示家庭隨著時間的演變，拓展在他們議題上的家庭歷史觀。當臨床工作者收集更多關於家庭事件的資訊時，有一些特定的歷史缺口會出現。家庭成員通常會變得對他們的故事感到興趣，以致開始搜尋他們的歷史，增廣他們的觀點。家庭成員可能透過和親戚談話、參閱家族聖經、閱讀當地或區域歷史、或取得醫療、宗譜和其他公開記錄，來學習更多的資訊。

建構家系圖

在隨著臨床工作者收集更多關於家庭成員的資料後，現在要說明如何建構艾麗莎·巴爾哈的家系圖。我們要強調的是沒有所謂的「正確」收集資料的方法。雖然我們想知道上述項目的所有資訊，但是個案的回答應引導我們後續的提問，在他們已經告知的脈絡和問題上展現我們的好奇。一般來說，我們至少想包含三代的訊息，從指標人物或認定的病人往上推到至少祖父母輩，以及往下到下一代的所有成員：婚姻、小孩、侄子姪女、寵物、朋友和指標人物的親友支持。代表家庭成員的圖用線連結彼此，顯示他們的血緣和法律關係。

如果我們沒有用家系軟體繪製家系圖（我們一般使用genopro.com的家系軟體，有個初始的家庭模板：www.genopro.com/genogramformat），我們通常會從一個三代的家系骨架開始，如我們在第一章（**圖 1.1：家系圖模板**）所顯示的，讓家系圖的繪製容易些。

除了家系圖本身之外，我們也會建構家庭年代表，在時間軸上追蹤家庭

事件和症狀模式。我們會在年代表、個案記錄（描述症狀發展和其他重要的家庭或個人資訊）和家系圖的符號中來來回回。我們希望電腦軟體能促使這樣記筆記的方式更為容易，當複雜信息收入資料庫時，可以讓我們逐一檢視特定模式。但就目前為止，我們會著重在描述繪製技巧、系統化思考問題及療癒演變的歷程，以及如何以系統思維思考我們的生活。

本書家系圖運用的顏色和字體大小

我們在本書會運用特定的方式呈現特定素材種類：(1) 指標人物（被認定病人或IP）一般用灰色塗滿；(2) 名字、日期和主訴問題，字體大小是根據成員在家裡的位置（關鍵人物：大；其他重要家庭成員或朋友：中；手足的配偶或小孩、堂表兄弟姊妹、其他配偶等：小）。

我們從艾麗莎．巴爾哈開始，來建構她的家系圖（顯示在**圖2.7：指標人物的家系圖，加入主訴問題、職業和地點**）。艾麗莎的名字、第一次接觸的日

圖2.7　指標人物的家系圖，加入主訴問題、職業和地點

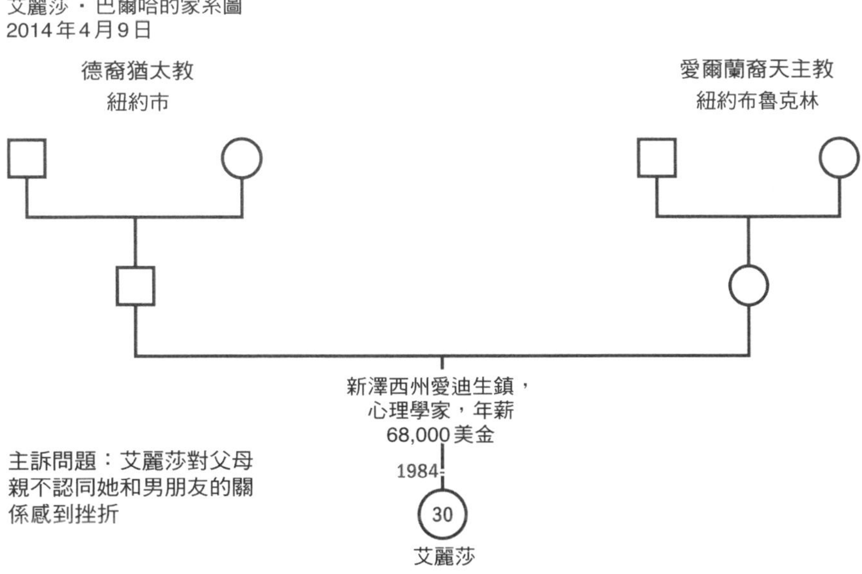

期（二〇一四年四月九日）顯示在紙的左上方，主訴問題在左下方。指標人物或認定病人的符號有時會用雙圓圈或雙正方框來顯示其優先順序，但我們發現這會讓符號變得比其他手足更大和更低。艾麗莎的所在地、職業、年收入顯示在她的出生年月日之上。

主訴問題在左下方呈現，即艾麗莎對於她父母親負向針對她的男朋友卡洛斯而感到挫折。艾麗莎的工作情況（她是一位心理學家）、她的地點（新澤西州愛迪生鎮）和她的收入（$68,000）則在她符號的出生年月日（1984）之上。

在**圖 2.8：加入指標人物的文化和宗教背景及核心家庭**中，你能看到艾麗莎父親的背景是德裔猶太教，母親是愛爾蘭裔天主教。妳也能看到關於她的核心家庭和男朋友卡洛斯的基本資訊。她是家中三手足的中間那個，她的哥哥喬是男同性戀，住在舊金山，資訊工程師。艾麗莎的妹妹艾倫小她六歲，和父

圖2.8　加入指標人物的文化和宗教背景及核心家庭

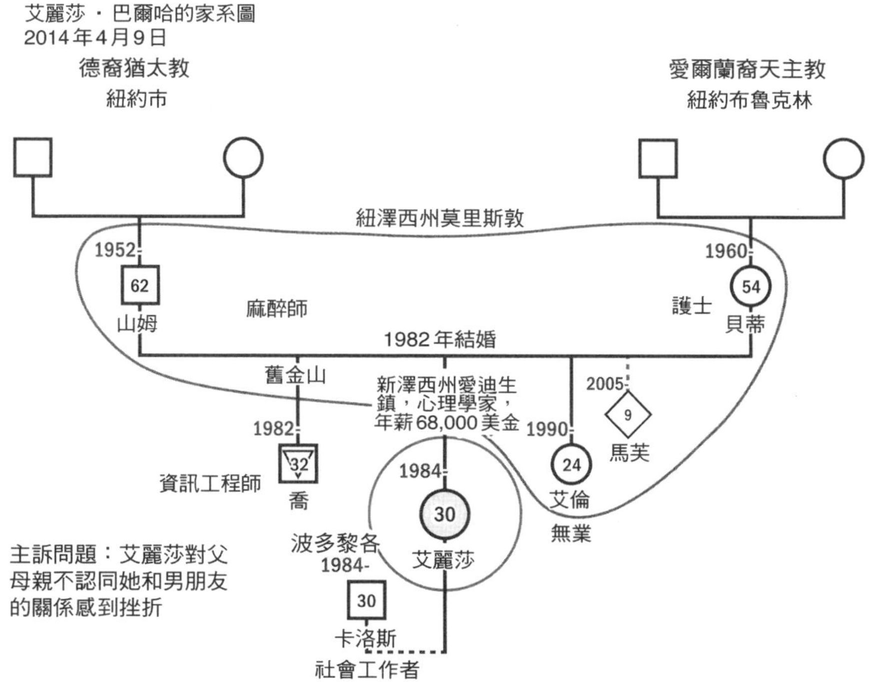

母同住、無業。父親是位麻醉師，母親是名護士，他們住在紐澤西州的莫里斯敦。圈住父母親和妹妹的線代表他們是住在一起的家戶，另一個事實是他們有一隻九歲的狗馬芙。

有個圈圍繞著艾麗莎代表她的家戶僅有她自己一個人住。因為艾麗莎和卡洛斯未結婚，他們之間的連結線是虛線，非實線。卡洛斯是一名社會工作者，意指他的專業地位可能被認為不如艾麗莎的，這也可能是她的父母親對卡洛斯反感的原因。我們也看到卡洛斯來自波多黎各背景，那可能是另一個艾麗莎父母反對的原因。既然我們看到父母親自己也來自不同的背景，我們想要獲取更多的家系圖資訊來評估這個家的文化和教育議題的意義。我們想知道當父母親在一起的時候，他們是如何因應他們之間文化背景的不同。

我們也注意到父母親結婚的同年第一個兒子出生，就可詢問關於他們婚姻狀況的問題。因為這個原因，許多臨床工作者都會輸入確切的結婚、出生和死亡日期，讓我們得以檢視關於重大家庭事件所發生的時間的假設。如果他們是婚前懷孕，那他們可能也擔心艾麗莎會如此。另一個議題是他們的大兒子是男同性戀，住在西岸，而成年小女兒則是無業，此或許也顯示艾麗莎有當「好女兒」的壓力。

隨著你逐步建構家系圖，你會持續針對所注意到的模式提出假設，然後也一邊檢視。你從來都不會知道人們是否符合我們所知之家庭模式的刻板印象，但假設會幫助你收集和理解主訴問題是如何存在於這較大的家庭情境中。

圖 2.9：原生家庭加入了艾麗莎父母親的原生家庭。艾麗莎的父親山姆有一個姊姊。根據他的女兒所述，他和他的母親艾莉扎關係非常緊密，而主角艾麗莎是依奶奶命名的。艾莉扎過世那一年，艾麗莎出生，而她總被視為「爸爸的女孩」（掌上明珠）。山姆從未親近過他的父親，父親在他太太過世後不久就開始約會。自從山姆的父親閃婚一個有兩個孩子的離婚女性後，山姆就幾乎截斷他和父親的關係。他的父親自再婚後，就和新任妻子住在佛羅里達。

艾麗莎的母親貝蒂有一個妹妹，姊妹倆似乎衝突不斷，直到十四年前關係完全截斷。貝蒂說她自己如同仙度瑞拉，她的妹妹埃德娜則是最愛，妹妹從未欣賞過她的成功，而她總是活在妹妹較受歡迎的陰影之下。艾麗莎從未親近她

圖2.9 原生家庭

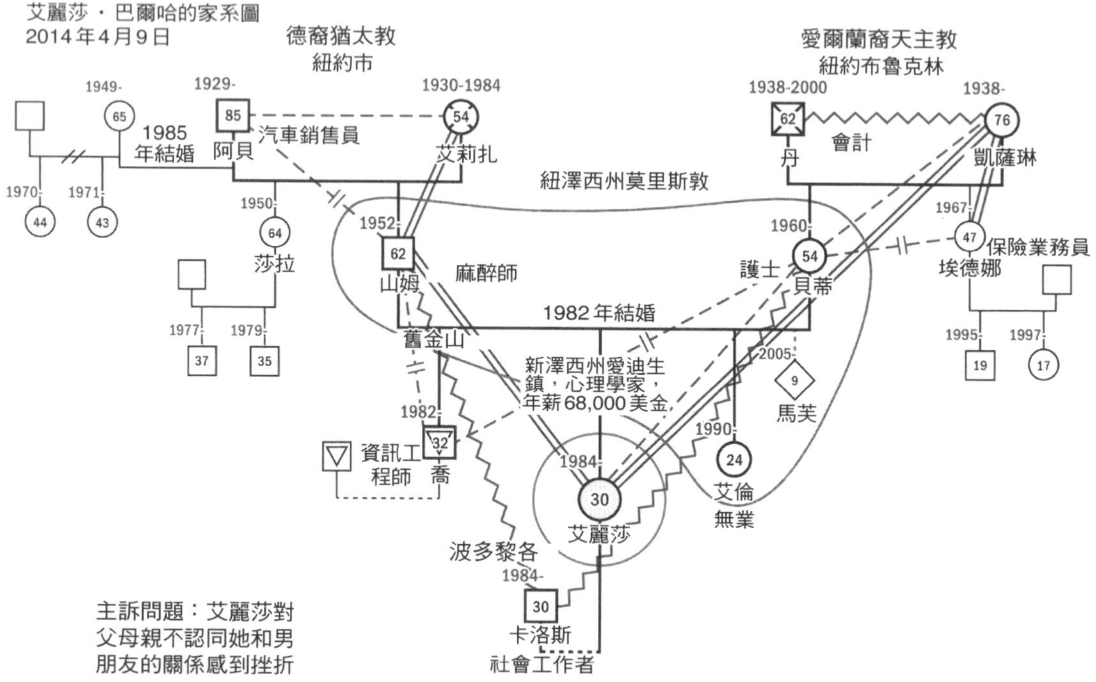

的母親，但她和她的外婆凱薩琳關係緊密。

接著，我們要加入家庭功能的說明（**圖2.10：艾麗莎．巴爾哈家庭的功能、關係、秘密和其他壓力**）。我們看到兩邊的祖父母都沒有正向的關係。爺爺奶奶的關係是疏離的，且避免接觸彼此，而外公外婆很明顯的是彼此怨懟。山姆和媽媽親近，但和父親處不好，而艾麗莎和媽媽關係疏離，因為她覺得媽媽偏心妹妹，尤其她和妹妹彼此是競爭關係。雙方的祖父母對父母輩的關係均有負向感受，就如同艾麗莎的父母對她和卡洛斯的關係一樣。

其他主要議題包括父母親截斷和大兒子喬的關係，他們幾乎都不會提到他。「秘密」如同貝蒂的父親酗酒多年，艾麗莎截斷和妹妹埃德娜的關係十多年。此外，父母親從未討論過妹妹艾倫的失功能，她似乎從未自立，依然待在家裡仰賴父母親的支持，不僅幾乎無法穩定工作、吸大麻，交的男友大多是

「渣男」。

家庭年代表：此刻，我們有足夠的資訊，遵循家庭時間軸來繪製家庭年代表（**年代表2.1：艾麗莎·巴爾哈的家庭年代表**）。家庭年代表不像家系圖般的那麼通透，圖像的時間和結構是比歷史時間軸更佳的。

艾麗莎的父親山姆和母親貝蒂很顯然在懷喬的時候，正是雙方父母極力反對他們關係的時候，且婚禮是秘密進行的。各自的父母都認為對方配不上自己的孩子。雙方家長都沒有出席婚禮。如同前面所述，奶奶一過世，艾麗莎就出生，爺爺則很快再婚並搬離，導致他和兒子山姆關係的截斷。女兒艾麗莎雖排行中間，卻是父親最鍾愛的孩子。

第三個孩子艾倫出生時，父母兩人正面臨重大的壓力。父親捲入醫院政治鬥爭丟了工作，並向他工作十五年的醫院提告。那同時，懷孕八個月的母親貝

圖2.10　艾麗莎·巴爾哈家庭的功能、關係、秘密和其他壓力

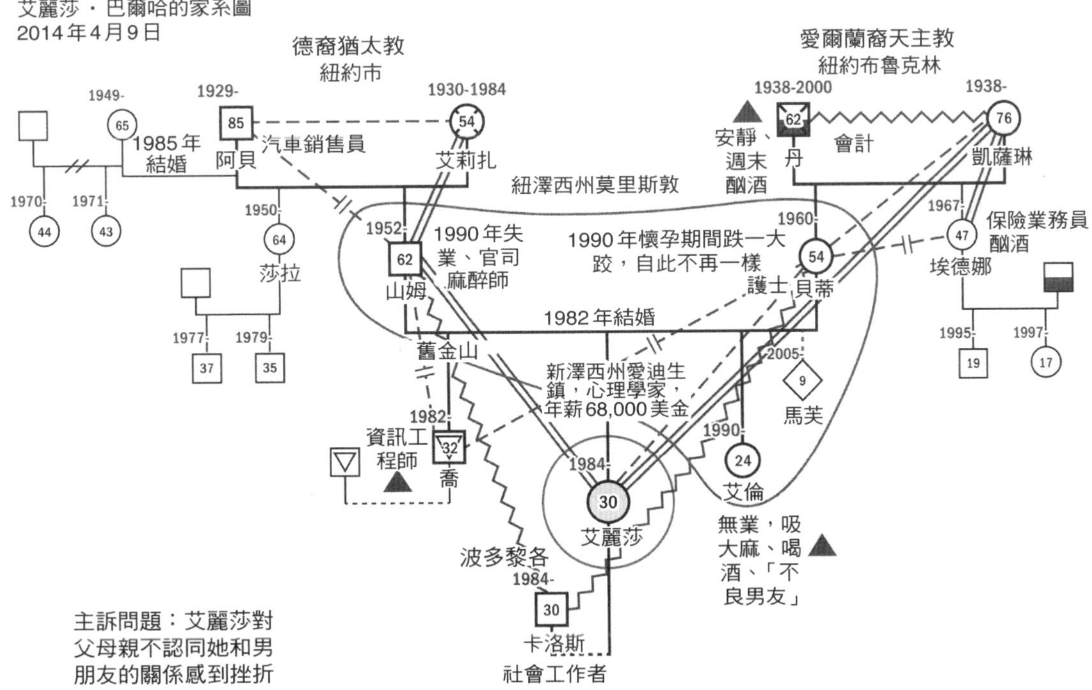

年代表 2.1　艾麗莎・巴爾哈的家庭年代表

1982	山姆和貝蒂在同一家醫院部門工作時相識，貝蒂很快就懷孕了。她的愛爾蘭裔天主教父母和丈夫的德裔猶太教父母都感到憤怒，拒絕參加這對夫婦安排的小型婚禮，當時貝蒂已懷孕四個月。
1982	喬在 12 月出生。
1984	4 月，艾麗莎的奶奶艾莉扎在 54 歲時因動脈瘤突然去世。
1984	6 月，艾麗莎・巴爾哈出生，以奶奶艾莉扎的名字命名，以紀念她。
1985	1 月，艾麗莎的爺爺阿貝再婚，妻子有兩名青少年子女。阿貝離開原住所，前往佛羅里達定居，這導致他與他的兒子山姆（艾麗莎的父親）之間產生嚴重的裂痕。
1990	山姆被捲入醫院政治鬥爭，失去了工作，並不得不告他工作 15 年的醫院。
1990	貝蒂懷她的第三個孩子。懷孕八個月時在浴缸裡摔倒。自那以後，她一直感覺自己沒有完全復原。
1990	女兒艾倫出生。
2000	9 月，18 歲的哥哥喬前往加利福尼亞州的史丹佛大學就學。前一年他已向父母出櫃，宣告自己是同性戀者。家庭很少提及他，拒絕處理他的同性戀身分，並將此視為家庭秘密。
2000	10 月 10 日，62 歲的外公突然去世。他曾是一名會計師，但週末習慣性酗酒，儘管家人從未討論這個問題。
2000	11 月感恩節時，貝蒂和她從未親近的妹妹埃德娜的關係最終破裂。她感到妹妹已冒犯她多次，而這一次是真的太過分了。
2005	艾倫在學校被發現攜帶大麻，並開始經常性缺課，且在派對上醉酒。她的難題持續多年，她從未離開家，只完成一學期的社區大學，工作也不穩定，許多段關係，但男友均「不被認可」。艾麗莎在 2014 年開始接受治療。
2014	30 歲的心理學家艾麗莎因為她父母不贊同她和波多黎各裔的社工男友卡洛斯交往，而前來尋求幫助。她一直是父母的寵兒，在成長過程中表現出色，取得很大的成就。但當她開始和她第一個真正認真交往的男友卡洛斯約會，她父母變得非常具批判性。

蒂在浴缸裡跌倒，傷了臀部，自此她覺得自己從未完全復原。

艾麗莎成長過程，父母親的原生家庭無疑地影響著艾麗莎成長的這個家，就像這個家對她和卡洛斯的關係的反應。以下我們會在家系圖上特別標注一些關鍵模式來解釋說明（更多和這個家庭工作的分析細節可參看下列網站的影片〈三角關係與家庭治療：策略與解決方案〉〔Triangles and Family Therapy: Strategies and Solutions〕：www.psychotherapy.net）。

家系圖上需注意的重要模式

家系圖加入文化因子

家系圖幫助我們在脈絡下，就文化、階級、民族、性別、宗教、家庭歷程和遷移歷史等面向來思考一個人的親友網絡。當我們請人們說明他們的種族，是為了凸顯文化認同（cultural identity）、連結和延續性（continuity）的主題，方便使這些因素更加明顯可見。

所有的家系圖應該都是文化家系圖，都應考量個案所處的文化背景脈絡。就如同詢問個案家庭成員的名字、日期和所在地，文化也應是必要詢問的。個案在美國是和他們的文化歷史沒有連結的。因此，追蹤他們在階級、性別、種族、民族和宗教脈絡上的位置的家系圖，有助於他們瞭解自己是誰，就如同詢問手足模式、不合時宜的失落和多重世代三角關係。

家系圖的本質讓繪製家系圖的過程中，不僅是說故事，也強調尊重個案的觀點，同時鼓勵不同家庭成員的多樣觀點。透過審視文化和歷史脈絡下的家庭系統，以及評估先前生命週期的轉變，臨床工作者便能在地理、遷移和家庭歷程的家庭發展模式的脈絡下，檢視現在的議題。

艾麗莎的家庭代表了美國典型的多元種族家庭，且這些家庭低估了他們的文化議題。只有在仔細詢問時，艾麗莎才提到她的父母對卡洛斯的態度，其可能反映了他們對異族／種族地位較低的人的偏見。這與雙方祖父母對待她父母關係的反應是一樣的。她的德裔猶太教祖父母認為愛爾蘭裔的兒媳婦會拉低他們的地位；她的愛爾蘭裔天主教外祖父母認為猶太教女婿會拉低他們的地位。當然，這些反應的另一面是這個家庭竟在父母的婚姻下倖存下來，且適應了這樣的文化擴展多年，其為父母提供了一個更廣泛思考女兒男朋友卡洛斯的可能模式。

失落及對失落的反應

失落是我們人類必須應對的最困難的情感經驗。正如家庭治療師始祖諾曼・保羅（Norman Paul）曾說，如果你只能在家系圖上追蹤一個模式，就讓它成為失落。所以我們都會試圖探索家系圖上的失落議題。在巴爾哈家族中，我們至少看到失落後，兩個關係截斷的情況：首先，是當奶奶在五十四歲突然去世時，她的丈夫五個月內再婚，並搬進另一個家庭，從那時起，他和兒子山姆的關係便截斷了。

幾年後，在二〇〇〇年，六十二歲的外公在突然去世，僅僅兩個月後，他的女兒貝蒂與妹妹埃德娜完全斷絕關係。顯然，貝蒂沒有串起她父親去世和切斷與妹妹的關係，這兩件事上的關聯性，這是家庭中常見的一種導致關係截斷的解離。這樣關係截斷的時間點也非常臨近大兒子離家去上大學的時候，她幾乎沒有感受到父母親的情感支持。當一個人不贊成他或她的行為，截斷該家庭成員的關係似乎是一種家庭模式。這種模式也反映在雙方祖父母都拒絕參加山姆和貝蒂的婚禮，因為他們不贊成兩人的關係和婚前懷孕。

考量這樣的模式，所以當艾麗莎的父母開始展現他們對她與卡洛斯關係的不贊同時，艾麗莎尋求治療似乎是一個非常明智之舉。顯然，她不想重複這種家庭斷連的模式。這似乎是她韌性的絕佳表現：尋求外部幫助而不是抽離（shutting down）。

手足排列

父親山姆是弟弟，上面有一個姊姊，而母親貝蒂是長女，下面有一個妹妹。這說明夫妻倆可能透過貝蒂是「姊姊」而山姆是「弟弟」來維繫他們婚姻的連結。然而，他的職業地位是醫生，她是護士，其顯示出醫療體系下，常見於醫生和護士關係中之男性主導／女性輔助的角色。貝蒂並沒有和兄弟一起成長的經驗，且她在核心家庭中最親近、緊密的關係似乎是和她的父親，然父親是相當掌控的。所以她的父女關係可能會在夫妻關係中重演，尤其是先生擁有較高地位的工作時，儘管先生在手足關係的角色是弟弟。

如果我們觀察三個孩子的手足排列，可能會很驚訝地發現父母親竟然如此願意和他們的長子、獨子斷絕關係。長子的位置似乎被排行中間、事業有成的女兒所取代，而她自己則成為被深愛著的奶奶的替代品。奶奶一離世，爺爺後腳跟著離開家，然後加入他第二任妻子的家庭。

巴爾哈家最小的女兒在許多方面似乎更像獨生子女，而不像是有手足的人，因為她比姊姊艾麗莎小六歲，所以他們長大後也不太可能會成為密友。這個妹妹出生時的家庭狀況是非常不同於以往的，即這個家庭的希望和夢想似乎在她出生時破滅了：無論是因為父親的壓力和失業的經濟困境，還是因為母親摔倒傷到臀部後的身體困境。我們可能會假設父母兩人都沒有太多的精力來照顧這個第三個孩子。也許前兩個相隔不到兩年出生的孩子，兩人都非常聰明和有才華，且童年時也彼此相互支持。

生命週期的視角

當我們從生命週期的視角來看這個家庭時，我們可以看到這對父母親在轉換至夫妻關係時遇到了困難，所以艾麗莎在這個生命階段前來治療或許並不奇怪。此外，她選擇的伴侶來自不同文化，類似於她父母選擇來自不同文化的伴侶一樣。

對於這個家庭的三個孩子來說，他們似乎都在獨立離家時出現一些問題。喬提早離家獨立，他一告訴父母自己是同性戀時，基本上就被父母排擠了。離家後的他似乎還不曾回家。另一方面，最小的孩子艾倫卻從未真正啟航獨立，她沒有完成教育，或取得工作技能來養活自己。父母親似乎在繼續支援著她，也沒有為她在家裡的參與設定任何明確的界限。

社經地位對家庭的影響

兄弟姊妹教育和社會地位的差異可能是會是造成他們關係的重要壓力。在這個案例中，貝蒂比她的妹妹成功。埃德娜嫁給一位大學肄業的保險推銷員。相較於姊姊的更富裕、成功事業取向的家庭，妹妹似乎苦苦掙扎。我們猜測除非事情改變，艾倫很可能終其一生的社經地位都會比她的兄姊低一等。

建立特定家系圖，探索系統議題或增加復原力

有時，建立單獨的家系圖來顯示特定資訊可以是有所助益的，如：僅含人口統計資料的家系圖、關係模式的家系圖、家庭功能和創造力模式的家系圖，或是家庭社群連結、興趣和價值觀的家系圖；還有提供家庭歷史關鍵時間點快照（snapshot）的家系圖，如症狀發生的時間點。我們甚至可以想像在未來的臨床圖表中，這些所有的家系圖都是可能的，讓臨床工作者在努力促進個案健康時，也能夠追蹤個案的復原力因子。

正如我們所要強調是，在家系圖上註明家庭脈絡是重要的：他們的文化、宗教、社會經濟和社群價值觀和連結，包括同事和朋友。雖然這些背景脈絡因子的複雜度是無法在單個圖像上傳達，但有關該背景脈絡的一些基本資訊還是很重要的。很快地，電腦將會使追蹤各種向度變得更容易，讓我們能夠一次顯示一個或兩個向度，或者隨著時間顯示變化。

當問到影響家庭的其他脈絡時，我們可以得到更廣泛的回應。從電視台的體育節目到信用卡公司，再到對社會正義的信念，然後是購物或音樂，再到社會地位，這些有助於更廣泛收集與家庭有關的議題。

圖2.11：艾麗莎·巴爾哈家庭與價值觀的連結顯示艾麗莎所描述的議題對其他家人來說同等重要。僅詢問個案他們關於興趣，通常會讓我們對介入和重新連結有非常有用的見解。這個案例中，艾麗莎提到她的父親對高爾夫球的熱愛——但她說沒人和他有共同的興趣。然後，她提到音樂和作品，她的父母親和祖父母也都相同的興趣。

然後她想到假期，其儼然成為一個痛點，特別是對她母親來說，在她和妹妹的關係截斷前，假期一直是她所看重的。這有可能是她想去處理的議題，所以我們將其標記起來，不論是創造新的節日儀式，還是找尋恢復舊有熱情的方法。然後她提到她參加女同性戀者和男同性戀者的父母和朋友（Parents and Friends of Lesbians and Gays-PFLAG）的社團，以表達她對哥哥喬的支持，但卻未能成功讓父母親加入。

接著，她想到她妹妹對戲劇的興趣，這是少數她想到妹妹唯一的正向興

圖2.11 艾麗莎．巴爾哈家庭與價值觀的連結

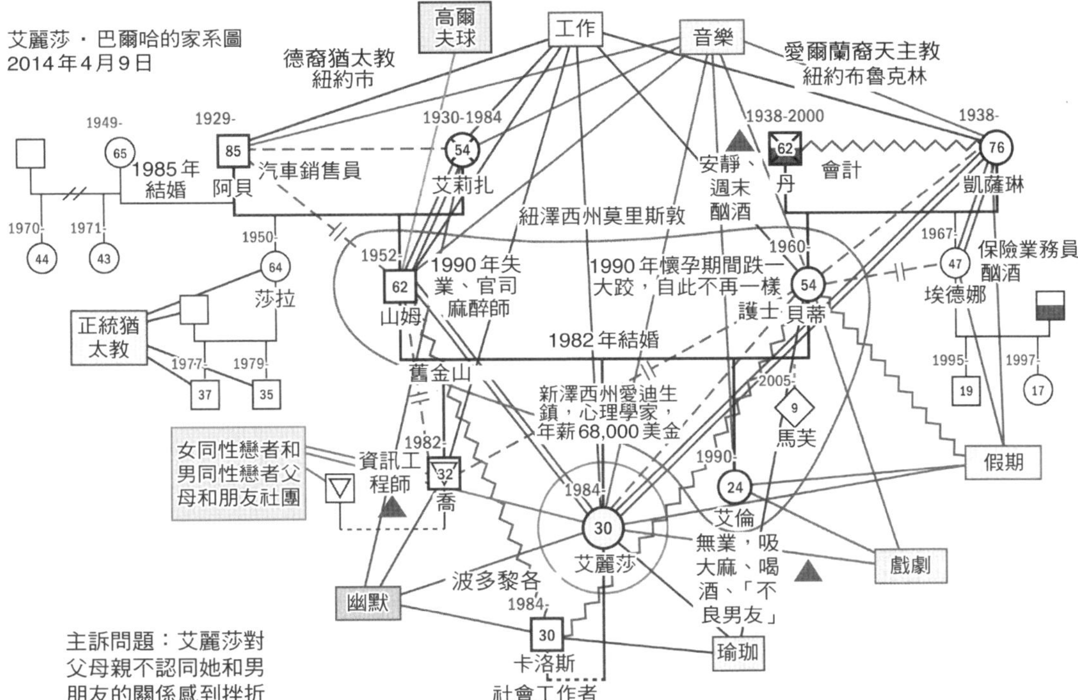

趣，也可能是母親能夠和妹妹產生共鳴的部分。她也提到姑姑莎拉結婚時，變成正統猶太教（Orthodox），此導致那方家人的分裂。她意識到此，並試圖為他們搭起連結的橋樑。

她提到幽默，一個對她父親來說非常重要的特質，而這個特質很顯然對她的奶奶也特別重要。她認為她和她的哥哥喬都有幽默感，且也總能透過幽默彼此連結，這可能是將他們倆與父親建立連結的紐帶。直到後來在治療中，她才意識到她的妹妹艾倫也有敏銳的幽默感，並開始以她多年來一直未有的方式與她連結。

這樣的興趣可以幫助家庭意識到他們共享的價值觀，並指出可能導致衝突的價值觀，這或能是臨床介入的一個重要議題。

脈絡的影響可能包括的層面

所屬組織：宗教、商業、政治或社區服務、職業、軍事、自助會或運動組織；兄弟會；合唱團；電視；網路社群、聊天室和興趣團體。

生理／心理／屬靈活動：運動、爬山、教會、冥想、瑜珈。

支持系統（那些支持家庭和被支持的家庭）：朋友、社區團體、鄰居、管家、會計、律師、脊椎指壓治療師或其他照顧者、美髮師、上帝、孩子、寵物。

商業及政府機構：司法體系、政治體系、福利體系、社會服務、信用卡公司、保險公司。

價值或興趣：教育、食物、運動、幽默、電影、音樂、藝術、戶外活動、家譜、股票市場。

社區連結：我們也想瞭解個案和他們社區的關係：家庭成員所屬的社區機構是什麼？他們到哪裡社交？他們和學校、工作、市民、社區、宗教或兄弟會／姊妹會的連結是什麼？他們覺得被這些團體排擠嗎？在這些群體中，他們覺得自己處在邊緣、不利的位置嗎？如身為共和黨家庭中唯一的民主黨成員、家中膚色最黑的人、唯一上過大學的人或非拉美裔美國白人社區的唯一猶太家庭。

家系圖中標示文化背景、教育、職業、社會經濟狀況、宗教和屬靈

一般來說，我們要追蹤一個家庭的基本文化背景、教育、職業、財務資訊、每一個人感興趣的宗教和屬靈等資訊並不會太困難。然而，要隨著生命週期追蹤家庭成員在這些維度上的文化模式的細節，可能會更加複雜。儘管如此，對於一些個案來說，理解當前的壓力並幫助他們找到解決方案會是至關重要。然，不管如何，即使這些細節會太複雜而難以完全在家系圖上呈現，但需要切記的是我們要開始在家系圖上追蹤這些面向（詳見第四章〈家系圖應用於

追蹤家庭模式〉，更深入探討如何在家系圖中追蹤這些議題）。

探索跨世代的功能、關係和結構

因為家庭模式會一代傳過一代，所以臨床工作者應該要檢視家系圖中，是否出現跨世代重複發生的模式。這種重複模式常常在功能、關係和家庭結構中出現，如同我們所舉的艾麗莎．巴爾哈家庭的例子。

我們通常可以協助家庭辨別這樣的模式，避免重複負向的模式，或是將此模式傳至未來。我們亦可以從追蹤重大事件和家庭功能的改變中，找出看似巧合事件（如，週年紀念日的反應）間的系統性關聯，也能讓我們評估創傷性變動對家庭面對未來壓力的功能、資源和脆弱性的影響，這也可以幫助我們在更大的家庭和社區脈絡裡來概念化這些經驗。透過這樣的追蹤，臨床工作者能夠根據過去的優勢促進家庭復原力，並協助家庭成員修正過往使他們成為失功能的適應策略（Walsh, 2016）。

家系圖上獲取遺失或「隱藏」訊息

家系圖一定會有訊息是遺失的。沒有一種方法可以讓家系圖包含所有相關的資訊，它僅是一張可以追蹤重要事件、作為指南的地圖。但若家庭成員無法提供太多相關的資訊時，我們通常可以慢慢地協助他們將這些資訊一點一滴的拼湊起來。遺失訊息本身提供了家庭秘密和截斷的線索。舉例來說，他們如何因應所不知或所理解的事情？他們會討論他們的問題嗎？或者話題會變得不愉快嗎？當然，就算僅有部分訊息被發掘，我們還是會把它列入家系圖之中。但是當關係信息遺失，我們也可以開始推測原因。

被家庭成員所隱藏的訊息實際上對理解成員來說是最為重要的。所以我們總是在家系圖中尋找遺失的訊息，不僅看看我們能如何填補空白，也看看我們是否能幫助家庭修改秘密模式，揭開秘密的盒子，幫助家庭理解他們的故事。

家系圖上難以捕捉的議題

雖然系統理論對家系圖而言，極度重要，但臨床工作者還是非常難以取得某些特定家系圖模式。這些包括：

三角關係：三角關係理論是系統化理解家庭模式的核心，但在家系圖中卻非常難被繪製出來。通常我們能做的是顯示一個或兩個關鍵的三角關係，儘管探索任何家庭故事，我們會試著評估家庭中關係親近和疏離的模式，看看這些模式是否有為穩定關係而變成三角關係，然後變成議題的（見《家庭評估與會談案例》的第六章三角關係）。

家族企業：在家族企業結構的關係中，要顯示企業的組織關係是極度困難的，尤其許多家庭成員可能在董事會任職、擔任執行長、經理、家族企業中全職或兼職。特別是，家族企業中權力動態的複雜性——可以透過直接詢問誰賺最多錢、誰參與什麼決策的問題來評估——這些非常難在家系圖上圖像化。與此同時，家庭關係可能是用來瞭解家族企業中三角關係是如何運作的最佳線索：權力傾向轉向男性、最年長的人，而不是姻親。家族企業的「家系圖」或組織結構圖可以幫忙釐清家庭與家族企業之間的重疊和潛在衝突的權威線。

追蹤健康及心理壓力源、家庭成員和健康照護系統的關係：家庭成員有不同健康照護的需求，以及和照顧者不同的關係。我們很難繪製出家庭成員和健康照護系統的關係，因為每位的醫療和心理歷史可能存有潛在的複雜性。然而，無可厚非的，它也是任何醫療照護系統中最實用的評估工具。以時間軸來看，知道每位成員的健康史和指標病患間的連結是相當重要的，因為他們在健康照護上所扮演的角色，也會因為其他人的疾病所造成的壓力而被影響到。家庭成員可能是照顧者資源；上一代或許能提供角色示範來處理生病的壓力；他們或許會放大病患重新經歷過往負向生病情境的害怕。

這些連結的複雜度很難在家系圖上呈現。但我們要提的是，至少要在家系圖上包括一位健康照護者、前治療師、治療機構，因為他們通常是家庭求助和挫折經驗的中樞。

文化家系圖議題：儘管它們是所有家系圖共識的基礎，但文化議題很快就會變得太複雜而無法展現。因此，家庭成員的文化傳承和移民重點通常被呈現出來，但文化衝突和問題的許多複雜性幾乎無法在他們的家系圖中被提示出來。對於在一個以上國家長大、講多種語言、遷移到多個其他文化背景，或經歷過跨不同社會階層波動的家庭來說，要呈現這麼多面向是有難度的。

一個人的種族可能會變得令人望而卻步的複雜，更不用說整個家庭的種族了。例如，著名的藝術家芙烈達・卡羅（Frida Kahlo）有四分之一的德國血統、四分之一是匈牙利裔猶太人、四分之一個墨西哥人、八分之一的土著印第安人和八分之一的西班牙人。我們繪製了一個完整的特殊家系圖來說明這一點（**圖7.7：芙烈達・卡羅文化家系圖**）。此外，隨著越來越多的人通婚，也有越來越多的兒童擁有多種族背景，我們國家的文化傳統變得越來越複雜。我們要如何呈現這些複雜性？很快，我們將無法再用便利圖形的形式繪製這些複雜性。

家系圖上標示性有關的議題：顯然，在家系圖上畫出所有代表性資訊的圖形是件極度困難的事。若在家系圖上繪製多個家庭成員的性史，那圖將很快變得讓人覺得很有壓迫感，我們可能無法製作清晰的圖形來顯示這種複雜性。在一些家系圖上，我們可以輕易從家庭成員所擁有的親密關係中，看到多世代的模式，但更微妙的性問題則需要特殊的符號和連結線來描述。即便如此，這樣的主題是重要的，運用家系圖格式整理所追蹤的性主題，似乎是用來評估性史之最有效率的架構。

家庭秘密：我們或許能標示出誰知道秘密、誰不在家系圖上，但通常有一個秘密，就會有其他的秘密。即使電腦似乎較能捕捉這些資訊，且幫助我們看到家庭中的秘密是如何運作，但為了要顯示特定秘密是如何被保存或分享，還是需要花費精力來繪製。

獨特的家庭關係：互補（complementarity）、不對等權力（unequal power）、逃避（avoidance）模式、侵入（intrusion）、過度高功能／低功能（over-functioning/under-functioning）、過度負責任／負責任不足（over-responsibility/ under-responsibility）、代罪羔羊（scapegoating）、依賴／獨立，過度糾結（enmeshment）／個人主義（individualism）／隔離（isolation）都是複雜而難以清楚的在家系圖上呈現。

友誼模式：即使是友誼模式，也能很快地在家系圖上變得難以掌控。詢問家中成員添加他們的重要朋友資訊，可說是相當容易，然一旦我們詢問他們父母的友誼模式，情況就會變得更複雜。假若先生的母親總是有個「最要好」的朋友，但在過去一年，卻戲劇性和他斷決關係，那這個截斷會波及其他朋友和家人嗎？假若父母有許多「伴侶」朋友，但卻只有少數幾對是親密？假若夫妻離婚，這個網絡會發生什麼事？也因此，若要記錄這些所有的友誼模式議題，圖很快地就會變得非常擁擠，難以判讀！

同事關係：同樣的問題也會出現在繪製同事關係。我們一生中，這些網絡都可能訴說著複雜的故事而且，若你添加手足和父母的同事關係時，很快地，圖就會變得非常壅塞。然而，這些關係網絡卻又可能是家庭歷史中危急時刻的關鍵壓力源或資源。

屬靈家系圖：宗教或屬靈家系圖的複雜度是相似的，因為每一個家庭成員的屬靈旅程可能都會相當複雜，他們可能在生命的不同時間點改變其宗教信仰或實踐，或每一個生命週期對宗教或屬靈有不同的吸引力。當其他的部分都黯然失色時，所以任何特定的圖總能突顯出個人和家庭歷史獨特的面向，多位作者曾撰寫關於和伴侶、家庭一起談論他們屬靈歷史的文章（Walsh, 2009）。一些作者甚至畫鴿子、聖經和其他宗教象徵等的圖，來描述宗教理念、宗教經驗的強度和宗教組織的參與程度。

然而，實際來說，即使是繪圖藝術家和運用非常花俏的高科技電腦來繪圖，一旦我們試著追蹤一個人的屬靈歷史，家系圖景象便會變得過渡超載，更遑論要繪製全家人的屬靈歷史了。儘管如此，在任何家系圖上，對關鍵的宗教或屬靈附屬關係和經驗進行一些註記勢必不可少，而個案的屬靈和宗教信仰和歷史的評估對於有效的臨床評估和治療是必要的。甚者，霍奇（Hodge, 2001）提出有趣的家系圖訪談問句，詢問個案是否曾經有過和天使、聖徒、魔鬼、惡靈或已逝者接觸的經驗？若有，那是什麼樣的經驗？這樣的經驗或許有助於瞭解一個人的壓力或希望的來源。當然，要找到方式將這些關係畫在家系圖上會是相當具挑戰的。

社區家系圖：因為家庭成員和社區的關係是多元面向，雖然難以想像我們可以以一種有意義的圖形，在家系圖上清楚繪製家庭成員的社區連結，但是將這些社區脈絡納入對個案評估和處遇確是極度重要（Rigazio-DiGilio, Ivey, Kunkler-Reck & Grady, 2005）。最好的情況是，我們每次能探索幾個面向（見西莉亞・法利科夫〔Celia Falicove〕於二〇一六年，在她的書中精彩地談論拉丁裔的多元複雜背景脈絡的向度）。我們用圖像的方式，描繪家庭在社區脈絡中的連結、資源和問題，是有其價值的。

瑞蓋里歐・迪吉利歐（Rigazio-DiGilio）和她的同事（2005）指出，若沒有這些社區脈絡的圖像，就很難幫助個案瞭解這脈絡對他們問題的影響，以及為什麼它是尋找解決方案的一個重要因素。**如果在評估和處遇中不考量這個更大的脈絡，我們就會將它視為人類問題的一個因素而邊緣化它，因而給壓力的本質蓋上了一層神秘的面紗、難以窺探真實。**

安・哈特曼（Ann Hartman）在生態圖中脈絡化家系圖的過程中（1978, 1995），她的一個典型嘗試就是提供十四個較大的機構脈絡（如：社會福利、健康照護、大家庭、休閒娛樂活動），五種不同型態的連結線：強烈的，殘弱的，壓力的，能量流向家庭成員，能量流向機構、組織或群體。即使像之前提過的小家庭，圖像很快地就會變得非常擁擠。因此，描繪社會脈絡的確是很挑戰的。

家系圖中，繪出一個詳盡全面圖的難度並不足以成為忽視這些重要因素的理由，但可以承認的一個事實，就是圖像的這個面向永遠不能涵蓋家系圖為臨床工作者收集資訊所帶來的豐富性。這個現實就如同一個眾所皆知的觀察，即壯觀的景色或日落的照片永遠無法捕捉到人眼所看到的美麗和複雜性。

大多數關於家系圖的脈絡擴展都提到了一個臨床過程，在這個過程中，家系圖的這個地圖成為對這些不同生活向度進行脈絡調查的基礎，而不再僅是圖形的描述。電腦對我們在這方面的幫助很大，因為它可以隨著時間的推移捕捉到許多複雜性和變化。但任何圖形的複雜性仍然存在侷限性。

儘管複雜性使得我們無法在單一圖形上繪製家庭背景的所有面向，但我們正處於一個非常令人振奮的新時代的新開端。在電腦的幫助下，我們將能很快地製作令人讚嘆的三維地圖，讓我們得以用我們幾乎無法想像的方式追蹤複雜的模式。

我們將能夠在一個特定的面向上放大並更深入地追蹤細節，然後同時比較家系圖中數千的模式，就如同我們現在可以比對地球全人類的DNA一樣。非常令人興奮的是，我們將首次能夠檢視超出個人所能傳達之範圍的複雜性。我們將能夠在一大群家庭中檢視我們對於家庭模式的預感和直覺，看看我們的想法是否得到驗證。我們也可能看到個人健康、復原力和創造力之間的新連結。

總是必須做出的選擇

家系圖必然是示意圖，從不詳細說明一個家庭歷史的所有滄桑。一些複雜的家庭情況可能需要一張以上的家系圖。我們想再次提醒你，總是必須在兩種情形之間做出選擇：圖形上資訊的重要性、使圖形過於複雜而無法閱讀的資訊量。

我們想再次提醒，分享家族史是一種親密的過程。家系圖資訊應總是出於理解參與者的目的而收集，並應受到最大的尊重。

CHAPTER 3

家系圖訪談

透過家系圖會談繪製出我們之間的連結，不僅是邁向系統性醫療保健的第一步，還能幫助我們看到我們彼此之間以及與周圍世界是如何連結。我們相信我們在社會中所目睹的許多病徵是源自於家庭和社區內的分裂。如果我們接受「疾病是家事」這樣的簡單假設（Wright & Leahey, 199, p. 261），那麼我們就能開始將健康和心理健康的面向轉向為家系圖所提供的系統觀。我們依目的進行家系圖訪談，所花的時間可能是數分鐘或數小時。本章提供一個思索家系圖中多層次資訊的架構。我們設想家系圖會談不僅是醫療保健和心理健康評估和處遇的一部分，也是社會服務、教育和諮商服務的一部分。

我們才剛開始發掘家系圖的臨床潛力。家系圖被應用的面向很廣——評估、重塑、去毒、解封，以及用以和個人、夫婦、家庭連結，並將他們與歷史串連起來，以便賦權他們的未來並獲得釋放。家系圖可以成為一種強大的心理教育工具，幫助家庭瞭解自己的模式，並學會研究自己的家庭歷程。建構家系圖提供了一個獨特的編年史，其本身就是一種非凡具療癒性的處遇方法，且允許家庭系統化地自我檢視。

但至關重要的是，那些使用家系圖作為繪製工具的人將其視為一種檢視模式的速記工具，不單只是收集並收藏資訊的頁面。家系圖的用處在於它能夠幫助臨床工作者瞭解一個人的問題、復原力和療癒的來源。讀者會希望能夠修改他們自己收集家系圖資訊的方式，以符合他們正在探索的背景脈絡。

如前所述，我們可以在短短兩分鐘內收集基本的家系圖資訊（Wright & Leahey, 1999）！除了基本姓名、年齡、出生和死亡日期、家庭結構資訊外，我們還包括種族、職業、教育、宗教信仰、移民經歷、關係、家庭成員的健康現況，以及其他幫助者和非正式家庭資源的資訊。當然，會需要更長時間新增些所有這資訊。

我們提供讀者一個家系圖提問的框架。由於訪談大綱必須依據其目的、情境和所得的回應來進行，所以這不是如何進行訪談大綱。反之，我們提供了一個思索如何提問的架構。《家系圖之旅：瞭解家庭關係》（McGoldrick, 2011）一書的每一章節末尾提供進一步家系圖提問句的指南，也提供家庭系統理論的基礎解釋，加強家系圖訪談技巧。當然，對話本身必須圍繞會談的目標，以及臨床工作者與個人或家庭之間的關係而建立。

運用家系圖會談連結家庭

家系圖訪談是系統性治療取向中一個實用的連結整個家庭的方法，特別是家庭危機的情況下，它有助於包括盡可能多的相關家庭成員，這樣臨床工作者和家庭成員能夠分享家庭的基本故事，並在脈絡裡檢視問題。

家系圖訪談表達的是對整個家庭系統的興趣。在家系圖上繪製家庭資訊的過程即時傳達了一個概念：以脈絡的眼光檢視情境對於理解議題的必要性。它也傳達了一個主要的系統性假設：不管一位成員身上發生了什麼事，所有家庭成員都參與其中，這樣的連結是持續性的，從過去到未來。

同樣重要的是，家系圖訪談可以藉由探索家庭成員與主要的家庭傳統和其所感興趣的特定議題之間的關係，用來建構出家庭成員間的連結。家系圖會詢問家庭經驗的核心：出生、愛、疾病和死亡、衝突和截斷，其結構提供了一個方向的框架，不僅能夠討論各種的家庭經驗，也可以追蹤和關注棘手的議題，而這些議題包括疾病、失落和情緒高張的關係等。

家系圖提供了一個快速取得複雜、情緒化家庭素材的途徑。然而，家系圖訪談的結構讓治療師以一種相對不具威脅性的方式獲取這類的資訊。更甚之，家系圖的架構透過闡述隨著時間和空間演變的脈絡，來幫助臨床工作者和家庭以一種減少毒害的方式，即使是最痛苦的創傷，來整理家庭經驗。記憶和生存的敘事可以幫助參與者克服沉默、秘密、痛苦和羞恥。隨性、實事求是的訪談通常可以讓家庭成員提供直截了當的資訊。即使最為戒備、對開放式提問完全沒有反應的人，往往願意並能夠在這樣的結構型態下討論他們家人的經驗。

另一個令人印象深刻是，家系圖以一種有條不紊、圖像化的方式向家庭展示全方位的資訊。從認知上理解與情緒化關係有關的症狀行為，可以增加家庭成員對其處境的掌握感。建構家庭的家系圖變成一種協作的工作，賦權給家庭，畢竟他們是自己歷史的專家，而治療師只是記錄者和見證人。繪製家系圖也讓臨床工作者可以回饋給家庭一些東西，即家庭故事的圖像地圖，以及非批判性聆聽故事的態度。對許多家庭來說，無論他們的經歷多麼痛苦，他們歷史的豐富性都是一個重要的肯定。

一些臨床工作者會在黑板、白板、大記事本或電腦螢幕上建立和顯示家系圖。家系圖似乎蘊含某種神秘，其或許會成為吸引家庭的「鉤子」。傑克・布拉特（Jack Bradt, 1980）是早期推動使用家系圖的人之一，曾把家系圖畫在他辦公室裡一個大的便箋本上，每當他見家庭時都會隨身攜帶。我（莫妮卡）則常是在第一次會談結束時，將電腦生成的家系圖列印出來交給個案。這麼做是為了邀請他們參與評估，因為我會請他們為下次的會談更正家系圖。 他們通常會在看到這張小紙時感到驚訝和著迷，因為上面富含了這麼多關於他們的歷史資訊。

家族資訊網絡

收集家庭訊息的過程，如同在越來越大的範圍中灑出「訊息網」。有幾種不同的撒網方式：

- 從主訴問題到較大脈絡
- 從核心家庭到大家庭，和較廣大的社會系統
- 從所呈現的家庭情況到家庭歷史事件年代表
- 從簡單、不具威脅性的提問到較困難、可能引發焦慮的問題
- 從顯見的人口統計資料、功能和關係的事實訊息到家庭模式的判斷和假設
- 從著重家庭議題的病理描述到復原力取向的家庭歷史重述及議題處理的應變力

主訴問題及核心家庭

在健康照護領域，隨著多次看訪，家系圖的資訊通常會超過最基本的人口統計學資訊。而家族治療領域，個別家庭成員通常是帶著特定問題來的，那也是臨床工作者的工作起點。在一個教育環境裡，學習問題會是主要關注的焦點，那麼家庭教育和學習史就會被優先考量。當就業史出現問題，那麼前一個職場經驗就會被拿出來檢討。

當開始工作時，臨床工作者會告知家庭，為了充分瞭解他們的問題，會需要收集一些關於他們的基本訊息。而這些訊息在我們從探索主訴問題及問題對核心家庭的影響時，通常會很自然地湧現。

在健康照護和心理衛生健康的場域中，我們多會從發生問題的核心家庭和脈絡開始探索：

- 誰住在家裡？
- 問題和每個人的關連性為何？
- 其他的家庭成員住在哪裡？

臨床工作者詢問家中每一個人的姓名、年齡、性別和職業，勾勒出核心家庭結構的樣貌。在問問題時，則會勾出其他相關訊息：

- 問題何時開始？誰最先注意到它？
- 家中每一位成員的反應是什麼？誰最關心這個問題？誰最不關心它？家中哪一個成員知道這個問題？他們對問題的看法為何？
- 截至目前為止，誰針對問題提出解決方法？或企圖解決？
- 家中有誰有過類似的問題？用過什麼方法去解決，包括藥物？這些解決方法是誰去執行的？
- 家庭的關係在問題出現前後有不同嗎？改變了什麼？
- 當這個問題出現前或後，有其他的問題存在嗎？如果有，是什麼？關係問題？情緒問題？
- 問題從出現到現在，有任何的變化嗎？是變得更好或更差？變化的方式為何？這個時候也是一個很好的時機詢問曾經針對問題所做過的努力，包括曾經有過的治療、服用過的藥物、看過的治療師、住院紀錄、當前的諮詢人員。
- 曾經有過任何的處方籤嗎？劑量是多少？劑量曾經變動過嗎？或是曾經添加其他的藥嗎？原因為何？是在什麼評估後做的更動？是哪一段時間、什麼脈絡下的專業判斷？明確的用藥史為何？是誰在什麼樣的情境下開立的處方？探知這些資訊是重要的。

現況

接著，臨床工作者將訊息網延伸至家庭現況。通常提問的方向很自然地是跟著問題及誰參與其中的脈絡走：

- 家中最近發生什麼事？家中最近有任何的變化嗎（如：人員的來去、生病、關係、工作或財物狀況的變動或財務問題）？

重要的是收集最近家中關於生命週期轉變和期待改變的訊息（尤其是家中成員的加入和離開——家庭成員的出生、結婚、離婚、死亡或離開）。

更廣泛的家庭脈絡

臨床工作者透過詢問所有參與其中的成人，關於他們的大家庭和文化背景的訊息，來尋求一個探索更廣泛家庭脈絡的機會。為了達到探索此方面的目的，訪談者可能說：「我現在想問你一些關於你背景的問題，好幫助我更了解你現在的議題。」然後，訪談者開始分別詢問每一邊的家庭，例如：我們先從母親那一邊開始：

- 讓我們先談談你母親的家庭。你母親在家排行老幾？家中有幾個孩子？
- 她是什麼時候出生的？在哪裡出生？
- 她在世嗎？如果是，她現在在哪裡？她的健康狀況如何？若不是，她何時過世？造成她去世的原因為何？
- 她現在的工作是什麼？如果退休，是什麼時候退休的？
- 她的最高學歷是什麼？有什麼樣的工作經歷？
- 你的母親是什麼時候和你的父親相遇？怎麼相遇的？他們有結婚嗎？若有，何時結婚的？
- 她之前結過婚嗎？若有，是什麼時候？他們有分居或離婚嗎？或配偶過世嗎？若有，何時發生的？
- 除了你的父親之外，她有和任何其他段的關係有過孩子嗎？
- 她是怎麼樣的人？你和她的關係如何？

諸如此類的問句也會詢問關於父親的部分。提問的目的是認識這個人、他的家庭歷史和他的關係。臨床工作者可能會繼續詢問父母雙方的原生家庭，如：父親、母親、手足。目標是為了取得至少三或四代的資訊，包括：被認定病人的（外）祖父母、父母、阿姨、叔伯、手足、配偶和小孩。

你顯然不會只是詢問一連串的問題。提問不是以一種自動化、執行操作手操式的方式進行。每一個提問都會影響下一個提問。你會從對方提供的線索中慢慢地更認識眼前這個人以及他的家庭關係。

不要忘了任何提問都可能引發非常痛苦的答案，如：虐待、自殺、犯罪行為、精神疾患或種族歧視等各種經驗。臨床工作者不管聽到什麼答案，都要用最尊敬的態度對待。這從來都不是一種表面的對話。身為一位臨床工作者，你面對的是你個案生命的核心議題，是任重道遠的責任。

拒絕參與家系圖訪談

當人們遇到問題時，他們可能對什麼出錯了、什麼需要改變的認知是有限的。 因為人們往往相信只有有症狀的那個人需要改變，所以我們可以說他們的觀點是僵化和非系統性的。任何直接到家中其他問題區的努力，都可能因強烈否認其他家庭難題的存在而受到阻礙。我們不能夠在第一次的會談中就著手收集所有家系圖資訊，而就這麼忽略家庭預約的目的。這樣的一意孤行很可能會使家庭疏遠治療。收集家系圖資訊應用更一般性的方法加入家庭，尋求瞭解他們的問題和生活觀。

當臨床工作者觸及到痛苦的記憶和感覺與所收集的資料有關時，通常會引發抗拒。例如，若兄弟在車禍中死亡、祖父母自殺，或非婚生子的資訊出現，家庭成員可能會尋求調整會談的重點。他們可能會問：「我們已經知道喬是問題了，為什麼還要開啟舊傷口？」

有時，看似無害的問題可能會引起強烈的反應。抗拒可以以各種方式出現，可能是直接和激烈的，或者可能是暗地裡的，家庭成員慢慢地變得無聊、焦躁不安或破壞。例如，一位個案在被問及他有多少兄弟姊妹後淚流滿面，因為這個問題擾動他關於最喜愛的兄弟的記憶，其在一次溺水事故中死亡。表面上簡單的提問也可能發現家庭的秘密（Imber-Black, 1993, 1999）。如果夫妻雙方未婚生子，像「你結婚多久了？」這樣的提問，可能會導致尷尬或隱瞞。甚至地理問題，比如「你兒子住在哪裡？」的提問都可能對兒子在監獄裡、精神病院或與兒子失聯的父母來說是個敏感的話題。

當你在討論家庭歷史時遇到反覆的抗拒，或許花些時間將注意力放在抗拒的人，其有助於讓這個人感覺到被傾聽，讓他或她知道你關心呈現的議題。再次確認你所要去的方向，讓家庭知道學習他們歷史的目的，可以幫助你瞭解他們的情況。

有時家庭成員非常的抗拒，以至於你不得不暫時完全放棄家系圖的訪談。這樣的情況相當罕見，可能是異常多代毒害問題的跡象。在這些情況下，即使你重新將注意力放在主訴議題上，你仍然可以試圖知道家中有誰，他們彼此之間如何交織，以及他們和議題之間又是如何相互牽扯的。你仍然可以找尋當前的情況和過往事件的關連性及模式。這些關連性有助於提醒人們，他們在比自己更大的系統裡。

偶爾，家庭成員對家系圖資訊的討論非常的抗拒，我們可能必須暫時放下，直到我們找到另一種讓他們參與的方式。在這些情況下，一旦我們成功地與家庭建立關係，我們通常會在家系圖中發現，抗拒來自於家庭經驗中某種很根深蒂固的特定焦慮，如：虐待、自殺父母或住精神病院父母的污名。

有時，個案會為了逃避對家系圖的討論而在當下採取某些行動，而當這些行動變成理所當然時，我們就必須面質這些行為，就像父母忽略兒童眼前的需求，或為避免面對酒精或藥物濫用的議題而將注意力轉移到家系圖（或其他任何事情）上一樣。

不斷展現更大的家庭脈絡與家庭成員眼前所關注的議題的連結，有助於家庭成員意識到他們並不孤單。最終，當一個家庭開始看到他們的擔心與家庭模式歷史之間的關連時，便可能克服他們對訊息的抗拒和隱瞞。在隨後的會談裡，你經常可以回到家系圖上進行有條理的提問。

有關如何運用家系圖更加理解臨床議題的部分，可在www.psychotherapy.net參閱臨床家系圖的影片：〈駕馭家系圖的力量〉（Harnessing the Power of Genograms）、〈未解決的失落遺物〉（The Legacy of Unresolved Loss）、〈伴侶治療系統化取向〉（Couples Therapy a Systemic Approach）和〈家庭治療中的評

估和接觸〉（Assessment and Engagement in Family Therapy），以及臨床配套書《家庭評估與會談案例》（McGoldrick, 2016）。

當我們與家庭合作並贏得他們的信任時，我們希望能夠透過他們的家庭經驗、歷史與前來求助的當前問題連結，來幫助他們理解家系圖中的相關性。歸根究底，為了賦權家庭修改他們的關係、改變失功能的模式，我們希望幫助家庭成員成為自身家系圖的「研究者」。

家庭拒絕參與家系圖繪製的處理

如上所述，當家庭成員對我們詢問大家庭的提問有負面反應，或抱怨這些是不相關的事時，我們需將重點轉回當下的情境，直到主訴問題和其他家庭關係或經驗之間的連結可以重新再被探究。影片〈未解決的失落遺物〉（見網址：www.psychotherapy.net）示範如何處理這樣的例子，其關於再婚家庭的評估，主訴問題是其青春期女兒的行為，但家庭拒絕提供家系圖資訊。若我們能柔性的堅持一段時間，通常不僅能獲得訊息，也能向家庭證明彼此之間的關連性。

家庭對議題和可能解決方案的信念

我們進行訪談的方式要能夠與家庭信念一致，這樣家庭才能和所建議的處遇有所連結。家庭對於問題和可行之解決方案的文化信念是什麼？訪談者在評估和處遇中，如何回應這些信念？

關於基本家庭歷史和功能的圓滑調查

要瞭解家庭成員的功能和興趣，您會想知道他們的教育程度和工作史、財務、性關係、壓迫和其他創傷歷史的基本資料。但對他們來說，在沒有建立一定程度的臨床信任關係之前，要討論這些議題的挑戰性可能相當大。這就是為什麼不可能開發一種自動化的訪談方式，來認識任何一個人或家庭故事，而且臨床工作者必須敏銳和有耐心，特別當他們要瞭解更難以啟齒的家庭歷史和情境時。

訪談者在詢問有關文化差異、階級、性別、年齡、種族、性取向、宗教、靈性、生命週期階段和其他信仰的問題時，應負自我監督之責，持續覺察自己的議題如何成為理解或連結特定家庭成員的資產或負債。訪談員很容易捲入家庭，或家庭和其他機構（如：轉介單位、其他治療師、治療師自己的工作系統）的三角關係中，特別是，家庭成員與另一位治療師的任何持續治療關係都可能導致三角關係的發展。

社會文化與宗教背景

為了在脈絡中瞭解主訴問題及當前的關係，我們必須瞭解家庭族裔、社會經濟、政治、宗教背景。很自然地，這些層次的提問會擴展到詢問大家庭。探索種族和遷移歷程有助於我們建構家庭運作的文化脈絡，提供治療師探索文化因子是如何影響家庭態度和行為。

重要的是，我們要知道家庭文化、宗教傳統和問題解決、健康照護、療癒之間的關連，也要瞭解家庭成員在這些文化傳統價值下當前所處的位置在哪裡。重要的是，我們要考量文化期待對於成員與醫療團隊關係的影響，因其決定了成員回應的狀態。當然，當出現壓迫歷史時，家庭因應其他機構的歷史就會是個需要被考量的關鍵議題，特別假若你是白人，而你的個案是有色人種時。

此外，家庭成員之間、家庭成員與助人者間的階級差異，有可能會造成一些不舒服的感覺，我們則需在訪談中處理這些負向情緒。階級的提問不僅詢問家庭目前的收入，也會詢問家庭在其社區中的文化背景、宗教、教育和社會地位。只要臨床工作者對於影響家庭的文化和宗教因子有較清楚的瞭解，即使存有文化限制，還是能夠提出敏銳的問題，幫助家庭找出任何讓他們卡住的行為，如：一個女人犧牲自己所需，完全成就滿足他人的需求（見McGoldrick, Giordano, & Garcia-Preto, 2005）。以及種族歧視議題的因應，其不只是關乎任何有色人種，對白人來說，也是會變得特別敏感的議題。由於直白的討論這些議題很可能會挑動敏感神經，所以這些關於族裔和種族話題的資料，特別應該向族裔和種族之少數群體裡的成員收集。

透過文化和歷史的眼鏡檢視家庭系統，評估之前生命週期的轉換，臨床工作者可以將主訴問題放在家庭演變模式的脈絡中來看，這些演變模式包括地理位置、移民和社會文化的改變。

社會文化、社會政治和社會經濟因子

有任何社會文化因子（社會地位、種族、人種、財務、語言、教育程度、工作潛能、法定身分等等）損害家庭的功能嗎？在經濟、教育和融入所處社區方面，他們的社會位置為何？他們的教育、職業和財務歷史為何？他們的政治歷史是什麼，且這政治歷史是否造成家庭成員間的苦難或衝突？

文化傳承

個案是隸屬於他們歷史、現在脈絡和未來的。**當我們請人們說出他們自己的族群，為的是幫助他們看到其文化在歷史上延續及斷層，並協助他們在家中談論關於文化認同的話題。這一系列的提問，就像所有家系圖的探索一樣，本身就是個治療處遇的歷程，因為它將個體和其較大的歷史及社會脈絡串連起來**。這些提問提供給臨床工作者參考，適當的時機點下加入臨床談話中。好奇的議題面向包括：

- 個案認為自己是屬於哪一個族裔、種族、宗教、社群、專業或和其他傳統？
- 他們住在族群聚居區（ethnic enclave）嗎？或是住在被視為外來者的社區呢？
- 他們的屬靈和宗教信仰是支持他們承認自己族裔傳統？還是貶抑呢？
- 家庭是在什麼情況下來美國的？何時來的？
- 他們對於自己在美國的地位有感到安全感嗎？程度多少？
- 他們是何時來到目前所處的社區？

- 他們在家是說哪一種語言？社區呢？原生家庭呢？
- 他們的種族或族裔群體在特權或壓迫方面有什麼樣的經歷？
- 他們為所屬群體對其他群體所犯下的罪行承擔了什麼？
- 他們所屬群體所做之具傷害性的事情是如何影響他們？或者什麼對他們造成傷害？
- 祖先所犯的錯誤作為中，他們可能與之同謀嗎？
- 他們怎麼表達群體的愧疚、自己的悲傷，或他們在祖先造成的傷害中所扮演的角色？他們認為什麼可以修復這些傷痛？
- 在美國，哪些經歷對他們的家庭成員來說壓力最大？
- 在他們的文化中，當家庭成員需要幫助時，他們會向誰求助？
- 他們的文化對男性和女性角色的價值觀是什麼？教育？工作？成就？家庭連結？家庭照護？宗教習俗？心理治療？這些價值觀有隨著時間而發生了變化嗎？
- 他們仍然與原國籍的家庭成員有聯絡嗎？
- 移民是否改變了家庭成員的教育或社會地位？
- 他們對自己的原生文化有何感想？他們認為自己屬於美國主流文化嗎？ 他們認為自己在美國主流文化中的地位如何影響他們家人的生活經歷？

透過討論家庭傳統價值、轉換生命的能力，以及努力朝符合其文化價值之長程目標邁進的能力，再再都提醒家庭其自身的復原力。這些幫助家庭找出自身在文化脈絡中所處位置的提問，可以幫助身陷壓力風暴的他們，找到自己的力量及復原力。協助家庭感受其傳統力量的問句包括：

- 渴望像你一樣移民卻從未做到的曾祖父，會如何看待你和你孩子之間的問題？
- 你的祖先是數百年奴役下的倖存者。你之所以在此，是因為他們強大的力量和勇氣。你認為你從祖先那傳承到什麼樣的力量，而這些力量可以如何幫助你因應你的難題？

- 你的曾祖母在二十一歲時移民。雖然她在一間榨取工人勞力的工廠工作，但她成功地養大六個孩子，有極佳的應變能力。你認為她對你、對曾孫女的期待是什麼？你認為她想要你如何解決你現在的問題？
- 雖然你的父親死於酗酒，但當他十八歲來到這個國家時，無庸置疑，他當時對未來有著不同的夢想。你認為他當年的夢想是什麼？你認為他怎麼看待留在原國家的父母親？你認為他現在對你的期待為何？
- 你所在的城鎮有一些拉丁裔的政治團體嗎？他們能幫你和你的族群向美國爭取數百年來應得的資源？
- 你認為義大利裔的你和愛爾蘭裔的太太會如何影響你們處理衝突的方式？

財務

我們的文化認為談論財務狀況是種禁忌，但為了瞭解家庭的經驗，我們必須知道家庭的社經地位。我們需要理解家庭的經濟壓力，才可能協助家庭解決他們的問題，並給予家庭成員支持。更甚之，瞭解家庭權力結構的原則之一就是跟著金流走，即我們會知道誰有權力掌控錢，而誰在經濟上是依賴他人。

我們通常會在直系家庭成員出生和死亡日期的右上方寫下年收入，而在家系圖旁寫下負債，尤其是信用卡債務（在美國這是常見的家庭問題），以及預期會繼承的遺產或對其他家庭成員的經濟責任（明確的或被期待的）。債務或成功都可能是家庭的壓力源，尤其對於來自非主流文化的家庭，通常第一個脫貧或脫離較低階勞工階層的家庭成員，會感受到來自其他家庭成員的壓力：嫉妒、憤怒或覺得有義務要幫助較不幸的家庭成員。當中上層或上流背景的家庭失去資源時，或許會特別覺得羞愧或和大家庭有衝突。那些努力滿足基本生存需求（庇護所、食物、衣服、健康照護）的家庭而言，則持續處在壓力中。需要探索的議題包括：

- 每一個成員的收入是多少？此有造成家人關係的不平衡嗎？若有，如何處理此不平衡？和其他親戚比，這樣的經濟狀況如何？

- 期待繼承任何遺產嗎？你現在有資助任何家庭成員嗎？或未來有誰可能需要你的照顧？
- 是否有為未來開銷而需節流呢？你認為這些節流夠嗎？
- 誰管錢？如何做出花錢的決定？這些模式和原生家庭處理錢的方式有差別嗎？
- 有任何人有賭博或超支的問題嗎？這些問題是如何被處理的？

信仰系統、宗教、屬靈價值觀

家庭的主要信仰是什麼？他們整體的世界觀為何？特定迷思、規條、屬靈信仰或家庭秘密如何影響他們？家庭的宗教信仰的歷史是什麼？如何實踐？有信仰的改變嗎？改變史為何？家庭內、家庭之間或家庭和社區之間，彼此不同的宗教信仰對家庭的影響為何？是否有家庭成員改變其宗教信仰？其他家庭成員對此改變的反應如何？較大的社會如何看待家庭宗教的取向？他們曾經被他人歧視或暴力相向嗎？

語言技巧和家庭成員的文化適應

移民家庭成員的適應快慢程度、能保有多少傳統的程度和學習英文的速度各有所不同。認識並說原生文化的語言能夠保存家庭的文化連結感。

孩子成長過程中，家中所說的語言為何？家庭中有因為語言技巧和文化適應不同而產生衝突、權力不平衡和角色顛倒嗎？尤其當孩子被迫要為父母親翻譯時。

和社區的連結

家庭成員如何維繫關係對我們理解家庭是有助益的。他們是否可以取得朋友、鄰居、宗教團體、學校、醫生、社區機構、醫療機構和其他醫療照顧及社會服務資源，包括治療師？當家庭成員搬離所屬的單一種族社區時，可能會感到非常高的適應壓力，這壓力甚至會延續至移民後好幾代。治療師應認識社區種族的網絡，可能的話，治療師則能透過家庭拜訪、信件、網路聊天或透過建立新的社會網絡，鼓勵個案重新建立非正式的社會連結。

移民歷史

家庭移民的原因為何？他們在尋求什麼（如：生存、免於迫害、冒險、財富）？他們將什麼置之其後（如：宗教或政治迫害、貧窮）？治療師需要理解移民的壓力和種族認同的衝突，如同他們在面對家庭歷史的其他壓力一般。評估這樣的因子是相當重要的，其協助我們判斷家庭的失功能是否是面對高文化壓力時的「正常」反應，或是已超過轉銜的壓力範籌而需要專家的介入。

移民壓力可能在當時是被「埋葬」或遺忘的。家庭成員可能壓抑或遺忘移民前的文化傳統，然當他們試著適應新環境時，即使只是細微的，家庭傳統依然影響家庭的觀點。許多移民團體依然受到美國主流文化的壓力，被迫要放棄他們的種族傳統，因而失去他們的部分身分認同。隱埋歷史的影響可能比不被看見更為加劇。比起因為冒險或改善經濟而移民的家庭，在移民歷程開始前就在其自身所處的社會中經歷創傷及蹂躪的家庭，可能會在適應新生活上經歷更多的困難。

關於移民的特定範圍的調查包括：

- **移民前歷史：**原生國家的政治和經濟狀況為何？
- **移民歷史：**移民本身的創傷程度為何？是否一路走來所失去的已經超過所失去的原生文化？
- **移民後歷史及文化的衝擊：**當家庭初到美國時，他們的經驗為何？他們有任何語言、移民身分、貧窮的問題嗎？是否失去社會地位或工作選擇？要到什麼樣的程度，會經歷文化價值觀衝擊？他們住的社區是支持或敵視的？他們有被排擠嗎？
- **移民和生命週期：**移民時，家庭成員的年齡為何？尚留在家鄉的家庭成員的年齡為何？移民時的年紀如何影響著家庭成員？是否有特定的孩子因為英文學的比父母親快，而提早變成大人？或因為家庭沒有資源用一般孩子般的方式對待他們而變得早熟？移民時的生命週期階段是否因為父母比子女較不能與新文化妥協，而造成父母、子女階層的顛倒？祖父母是否因為學不會英文而受限？生命週期階段如何影響家庭的適應？

關於文化和社會位置的困難議題的問句

雖然文化和社經地位的提問非常重要，但是收集的困難度卻是相當的高（Boyd-Franklin, 2006），需要相當的臨床技巧才做得到。舉例來說，非裔美國人自早年開始就在美國經歷種族歧視，有鑒於這樣的脈絡，一個非裔美國家庭中，膚色議題顯然不可能對家庭關係沒有重大的影響（Boyd-Franklin, 2006）。非裔美國文化傾向內化這種關於膚色的種族歧視，而家庭的三角關係則極可能受到這些毒害因子的影響。白人家庭只有在其家庭成員選擇另一個種族為伴侶時，才會真正意識到種族對社會位置的影響。

然而，美國社會中，種族排列的不公平影響所有的家庭，就如同性別和階級排列的不公平一樣。在美國，不能輕視種族歧視、白種人優越、反猶太人性格、性別歧視、年齡歧視、階級制度和對同性戀者恐懼對家庭的影響，且必須將這些列入我們對家庭的評估之中（McGoldrick & Garcia-Preto, 2005; McGoldrick & Hardy, 2019）。

非正式的親屬關係

除了血緣和法定關係外，我們可以將資訊網擴展到同居和同住關係、流產、墮胎、胎死腹中、寄養童及收養童，以及屬家庭非正式網絡但被視為重要支持的任何其他人，而家系圖中也能涵蓋任何對家庭功能運作來說是重要的人的資訊——朋友、教父教母、老師、鄰居、父母親的朋友、神職人員、照顧者、醫生等。

對治療來說，關鍵的支持對象可以是重要情緒或屬靈資源。探索家庭外在支持，臨床工作者可以問：

- 當你需要經濟、情緒、生理和屬靈協助時，你會向誰求助？
- 家外人在你的家裡所扮演的角色為何？哪些家外人對你的生活是重要的？
- 你和社區的關係如何？
- 你是否曾依附著哪一位保母或照顧者嗎？他們對你而言，意義為何？
- 有任何其他人曾住在你的家裡嗎？何時？他們目前在哪裡？
- 你們家和醫師或其他助人專業者或機構的經驗為何？

對於某些特定的個案，則需要詢問一些額外的問題。例如：面對男同性戀者、女同性戀者、跨性別者者、雙性戀者、酷兒、雙性人或無性戀者，以下的提問對和他們的個案工作來說會是重要的（Nealy, 2017; Burke & Faber, 1997; Laird, 1996a, 1996b; Scrivner & Eldridge, 1995; Shernoff, 1984; Slater, 1995）。

- 你現在已經懂了，那麼你最早知道自己的性取向是什麼時候？
- 誰是你最先告知你性取向的人？
- 你的家系圖中，誰知道你「出櫃」？
- 你最想告知誰？
- 誰是你認為特別容易或特別難告知的？

追蹤家庭歷程

追蹤因出生、死亡、和其他轉變的改變，引導臨床工作者提出關於家庭適應型態的假設。需要特別注意的是過早或創傷性的死亡，以及舉足輕重的家人的死亡。我們找尋在這些轉變後所發生的特定適應或僵化的模式。評估過去的適應模式，對幫助家庭因應現在的危機來說十分重要，尤其是失落和其他重要轉變後的適應模式。過往的家庭關係可能提供重要的訊息線索，包括：家庭規條、期待、組織模式、優勢、資源及復原力資源（Walsh, 2006）。

特定問題的歷史對運用家系圖來進行詳盡調查也是相當重要的，焦點會放在家庭模式在不同時期是如何改變的——問題開始前、問題發生時、最早尋求幫助時，以及現在。我們可以針對每一個時期，畫出相對應的家系圖。在取得所有當時細節的過程中，家系圖電腦化對我們而言，便是一個非常有幫助的工具，其更容易呈現壓力的關鍵時刻和症狀發展的細節。

我們也可以非正式的詢問家庭成員對問題會如何進展的看法。從歷史的角度看家庭涉及了過往、現在和未來，並註明家庭在因應改變時的彈性。問句能包括：

- 若問題消失了，會發生什麼？你的家庭會有什麼不同？
- 若問題持續，你預知你的家庭會發生？
- 最糟的情況會是什麼？
- 家庭成員想像未來可能的改變是什麼？

關於個人運作的難題

與所有其他家系圖的評估領域一樣，詢問功能需要臨床敏感度、判斷力和機智，因為它很容易觸及家庭的敏感神經。為了評估一個家庭，我們需要瞭解每個家庭成員的功能、關係和角色。人們在某些領域（如：學校或工作）可能運作良好，但在其他領域（如：親密關係）則不能正常運作。管理壓力的能力因人而異，差異很大。一個有嚴重疾病的家庭成員，可能展顯出極佳的適應優勢，而其他人則可能因為小小的壓力而呈現出脆弱。

評估功能不彰，尤其是成癮行為，可能會特別的困難，不僅僅因為個案可能會出現的防衛反應，也因為家庭成員常覺得被脅迫，害怕揭露問題。我們可以先示警家庭成員，我們所提出的問題可能會難以啟齒回答，若是他們不想討論，則他們可以讓訪談者知道。這本身可能就存在問題，因為個案可能覺得要對特定問題或提問表達他們的不舒服而感到不舒服。倘若個案的家人抗拒處理主訴議題的提問時，臨床工作者則需要判斷要多堅持。通常需要仔細提問，並徵求其他家庭成員的看法，才能展現一個人真正的功能水平，這也是讓多個成員參與對評估是非常有助益的原因之一。

與此同時，如果家庭中最有權勢的人擔心被排除在談話之外，臨床工作者有時可能有必要分別和家庭成員談關於尷尬或羞愧的敏感議題，即使抗拒可能會提高。臨床工作者針對一些特定議題的提問需要特別的小心，尤其是個案誠實的回答有可能會危害到某位家庭成員，如懷疑身體虐待時。

臨床工作者必須極度小心，始終努力確保他們的提問不會危及個案。妻子永遠不應該在先生面前被問及先生可能的虐待行為。提問的前提是建立在她能夠自由回答的基礎上，所以在這種暴力的狀況下，或是她在丈夫面前回答這個提問會威脅到她的安全時，我們的假設並不成立。只有當出現沒有影響的風險時，身體虐待才能共同解決。

以下是帶著臨床敏感度詢問個人功能的問句清單：。

嚴重問題

- 家裡有任何人曾有嚴重的健康或心理問題？憂鬱？焦慮或害怕？失控？曾發生過語言、身體或性虐待嗎？
- 有任何孩子被忽略嗎？
- 有任何嚴重的問題讓你擔心嗎？你曾求助過嗎？若有，何時？發生什麼事？問題的現況為何？

工作

- 最近有任何工作上的問題、改變、衝突嗎？失業？在職？你喜歡你的工作嗎？家裡還有誰在工作？他們喜歡他們的工作嗎？

藥物和酒

- 有家庭成員定期服用藥物嗎？用哪種藥？作用是什麼？
- 誰開的囑方？家庭和醫生的關係為何？

- 你認為有任何成員喝太多或有藥物問題嗎？有其他人也如此認為嗎？何種藥？什麼時候開始用？對此，家庭曾嘗試做過什麼？
- 用藥者在酒精或藥物的影響下，其行為有什麼改變？當這個成員用藥，其他人的行為有何改變？
- 家人是否曾因為觸犯酒或藥物相關的罪而被攔截（酒後開車）？

犯罪

- 曾有家人被抓嗎？為了何事？什麼時候？結果如何？那人現在的狀況如何？
- 曾有任何人的駕照被撤銷嗎？

身體或性虐待

- 你在家裡有覺得被威嚇過嗎？你或其他人有被打過嗎？你家裡有任何人被威脅會被打嗎？你曾威脅或打其他家人嗎？你曾被其他家人以任何方式威脅過嗎？
- 你或其他家人曾被家人或家外的人性猥褻或不適當的碰觸嗎？是被誰？

我們已知，美國婦女的頭號健康問題是身體虐待（McGoldrick & Ross, 2016），故非常重要的是，臨床工作者在詢問家中權力關係時需極度小心。夫妻關係有許多的面向，每一個面向都可能牽涉到虐待（經濟、情緒、身體和心理權力、伴侶和所有其他關係的界線〔工作、朋友、宗教、原生家庭、孩子等〕、性、家事、休閒活動和孩子照顧）。

這些面向的複雜性提供臨床工作者一些線索，好讓他們在進行提問時，必須十分小心仔細，畢竟虐待可能被否認或被輕描淡寫。關於虐待，我們發現除了家系圖外，權力金字塔（Power Pyramid）（**圖 3.1**）也是非常有用的工具，能夠評估伴侶和家庭關係中多重範圍內的暴力和心理虐待。臨床工作者可以在個別會談時提供這個金字塔圖，幫助他們探討其關係中的權力面向。

我們建議以下的提問，臨床工作者分開詢問：

- 一般來說，誰作決定？
- 誰管錢？
- 如何解決衝突？
- 對於婚姻中的暴力和威嚇，每一位伴侶的態度是什麼？

訂定家系圖訊息管理的優先順序

當進行家系圖評估時，我們所面臨最大的困難是，為所包含的家庭訊息設立優先順序。由於實務工作者無法追蹤家系圖訪談所提供的每一條線索，故察覺基本家系模式，有助於設定優先重點。依據基本法則，家系圖資訊可根據以下跨世代模式的順序瀏覽：

- **重複性症狀模式**。
- **功能過高或不足**。
- **重複性功能不彰的關係**（三角關係、聯盟〔coalitions〕、衝突、截斷）。
- **巧合的日期**：例如：某位家人的過世或死亡紀念日和另一家人開始出現症狀的時間相同，或症狀開始的年紀和另一個家中成員發生問題的年紀相一致。
- **「不合時」之生命週期轉變的影響**：尤其是在功能和關係上，重大家庭生命事件和不合時的生命週期轉變（如：出生、結婚、早逝）相互呼應，如：「計畫外」的出生、結婚或死亡。
- **遺漏訊息**：察覺可能的模式讓臨床工作者更敏感遺漏的訊息。遺漏重要家庭成員或事件的訊息和不一致的訊息，可能反映出家中情緒張力的議題。成年男女可能所知道母親原生家庭的資訊可能比父親方要多。女人所知道丈夫原生家庭的資訊可能比先生所知道的還多，這也反映出社會期待女性多關係導向，而男性多任務導向。

圖3.1　權力與控制金字塔

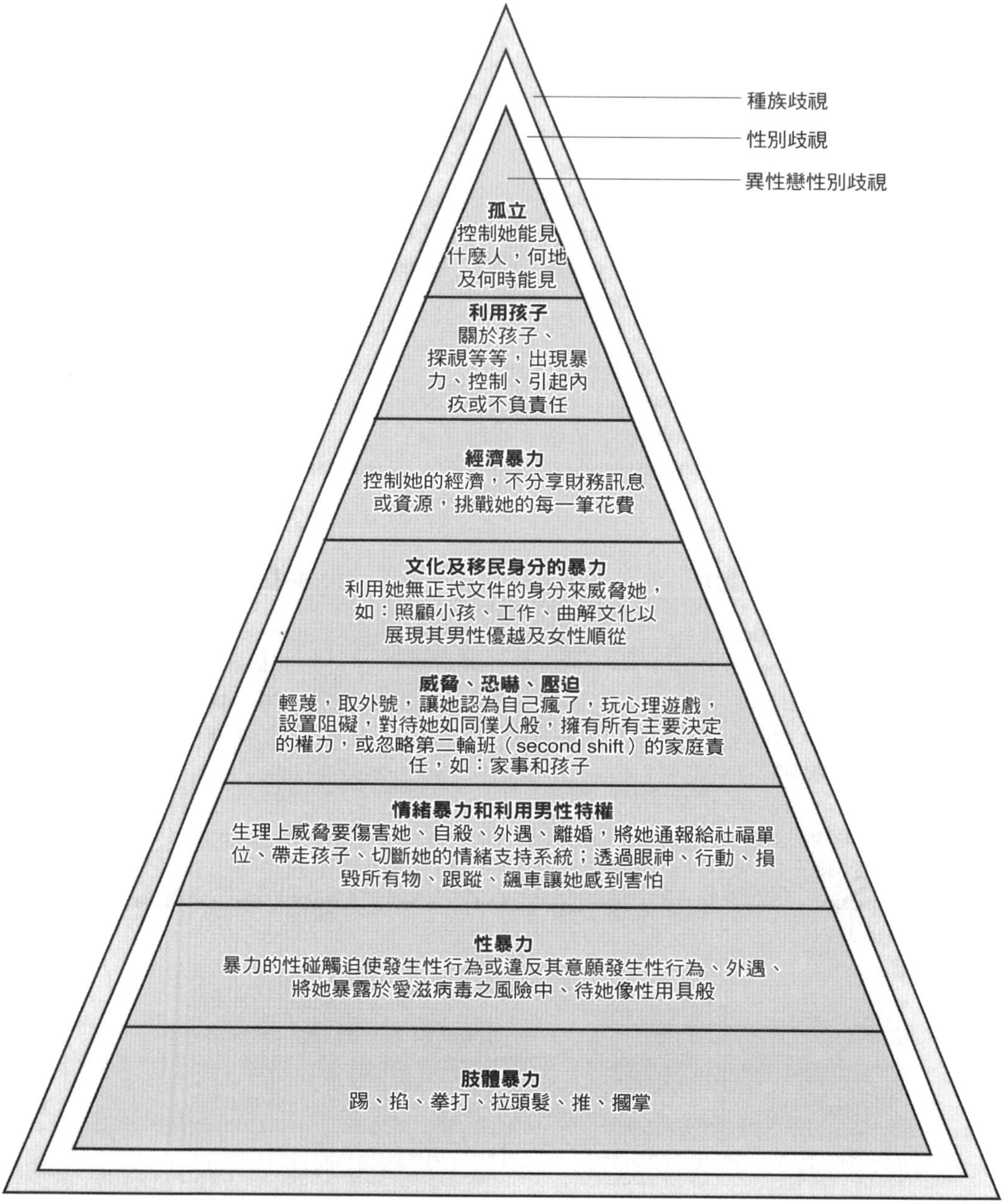

種族歧視
性別歧視
異性戀性別歧視

孤立
控制她能見什麼人，何地及何時能見

利用孩子
關於孩子、探視等等，出現暴力、控制、引起內疚或不負責任

經濟暴力
控制她的經濟，不分享財務訊息或資源，挑戰她的每一筆花費

文化及移民身分的暴力
利用她無正式文件的身分來威脅她，如：照顧小孩、工作、曲解文化以展現其男性優越及女性順從

威脅、恐嚇、壓迫
輕蔑，取外號，讓她認為自己瘋了，玩心理遊戲，設置阻礙，對待她如同僕人般，擁有所有主要決定的權力，或忽略第二輪班（second shift）的家庭責任，如：家事和孩子

情緒暴力和利用男性特權
生理上威脅要傷害她、自殺、外遇、離婚，將她通報給社福單位、帶走孩子、切斷她的情緒支持系統；透過眼神、行動、損毀所有物、跟蹤、飆車讓她感到害怕

性暴力
暴力的性碰觸迫使發生性行為或違反其意願發生性行為、外遇、將她暴露於愛滋病毒之風險中、待她像性用具般

肢體暴力
踢、掐、拳打、拉頭髮、推、摑掌

家系圖訪談重點

在進行簡單的家系圖訪談時，臨床工作者會想將注意力放在最重要的訊息上，如：每一位家庭成員的年齡、職業／教育程度、宗教、種族背景、移民日期和現在的健康狀況。此外，實務工作者也能詢問的是：

- 在核心家庭外，誰是你的重要資源？
- 誰對你來說是壓力？
- 誰轉介你給我們？
- 還有哪些專業人員參與幫助你的家庭？

萊特和黎黑（1999）建議臨床工作者根據實務的脈絡，想至少三個關鍵問題，詢問所有家庭成員。這些問題可能包括：

- 家庭成員目前最迫切的議題是什麼？
- 什麼樣的訊息是家庭成員可能願意和其他家庭成員分享，或者不願意讓他們知道的？
- 誰是家庭成員愛或靈感的最大來源？
- 家庭成員所感受到最大的挑戰是什麼？
- 家庭成員最想要從臨床工作者獲得解答的是什麼問題？

他們也常建議臨床工作者在進行簡短訪談中，將所觀察到的至少二項優勢或資源回饋給家庭。這是非常好的建議，尤其著重模式，而非單一出現的事件。這樣的回饋可包括：

- 比起其他家庭成員對這些困難的抗拒，你的家庭似乎有很大的勇氣面對你所描述的問題。
- 在你所經歷的這些難題：性虐待、暴力、成癮行為和精神疾病，你可說是家庭的倖存者。

• 儘管你常因生氣和絕望所苦，但你似乎還是非常的有愛。

結束訪談前，為個案做簡單的摘要也是重要的，以免有些議題仍困擾著家庭或需要進一步的釐清，重點是要是留復原力和希望感的資源給家庭，這樣討論最後不會僅充斥著問題而已。

另一個同樣重要的是，訪談者要認可個人或家庭所分享的故事。一般來說，為達到此，我們通常會給個案一份產出的家系圖，並請他們再檢閱，確認其正確性。這個動作本身可做為主要的訪談，因為它能幫個案檢視他們家中的模式，並給予他們修改所創造的圖的掌控權。一旦他們體驗到圖所生動描繪出的「事實」時，或許就能開始看到他們家庭的系統面。

我們進行任何家系圖訪談，其的目標是讓個案覺得比起剛開始時，現在的他們有被更瞭解，也和事件的來龍去脈更有連結。我們總是希望人們能知道他們自己的苦惱和他們的關係——現在和過去——之間的關連，而這樣的連結能促進他們對未來解決問題的希望感。

CHAPTER 4

追蹤家庭模式

一旦我們能透過時間和脈絡來看一個人或家庭時，就能從所看到的模式中體會家系圖的力量和豐富性。本章是這本書篇幅最長的一章，因為我們試著包括所有家系圖追蹤的模式，好讓我們更加理解個案的生活。我們也會關注壓力的累積、不合時宜和創傷性的失落、復原力以及秘密的力量，同時也關注家庭中關係截斷、功能和失功能、照顧需求和資源平衡等更大的脈絡因子。

追蹤家庭結構、角色和功能的平衡

追蹤家系圖中家庭結構的角色、功能、資源和模式的平衡與不平衡，能夠顯示家庭系統的整體功能。這樣的追蹤讓臨床工作者能夠形成家庭如何應對壓力的假設。家庭系統不是同質性團體的組成，反之，同一個家庭裡往往會同時出現異質和對比性的特質。這些特質在功能良好的家庭中多半是相互平衡的。臨床工作者在尋找「突出」（stick out）的對比性和特徵時，會試圖瞭解：這些對比性和特殊性是如何整合進全部的功能整體？又達到哪些平衡？因缺乏平衡而導致系統經歷的壓力是什麼？

有時家庭結構的差異能跨越多個世代。伴侶雙方的家庭結構可能非常的不同，甚至是相反的，這會在家系圖上呈現出圖形的不均衡。伴侶一方來自一個大家庭，有無數的叔伯、阿姨，而另一方則是獨生子女，其父母也是獨生子女，這可能同時導致平衡和不平衡。

一方面，雙方可能都被對方的經歷所吸引，即一個人喜歡小家庭的隱私，另一個人則喜歡大家庭的多樣性。或者，雙方親戚數量懸殊的不平衡則可能會引發問題。伴侶一方可能習慣於在眾人面前表演並參與多重關係，而另一方則尋求更獨特、私密的關係。另一個涉及結構平衡的議題則是，伴侶一方來自離婚和再婚很常見的家庭，而另一方則是一個長期保持穩定婚姻的家族。當臨床工作者在家系圖上看到這種相對比的結構時，便會想探索伴侶雙方對婚姻的不同期待。

功能良好的家庭中，成員可能扮演各種不同的角色：照顧者、依賴者、供應者、發言人、喜劇緩解者、組織者等等。有時從家系圖上可以很明顯看出有過多的人扮演某個特定角色。一個由單親、祖父母、叔伯姨舅等共同撫養的獨生子女，可能很難在沒有「父母」的認可下正常運作。

相反的情況則可能發生在某位家庭成員負責照顧過多的家庭成員，如同三十七歲的泰德．甘迺迪（Ted Kennedy）在一九六九年所經歷的那樣。他是甘迺迪九名子女中最小的一個，卻也是唯一倖存的男性（**圖 4.1：1969 年甘迺迪家族**）。

一開始是長姊羅絲瑪麗在一九四一年秘密接受腦葉切除手術，接著是長兄喬瑟夫在二戰期間身亡，四年後則是二姊凱薩琳和她的情人在一起進行危險飛行時身亡。然後一九六三年，整個國家沉浸在約翰．甘迺迪（John Kennedy）不幸身亡的悲傷中，他曾是唯一倖存的最年長哥哥，如今留下他兩個失怙的幼小孩子。五年後，國家又遭遇了第三個哥哥鮑比被謀殺的悲劇，而他遺留下十一名年幼的孩子，其中最小的羅莉都還未出生。

由於泰德是他這一代中唯一倖存的男性成員，他在兩個沒有父親的家庭

圖 4.1　1969 年甘迺迪家族

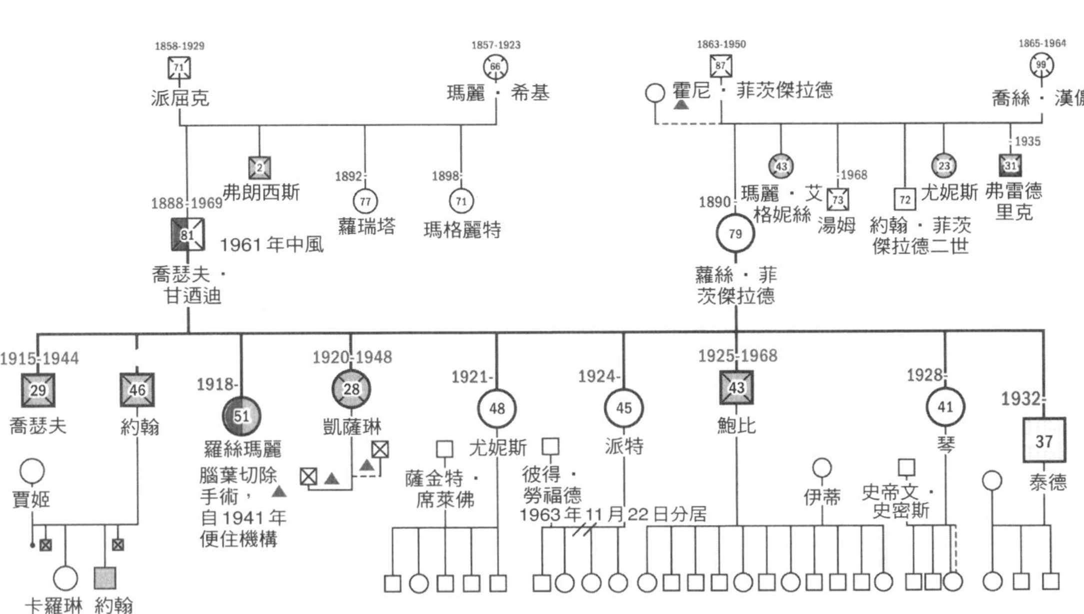

中擁有著特殊的角色，同時還要負責照顧自己三個有著各自問題的孩子。對於一位臨床工作者來說，看到這樣的家庭情況便會想探索這個家庭能達到什麼樣的平衡，又能引入什麼樣的其他資源來幫助照顧這麼許多的孩子（如果一個沒有像甘迺迪家族財力雄厚的家庭發生這種情況那麼其所面臨的困難將會更加艱鉅）。

家庭成員以不同的風格和不同的功能水平運作著。當模式達到平衡時，不同家庭成員的功能便能夠相互搭配。我們在家系圖中搜尋功能上的對比和特殊之處，或許有助於解釋系統的整體運作方式。

任何新成立的家庭都需要整合不同風格和方式，並與世界連結，其結果可能或多或少對子女的成長和發展具有互補和促進的作用。家庭中特定的不平衡可能導致家庭功能失調。例如，我們常常在藥酒癮家庭中看到一種互補模式，濫用酒精或藥物者的另一半多是過度投入的高功能者（Bepko & Krestan, 1985;

Steinglass, Bennett, Wolin, & Reiss, 1987）。非藥物濫用的伴侶一方被迫變得過度負責，才能和不負責任的藥物濫用另一方達到平衡。伴侶一方自願扮演照顧者的角色，而另一方則願意被照顧，這樣或許能讓關係暫時穩定一陣子。

由於成癮行為的本質會導致不負責任的結果，或是本身就是種不負責任的結果，那麼伴侶的另一方的確需要填補空缺；但若這種情況沒有發生時，孩子就可能處於脆弱危險的狀態，最後往往不得不提早扮演起成年人的角色。有時，整個家庭可能以互補的方式繞著功能失調的那位成員轉。

有時，當一個區塊的功能失調時，家庭會找方法補償困境。電話發明者亞歷山大．格雷厄姆．貝爾（Alexander Graham Bell）的家族似乎是這類情況的代表例子（**圖 4.2：亞歷山大．格雷厄姆．貝爾家族：補償功能**）。貝爾的母親和妻子幾乎完全聽不見。家族中的三代男性——貝爾本人、他的父親和大伯、祖父——都專精於語言表達和演講。貝爾的祖父撰寫一本關於語音言語的經典著作，貝爾的父親和大伯則都致力於傳授他們父親的方法。

這個家庭是非常善於創新的。當亞歷山大還是一個十幾歲的少年時，他的父親建議他和兄弟們開發一台說話機器。他們開發的儀器所模仿的機械音相當逼真，以至於讓一位鄰居老是誤以為聽到一個嬰兒在哭泣而感到困擾。家庭成員中有些人專門從事言語和聽覺方面的研究，來補償那些因聽不見而難以語言表達的家人。

在分析任何家庭的功能模式時，首要關注系統是否平衡。家庭成員之間的極端對比是否維持了系統的穩定？還是將家庭推向另一個平衡狀態？有時候，一個系統的瓦解不是因為一個或兩個成員的功能失調，而是因為之前平衡系統的照顧者耗竭了。當家庭出現慢性疾病者，家庭成員為了支持功能失調者，通常短期內能夠自我調節，但長遠來看，卻形如不可能的任務。

其他情況如：一個世代表現出色，他們的下一代就可能會呈現顯著的失敗。成功的家庭尤其如此，因為孩子可能會為了不符合父母聲望的期待壓力而反抗，這種情況在名字相同的「二世」和「三世」尤為常見。人們甚至還可能相信他們生活中的選擇幾乎是由家庭環境所注定的。

特定的功能模式也可能在世代間重複出現。例如，快速看一下卡爾．榮格

圖4.2　亞歷山大・格雷厄姆・貝爾家族：補償功能

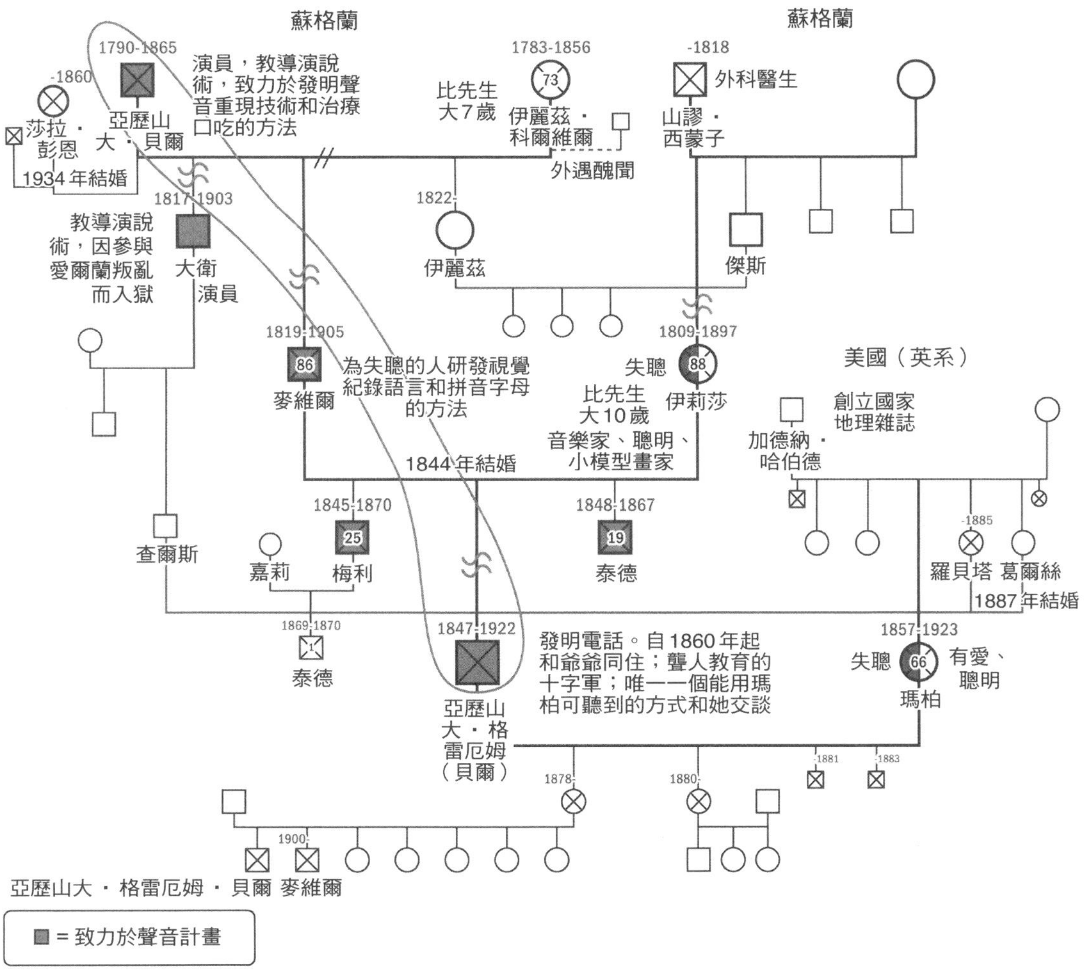

（Carl Jung）的家系圖（**圖 4.3：榮格家族：世代間的功能模式**），其顯示牧師的優勢地位，包括榮格的父親、外公、外曾祖父、三位舅公、全部八位舅舅、姑爺爺，而這位姑爺爺還是位著名的神學家。

接下來，我們可以看到榮格決定跟隨他的爺爺（他是依據爺爺的名字而命名的）、一位伯伯、曾祖父和太曾祖父成為一名醫生，因為他們都是醫生。

此外，我們知道榮格從小就對鍊金術和超自然現象感興趣，同樣地，他在這方面也遵循了許多其他相信超自然現象的家庭成員的模式，包括他的母親、外祖父母、至少兩個外祖父的手足。他的表妹海倫娜·普雷斯維克（Helena Preiswerk）舉辦降靈會（seances），榮格和許多其他家人都參加了。

因此，榮格會成為一名對宗教和超自然現象有著濃厚興趣的醫生並不奇怪，這符合他家庭中主要功能的模式。觀察他的家系圖的家族功能模式，若他忽略醫學、宗教和超自然現象，反而會讓人覺得訝異。 除此之外，我們可以補充的是，榮格的父親擔任巴塞爾大學精神病院的牧師多年，就像榮格在瑞士最著名的精神病院波克羅次立（Burgholzi）擔任首席精神病學家多年一樣。

榮格家族還存有嚴重的精神疾患、憂鬱症和其他心理問題，包括他的母親、曾祖母、姨婆和叔公。他一度很擔心自己會遺傳到母親和曾祖母蘇菲的精神疾病，而他也的確在一九一三年崩潰過。他曾被他父親最親密的朋友性虐待，這位朋友不僅是一位牧師，還常和父親一起去度假。雖然我們不可能勾勒出所有功能和職業模式的複雜性，但它們卻是很重要，且值得創造一個獨特的傳奇，就像我們在這裡所做的那樣，以利協助我們追蹤訊息（我們將在第六章探索家庭手足模式時再次討論榮格家族）。

在家系圖上追蹤關係模式和三角關係

家庭關係的複雜性是無止境的。此外，關係當然會隨著時間的推移而變化。 儘管複雜度高，但家系圖通常可以幫助我們注意到值得進一步探索的關係模式。最小的人類系統是雙人系統。雙人互動關係是家系圖中最先和最容易分析的一種關係。雖然在家系圖上用以描繪關係的標準關係線必然過於簡化（因為人類關係是非常複雜和不斷變化的），但是卡住的關係通常陷入某種狀態，或是衝突和情感截斷，或者強烈親密和融合。

也因為這個原因，家系圖上簡化的關係線還是能夠幫助我們評估功能和功能失調的關係，並引導我們對需要評估的三角關係進行基本的概述。我們透過評估這些二元互動模式通常是如何形成三人模式，來開始學習三角關係的歷

圖4.3 榮格家族：世代間的功能模式

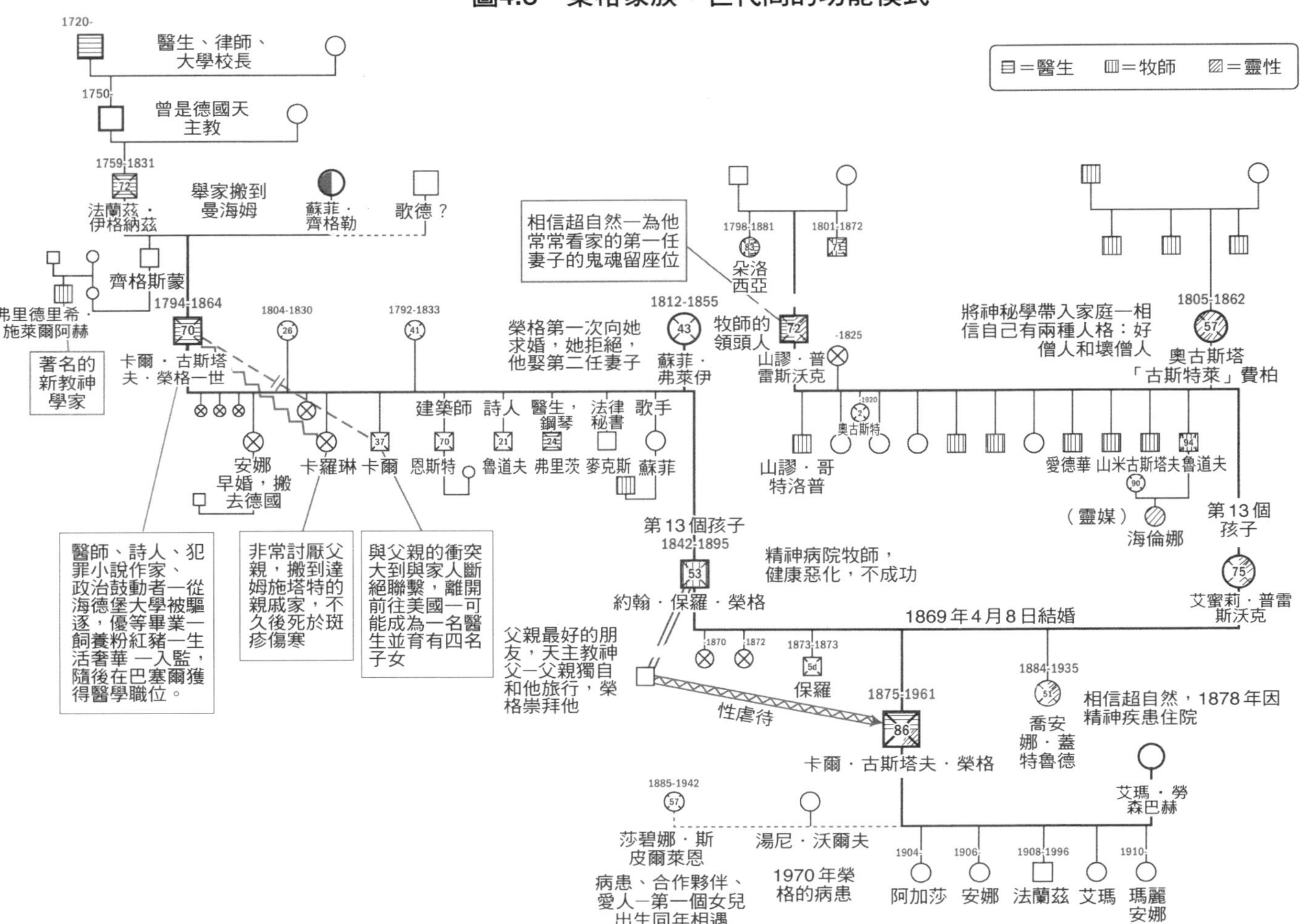

程，即兩個人結合和第三人有關，通常是兩個人關係過於密切，而第三者則是有距離或是衝突的關係。像其他許多的複雜性一般，要在家系圖上呈現三角關係並不總是那麼容易，但矛盾的是，家系圖卻是最能夠發現家族中典型三角關係的，並同時釐清特別需要關注的特定三角關係。瞭解兩個家庭成員結合對抗第三位家庭成員的三角關係模式，是在規劃臨床處遇時至關重要的一環。

「去三角化」（detriangling）是一個重要的臨床歷程，透過這個過程，引導家庭成員從僵化的三角關係模式中鬆動（關於三角關係更深入的臨床討論，請參照本書第五章和《家庭評估與會談案例》第六章的三角關係和去三角化，以及psychotherapy.net的影片：〈三角關係和家庭治療：策略和解決方案〉（Triangles & Family Therapy: Strategies & Solutions）。

例如，如果我們看到每一個世代中，兒子與父親的關係是衝突、與母親的關係則是親密，反之，女兒與母親的關係是衝突、與父親的關係是親密，我們或許能猜測這些模式可能反映出的三角關係。若我們觀察夫妻關係，我們可能會發現他們之間的關係是疏離或衝突的。家系圖分析的關鍵在於關注關係是如何交織在一起。

若母子關係親密和父子關係疏離有關，或者夫妻關係的問題和親子關係的結盟相互交織，我們就可關注婚姻關係疏離的互補模式，伴隨跨世代的同盟和衝突，這些都是三角關係模式的一部分。

顯然地，一個可能的預測是，除非努力改變，否則捲入父母和自身彼此的跨世代同盟和衝突的第三代的兒女，很可能會重複婚姻疏離、與自己的子女同盟和衝突的模式。

朱爾斯・費弗（Jules Feiffer）的著名漫畫良好地呈現了這些固定的跨世代三角關係模式。漫畫中的一位母親說她討厭自己的母親，且每一件事都試圖和母親所做的不一樣。現在，她的女兒卻（非常驚喜、意外地）變得像她的母親一樣！換句話說，在系統層面上，雙人關係往往會相互連結並共同運作，而研究家系圖的一個巨大優勢便是，可以看到家庭成員之間的關係是如何共同運作的。

接下來，我們會看到一系列相互交織的三角關係。父女關係的親密可能和他與妻子關係疏離有關，亦可能引發母女關係的衝突。我們對於系統中的任何三人組合都可以提出相同的假設：任兩人的功能都和其他關鍵的關係以可預測的方式緊密相連。三角關係是系統理論中最重要的主題之一（Bowen, 1974, 1975, 1978; Caplow, 1968; Fogarty, 1973, 1974; Guerin, 1996; Kerr & Bowen, 1988; McGoldrick, 2016）。

雖然在這本簡短的書中不可能闡釋所有系統思維的細節，尤其是這些細節是解釋家系圖上關係模式的基礎，但從三角關係的家系圖模式來看，其會是家庭評估中的一個重要面向。

三角關係往往能夠減輕最初雙人關係中的緊張感。兩個家庭成員可能聯合起來「幫助」被視為有需要或是「受害者」的第三人。或者他們聯合起來對抗第三人，將其視為「壞人」或代罪羔羊。兩個成員在與第三人關係中的共謀，正是三角關係定義的特徵（Bowen, 1978）。三角關係中任一成員的行為都會受到其他兩個成員行為的影響。

正如我們所指出的，每個三角關係往往是更大相互交織的三角關係系統模式的一部分。因此，孩子的鬧脾氣與負擔過重的母親不僅是母子關係的運作，還很可能涉及夫妻之間的關係，或涉及過度干預的奶奶、或早熟的兄姊等之間的關係，這些都是幾個可能性。在鮑文的概念框架中，健康發展涉及個體的分化或成熟，指的正是一個人在每段關係中能夠建立獨立運作的功能，而不是自動化地基於和第三者的關係而陷入模式之中。分化意味著與每個人能建立個別化的關係，而不是基於與他人的關係。因此，即使母親和父親正在衝突中，也並不影響女兒和父母親雙方維繫親密的關係。

追蹤家庭的生命週期與重要生命事件

家庭在發展過程中經歷轉變階段或節點，最常見的包括：離家、組成伴侶、孩子出生、撫養孩子、養育青少年、孩子成年、退休、健康、疾病和死亡。在生命週期的每一個節點，家庭為了能成功地進入下一個階段，必須重新組織自己。生命週期轉變對於僵化的家庭或處於壓力過大的家庭來說，可能非常困難。無論主訴問題是什麼，臨床工作者始終需要評估主訴問題是否反應了家庭在應對生命週期轉變時所經歷的困難。

例如，在組成新伴侶關係時，不僅伴侶本身需要一些基本的改變，整個家庭系統中的所有成員也需要成功納入新的家庭成員。同樣的情況也發生在伴侶雙方有孩子時。不僅需要為整合新成員騰出空間，家庭界線也必須轉變。另一個例子是，當孩子還小時，因為孩子的體型，父母能夠在身體層面上掌控孩子，但一旦孩子進入青春期，身體層面的控制就變得不再可能，家庭必須從根本的連結方式上改變，從身體控制轉變為不同的心理協商，以幫助孩子繼續成長為成年人。

生命週期轉變的時機

家系圖上的年齡和日期提示了家庭正在經歷哪些生命週期的轉變，以及生命週期事件是否發生在符合規範的預期內。如果一對夫妻覺得有困難應對姻親上的問題，那他們可能不會在更大的系統中談論夫婦關係的轉變。如果他們難以實際掌控家中的青少年，那麼他們可能還無法進入家有青少年的家庭階段。家庭生命週期的各階段都有其符合規範的發生時間點，例如每個家庭成員在轉換點的年齡。雖然這些規範和模式是不斷變化的，不應被視為固定不變的，但臨床工作者仍然必須追蹤家庭在協商生命週期轉變的經驗。

我們會檢視家系圖中家庭成員的年齡是否與他們生命週期階段的常模相差甚大？出生日期、死亡日期、離家、結婚、分居和離婚等日期都是有助益的資訊。例如，一個家庭中的孩子們在青春期或四十歲的首婚都沒有離家，我們便會探討他們是否在離家時或是在發展親密關係上遇到問題。我們可能會問二十七歲的丈夫和四十七歲的妻子，是如何走到一起的？這樣的組合如何融入他們原生家庭的模式或他們所處的社區？一個四十三歲生下第一個孩子的女性、一個在七十歲成為父親的男性、或是三個兒子都在邁入中年前過世的家庭，都顯示這些系統與常模的生命週期模式有所偏差，值得進一步探索。

在所有文化中，雖說一般伴侶對結婚的時間點有其偏好的生命週期點，但也和當時歷史的時機點有關。美國社會近年來首次結婚的常模時間框架已經大幅延後，那些二十歲前或三十五歲後結婚的人，往往更容易面臨離婚的風險。越來越多伴侶是在近三十歲或三十出頭歲結婚，保存精子和卵子的可能性也擴大了生命週期生育的選項。

相遇、訂婚和結婚之間，以及分居、離婚和再婚之間的時間點也有相關。若生活事件之間的時間間隔短，往往沒有時間讓家庭成員應變情感的變化（McGoldrick & Carter, 2016）。快速的再婚可能涉及未解決的情感問題，以及外遇的可能性，為了將前段婚姻置之腦後，或者尋求穩定家庭，反而不會考量到所有參與者的意見。人們可能會想知道家庭成員，尤其是孩子們，如何適應如此快速的變化？如果父母一方從未和參與其中的孩子們討論如何轉銜這過渡時期，或者沒有考慮到孩子們所需要適應這樣轉變的時間，那麼他們很可能會企圖簡化轉換的過程。

追蹤這些生命週期事件可以讓臨床工作者瞭解家庭歷史的演變，以及家庭歷史對每個人的影響。

- **出生**：當一個特定家庭成員出生時，其他家庭成員的反應是什麼？誰參加了受洗儀式或割禮？誰依據誰的名字命名？誰「本應該是」依據誰的名字命名？孕期或分娩時是否有其他的家庭壓力？
- **死亡**：當某個家庭成員去世時，家庭的反應如何？誰感到最傷心？誰最容易接受？誰參加了葬禮？誰「應該參加」卻未出席？針對遺囑的部分，是否有衝突或關係截斷？或其他關係的變化？是否有家庭未預期的突發性或創傷性的失去？他們是否能夠在需要時獲得資源？是否有因死亡而積累的壓力源？（也參見 McGoldrick & Walsh, 2004; McGoldrick, 2004a, 2004b; McGoldrick & Walsh, 2016）。
- **離家獨立**：在家庭成員離家時是否特別困難或有衝突？是否有一些家庭成員在甫成年時未離家？如果有，是如何被理解的？是否因為功能失調或障礙而阻礙離家獨立？是否需要照顧另一個家庭成員？兒子和女兒的模式是否有不同？

- **隨著生命週期的進程形成的親密關係：**家庭成員是否能從童年開始建立親密友誼？他們是否能在成年維持親密的友誼直到晚年（Arora & Baima, 2016; Connidis & Barnett, 2018）？他們是否有緊密的工作關係？他們是否隸屬於任何社交團體，且該團體是支持連結，還是與之有衝突呢？是否有給予啟發的良師？還是和以前的朋友有重大的關係截斷？如果有，何時發生的？
- **工作、生涯變化、職業：**我們需要詢問人們的工作、活動、愛好和興趣。雖然失業、生涯變化和服役，及其影響可能都很難追蹤，但這些卻是家庭歷史中重要的元素。
- **服役：**誰在什麼情況下服役？有家人因為服役而搬家嗎？服役的家人能夠談論他們的服役經歷嗎？有家庭成員因為服役而經歷創傷後壓力症候群嗎（PTSD）？他們能夠公開處理服役後的影響嗎？
- **形成伴侶關係：**家庭是否會為了納入家庭成員的伴侶而擴大呢？還是為了納入新成員而擴大家庭時出現了衝突或關係截斷的情況呢？
- **照顧：**是否能提供那些需要照顧的人足夠的支持？包括兒童、老年人或有障礙的家庭成員。在照顧家庭成員上，是否有衝突，或過度負責或不負責的情況？創傷和（或）照顧需要的特定時間點是否有關？家庭在這些時間點是如何應對的？
- **搬遷和移民：**家族是何時以及為何移民到這個國家？或是從一個地方搬到另一個地方？他們是如何因應搬遷或移民所帶來的多重挑戰和失落？家族有多少世代是在美國生活？他們來到這裡的背景脈絡是什麼？他們又如何適應新的環境？如何生存下來？移民的那一代中是誰學會語言？語言能力對家庭關係的影響是什麼？針不同社區的歸屬感而言，家庭成員面臨的問題有哪些？
- **家庭關係的變化：**家庭中是否出現過任何重要關係的截斷？如果有，它是否和家中的其他壓力源有關？是否有特定的時期，家庭成員是團結在一起的？或是疏離的？這些關係的變化是否與家中其他的重要事件有關？

追蹤家系圖上的伴侶關係：家庭的結合

儘管我們在本書中將一直探討伴侶關係（第七章專門探討伴侶關係），但我們對於在此生命週期階段探索家系模式，有非常充分的理由，因為當伴侶關係形成時，家庭的結合需要重新調整許多已經被視為理所當然的模式。

事實上，我們其中一位音樂才華橫溢的學生寶拉·舒爾（Paula Schorr）寫過一首歌，還變成了我們機構的主題曲：〈在我對你承諾之前，讓我為你製作一份家系圖〉（Let Me Do Your Genogram, Before I commit to you!）。這首歌傳達了每個伴侶都要了解自己和伴侶家系圖模式的重要性，進而尊重兩個家庭家系圖的複雜性。家系圖中結婚或再婚的時間點顯示了兩個獨立家庭的聚合，並指出每位伴侶在個人和家庭生命週期中的位置。伴侶在建立新的家庭時，必須找到方法解決性別、文化、宗教和社會經濟背景、手足組合的結構，以及每個家庭不合時的失落或創傷史等問題。

其他潛在的家庭議題包括：伴侶如何一起共度時間、處理金錢、經營性生活、調節工作和家庭的界限、管理家務、協調與大家庭的相處時間、因應衝突和經營關係等等。如果伴侶來自非常不同的文化經驗背景，或者處於與自己不同的生命週期階段，彼此之間的協調將會更加複雜（例如：一位帶著年幼子女的離婚女性和一位從未結過婚又沒有孩子的男人或女人結婚）。

家系圖可以提供有關每位家庭成員特徵和模式的線索——手足組合、文化、宗教和社經背景、失落和創傷史。它還顯示了家庭成員的情感關係史，以及每位伴侶在自己原生家庭中的功能和聯繫狀況。

讀者可以參考《家庭評估與會談案例》一書中關於〈伴侶：結婚、離婚和再婚〉的章節，以便更深入瞭解如何使用家系圖進行伴侶臨床處遇的；它提供了許多在治療中遇到的伴侶議題案例的處遇示例。在此次的討論中，我們主要的用意是提供尋求模式的覺察。

- 每位伴侶的年齡和生命週期階段。
- 手足組合的相容性。

- 伴侶相遇或決定結婚時的壓力源。
- 文化、宗教、社經地位、性別角色的相似或相異處。
- 創傷性的或不合時的失落史。
- 家庭成員的關係模式：疏離和親密、三角關係、截斷、衝突、融合、虐待、共依存等。
- 因應壓力和衝突的功能模式和風格：逃避、否認、對抗、情感表達。
- 價值觀：金錢、休閒時間、家務分工、將孩子納入成人的活動中，以及與工作、朋友和大家庭的界限。
- 秘密和禁忌。

追蹤育兒早期階段的家系圖模式

我們強烈鼓勵讀者運用以下的提問，作為追蹤家系圖模式的指南。由於父母在育兒早期，必須學習許多新的任務，包括經營家庭生活、養育子女、經營與親戚、老師、朋友及自己子女的關係，以及他們在此生命週期階段所要學習的多項任務，他們往往感到壓力重重。

- 父母各自和其他人跟孩子的親近程度。
- 孩子的性別與希望和期待的關聯性。
- 出生前後是否有創傷性或突發性的失落或其他壓力。
- 命名：孩子以誰命名——那個人的特殊故事對孩子的影響。
- 三個世代的三角關係：（外）祖父母、父母和孩子。
- 秘密。
- 與社區的關係：孩子的朋友、老師、醫療資源和其他社交連結。

追蹤有幼童的家庭

家系圖中若處在一個早期育兒的階段，其通常顯示的是使此階段變得困難的壓力因子。它可能會顯示孩子出生當下的特殊情況，以及這些情況是如何導致孩子在家的特殊位置。最後，家系圖會顯示此階段，典型母親—父親—孩子的三角關係。

在此生命週期階段，我們可能會詢問特定的主題。

- 手足模式。
- 女兒和兒子之間、丈夫和妻子之間或其他關係中的性別不平等。
- 養育孩子方式的相似性和差異性：嚴格或自由奔放；情感豐沛、合作或強烈的世代界限。
- 與財務、時間、育兒、伴侶共處時間、兒童發展或學習問題等有關的創傷性或不合時的失落或其他壓力。
- 孩子和任一父母之間的三角關係；三個世代之間的三角關係，包括（外）祖父母、父母和孩子。
- 伴侶和孩子之間的界限；小家庭和大家庭之間的界限；或家庭與外界之間的界限——其他孩子、其他家庭。
- 秘密。

育兒中期的家系圖模式

任何家庭主要育兒年歲的共同特徵都是超過負荷的任務，因為父母除了要管他們的孩子及支持自己的家庭，同時還要處理老一輩人的需求。老人家可能開始感受到自己的脆弱而需要額外的支持。需要關注的議題可能包括：

- 手足組合模式：年齡、性別、殘障、疾病、特殊才能之間的差異。
- 性別不平等：女兒和兒子之間、丈夫和妻子之間，以及其他關係。
- 與財務、疾病、工作壓力、照顧負擔、伴侶共處時間、孩子發展或學習問題相關，且同時發生的創傷、失落或其他壓力。
- 教養孩子的風格：嚴格或放任；情感豐沛、合作或強烈的世代界線

- 子女與父母和（或）姻親之間的三角關係，與（外）祖父母之間的三世代的三角關係。
- 隨著上一代開始衰老且可能需要額外的支持，權力產生潛在的轉移，這可能造成中間世代的照顧壓力，有時被稱為「三明治世代」（sandwich generation），即夾在需要照顧的（外）祖父母和需要照顧的子女之間。
- 伴侶和子女之間的界限；小家庭和大家庭之間的界限；家庭與外界——其他小孩、教師、其他家庭之間的界限。
- 秘密。

家庭在中年期的各個階段：青春期、離家獨立、成年早期、組建新伴侶關係，以及向前邁進

當孩子進入青春期時，因為孩子不再像以前那樣完全依賴父母，所以跨世代的關係產生了質化的變化，而家庭的任務則是需要為因應此變化做好準備。

在過去，孩子離家自立的階段通常他們結婚的時候，畢竟孩子在結婚前通常會待在家裡、不會離家；但是，這個生命週期的期間在二十一世紀的美國變長了，所談論的是另一個完整的階段，即「成年青春期」（adultolescence），許多年輕的成年人可能要到三十多歲才能完成他們的教育並獨立自主。可以討論的議題包括：

- 父母和孩子關係疏離，青少年／青年人重新評估與父母關係的親密度，以及父母對疏離的反應。
- 性別不平等：女兒和兒子在教育、職業和伴侶關係方面的選擇和發展軌跡不同。
- 當子女預備離家獨立時，伴侶可能需要重新調整雙方、與其他朋友和家人的關係。
- 與財務和工作有關的壓力源，可能會增加父母的難題。

- 當照顧負擔包括老一代的照顧，又逢孩子的發展問題阻礙他們獨立能力的發展時，系統壓力可能超載。
- 不合時的失落和其他壓力所造成的創傷。

生命週期的後章：成長、復原力、回顧、照顧、失落、悲傷和傳承

隨著我們生育的越來越少、活得越來越長，生命的後期階段成為最長的生命週期階段。事實上，對於當前的世代來說，健康成年生命週期一半以上的時間都不是用來養育子女的。

重要的是，我們需要追蹤家庭成員是如何管理這個漫長的人生階段。家庭成員在生理、心理、智力和精神方面的活躍度是多少？他們彼此之間的情感連結有多深？當養育子女不再是主要焦點時，伴侶關係發生了什麼變化？晚期的歲月，家庭成員如何妥善因應死亡，又同時專注於自己和他人生活的其他方面？必要時，他們如何因應日益依賴他人的情況，又同時盡可能保持活躍？伴侶如何因應配偶的逝去，又同時需要重建新生活？家中的老年人如何正向支持和面對他們情感、靈性和財務的傳承，以避免造成下一代及後代的動蕩和關係截斷？可以討論的議題包括：

- 隨著成年子女與伴侶、孫子女和姻親組建家庭，且重新構建關係時，父母／成年子女在面對老一代的照顧需求，則需要重新評估和調整相關的關係。
- 性別不平等：男性和女性在照顧責任和財務資源方面的不同選擇和軌跡。
- 伴侶面臨子女離家、自身即將退休，且可能有較高的健康需求，需要重新協商彼此之間的關係。
- 因退休和醫療保健費用所延伸的財務變化的壓力。
- 老一代的照顧負擔超出系統的負荷。

- 疾病、失落、死亡和其他與年老有關的壓力所帶來的創傷。

追蹤家庭度過失落中的生活能力

正如我們在第二章中所說，失落是人類必須面對的最困難的情感經歷。如果你在家系圖上只能追蹤一個模式，那會是失落（Norman Paul，個人交流，1988; McGoldrick & Walsh, 2004）。探索家庭過去如何應對失落是了解他們在未來如何因應任何創傷的關鍵因子。追蹤失落意味著關注是否有特定因素和失落在其發生當下的時間點和所處的生命週期有關，因家庭可能因為這個失落而更容易出現功能障礙。需要考慮的因素包括：

- 失落發生在三個世代之生命週期的時間點。
- 同時發生多個失落，或同時發生失落與其他生命週期變化（如出生、婚姻和遷居）。
- 創傷性失落和未解決哀悼的歷史。
- 死亡的本質。
- 失去的那個人在家中的意義和功能。
- 家庭是否能夠共同承認失落的存在。
- 家庭是否能夠共同分享失落的經歷。
- 家庭是否能夠在承認失落後重新組織，從破壞性的影響中恢復。
- 家庭成員是否能夠在失落之後重新投入其他關係和追求生活

建立家庭年表

家庭年表，即時間軸上紀錄著重要的家庭事件，是一個伴隨家系圖的重要工具，尤其用於追蹤生命週期的轉變、重大創傷、關係和功能的變化。這樣的年表對於管理人口統計資訊尤其有價值，包括任何個別的家庭成員或結合多個成員。

針對特定的關鍵時間點，特別是症狀發作時，製作家系圖也是非常有用，不僅可以追蹤同時發生的事件，也能夠追蹤其他家庭成員在他們生命週期的相同時間點時，所經歷之有關的重大壓力和疾病（Rolland, 2018; Barth, 1993; Huygen, 1982; Nerin, 1986, 1993; Richardson, 1987）。在特定時間點建構家系圖有助於釐清當時的情況、誰住在一起、家庭成員的年齡，以及他們所面臨的壓力。我們稍後會以艾瑞克．艾瑞克森（Erik Erikson）及第八章的西格蒙德．佛洛伊德（Sigmund Freud）的例子說明。年表對於追蹤特定家庭成員的功能、生活轉換和家庭脈絡下的症狀也非常有用。

評估家系圖的模式有助於臨床工作者理解生活事件和家庭功能變化之間的是如何相互關聯的。由於家系圖記錄了家庭歷史上許多關鍵的日期，因此對於臨床工作者來說，它是個非常有用的工具，用以探詢各種生活事件和家庭功能改變間的巧合是。通常，家庭歷史上相同時間點發生的事件，有時看似不相關，但在系統上卻是相關的，且對家庭功能產生深遠的影響，而這樣的關聯性即便是家庭成員自身，都可能未注意到（正如本書下方或其他章節的例子可窺知一二）。

追蹤艾瑞克．艾瑞克森的家庭：生命週期中的秘密

伴隨著人們在生命週期中的轉變，以家庭模式為中心的做法，讓我們可以更理解人們的歷史。讓我們來追蹤艾瑞克．艾瑞克森的一些關鍵生命週期的時刻。艾瑞克森自身的工作就是著重身分認同和生命週期的發展。家系圖可以幫助人們解開個人、家族、遷移和文化認同的各個層面的面紗，以便更理解他們的歷史。

艾瑞克森的母親卡拉是丹麥猶太人，家中六個孩子，她排行第四，也是家族中唯一的女兒（**圖 4.4：1902 年，艾瑞克．艾瑞克森出生那一年的家系圖**）。卡拉的母親在她十五歲那一年過世，父親則是在她二十二歲時過世。她的三個哥哥對她的支持有限，而大哥則在母親過世後兩年，年僅二十二歲時。照理，家族中有姑姑看顧卡拉，然她卻在二十五歲時懷孕，其發生的時間點很

可能是在她哥哥在家所辦的一次聚會中，當時沒有人監管的。她是一直到德國旅行時才發現自己懷孕。

當時她的家人告訴她不要回丹麥，繼續留在德國直到把孩子生下為止（Friedman, 1999）。因此，她的兒子艾瑞克森一出生就是德國移民，當時他們母子倆在德國完全孤立無援。然後，卡拉的家人力勸她繼續獨自與孩子一起在德國生活。因此，當了母親的她被迫展開移民的生活。也許這就是為什麼艾瑞克森的一生都十分關注身分認同的議題，因為他從小就感受到被家庭排擠，從未有機會在自己的身分認同上感到安全感。

三年後，艾瑞克森的母親卡拉在他生日那天（一九〇五年六月十五日）嫁給了德國猶太人的小兒科醫生西奧多・霍姆伯格（Theodor Homburger）（**圖 4.5：1905 年，艾瑞克森母親再婚那一年的家庭**）。母親再婚的這個行為剝奪

圖4.4　1902年，艾瑞克・艾瑞克森出生那一年的家系圖

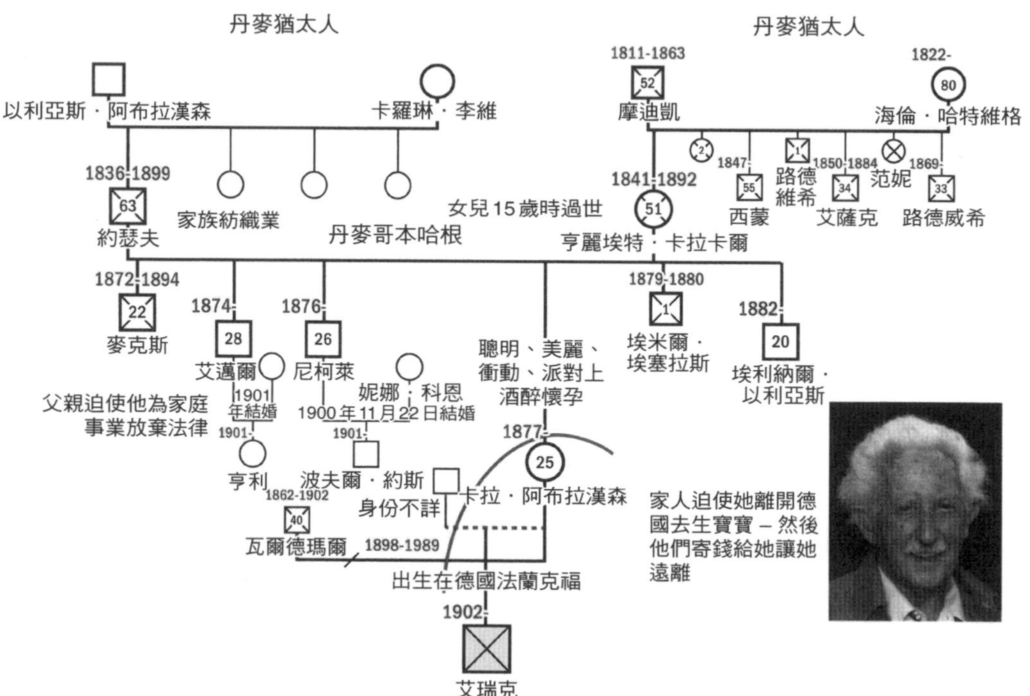

了他的生日，因為他的生日變成了母親的結婚紀念日。霍姆伯格顯然要求卡拉告訴艾瑞克森他是他的生父，儘管艾瑞克森知道那並不是事實。他後來說道：「（我）一直感到孤獨……對我的身分存有疑慮……我的整個童年都是如此……我深信自己來自不同的背景……」（Friedman, 1999, p. 33）

霍姆伯格對扮演艾瑞克森「父親」一事，心情也相當的矛盾，他花了五年時間才完成收養文件，使得艾瑞克森正式成為他法律上的兒子。艾瑞克森童年密友彼得・布洛斯（Perter Blos）說：「收養是艾瑞克森是否存在的重要議題。」（Friedman, 1999, p. 28）艾瑞克森非常清楚霍姆伯格不是他的生父，因為霍姆伯格是他小時候的醫生，但他的母親卻還表現得好像霍姆伯格是艾瑞克森的真正父親，導致議題變得更加複雜。艾瑞克森長大後變成一個非常高大、金髮的男人，這使得霍姆伯格（一個矮小、黑髮的人）是他的父親的假象更加令人難以

圖4.5　1905年，艾瑞克森母親再婚那一年的家庭

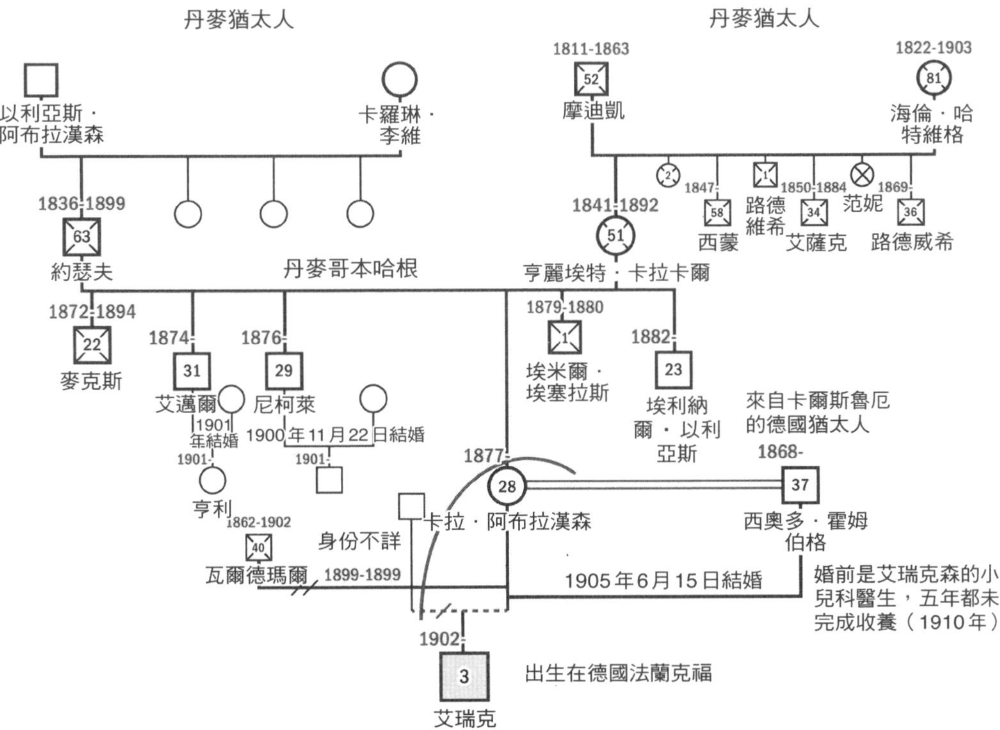

置信。

艾瑞克森後來創作了一幅木刻（**圖片4.1：艾里克森三歲時的木刻和照片**），描繪他跟著母親去她和她新婚丈夫的蜜月旅行。在這幅作品中，背景是夫妻倆相互擁抱，而他顯得悲慘及孤單。顯然，從他的觀點來看，他失去了他心愛的母親，母親被她的新丈夫吸引，他對此並不開心。

艾瑞克森一生都試圖找出他的生父。他的母親告訴他各種不同的故事，但從未告訴他真相，於是他一生都執著在這個問題上。我們並不清楚他對母親的家族認識有多深，畢竟她是被排擠在家族的生活圈之外的。艾瑞克森的女兒後來有寫道關於她父親一直在尋找生父這件事：

> 我的父親從來不知道……他的生父是誰。從我的角度來看，其中最令人傷心的事情之一是，他的母親一生都拒絕告訴他這個至關重要的人的身分。

圖片4.1　艾里克森三歲時的木刻和照片。

她宣稱的原因是，在我父親三歲時，她曾向她結婚的那個人承諾永遠不會透露這個信息。但這樣的理由說明了，比起我父親沉痛的需要知道的渴望，她更關心別人的意願。（Erikson, 1999, p.56-57）

或許並不意外為什麼艾瑞克森的人類發展理論會如此強調自主和個體化，而不是關係和連結。就在他的母親成為母親的那一刻，她被迫在沒有家人支持的情況下獨自面對。接著，在他母親和來自新國家的新丈夫在一起時，他必須接受母親不再屬於他。他從幼年時期開始就必須學會自我管理，正如木刻所顯示的那樣。

也許身為繼子的艾瑞克森持續在這個再婚家庭中專注於自主、主動性和勤勞也並不奇怪，這個家庭在隨後的七年間迎來了三個同父異母的妹妹（**圖 4.6：1917 年，艾瑞克森再婚家庭的組合**）。

艾瑞克森和他的母親保持著緊密的關係，但他與妹妹們並沒有特別親近。兩個妹妹分別比他小七歲和十歲（和他年齡最接近的妹妹在兩歲時去世）。這個

圖4.6　1917年，艾瑞克森再婚家庭的組合

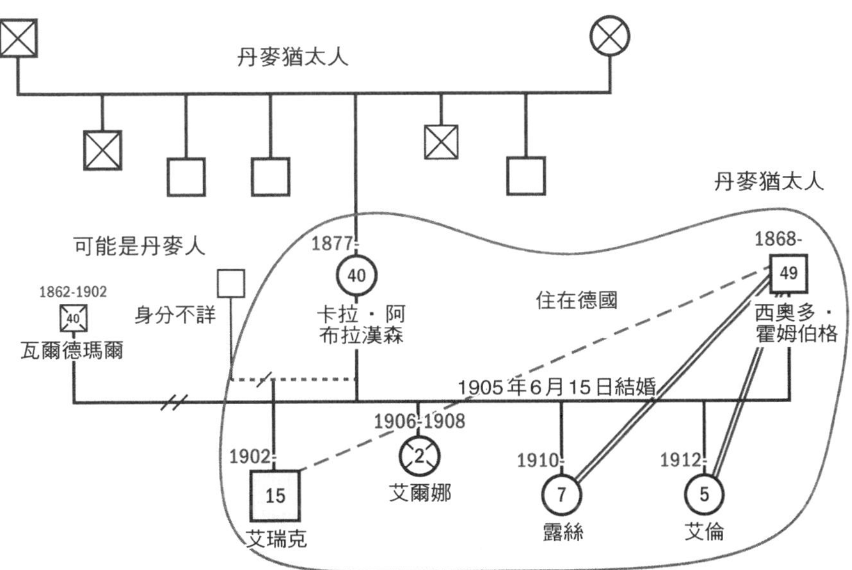

家庭要求在家要說德語，這讓艾瑞克森終身因為忘記如何說丹麥語而感到遺憾。

成年後的他依然一再地向母親詢問他的生父。當她最終承認霍姆伯格不是他的生父時，她則告訴艾瑞克森，他是她第一任丈夫的兒子，而這明顯不是真的，他再度察覺到那是個謊言。他經常與他的朋友彼得．布洛斯討論他認為他生父可能擁有的特徵。他的一生中，他母親給了他各種不同的故事，但從未告訴他真相。面對這個尋找，他曾說：「如果我的生父對我的關心不足以讓他想要我……為什麼我現在要找他。」（Friedman, 1999, p.39）但他無法停止想知道的慾望，即使他害怕知道真相。

艾瑞克森被廣泛接受的人類發展理論似乎反映了他自己的家庭和文化情境的一些特點和弱點，這些在他的生命週期中得到了充分的體現（McGoldrick, Garcia Preto, & Carter, 2016; Friedman, 1999）。他的理論描述了八個階段，每個階段都有一個主題，且對比健康和不健康的模式：

艾瑞克森人類發展的八個階段：

1. 嬰兒期：信任與不信任
2. 幼兒期：自主性與羞愧感與懷疑感
3. 遊戲年齡：主動性與內疚感
4. 學齡期：勤奮與自卑感
5. 青春期：身分認同與身分模糊（形容除了家庭以外的身分感）
6. 成年早期：親密感與孤立感
7. 中年期：創造性與自我專注
8. 成熟期：完美無缺與悲觀沮喪

艾瑞克森的家系圖或許有助於我們理解這個理論的局限性。他表示，生命頭兩年的最重要議題是與母親建立信任關係，而他的理論僅提到基本信任的來源是母親，然遺憾的是，這也是他在那個時期所擁有的唯一信任來源。然而，大多數孩子在發展的頭兩年包含了更多的內容，包括他們的父親和其他幫助他們成長的家人和照顧者，所以除了母親，他們也學會信任其他的人。可惜的是，對艾瑞克森來說，他的情況並非如此。

當艾瑞克森的第一階段主要關注的是人際任務——母子之間的信任與不信任——他的下一個階段一直到成年早期則完全專注於獨自自我管理的能力：自主性、主動性和勤勞。在青春期，焦點是放在除了**家庭以外**的身分認同，而不是與**家庭有關**的身分認同。前二十年，如果我們一直專注於主動性、自主性、勤奮和與家庭分離的身分發展，而不是發展人際關係或溝通能力，那麼落實成年早期的主題「親密」的技能無疑會很困難。

此外，在健康發展中被認為是不健康的價值觀——羞恥、懷疑、內疚、自卑感和身分認同混淆——在我們看來，其實對建立健康的人際親密能力卻是至關重要的。親近需要一種健康的互相依賴和不足感，了解到我們有時會做錯事，引起羞恥和內疚，進而激勵我們改變行為。我們也需要空間，質疑自己的想法和行為，以便向他人學習。我們不僅需要獨立於家庭的認同感，還需要在與家庭、朋友、社區和他人的關係中建立一種相互依賴的認同感，用以感謝我們需要他人支持的基本人類需求。

在艾瑞克森的晚年，他似乎重蹈了童年母親和繼父強加在他身上的秘密的覆轍。他的理論將「創造性」階段放在育兒階段**之後**——然而許多人反而認為育兒階段是我們最有創造力的階段！艾瑞克森和他的妻子瓊發展該階段的理論正值他們遭遇生活中的困境，即他們的第四個孩子尼爾，生於一九四四年，患有唐氏症（三體性21號）（**圖4.7：1967年，尼爾去世那年的艾瑞克·艾瑞克森家庭**）。

艾瑞克和瓊·艾瑞克森決定將他們的第四個孩子尼爾的存在視為一個秘密，他們告訴其他孩子尼爾已經過世，但實際上他被安置在一個機構裡，且活到了二十三歲。他們從未去探望過他。他們在大兒子凱十三歲的時後，告訴了他關於他弟弟尼爾的事情，但卻要求他要保守秘密，不能告訴其他手足。讓一個孩子對他的手足隱瞞一個秘密，這個非常不明智的決定。

多年後，他們也告訴其他孩子關於尼爾的存在，但從未帶孩子們去探望尼爾。當尼爾去世時，夫妻倆正在意大利，並沒有回來，反而讓兒子喬恩和女兒蘇和他們從未認識的機構的人，一起處理尼爾的葬禮和埋葬事宜。機構的人

圖4.7　1967年，尼爾去世那年的艾瑞克・艾瑞克森家庭

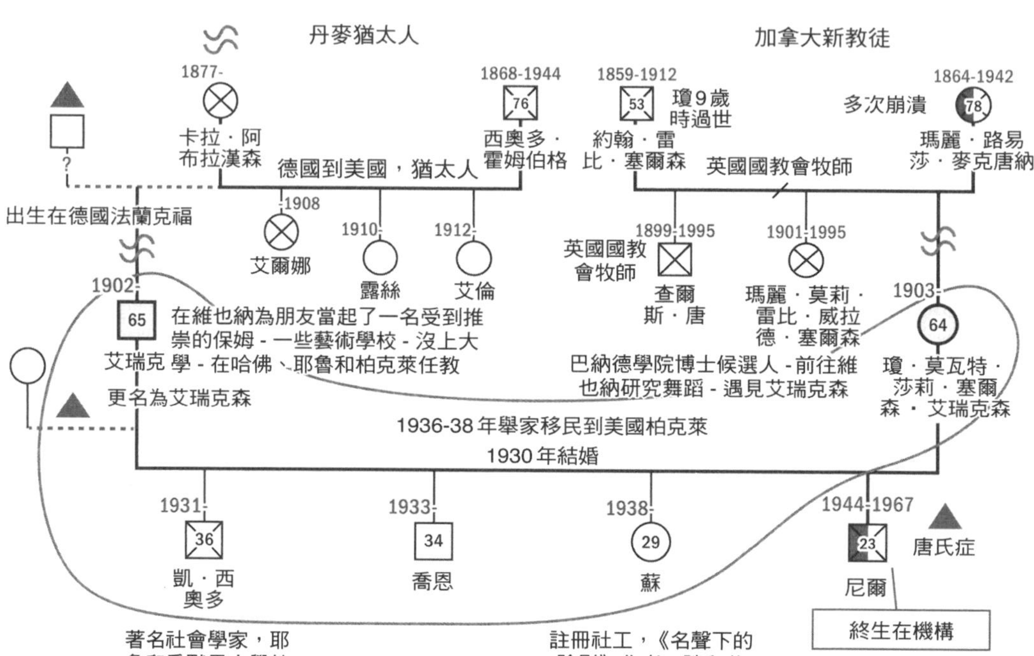

對於喬恩和蘇要將尼爾葬在兒童墓地的指示感到驚訝，畢竟尼爾已經是成年人了。很顯然地，因為喬恩和蘇從未見過尼爾，他們當然無從得知他的年紀。這個可怕的家庭歷史秘密肯定影響了父母對生命週期的看法，即他們不認為生育和養育子女的時期是具創造性的，反而認為有創造性的是中年期，似乎是因為人們將創造性和身為父母的角色脫鉤。

艾瑞克森夫婦明顯地將尼爾歸類為「一個發展異常的孩子，並希望他從未出生」(Friedman, 1999, p.22)。他們令人悲傷的故事不僅關乎他們個人因應家族歷史真相的失敗，也反映了我們社會對成功的壓力(以及難以承認羞恥、懷疑和自卑感)。這使得有殘疾孩子的家庭感到被否認、孤立、拋棄，並被迫欺瞞他們的生活，以維持正常的形象。在他們女兒的回憶錄中，她痛苦地談到弟弟被拋棄一事帶給她的焦慮。父母雙方在自己的童年時都感到被拋棄：艾瑞克

森從未知道關於他父親的真相，而九歲時失去了父親的瓊說，父親的死亡讓她「失去了我從未真正擁有的東西」（Bloland, 2005, p.48），因為她大部分的成長歲月裡，父親都不在身邊。

艾瑞克森家的悲慘故事呈現了社會賦予家庭的無形壓力，尤其是涉及任何超出社會生命週期常態的經驗，家庭必須用謊言和秘密來扭曲他們的生活。他們的故事讓我們不禁質疑艾瑞克森所提出關於「正常」的理論假設，因為秘密地排除第六位成員，並假裝他活在一個擁有「完美」的五口之家的謊言裡。艾瑞克森是兒童理論先驅，他的人類發展觀點依然廣為流傳，只是他理論的侷限性清楚地說明了，在生命週期脈絡中評估家庭的價值，特別是在追蹤家庭秘密的影響力的部分。秘密可能會扭曲幾世代的家庭歷程，進而導致對外呈現的形象和家庭關係的內在現實之間功能失衡。

家系圖有助於追踪家庭歷史中的特定時間點。特定的家系圖可以協助我們追蹤家庭在其生命週期中，某關鍵時刻的情況。所提供特定時刻的快照（snapshot），有助於我們瞭解這些時間點的脈絡，如：當艾瑞克森出生時、母親再婚時、兒子尼爾出生時。

這些時間點能成為提問的焦點，讓我們得以進一步瞭解是什麼造成這些情況。以艾瑞克森的例子來看，我們不知道當卡拉懷了艾瑞克的當下，家裡到底發生了什麼，即便我們知道關於這一時刻的資訊似乎很重要。卡拉的母親九年前去世，兩年後，則是大哥過世。一八九八年，二十一歲的卡拉結過一次婚，但僅維繫一天（據說未發生性行為）。當時她得知丈夫犯了罪而必須逃跑時，在羅馬度蜜月的她聯繫哥哥來接她。哥哥來了，丈夫逃了，她再也沒有見過她先生。

三年後，她的先生過世。當艾瑞克森出生時，卡拉讓她的前夫當作艾瑞克森的生父。一年後，即一八九九年，父親過世，當年卡拉二十二歲。兩個哥哥一年後相繼結婚。這個家似乎正處於瓦解狀態，沒有足夠的能量來支持卡拉的離家獨立，即便未婚姑姑們要承擔這樣支持的角色，但她們並沒做到需要做的事情。

是否有其他的家庭壓力導致亞伯拉罕（Abrahamsens）家在卡拉懷孕時排

擠她，而不是支持她和她的孩子？是什麼造成她在如此在年輕之際喝醉又懷孕？如果艾瑞克森的傳記作者（Friedman, 1999）所講述的故事是真實的，即卡拉在由哥哥們所舉辦的派對上懷孕，那麼他們似乎與她的懷孕有關。他們是否間接導致她被虐，卻又指責她使家族蒙羞？

父母是怎麼過世的？早期失去父母對於卡拉和兄弟們的影響是什麼？除了卡拉的懷孕之外，是否還有其他原因讓兄弟們覺得他們的社會地位受到威脅？他們是否因為家中與性別有關的權力不平衡而錯待她？這在當時是否是典型的情況？誰做出了支付她隱藏身影的決定？他們的壓力在接下來的幾年裡是否還存在？以至於即使孩子出生後不僅不讓她回來，還「迫使」她與孩子獨自處在異國他鄉？我們都不知道這些問題的答案。

如果我們看看四十年後的一九四四年，艾瑞克森夫婦決定將尼爾視為秘密這事。我們可以想像，身為三個孩子的父母，移民美國，可能正經歷悲慘的困境。當時又正處於戰爭時期，艾瑞克森作為一個有一半猶太血統的移民，可能都會影響他們將尼爾的存在視為秘密的決定。

家系圖可以藉由呈現誰當時住在家裡、幾歲，突顯家庭在特定時刻所承受的壓力，也允許我們追蹤關於該關鍵時間點的家庭歷史的細節。有趣的是，艾瑞克森的女兒蘇一生都面臨她與父親難以建立親密關係的掙扎，最後她得出一個結論，她認為成熟的發展需要能夠進行「真實的人際互動交流」，且在這樣的交流中，你會「因你就是你」而被接納（Erikson, 1999, p.61）。

她自己指出，活在一個視羞恥、懷疑、內疚、自卑感和身分混淆為發展失敗指標的生活的劣勢。她說她的母親告訴她，他們夫妻倆因為公眾聲譽而無法尋求幫助。艾瑞克森的理論使他無法承認自己的不足，也無法在需要時接受幫助。她說：「當您創建了一個否認個人私人經驗的公眾形象——而這些經驗很顯然是和羞恥的自己相反——那麼兩者之間的對比產生個人欺騙的感覺。我認為我父親覺得非常痛苦，因為在他的親密關係中，他無法成為他所建構的那個形象的人⋯⋯我渴望與父親建立的聯繫，卻因為他必須避免自卑感而被阻饒——他早期發展出來對抗羞愧和抑鬱的防禦機制。」（Erikson, 1999, p.61）

通過她父親的例子，她非常清楚地表明，下列的幾個特質對親密關係有多麼重要：

- 承認沒有無所不知的能力，那代表承認自己的不足感。
- 明白自己會犯錯，對此會感到內疚。
- 有質疑自己想法和行動的能力，促使我們發展合作、從他人身上學習、與他人和大自然和平共處的能力；而不是相信我們無所不能的迷思。
- 我們的自我認同感是和家人及他人有連結，而不是將他們**排除**在外。

相比之下，艾瑞克森的母親卡拉迫要完全靠自己，而他本人則被迫在沒有家庭和社區的正常發展資源下成長。

一九三三年，艾瑞克森來到美國，他將自己的名字改為艾瑞克·艾瑞克森，我們可以將其解讀為「艾瑞克，我自己的兒子」。即使在後來的生活，他仍然覺得自己是局外人，他從沒理解過美國的文化。在家系圖上，我們應盡可能包含多層身分認同的信息。艾瑞克森來自一個猶太家庭，而猶太人前幾世代的遷移，且不斷被當作局外人的經歷無疑影響了他的祖先。此外，他本人甚至在出生前就被家庭和文化排擠斥！

追蹤生命事件的巧合

由於家庭功能和重要家庭生活事件有關，因此家系圖特別有助於追蹤家庭長期功能的變化。我們必須仔細檢視家系圖，看看是否有任何壓力的累積、創傷事件的漣漪效應、週年反應，以及家庭如何經歷社會、經濟和政治事件。這不僅可以協助我們評估改變對家庭的影響，也可以有一些線索協助我們評估未來改變對家庭脆弱性的影響。

每當幾個重要的家庭經歷在同一時間發生，要求瞭解細節是明智之舉。特別重要的是要注意家系圖上日期的巧合，這可能顯示系統中隱藏的連結和情緒的模式。這樣的「巧合」可能指出家庭歷史中的壓力時期。無論如何，可以確定的是這些家庭的關鍵時期很可能遺留下一些情感影響。在這裡，我們所談論的不是一個事件「造成」另一個事件的發生，而是事件之間的關聯性可能對家庭模式的演變產生系統性影響。

壓力的累積：伊麗莎白女王的「恐怖之年」

一九九二年，伊麗莎白女王發表了一篇演講，因為多重創傷降臨在皇室家族，而將該年稱之為「恐怖之年」（Annus Horribilis）：兒子安德魯（Andrew）與妻子莎拉·弗格森（Sarah Ferguson）分居；公主安妮（Anne）與馬克·菲利普斯（Mark Philips）上尉離婚；查爾斯（Charles）和黛安娜（Diana）間的婚姻問題傳聞不斷後，他們在年底宣布分居；溫莎城堡發生可怕的火災，造成六千萬美元的損失（**圖 4.8：1992 年的英國皇室家族**）。

像這種出現壓力累積的情況，人們必須警覺所有家庭成員的情緒反應，以及其他影響家庭的隱藏性壓力因子。這樣的壓力累積可能會以身體的症狀呈現出來。事實上，當女王發表此主題的演說時，她因嚴重感冒而失聲——這可能是一個巧合，也可能是她所描述的壓力的身體跡象。據報導，她在那一年有長達幾個月的睡眠障礙。

正如女王所指出的，她的家庭壓力也因為當時整個國家的壓力而雪上加霜。全球數個月都充斥著動盪與不確定性，英國也正經歷三年的嚴重經濟衰退。數百萬人失業，個人破產和房屋被沒收的數量創下新高。而未來的幾年內，皇室家族又面臨更多的壓力，包括眾所周知的查爾斯、黛安娜、莎拉·弗格森和其他成員的婚外情和離婚，其中最令人震驚的是五年後，黛安娜在一九九七年聳人聽聞的死亡。關於壓力累積，我們最需要關注的一點是家庭因應這些壓力的能力，而這些能力如何隨著時間變化。

追蹤創傷性巧合的事件：貝特森家族的例子

在某些情況下，巧合會隨著時間在不同的時間點發生，也許是在週年紀

圖4.8　1992年的英國皇室家族

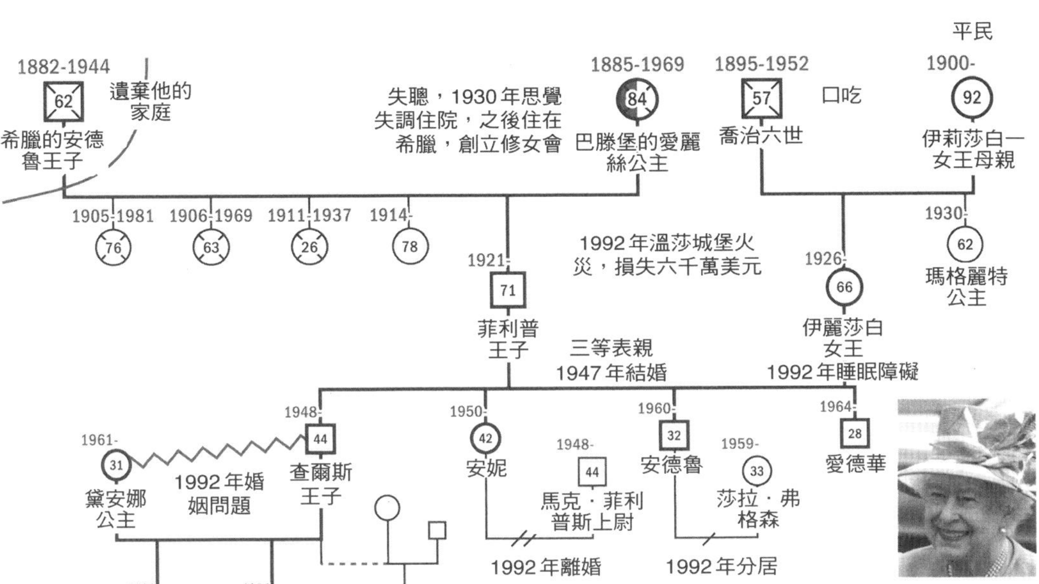

念日，或受到生命週期轉變的影響。舉例來說，系統思想家格雷戈里・貝特森（Gregory Bateson）的家系圖（**圖 4.9：貝特森家族的巧合事件**）就顯示幾個引人注目的巧合。

- 格雷戈里的外公去世後不久，他的父母隨即結婚，這可能是因為受到該失落的影響。
- 長子約翰在第一次世界大戰中陣亡，四年後，中間的兒子馬丁以非常不尋常的方式自殺，即他在約翰生日的那天，在倫敦著名的公共場所特拉法加廣場（Trafalgar Square）上舉槍自盡。
- 格雷戈里在與母親疏離後不久遇見了瑪格麗特・米德。

從系統的角度來看，這些事件似乎不僅僅是巧合。格雷戈里的母親碧翠絲在著名遺傳學者威廉・貝特森（William Bateson）一次酒醉後取消與他的訂婚，並斷絕聯繫。這斷絕顯然是受到她父親酗酒問題的影響。三個月後，她酗酒的父親突然去世，碧翠絲在報紙上刊登她希望貝特森能與她聯繫的告示。而貝特森也確實聯繫了她，兩人就在當年的春天結婚。

貝特森夫婦後來共育有三個兒子。身為資訊控制學家和人類學家格雷戈里・貝特森是么兒，曾被視為家族中的「窩囊廢」，是三個兒子中最沒有前途的一個，童年時期身體不好，成績也不理想。

約翰是家人寄予厚望的長子，聰慧且對科學感興趣，擁有成為生物學家的潛質，曾預計追隨父親的腳步。約翰和他小兩歲的弟弟馬丁非常親近，而年紀

圖4.9　貝特森家族的巧合事件

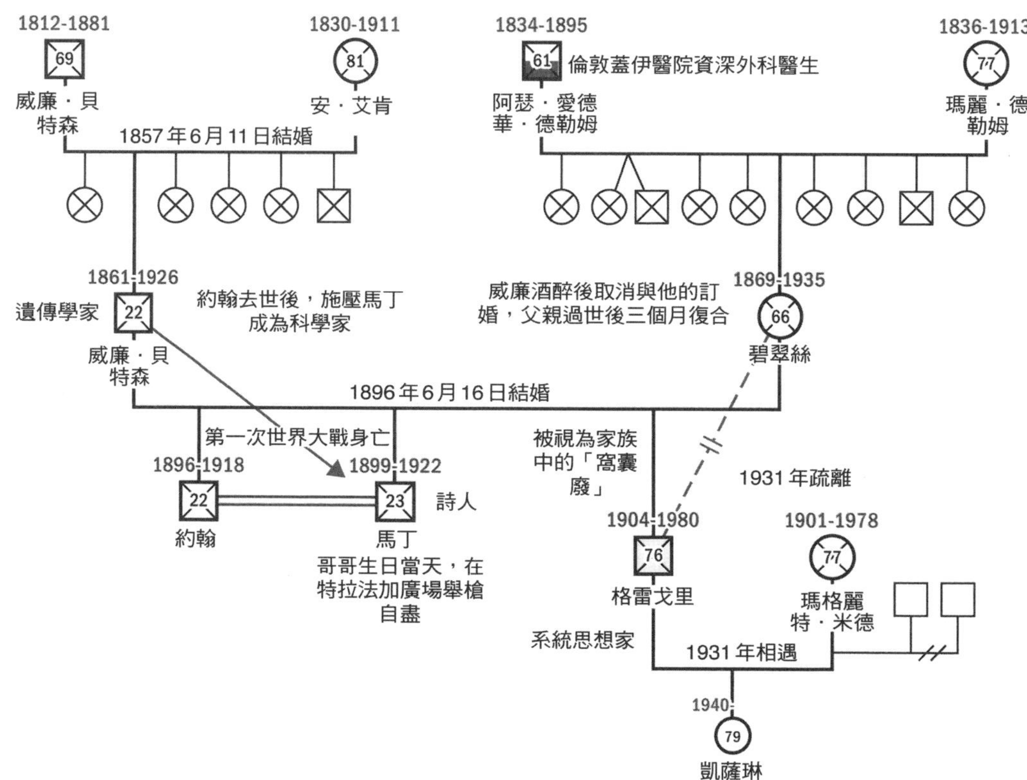

相差五歲的格雷戈里則相對上比較像是獨自長大。

然而，悲劇發生了，約翰在第一次世界大戰中陣亡。幾天後，母親寫信給馬丁說：「你和格雷戈里是還留在我身邊的孩子，你們必須幫助我重拾一些被約翰帶走的勇氣。」（Lipset, 1980, p.71）約翰去世後，父親便開始向馬丁施加壓力，希望他成為長子的接班人，當一名動物學家。但是馬丁卻一心想當一名詩人，於是，馬丁與父親的關係惡化。更甚之，當馬丁被心儀的年輕女性拒絕後，他選擇在約翰四月二十二日的生日當天，在倫敦特拉法加廣場上舉槍自殺。他的行為被描述為「或許是倫敦有史以來最具戲劇性和蓄意的自殺」（Lipset, 1980, p.93）。馬丁選擇在他兄長的生日上自殺便是一個代表週年紀念反應的悲劇性的例子，對此，我們稍後也會進一步討論。馬丁是否試圖向他的父母傳達一個他永遠無法取代哥哥的訊息呢？

在下一代中，格雷戈里與母親疏離後不久即遇見瑪格麗特，並愛上了她。就像在這個例子所看到的一樣，原生家庭的事件常常會觸發下一世代的行為。事實上，在嘗試理解主角與伴侶相遇的時機點時，首先要看的是主角和原生家庭的關係是否有一些變化？有可能是家庭成員健康狀況的變化，就像碧翠絲和威廉・貝特森的重新連結一樣；或者關係的變化，就像格雷戈里在與母親斷絕關係後遇見並愛上了瑪格麗特。

追蹤重要的生活變化、轉變和創傷

重要的生活變化、轉變和創傷對家庭系統及其成員可能產生巨大影響。我們自己的經驗會讓我們特別關注失落對家庭的影響，尤其是不合時宜或創傷性的失落。與其他家庭變化相比，經歷失落的家庭更難重新調整。貝特森兩位兄長的死亡使最小的弟弟格雷戈里的情況更加複雜。

正如貝特森的傳記作家所指出的那樣：「格雷戈里成長過程是被忽視的，一直擔任類似替代性、接棒的年輕人，他覺得約翰和馬丁更有能力……而他們的過世使得格雷戈里成為唯一繼承人，不太確定是否智力上有傳承到自然科學知識——以父親為代表——讓他成為家庭的核心成員。」（Lipset, 1980, p.90）

雖然他逃離母親和家，但在這種情況下，他似乎發展出了一個驚人的適應策略：他成為有史以來最偉大的系統思想家之一，在很多方面實現了父母對兒子的最大希望。

追蹤家庭事件的影響必須在該生命階段的常模期待的脈絡下進行（McGoldrick, Garcia Preto, & Carter, 2016; Walsh, 2015）。特定創傷發生時，必須考量家庭成員的年齡和家庭的結構。例如，孩子如何受到重大事件（如失去父母一方）的影響，取決於孩子的情緒和認知發展的程度，以及孩子可獲得的支持。

當然，年長孩子的經歷會與年幼的孩子不同，但圍繞該經歷的情況卻是評估的關鍵。對於一個家庭而言，嬰兒或幼童的死亡尤其令人心碎。在研究許多著名人物的家系圖時，我們注意到他們當中有很多人出生於一個過世手足之前或之後：貝多芬、班・富蘭克林（Ben Franklin）、佛洛伊德、榮格、亨利・福特（Henry Ford）、湯瑪斯・傑弗遜（Thomas Jefferson）、萊特兄弟（the Wright brothers）、芙烈達・卡羅（Frida Kahlo）、弗朗茨・卡夫卡（Franz Kafka）、古斯塔夫・馬勒（Gustav Mahler）、尤金・歐尼爾（Eugene O'Neil）、迪亞哥・里維拉（Diego Rivera）和哈利・斯塔克・蘇利文（Herry Stack Sullivan）。

我們推測這可能歸咎為過去較高的兒童死亡率，或者一個孩子的死亡讓存活的孩子在父母的心中變得更加「特別」。亦或者，與過世孩子年齡相近的那個孩子覺得自己有責任為家庭做更多，彌補失落，就像格雷戈里在失去兩個哥哥後，他的生活的軌跡似乎發生了戲劇性的變化。無論如何，我們都要記得評估任何家系圖上的家庭結構，為得是探索孩童如何受到任何創傷性失落或一系列失落的影響，同時都要記得檢視孩童或家庭有哪些資源來緩解壓力。

一個「良好」的事件也能對家庭產生強大的影響。家庭中某一個成員的成功或名聲也可能對其他家庭成員產生深遠的影響，不僅可能會失去隱私，也可能會讓孩子覺得他們無法擺脫成功家庭成員的陰影，就像失去手足的孩子或許會發現自己成長過程中，也很難擺脫逝去手足陰影的影響。

追蹤週年反應

我們可以理解某些所謂的「巧合」是為週年反應，即家庭成員對某些重大或創傷性事件的週年紀念作出反應。例如，家庭成員可能每年在父母或手足的忌日前後感到抑鬱，即使他們沒有做出任何意識層次上的連接。例如，對於馬丁・貝特森，也許他深愛的哥哥的忌日加劇了他的失落感，甚至到了要自殺的地步，而他自己可能沒有意識到他在對什麼作出反應。家庭成員經常會錯記創傷性事件的週年日期，這或許也是反映了所經歷的痛苦的強烈程度。

的確，一件創傷性事件在另一件事件的週年紀念日上發生會增強兩件事件的意義。有一個有趣的「巧合」，即湯瑪斯・傑弗遜和約翰・亞當斯（John Adams）都是在一八二六年七月四日，《獨立宣言》簽署五十週年紀念日過世的。幾乎可以說這兩位先生都在等紀念日這一天的到來才去世。然而，他們在那一天的去世無疑地加深了《獨立宣言》紀念日對他們家人的意義。據說，九十歲的亞當斯臨終時的最後一句話是「湯瑪斯・傑弗遜還活著」，但他錯了，因為他過世前的五小時，傑弗遜在已經在蒙蒂塞羅（Monticello）去世了，享年八十二歲。

另一個週年反應的例子是著名的精神科醫師和內科醫師喬治・恩格爾（George Engel），他對自己在同卵雙胞胎哥哥忌日的週年反應有詳細描述（**圖 4.10：喬治・恩格爾：週年反應**）。這些時間點上的連結在家系圖上變得明顯。喬治・恩格爾二十三歲之前從未與他的雙胞胎哥哥法蘭克分開過。他之後寫道：

> 我深深地感受到我們雙胞胎之間的能量和特殊性……實際上，成長過程中，我們在一起的時間比任何人都多……在我們生活的任何時刻，我們從未稱對方為法蘭克或喬治，只叫彼此為「奧斯」（Oth，不同於其他人，這最初是從他們和父親一起玩的手指遊戲中演變而來）。（Cohen & Brown Clark, 2010, p.10）

圖4.10　喬治・恩格爾：週年反應

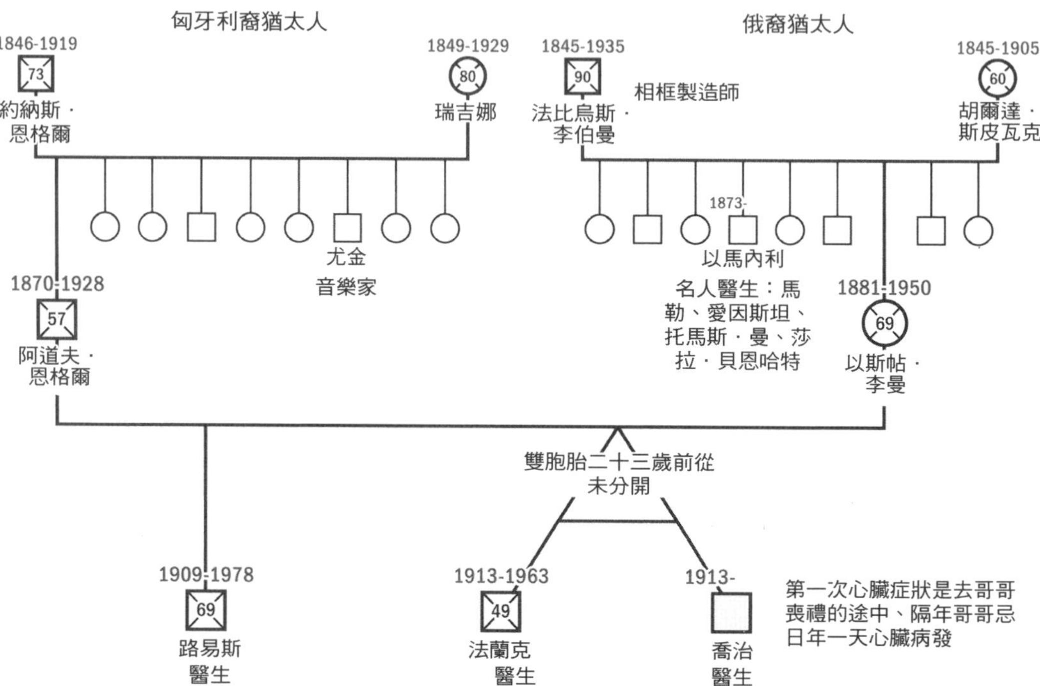

法蘭克在四十九歲時因心臟病突然離世。喬治在前去參加哥哥葬禮的路上感到心臟不適；次年，喬治在法蘭克忌日的前一天，遭遇了一次嚴重的心臟病發作，而這似乎是對這個忌日的壓力所作出的反應。之後，喬治報告說，他還經歷了另一種週年反應，針對的是年紀，而非具體日期。恩格爾的父親在五十八歲生日的前兩天因心臟病去世。當喬治接近這個年齡時，他變得越來越焦慮。他反覆記錯父親去世的年齡，他害怕自己也會在相同的年齡去世。

他的經歷促使他探索此類家庭經驗的心理成份，以及家庭通常如何隔離這些情感的過程，例如忘記重要事件的日期或年分。這個例子顯示了為什麼對於治療師來說，探索自己的家系圖及辨識自己歷史中潛在的觸發因子是如此重要。我們都會遇到這些情況，故首要查探的地方之一就是創傷事件和創傷事件的週年紀念日。

創傷也可能為下一代的家庭設定週年反應的觸發點。也就是說，當家庭成員到了生命週期的某個特定時刻，他們可能期望特定事件再次發生。例如，若一個男人在離家時被父親截斷關係，他可能也期待當兒子到年輕成年期時，他自己也會截斷和兒子的關係。或者，一個家族中，有兩個世代在婚禮後都相繼發生了重要家庭成員的死亡的事，那麼大家可能會在下一個婚禮時感到焦慮。這種特定生命週期的轉變甚至可能成為毒性模式，影響到後代的整個家族，成員可能有意識或無意識地一遍又一遍地重複相同的事件。

因此，重要的是，當我們看家系圖時，不僅僅要看日期上的巧合，還要看年齡和家庭生命週期的巧合。這樣的巧合顯示了事件之間的相互關聯，以及改變對家庭功能的影響。一旦意識到這些，家庭就能夠預警可能觸發週年反應的重要時刻和該事件的影響力道。

在歷史時空中追蹤家庭：社會、經濟和政治事件以及同代群體

當然，家庭事件並非獨立發生的。家庭發展都必須放在其歷史脈絡下來看，也就是社會、經濟和政治事件對家庭幸福狀況的影響，包括貧困、壓迫、戰爭、遷徙、經濟蕭條等等。例如，在美國，一九二九年的集體自殺事件可能與股市崩盤和隨後的大蕭條有關；一九四一年的結婚可能與二戰對夫妻關係的影響有關。重要的是將家系圖上的家庭事件和其發生時的背景脈絡連結，並思考這個人是屬於哪個同代群體，也就是該特定家庭成員何時、何地出生，以及他們所處的時代如何影響他們的世界觀（Cohler, Hosteler & Boxer, 1998; Elder, 1977, 1986; Phelps, Furstenberg & Colby, 2002）。

舉例來說，我們知道艾立克．施密特（Eric Schmidt）、史蒂夫．賈伯斯（Steve Jobs）和比爾．蓋茨（Bill Gates）都出生於一九五五年，而這正好是獲取大型計算機經驗的時期（Gladwell, 2008）。那些出生比較早的人可能已經在之前的方法上被充分教化，以致在思索計算機世界的創新上，無法有彈性及靈活性。同樣，每個世代的同代群體在成長過程中都會接觸到特定的流行音樂和

歷史故事情節，以及特定的政治經歷，而這些都影響他們如何體驗生活。那些在六〇年代末或七〇年代經歷艱難時期的人，無論他們是否直接參與越南戰爭，肯定受到越戰的影響。數百萬美國平民（以及一些軍事人員）不管是旁觀和直接參與，都受到越戰抗議運動的影響。而每個世代的人都會受到其所處時代的經濟和政治風氣的影響。

舉例來說，史考特・喬普林（Scott Joplin）（**圖 4.11：史考特・喬普林：在歷史脈絡下理解家庭**）是首位將他的作品完全融入美國典型表達風格的非裔美國作曲家，他也是家族中在奴隸制度結束後第一個出生的孩子（1868）。如

圖4.11　史考特・喬普林：在歷史脈絡下理解家庭

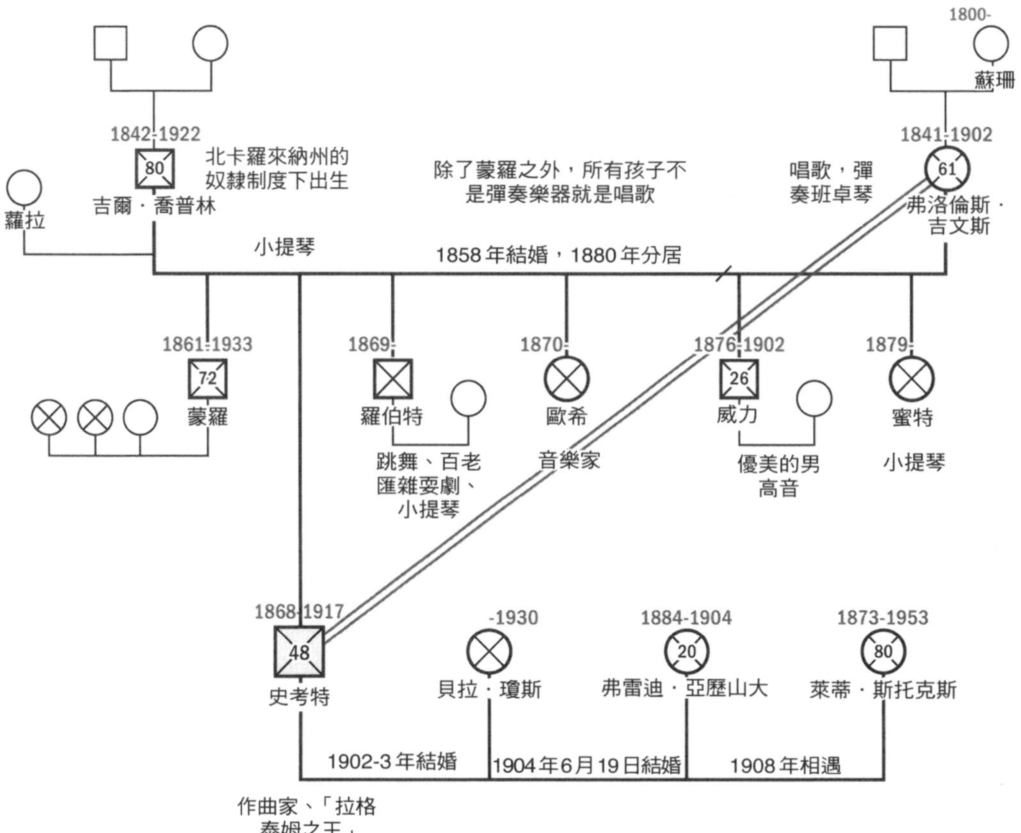

果我們看一下喬普林的家系圖，或許會好奇為什麼他是家中所有具音樂性的手足中唯一成為著名作曲家的人，他的音樂至今仍廣為流傳。他的父母和所有兄弟姊妹顯然都非常有音樂性。除了他有極高的天賦之外，或許還有其他的歷史模式造就了他的獨特發展。

從他的家系圖中可以看出，他與大哥差八歲，接著弟弟很快速就出生，然後，後來的幾位弟妹都相差幾歲。他的大哥蒙羅出生於一八六一年，是七個喬普林兄弟姊妹中唯一沒有成為音樂家的人。蒙羅和史考特出生之間的這些年是南北戰爭的年代。喬普林是奴隸制結束後第一個出生的孩子，或許這讓他的出生對家庭來說特別重要（即使他們所居住的德克薩斯州，一直到一八七〇年才承認奴隸制的結束）。也有可能他們的母親在這兩個兄弟之間曾經懷過孕，但由於缺乏完整的家庭資訊，所以詳細的情況我們並不太清楚。

如果喬普林的母親弗洛倫斯・吉文斯（Florence Givens）在蒙羅和喬普林之間曾失去孩子，那麼我們就更能理解為什麼喬普林在她心中的地位尤為特殊。她在她工作的家庭中，為他找到了一個讓小孩學鋼琴的機會，也在丈夫因另一個女人離她而去時，成功地為他買了一架鋼琴。有人指出，因為喬普林的父親對母親的「過度鼓勵」感到不滿，史考特被捲入父母的夫妻關係之中，最後導致夫妻倆的分開（Haskins, 1978, p.54）。不管如何，喬普林從小就對自己的「特殊性」很有感。雖然哥哥蒙羅和其他喬普林的弟妹一樣學音樂，但他卻從未上過學，比較之下，史考特可說是接受了相當多的教育。

喬普林在十六歲時組織了一支樂團，在二十五歲之前便已經成為「拉格泰姆之王」（The king of Ragtime）。可悲的是，由於種族主義的阻礙，他未能實現出版及演出兩部歌劇的夢想，他的歌劇始終無法被視為「白人」的歌劇作品而得到演出。他自費第一部歌劇的巡迴演出，但有人偷走了售票收入而讓這個巡演快速告終，最後因為無法償還債務，他的樂譜和其他財物被沒收。他努力多年，都未能成功地讓他的另一部歌劇《特蒙尼莎》（*Thrmonisha*）演出；雖然樂譜受到好評，但唯一一場由喬普林自己支付的排練演出卻是不盡人意、令人失望。

直到一九七二年，《特蒙尼莎》首次完整演出，才廣為人知。幾年後，喬普林因這部歌劇獲得了普利茲獎。然，年僅四十八歲的他在一九一七年病逝，過世時身無分文。喬普林其實在許多方面是走在時代尖端。雖然據稱他三段短暫的婚姻中沒有生育子女，但人們不禁想知道，如果他有後代，他們會如何看待這樣延遲了六十年的讚譽。

追蹤家系圖上社會階層、財務和向下的社會流動（Downward Mobility）

追蹤家庭成員的教育、職業和財務狀況是非常重要的，因為這些資訊可以顯示出在任何的危機中，壓力和資源對他們影響的多寡，其有助於我們留意到家庭社經地位的演變。有時，我們或許會想要建立一種家系圖，專門追蹤家族幾代人的社經地位模式。

圖 4.12：家系圖上所描繪的社會階層描述了我（莫妮卡）四代的愛爾蘭裔美國家族。在移民的那一代中，我父親的兩位祖父都在五十歲時去世，各自的家族也在那一世代失去了幾個孩子，其中，我的曾祖父尼爾．麥戈德里克（Neal McGoldrick）成功地從貧困中翻身。

但就在他去世前不久，似乎失去了所有的一切，這讓他感到他被自己信任的其他家庭成員背叛。他損失的不僅僅是經濟上的，還有情感上的，這導致接下來的兩個世代都有許多關係的截斷。社會經濟壓力的累積和關係的截斷是相當常見的。當面臨經濟壓力時，關係的維持變得更加困難，尷尬、挫折和羞愧都可能會導致關係的截斷。曾祖父五十歲時的中風有可能是六個月前經濟失敗所導致的嗎？我的確是這麼相信的。

關於曾祖母那一邊的家庭，她的父親大約在五十五歲左右去世，而此事似乎只是家庭眾多壓力之一。他的妻子瑪麗．麥圭爾．庫薩克（Mary McGuire Cusack），也就是我的外曾祖母，在婚前很顯然是一個成功的糖果商，但她一結婚就退休。 當她的丈夫去世時，已經有六個孩子且過了二十年的她，依然無法從這些失落中恢復過來，雪上加霜的是她之前已經失去過三個孩子。

曾祖母離世前的幾個月，她的大兒子突然在一九〇〇年四月去世，和她唯

圖4.12　家系圖上所描繪的社會階層

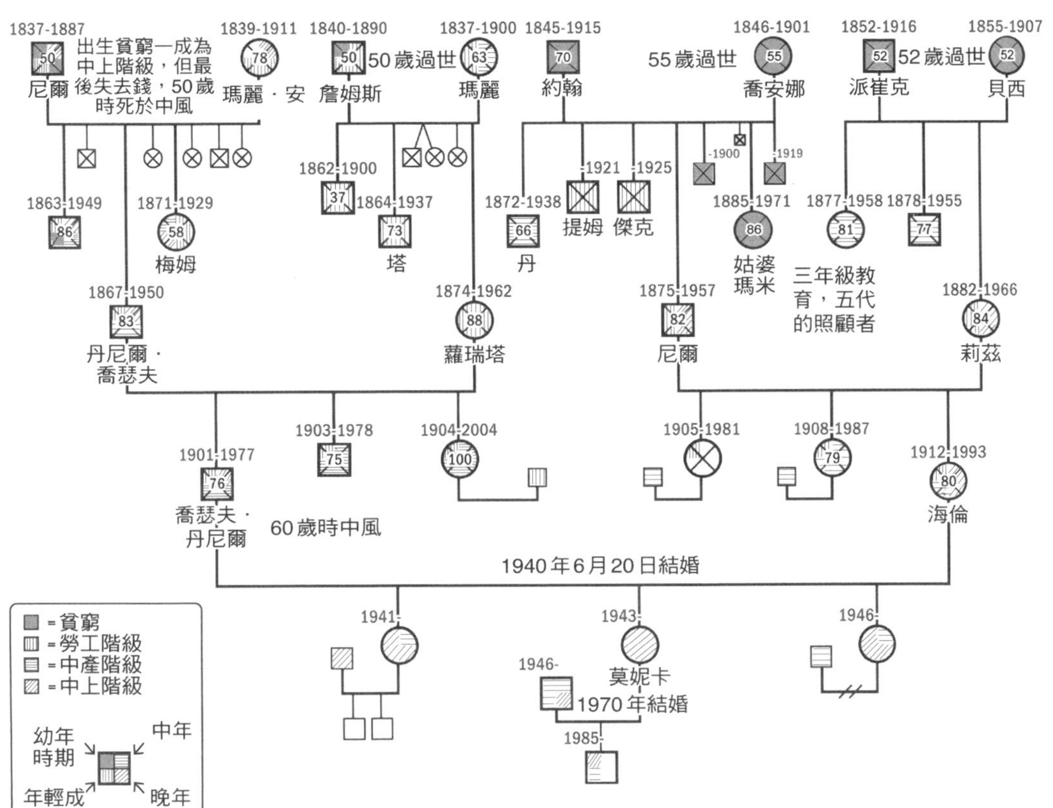

一存活的女兒（我祖母）出嫁。祖母排行中間的哥哥塔搬進她的新婚房子，並在那裡度過了他的餘生。這是否意味著他們的母親沒有任何的資源支持她自己嗎？就像我父親的另一位祖母一樣？塔搬去同住的決定是否是因為經濟上和情感上的考量呢？即便是，他們也從未討論過這些原因，或者會給我的祖父帶來什麼樣的麻煩——家裡住了一個無憂無慮的叔叔，被寵壞的孩子、僅負少少責任，更從未討論他是否要結婚或成立自己的家庭。下一個世代也出現相同的模式。我的叔叔雷蒙德也從未過結婚，雖然他搬出他父母的家。

在我母親的家族中，女性去世的年紀約在五十多歲。曾祖母有七個孩子，她過世的時候，她跛足的么兒，只有十七歲。家中唯一的女兒，也就是我的姑婆瑪米（Mamie），最終只接受了三年級的教育，並成為了家族的照顧者，儘管瑪米漫長的一生都靠家人的施捨生活，甚至最後要仰賴福利生活，但她照顧了家族五個世代的孩子！

在經濟困難時，女性更易處於脆弱的境地，同樣地，那些未能成為「供應者」的兒子也往往處於特定的危難之中。我母親的祖父有七個孩子，只有三個活到中年，而下一代的兩個兒子則表現出色。雖然我祖父本人只上過五年的學校，但最後他成為紐約市警察局的督察。他還創辦了一所警察學院並寫了幾本書，因此他的社會階層在他的一生中往上提升了幾個層次，並能提供良好的生活環境給他的三個女兒。

事實上，我父母那一輩的六個孩子中，唯一沒有上常春藤聯盟學校只有我父親的小妹。這個妹妹高中畢業後受了為期兩年的「師範學校」教育，然後成為了一名教師和家庭照顧者。她在她父親去世後一年，也就是她五十歲時才結婚，這再次顯示女兒在教育和機會上通常都處於不利的位置。實際上，在整個家族中，我唯一能找到的社會流動向下的情況是（在我的臨床工作經驗中也是如此）：

1. 不合時宜的死亡或嚴重疾病和照顧需求。
2. 單身、離婚、殘疾或負責照顧他人的女性。
3. 生長在戰爭、經濟或政治動盪，或社會蕭條時期的一群人，因為社會動盪而無法獲得教育或職業生涯的發展。

我們知道比起男性，女性離婚後的社會階級更有可能會降低，而她們的孩子則可能更難維持他們的社會階級地位。此外，社會一直期望女性和丈夫的社會階級一樣，以至於有時候，若丈夫的社會階級低於妻子時，他所承受的壓力往往會沒有被看到，換句話說，比起社會階級低於丈夫的妻子來說，社會階級比太太低的丈夫，所承受的壓力更大。因此，非常重要的是我們需要追蹤就業情況、受撫養人數、收入和債務等因子，這些因子是了解家庭演變的關鍵。

當手足中有一位的成功遠比其他人高，資源的差異也可能成為問題。舉例來說，若家中一個手足非常成功，而其他手足在經濟或社會地位上表現比較不佳，可能就會出現資源不均衡；未成功的手足可能無法滿足家庭的期望，可能因此對成功的手足感到憤怒。當資源（無論是情感上還是經濟上）不足時，兄弟姊妹之間可能會出現衝突或關係截斷，特別是在照顧父母或生病手足上。家庭可能為誰要為需要幫助的家人做更多，而陷入爭執的困境中。

當大多數的手足都表現良好，只有一個手足或父母其中一人需要幫助時，最好的情況是責任平均分擔，而不是過度仰賴其中一員去承擔。例如，若財富充裕的手足因為未能在時間或情感上提供照顧而僅貢獻財務，就可能加劇家庭的不平衡。手足之間或與父母之間的地理距離也可能造成不平衡，尤其是僅有一個手足可以就近照顧需要幫助的父母，他（或更可能是她）可能會感到精疲力竭並產生憤怒感。女兒更有可能承擔家庭照顧的重擔。未婚或沒有子女的手足也可能被不公平地期待，希望他們承擔照顧父母（尤其是單親父母）的責任。這些所有手足在照顧父母責任分工不均，不僅應該被探索，更該挑戰此不公平的情況。否則，它們可能對家庭關係產生深遠的負面影響。

追蹤移民遷徙

移民對任何家庭都有深遠的影響。父母可能為了自己和子女創造更好的生活，出於絕望而離開家庭和原來的生活方式。但所經歷的失落可能會影響幾個世代的家族。母親在生育孩子的年歲中移民，可能會有兩組不同的子女，一組是在移民前出生的，另一組是在移民後出生。移民後出生的子女可能在更有希望感的環境中長大，反之，也有可能是在更具壓力的情況下成長。

瑪麗亞・卡拉斯（Maria Callas）（**圖 4.13：瑪麗亞・卡拉斯家族：追蹤移民遷徙**）便是一個在移民後第一個出生且經歷壓力的孩子，這樣的移民遷移壓力往往因為許多其他壓力而加劇。移民和隨之而來的混亂壓力似乎對卡拉斯家族產生了重大影響。瑪麗亞的外公彼得羅斯・迪米特里亞迪斯（Petros Dimitriadis）不贊成他女兒伊凡潔麗卡嫁給藥劑師喬治・卡萊哥洛普洛斯（後來改名為卡拉斯）。但一九一六年，彼得羅斯突然去世，之後他的妻子便建議伊凡潔麗卡嫁給喬治，而伊凡潔麗卡也確實在父親去世後兩週嫁給喬治。

隔年，這對夫婦迎來了他們的第一個孩子潔姬，一個深受愛戴的女兒。三年後，他們生下一個兒子，但這個兒子在三歲時死於腦膜炎。就在這次失落之後，喬治突然安排全家移民到美國。伊凡潔麗卡當時懷孕三個月，這是她的第三個孩子，也就是後來的瑪麗亞．卡拉斯。巧的是，這個家族在美國抵達的當天，正是美國總統哈丁（Harding）突然創傷性逝去的日子。此事件讓移民遷徙的壓力雪上加霜，由於父親不懂英語，所以他不得不在希臘人聚居的地區擔任希臘語教師，直到他可以能夠取得執照，再次成為藥劑師為止。

瑪麗亞在他們抵達美國後四個月出生。她的母親對於她是個女孩感到非常失望，一度拒絕與她親近。父母親甚至幾年都無法在為她取什麼名字上達成共識。父親雖然經歷艱難，但最終開了一家藥局，沒想到，卻在兩年後的經濟大蕭條中失去了它，那也是瑪麗亞開始上學的時候。多年後，瑪麗亞的姊姊潔姬

圖4.13　瑪麗亞．卡拉斯家族：追蹤移民遷徙

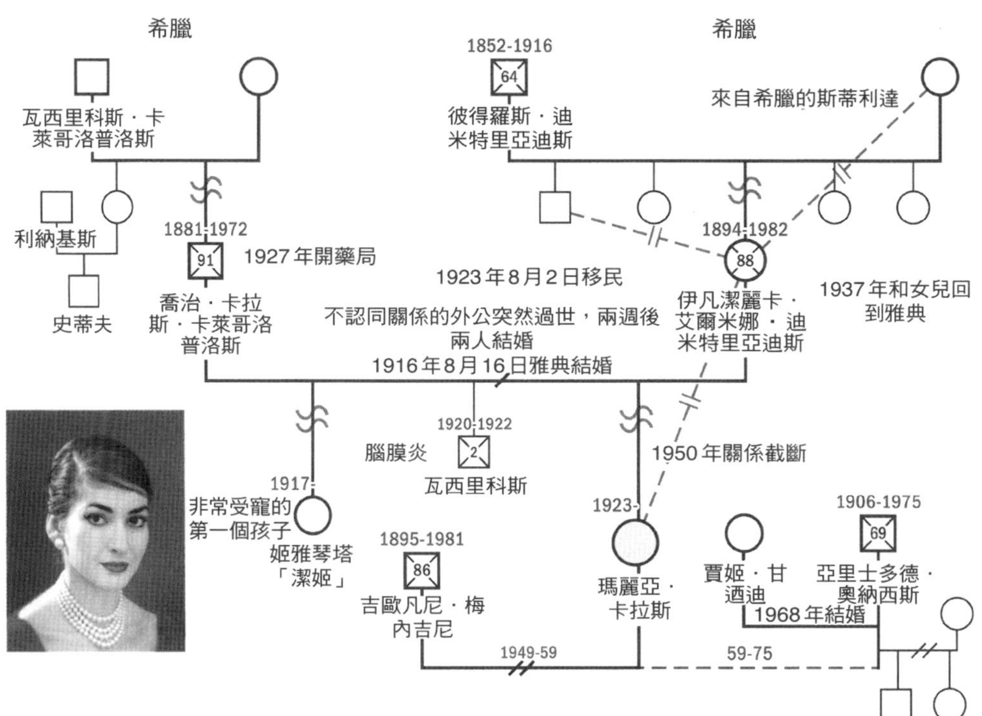

有利地描述了經濟大蕭條對家庭的潛在影響：

> 我真的記得……大崩盤嗎？我真的見過人們從高樓上跳下來嗎？當然沒有，但現在很難將真實生活與那些不斷重播的新聞影像區分開……世界瘋狂的影像。我懷疑我們這些孩子當時並不知道發生了什麼……作為專業階級向上攀升的子女，我們很快就意識到……再也不能依賴許多曾經視為理所當然的事物了……我想每個孩子都覺得自己沒有受到這些奇怪事件的影響，直到一天晚上…我意識到財務災難籠罩著我們身上…每個人進入求生模式，而父親開始陷入債務危機……這實現了母親所有的預言。
>
> 父親的新事業……曾讓我們忘記在老家（希臘）的失落……現在，我們回到我們初到時的狀態。藥局必須被關閉…當母親聽到藥局被賣掉的消息時，她衝進藥局質問父親，彷彿他要為西方世界的金融動盪負責一樣，然當他轉過身走開時，她衝向危險的藥物櫥櫃，抓了一把藥丸吞下去……母親這個自我放縱的戲劇性行為，為他們的婚姻劃下了休止符。從那時起，他們就像不相干的陌生人一樣，生活在同一屋簷下。（Callas, 1989, pp.42-43）。

潔姬提供了一個極度清晰地描述，闡述了家族在移民遷移到新文化並經歷大蕭條後所面臨的增幅壓力，這明顯加劇了夫妻長期以來的衝突關係。之前兒子的逝去和瑪麗亞在六歲時走在街上被車撞到的意外，想必加劇既有的壓力，而這些所有的壓力無疑促使伊凡潔麗卡的自殺企圖。家庭持續處於混亂中，最終母親帶著女兒們重新移民回希臘，將丈夫留在美國。父母從未能夠克服與瑪麗亞關係中的艱難。瑪麗亞童年時期，被極度壓力大的父母忽視，最終成為母親的「成功敲門磚」。她被迫表演，幫母親實現她自己從未能夠實現的夢想。**年代表** 4.1 顯示了卡拉斯家族在移民遷移前後的時間軸。

從這個簡短的例子中，我們可以看到移民遷徙的壓力如何因為家庭關係中的各種問題而雪上加霜：語言不通、經濟壓力、意外事故和創傷性死亡。

在某些情況下，移民遷徙後出生的孩子可能會成為家中務實、經濟管理者，也許很早就扮演著親職的照顧角色。在其他情況下，移民遷徙壓力的影響

年代表 4.1　卡拉斯家族的時間軸

1916	父母親在不贊成兩人關係的外公過世後立即結婚。外公一過世，外婆立馬敦促伊凡潔麗卡嫁給藥劑師喬治．卡拉斯（卡萊哥洛普洛斯）
1917	夫妻的第一個孩子出生：姬雅琴塔「潔姬」
1920	兒子瓦西里出生
1922	瓦西里死於腦膜炎
1923	春天，伊凡潔麗卡第三度懷孕
	▸ 喬治秘密地會家人安排移民至美國，最後一刻才告知他懷孕的太太伊凡潔麗卡
	▸ 家庭抵達紐約時，正值美國哀悼突然被射殺身亡 58 歲的哈丁總統
	▸ 喬治必須成為低收入的希臘語教師，直到他取得藥劑師執照
	▸ 12 月 2 日，瑪麗亞出生。母親非常失望是個女孩，以至於她拒絕見新生兒
1929	瑪麗亞 6 歲，被車撞，自此變得焦慮
	▸ 同年，喬治在經濟大蕭條中失去藥局而必須重建
	▸ 伊凡潔麗卡對先生的「失敗」怒火中燒，戲劇性地企圖自殺
1934	瑪麗亞贏得歌唱比賽，伊凡潔麗卡認定瑪麗亞是她通往成功的入場卷。自此，全心投入女兒的成功。
1936	伊凡潔麗卡和女兒們再度移民回希臘，喬治則待在美國

是持久的，任何家系圖都應該予以考量，即使我們跨越世代前進。

追蹤家庭照顧

照顧是家庭生活的重要維度。不論是在早期或晚年，或是兩者之間的不同時刻，家庭成員都需要照顧，如果獲得不了照顧或處理不當，或長時間沒有得到喘息，家庭功能會出現問題。為了理解照顧的權術面向，繪製一個「照顧家系圖」是很有用的，它會顯示誰需要長期的照顧，以及誰擔任了照顧的角色。

我們認為這個議題非常重要，因此開發了符號來表示主要的照顧者和其他承擔照顧需求的家庭成員的人。例如，在我（莫妮卡）自己的家族中，幾乎父母和祖父母那一代有都成員需要長期照顧（**圖4.14：家庭照顧**），幾乎所有的照顧責任都由女性承擔的。我的母親照顧經歷嚴重中風的父親達十年；我的姑姑照顧她患有肺氣腫的丈夫達二十年；我祖父癌末的那一年是我祖母和姑姑照顧；我祖母去世前幾年是由我姑姑照顧。

同樣的姑姑也照顧她的丈夫和父母親多年，活到了一百歲，最後是由一群女性照顧者在她家照顧她。這些照顧者都是有色人種的女性，反映出照顧工作在我們社會中是一份嚴重被低估的工作。因此，我們需要在臨床家系圖中，特

圖4.14　家庭照顧

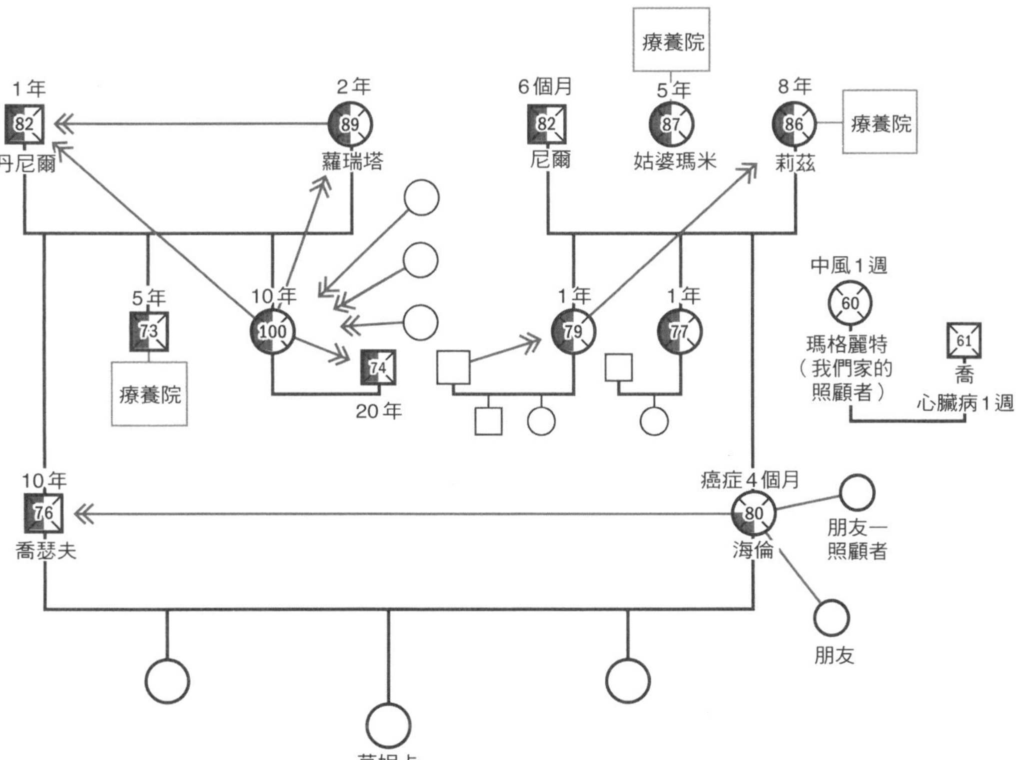

別關注照顧模式。家庭本身可能不會提及照顧問題，因為我們都被社會化了，不去重視家庭生活的照顧需求。由於我們的社會不認為照顧工作是有價值的，於是它通常不會受到關注——多半是由家中和整個文化中地位和權力最低的人來完成。同時，長久以來我們都知道，家庭會尋求幫助的主要原因之一不僅僅是家庭成員出現症狀，而是照顧者的精疲力竭，照顧者再也不能勝任照顧的重責大任。因此，可能需要對整個家系圖進行評估才能處遇，才能找到能夠幫助家庭重拾韌性和資源的來源，再度回到正軌。

我們也可以使用家系圖來展示在特定時間點上，照顧需求是如何影響家庭。例如，在我（莫妮卡）自己的家族中，如**圖 4.15：隨時間變化的家庭照顧**所示，家庭在生命週期的一些時刻，照顧問題會是其所面臨的主要議題。就如同大家所見，失落很幸運的都是合時宜的，所以孩子不會失去他們的主要照顧者。當孩子的主要照顧者需要照顧自己時，照顧議題對家庭來說可能會變成一個巨大的問題。但壓在女性身上的壓力是非常大，而可能影響系統中其他地方的三角關係。我母親生命中的第一段照顧時期（從1957年至1966年）是我和她關係緊張的時候。我當時是青少年，任一時刻都會因親子議題而出現壓力很大的時候。但如果同時還有其他壓力，這些困難可能會變得更加嚴重。

我母親生命的第二個重要照顧時期（從1969年至1978年）是當我父親中風而需要她照顧時，不僅她的角色發生了變化，她在家中的權力也發生了變化。她成為我們所有人的領袖，且非常有效能，她之前的領導能力，因為是我父親的「妻子」的身分而受到嚴格限制。在那段早期的時期，她負起很多的責任，卻沒有實權。當她成為我們父親的照顧者時，她一樣負責任，但不同的是，這是她第一次對自己的錢有發話權。儘管她面臨經濟和個人的沉重負擔，但她變得更有愛、更少自我防衛。只有透過探索這些與性別、權力和生命週期有關的照顧模式，我才能夠理解我家庭中許多動態。

為我自己的家庭繪製照顧家系圖大大提高了我對未來照顧的敏感度。回顧過去我們家族中的照顧者，可以讓我們意識到未來誰會照顧我們，這或許能使我們對自己的人際關係更加深思熟慮。華許（2016）提議我們將照顧視為團隊合作，家庭成員不管男性或女性，都參與其中，並鼓勵手足共同分擔照顧的負

圖4.15　隨時間變化的家庭照顧

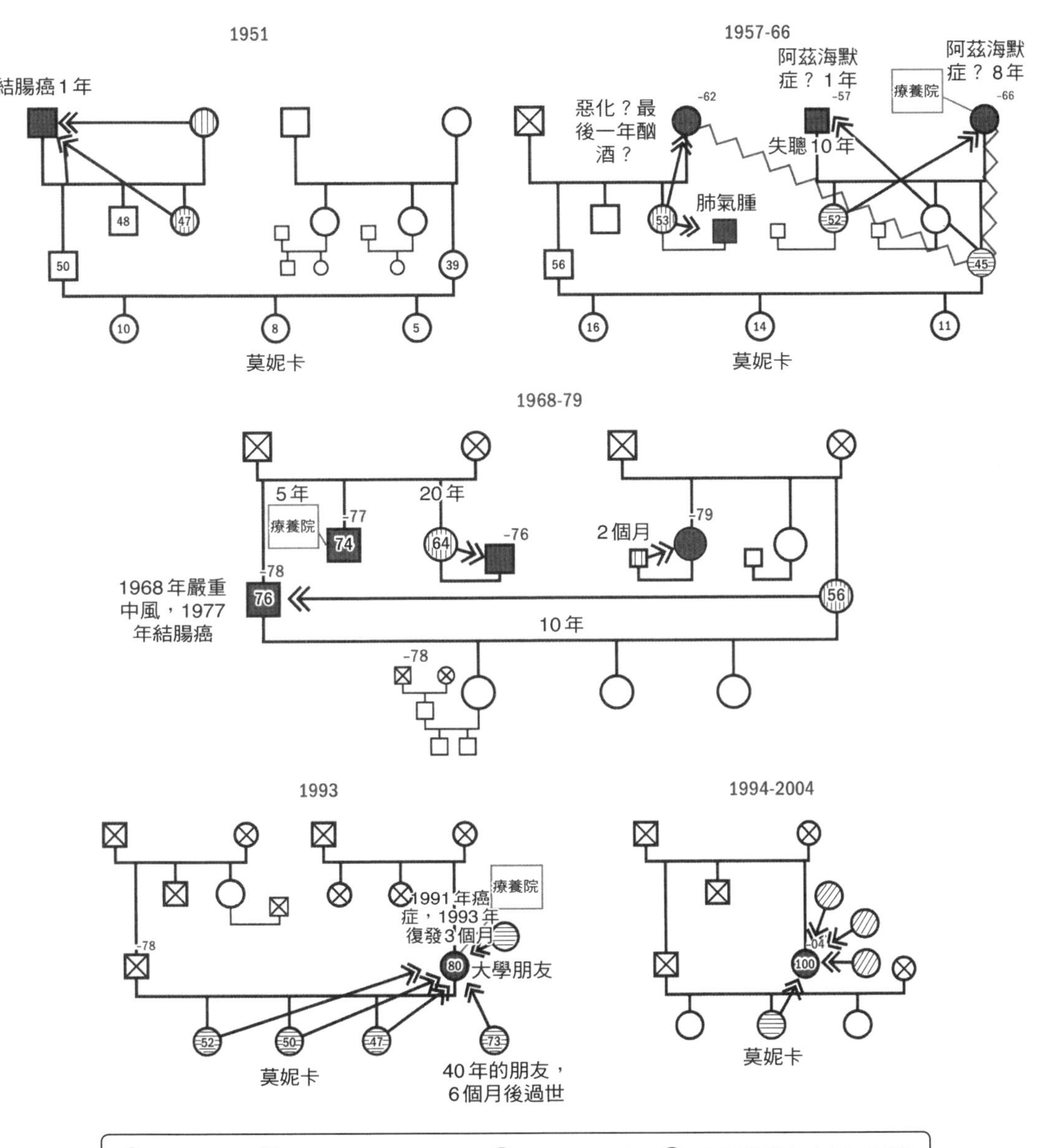

擔和祝福。

在許多文化中，媳婦通常是家庭結構中權力最低的人，必須照顧婆婆。性別政治在這些關係中常常導致衝突。我們的社會中，這種問題關係可能在亞洲傳統文化的家庭中或許尤為明顯，因為傳統上女兒被教養的觀點是，她們必須在婚後離開原生家庭、融入丈夫家庭，這導致她們家中位置的邊緣化。在美國主流社會中，承擔照顧責任的通常是女兒而不是媳婦。

然而，挑戰這種偏頗的期待可能是保有手足關係的必要條件，畢竟手足關係已被證明是成年後的主要資源（Cicirelli, 1995; McGoldrick & Watson, 2016）。一直以來女兒們過度承擔照顧年邁父母或公婆的責任，是故進行家族會談或策略性指導女兒或媳婦挑戰這些規則，或許可以有效地重新平衡家庭關係，使關係更為公平，功能更能發揮。

在家系圖上追蹤特定主題

我們可以在不同「主題」的家系圖上探索許多議題：靈性、宗教、宗族、種族、性別、照顧、健康和疾病、教育、希望和韌性、價值觀、幽默感、工作、寵物、愛好、社團和組織等等。重要的是在一段時間內，追蹤家庭模式的變化和發展，而不是只關注個人，對我們在歷史脈絡下瞭解人類經歷至關重要。

生涯輔導家系圖

吉布森（Gibson, 2005）建議在輔導計畫中使用家系圖，幫助孩子從小學開始，在脈絡中檢視他們的生涯規劃。她建議孩子在小四、小五時，開始為他們家人繪製 生涯家系圖，然後隨著他們進入中學高中，逐步發展此家系圖，希望孩子們能透過瞭解家人的生涯歷史，進而發展他們自己的生涯抱負。顯然，如果你是家族中第一個上大學或走上特定生涯道路的人，且和已經建立的家族生涯軌跡非常不同的話，那麼可預見的是，走不同路會比走相同路經歷更多的困難。與孩子一起發展生涯輔導家系圖，有助於他們看到成長過程中，自己生涯道路與家族傳統之間的關聯。也有助於年輕人看到，他們的興趣和選擇與過去傳承的連結程度，遠超出他們的認知。

我和一位希臘心理學家一起研究婚姻議題，即使他看到我的家系圖，他依然對討論原生家庭有所遲疑。他說他的父母親是沒有受過教育的移民，他們對他或對他當心理學家的生活一無所知。有一天，他的母親來會談，當我問她對兒子生活有何看法時，她說：「他會成為心理學家，我一點也不意外。他父親是名理髮師，理髮師總是在聽別人的問題。」建立了這樣的連結橋樑，我們開始進行她自己和兒子生活經歷的細緻討論。

性家系圖

儘管在家系圖上追蹤相關性（sexuality）的議題非常困難，運用性的相關議題（sexual）和文化的家系圖（Hof & Berman, 1986; Hardy & Laszloffy, 1994; McGoldrick, Loonan & Wolsifer, 2006）有助於我們理解相關性的症狀、恐懼和關係問題。當我們隨著生命週期中的前進，涉及關係脈絡的性問題必須在其所處的生命週期脈絡下進行考量。治療師肯定會從受建構自己的性家系圖中受益，這會突顯出他們帶進治療工作的價值觀。

在基本家系圖的框架上，添加個人、夫妻和家族史中與性歷史有關的特定面向：健康和心理歷史，家庭成員的性和親密關係，以及性有關的主題，如開放討論或避免討論性議題、傳遞有關家庭成員的性的資訊等。建構性家系圖是一種非常有用的方式，用以幫助夫妻在性和文化脈絡中了解自己和彼此。這將幫助個案覺察到他們成長時所擁有的價值觀，並理解這些價值觀是如何影響他們關於性的價值觀、行為和焦慮。

以下是性家系圖問題的列表（根據Hof & Berman, 1986和McGoldrick et al., 2006進行擴充），以幫助臨床工作者從文化的角度關注性問題。

性家系圖的問句

- 伴侶自其家庭所接收到關於性、親密、男子氣概、女子氣質之公開或隱誨的訊息為何？其他家庭成員對這些議題有何想法？

- 誰在性、情緒、生理上最開放？誰最保守？這些對家庭成員的影響為何？
- 性或親密是如何被鼓勵、阻礙、控制和教導？是否和上一代所提供的訊息有所不同？
- 是否有家人不符合他們宗教背景的性取向或親密關係的方式？這對他們有何影響？
- 家族中是否有任何關於親密關係、性、亂倫或其他性虐待的秘密？不適當的觸碰？非期待性懷孕？婚外情？未婚懷孕？墮胎？堂表手足間的近親結婚？
- 你或任何的其他家人有被性虐待嗎？不管是什麼樣的方式。
- 關於家系圖中的性及親密關係，什麼問題是你想問卻遲疑的？誰可能會有答案？你如何向人詢問？
- 家庭如何處理生育控制的概念？
- 社交媒體、書籍或雜誌中的色情資訊是如何處理的？色情作品是如何被處理的？你現在在關係中是如何處理性媒體？
- 就你所觀察，一夫一妻制有什麼規則？被別人吸引或跟別人談會是被允許的嗎？
- 是否能容忍或討論婚外情或召妓？ 這些問題在您家庭中是如何處理的？
- 在過去的幾代人中，是否有家庭成員有一個你想要效仿或不效仿的親密關係？
- 你是否想仿效或不想仿效前幾世代家庭成員的親密關係？
- 有家庭成員的性或親密關係是受種族、父權、貧窮、性別、性別取向、移民、語言障礙、族群的影響？
- 是否有家庭成員和不同種族、階級或宗教背景的人結婚？那如何影響家庭的其他人？你如何看待受到影響的性和親密關係？
- 你的宗教或文化背景的價值觀會如何影響你自己的性和親密關係的觀點？

- 有家庭成員的性或親關係密模式是不遵循家庭文化或性別的常模嗎？家中其他成員的反應為何？
- 從家中所接收到關於性和親密關係的訊息中，有哪些訊息是你傳給下一代時想改變的？如何改變？
- 你的原生家庭對性和親密關係的看法和你伴侶的原生家庭有何不同？你如何看待那些不同對你們的性和親密關係的影響？
- 你認為你們作為一對夫婦在解決性問題上的價值觀差異方面做得如何？關於性相關的議題，你們是否達成共識？
- 偏見或壓迫等因子是如何影響你或你家人的性別取向發展？
- 你的第一次性經驗如何？當時你幾歲？感覺如何？現在你對它們的感受為何？

宗教／屬靈家系圖

宗教，或至少宗教的實踐，在家族的每一世代中都更有可能發生變化，至少在美國的二十世紀和二十一世紀是如此。因此，宗教家系圖可能會很難繪製，因為每個家庭成員在自己的生命週期中，可能有著長久的靈性歷程。此外，宗教轉變的時間點可能與其他生命週期事件相符，這些相符之處對於評估至關重要。霍奇（Hodge）（2001, 2005）在他的臨床實務中討論了一些用於靈性評估的工具，包括靈性生命地圖（spiritual lifemap），沿著時間軸追蹤一個人的靈性生命週期；屬靈家系圖（spiritual genogram），說明跨世代的家庭模式；以及屬靈生態圖（spiritual ecomaps）和生態家系圖（ecograms），繪出案主現在和過去的屬靈關係。

從自我們己的屬靈經驗和屬靈研究文獻所蒐集的資料中，列出以下的問句，或許有助於幫助臨床工作者開啟和個案一同探索屬靈和宗教的話題，並集結治療師或個案的創造力，繪出個案對這些問句的回應。

關於宗教和屬靈家系圖的問句

- 對你而言，宗教或屬靈生活在你每日生活的意義是什麼？在家庭生活中？在危險或危機時刻中？

- 伴隨你成長的宗教或屬靈儀式或信仰是什麼？你曾改變它們嗎？什麼或誰影響你屬靈歸屬感的發展？
- 你的宗教／屬靈信仰，是你和其他家庭成員之間的連結或衝突來源嗎？
- 有誰瞭解或分享你的宗教／屬靈觀點？
- 你定期參與宗教活動或其他宗教修行嗎？
- 什麼是你希望的來源？
- 什麼是你對上帝的信仰？
- 你如何處理違背你道德良知的罪過？你如何找到方式尋求原諒？
- 你曾預知生命事件的發生嗎？
- 你的宗教如何看待性別角色、種族、性取向？這些信仰如何影響你和你的家人？
- 音樂、禱告、閱讀、財務、參與團體或一份好工作在你的屬靈實踐中扮演什麼樣的角色？
- 你的家庭成員曾對宗教失望或彼此因宗教而有嚴重的衝突嗎？
- 你或你的家人曾改變宗教信仰嗎？若有，家人對這改變的反應是什麼？
- 你曾有和過世親友通靈的經驗嗎？你曾遇見過靈魂、鬼、天使或魔鬼嗎？你是否曾覺得被靈附身呢？
- 在全球歷史中，宗教和靈性實踐一直是家庭在面對各種困難中的主要資源，但治療師在臨床評估中常常會忽略這一層面。然而，追蹤家庭的靈性和宗教實踐、信仰和變化對於瞭解家庭歷程是非常重要的關鍵指標。我們知道宗教信仰對於個案應對疾病和其他壓力，以及從成癮中康復，都有很大的影響。共享靈性信仰可能讓家庭成員結合在一起，但也可能讓彼此關係疏遠。
- 在家系圖中追蹤其他的宗教議題，包括信仰改變、對宗教性社區的不滿或被驅逐，以及因宗教差異而引發家庭衝突。例如，比爾・克林頓（Bill Clinton）的父母親似乎對宗教沒有太大興趣，但柯林頓九歲受洗，且自此便一直非常堅定實踐所信仰的宗教。在他的自傳中，他談到自己曾加入共濟會得莫萊（DeMolay）青年組織，但最終決定不成為一名共濟會員，他說他要「追隨喬治．華盛頓（George Washington）和班傑明．富蘭克林等傑出美國長輩的行列」。他解釋道：「大概因為我二十多歲時，正處於一個反對加入的階段……此外，我不需要加入一個神秘的兄弟會來保有秘密。我有屬於自己的秘密，而秘密的根源是父親的酗酒和虐待。」（p.45）比爾．克林頓和喬治．布希（George Buch）因不同原因，在不同的時間點，都成為重生基督徒（Born Again Christians）。

- 一個人和宗教或屬靈團體連結的特定功能，以及與原生社群保持距離的意義，都值得探索。

兄弟會組織

通常和宗教和屬靈團體連結的兄弟會組織，例如共濟會（Masons）、麋鹿（Elks）、和秘密共濟會（Odd Fellows），其中許多都具有宗教和政治的起源。大多數兄弟會組織過去僅限男性，包含秘密儀式，或者完全保密，並要求成員對他人隱瞞他們的成員身分。兄弟會和姊妹會也經常是大學組織的一部分，在大學中通常會被稱為「希臘生活」，因為它們的名稱使用了希臘字母來代表組織。這樣的社團，除了具有宗教和政治、社會背景外，還可能對商業、友誼和家庭關係產生強大的政略性和權力上的影響。

喬治．華盛頓從十四歲時就開始保存所有的日記和信件（最終共計超過二十卷），儘管他名義上是一名基督徒，但從未提及「基督」這個詞。然而，和大多數建國元勛一樣，他非常投入共濟會，該組織是美國革命和華盛頓以及其他建國元勛對如何執政的主要基石（Johnson, 2005, pp.10-11）。

在二○○四年的總統選舉中，兩位候選人（約翰．克里和喬治．布希）都是耶魯大學兄弟會骷髏會（Skull and Bones）的成員，這是一個精英秘密組織，成員加入時會獲得巨額的經濟獎勵，但必須承諾在死前保守他們與兄弟會和宗教有關的秘密。克里是這個組織的創始人之一的後裔，而布希（**圖 4.16：布希家族與耶魯大學及秘密社團骷髏會的關聯**）的家族中，至少有八位成員進入耶魯大學，其中幾乎所有人都加入兄弟會骷髏會，其中包括他父輩的四個兒子和獨生女的丈夫、爺爺、曾祖父和她兩個女兒中的一位。幾個世代以來，布希家族最親密的朋友也有許多是骷髏會的成員，這些成員都和政治、財經、軍事和國家情報（CIA）領域有連結。如果不瞭解加入這種組織所帶來的權力、特權和社會連結，就無法對這樣的家族系統進行良好的臨床評估。

在非裔美國社會中，姊妹和兄弟會（sororities and fraternities）以及其他兄弟會組織，如傑克與吉爾（Jack and Jill）、林克斯（Links）等都在過去一個世紀中具有強大的影響力。考量到非裔美國人在社會機構中所受到的排斥，這些組織對於組織內成員的整個生命週期，都會是主要社會支持和連結（Graham, 2000）。

無庸置疑，這樣的兄弟會情誼，就像較少祕密的宗教社區，對家庭有著深遠而不易察覺的影響。所有家庭成員所屬的兄弟會組織都應該在家系圖中註明。它們是重要的資源，同時也影響著人們的歸屬、信仰和行為。

道德家系圖

保羅・布魯梭（Paul Peluso, 2003）提議使用道德家系圖，並提出有用的家系圖問句如下：

- 你或你的家人所做過最艱難的道德決定為何？如何做出此決定？如何因應這些決定？
- 什麼樣的行為被認為是不道德？若違反家庭的道德觀，會怎樣？家人有因道德規範而起衝突爭執嗎？
- 成長過程中，你所被教導的道德價值觀曾經改變過嗎？
- 家庭的道德規範和社會上的道德規範有何不同？家裡有誰曾觸法？其他家庭如何回應此狀況？
- 金錢的議題和權力在你家庭的道德觀中扮演什麼的角色？

圖4.16　布希家族與耶魯大學及秘密社團骷髏會的關聯

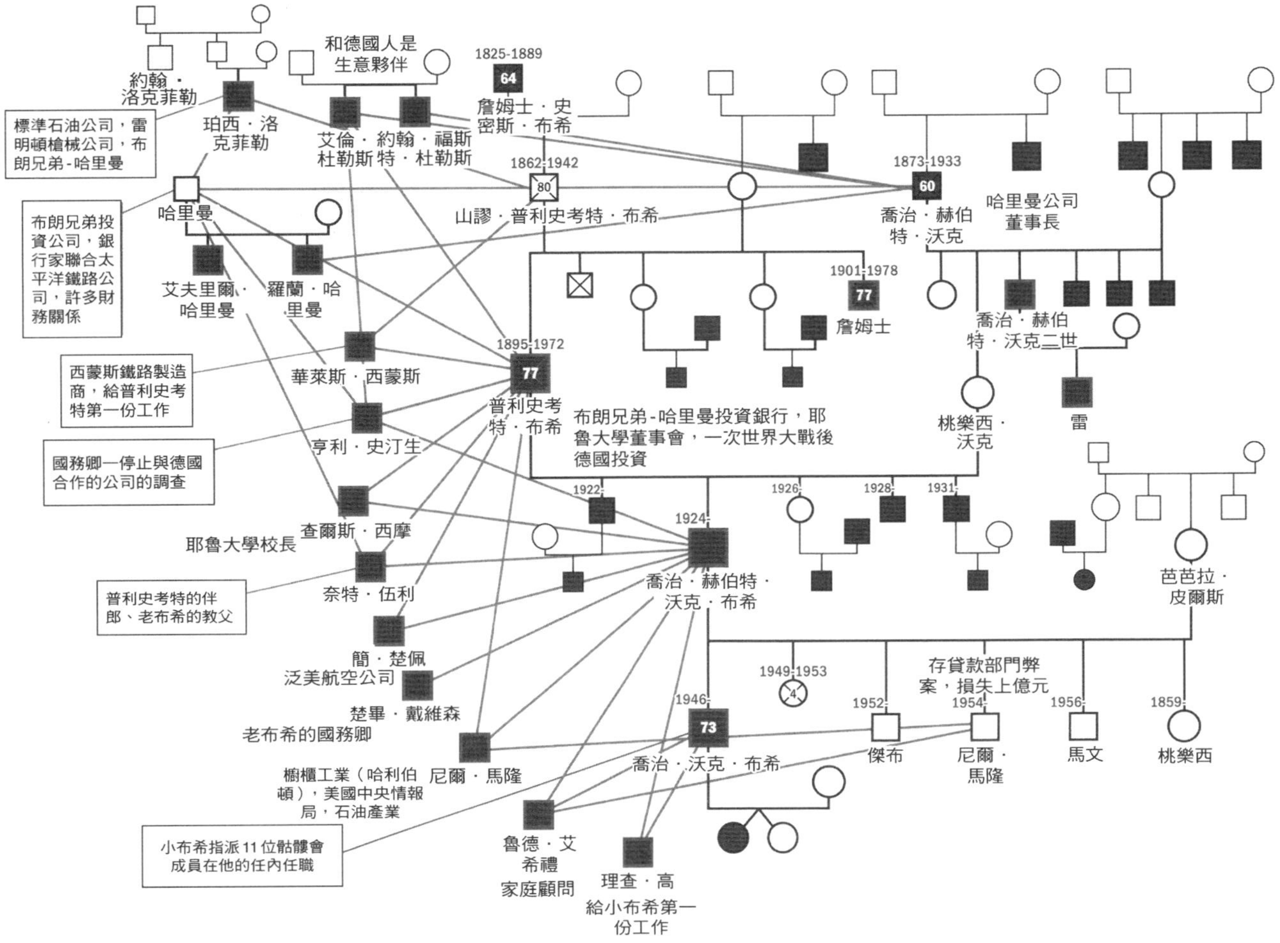

- 家庭的道德觀與社會法律規範相比，有何不同？家中有人觸法嗎？如果真有人觸法，那家人的反應又是如何？
- 家裡有誰曾違反家庭道德規範？當此發生時，其他人的反應為何？嚴厲？寬大？一致或不一致？
- 家庭最看重的道德行為為何？誠實？忠誠？貞潔？公平？尊重？正義？

追蹤遺漏的訊息和矛盾之處

在探索家系圖時，遺漏的訊息也值得關注。為什麼一個人對他的父親一無所知？為什麼母親方的資訊省略了阿姨和舅舅的訊息？關於家庭關係截斷、衝突或痛苦失落的部分，遺漏的訊息告知了我們什麼？通常，填補遺漏的訊息可以為個案帶來新的選擇、潛在的資源以及家庭劇碼的澄清，而這些可能都超出能理解的範疇。例如，在美國著名的演藝世家芳達（Fonda）家族中，亨利．芳達（Henry Fonda）的妻子弗朗西絲來自一個顯赫的新英格蘭家族，她在一家精神病院自殺，當時亨利正開始了一段婚外情。弗朗西絲過世後不久，亨利即和婚外情的這個女人結婚。

儘管有許多人撰寫有關芳達家族的傳記，但我們發現無法為亨利或他的妻子弗朗西絲的家族繪製出一個基礎的三代家系圖。她有一個在機構長大、且十五歲時死於肺炎的妹妹，還有一個似乎在童年就去世的弟弟，另外也還有幾個手足。弗朗西絲的住院和自殺肯定給她的手足和姪子姪女們帶來創傷。然而，據我們所知，弗朗西絲的父親、手足，以及亨利的手足都沒有參加她的葬禮。當亨利和他的妻子們觸及不到時，對亨利的兒子彼得來說，亨利的妹妹，彼得的姑姑海麗特和她的丈夫約翰在他的生活中扮演了重要角色，他們是導師、守護天使和父母替代者，然而另一位姑姑簡卻幾乎從未被提及。

亨利．芳達妻子自殺那晚，亨利正在百老匯的舞台上演出，且沒有告訴兒女中的任何一個人。孩子們後來是從電影雜誌上得知這一消息。當家庭隱瞞關鍵信息時，繪製家系圖來助他們了解家族的身分和歷史就變得極為重要。

彼得・芳達後來動人地寫道，他無法了解他家族歷史的真相，這個歷史在幾世代之間被「洗白」了，而他感覺到自己在追尋真相的過程受到阻擋，儘管他確信成長過程中那些神秘經歷背後必然有解釋。二十歲時，他決定去和姑姑海麗特住在一起，他寫道：「我想要跟我的陰沉、寡言和詭譎的『家庭』說再見。」（Fonda, 1998, p.133）

至於他幾乎無法得知父親的歷史一事，他說：「我們永遠不知道他發生了什麼事。他從未被擊倒。但他身上發生一些事，讓他變得非常安靜、非常害羞，且他讓這些特性定義了他的人格特質，這些特質就是他在現實生活中的裝扮和所穿的戲服。在某些時候，他發現沉默是比較自在的，也比較輕鬆，我是說……情感越深，他就隱藏它越深。因為我越瞭解我的父親，我所說關於他的事就越多。但我知道的永遠不夠多。」（p. 496）當他談到他難以了解家族歷史時，他說：

> 當然，如同雷鳴般的的隱私延伸到我母親的家庭。我所知道的外公外婆——他們在我二十好幾時都尚在人世——我只知道我外公是一個蓄意（且進行式的蓄意）的酗酒者，有些晚上他會醉得一塌糊涂，一邊踉踉蹌蹌地回家，一邊在草地上比手畫腳地嚷嚷著城市人的不公之處。我的祖母對他非常的寬容，就像我們母親逐漸消失的那些年，她對我們的那樣……
>
> 我懷疑我還會不會相信任何一個還在世的長者所講述的故事。時間過去太久了，有太多機會來修正和美化真相，而且我幾乎不想因為我的提問去打擾現在已經九十多歲的海麗特。我父親的自傳是他告訴別人的，故事被美化到幾乎沒有事實的依據……爸爸太害羞、太保守，無法真正呈現對他重要的歷史部分。（p.116）

從系統的角度來看，人們可能想幫助這個有家族經驗的人繪製家系圖，用以詳細探索遺漏的訊息（其中一些當然可以透過家系資料庫來恢復），以試圖破除家族歷史中被「美化」的版本。這樣的遺漏訊息通常會成為臨床實務探究的重點，因為被隱藏的部分可能是理解參與者最重要的資訊。正如納博科夫

（Nabokov）的一個角色所說的:「記住，你所被告知的話實際上包含三個層次，一個是說故事的人所講的，然後是聽故事的人所說的，最後是故事中死者隱藏未說的。」（Nabokov, 1959, p.52）

有時在家系圖中可能會出現資訊矛盾的議題。例如，如果三個不同的家庭成員對逝者過世給出不同的日期，或者對家族關係的描述不一致，該怎麼辦？在家系圖中訊息不一致是常見，但需要標示出來，對家庭而言，這些隱含的訊息或許具情緒上的重要性。布拉特（Bradt, 1980）早建議繪製家系圖時，利用顏色編碼，區分訊息的來源。希望很快地，軟體能使我們追蹤不一致訊息更加容易。

當訊息不一致時，特別是具有多重婚姻、糾纏關係、多次轉變和變換的複雜家庭，和（或）多元觀點的情況下，會使得繪製家系圖變得相當具有挑戰——但我們還是鼓勵臨床工作者努力繪製人類經歷的複雜性，這通常需要具備技巧、靈巧、即興或添加頁數！

CHAPTER 5

探索家庭星座組合

臨床工作者可以透過研究關係結構、家庭構成、手足的排列組合和各種家庭配置，針對主題、角色和關係形成許多假設，並透過進一步蒐集有關家庭的資訊來檢視這些假設。評估家系圖時的闡釋原則是基於家庭系統理論的原則。如需更詳盡的資訊，讀者可以參考有關鮑文理論的文獻（Bowen, 1978; Kerr & Bowen, 1988; Kerr, 2019; Toman, 1976; Lerner, 1984, 1990, 1994, 1997, 2002, 2005, 2012），以及其他家庭理論家的著作，這些都認同瞭解家庭歷史對解決當前的問題，有其意義和價值。

在家系圖上探索的第一個領域是基本的家庭結構，即圖表上的線條和符號顯示出結構模式。透過檢視這個圖形結構，我們可以根據家庭成員的構成、兄弟姊妹的排列組合和不尋常的家庭配置，針對家庭角色、關係和功能進行假設。

家庭模式也可能因為一代傳一代而被加強。和上一代處於相似結構位置的家庭成員很可能會重複上一代的模式。例如，一位母親，自身是三姊妹的老么，若又生了三個女兒，她有可能會發現自己過度認同她最小的女兒。一個已經經歷三個世代分居和離婚家庭的人，可能會認為離婚是一種常態。

家庭成員組成

家系圖上首要注意的便是家庭的成員組成，是一夫一妻家庭、傳統核心家庭、單親家庭、多戶家庭（multi-household family）、一戶有多個家庭的家庭（multi-family household）、大家庭或包括外來成員的家庭？**由於評估誰住在家中是非常重要，所以我們建議在家系圖上圈出同住家庭成員，這可以幫助您一目了然地看到誰和誰住在一起，並考慮結構、權力安排和財務會如何影響關係。**

傳統核心家庭

現今，美國有百分之六十二的兒童在雙親家庭中成長，其中百分之四家庭的雙親未婚（Zill, 2015）。百分之二十三的兒童只和生母同住，百分之四的兒童只和生父同住。單看這些家庭結構，可能不會值得特別的關注。但如果家庭處於重大的壓力下或存在嚴重的婚姻衝突時，臨床工作者就會想知道是什麼力量能幫助家庭團結？還需要哪些額外的資源？或可獲得的資源有哪些？畢竟比起大家庭，這類家庭的結構在面臨壓力可能比較無法靈活因應。

此外，我們可預期這樣核心家庭的結構也可能會產生特定的親子三角關係，其中一種是家長一方與一位子女同盟，對抗另一方家長或其他子女；父母聯合對付「生病」或「壞」孩子；手足聯合一起面對父母間的爭執。

單親家庭

單親家庭是指一個家長獨自撫養孩子，可能是因為單親生育或收養，或是和另一位家長離婚、分居、死亡或被遺棄。

家系圖上的單親家庭結構提醒著臨床工作者去探索與失落有關的壓力，以及孤單感、經濟、育兒負擔過重等的壓力，而壓力感取決於大家庭和其他資源（包括鄰居、教父母和朋友）的支持程度。

多代同堂家庭

通常單親家庭獨自承擔撫養孩子的許多任務。但若此單親家庭身處於三代同堂家庭中，則可能更有彈性的獲取單親教養所需的支持，然也可能導致典型三角關係的產生，在評估中關注此部分是很重要的。另一個因子是，是否有其他家庭成員進出家庭。例如，在一個三代同堂的單親家庭中，可能有其他手足或孫子孫女待在家的時間很長，這時，則需要評估祖父母與單親父或母、孫子孫女之間的連結程度和關係。

比爾．柯林頓（Bill Clinton）的例子指出隨著時間的推移，因著多世代單親家庭結構組成的變化，可能會出現的一些困難。**圖 5.1：比爾．柯林頓早年家庭的變化**顯示美國前總統比爾．柯林頓的頭幾年生活。他的第一年，也就是一九四六年，他和他的母親維吉妮亞一起生活，當時她二十三歲、單親、和她父母住在一起。她的丈夫剛過世，但她沒有真正的工作技能或錢，也幾乎沒有資源。幸運的是，她的父母可以幫忙，然這樣三代家庭中最常見的三角關係很快就形成了：當外祖父母想和孫子建立緊密的關係時，住在外祖父母家的媽媽

圖5.1　比爾．柯林頓早年家庭的變化

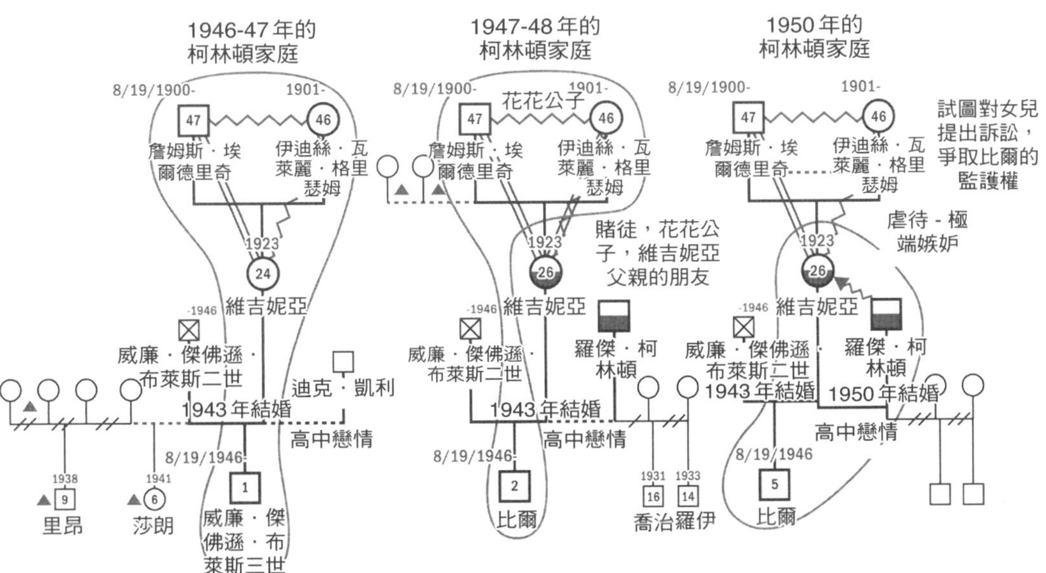

就覺得自己像是個外人。當時柯林頓的母親描述了這些關係：

母親全心全意的教我如何做母親。她的意圖很好，但我感覺像一個卑微的實習護士……而我的母親像神一樣支配一切……當母親沒有獨占（比爾）時。我會帶他出去兜風。（Clinton-Kelly, 1994, pp.61-63）

隔年，維吉妮亞決定前往紐奧良完成學業，並把比爾留給她的父母親照顧。再隔一年她返家，她的關係問題又加劇了：

母親越來越讓我感到不舒服。我已經二十五、二十六，甚至二十七歲了，我還與父母同住。當然，這是一種福利，白天有人照顧比爾。但這樣的服務總是要付出代價的。當我在就讀麻醉師學校時，母親和比爾之間的情感依附已經很強烈，而現在，即使我有了工作，她仍然支配著他。她會幫他穿衣服、餵他吃東西、帶他散步和買東西給他。對她最心愛的孫子來說，對沒有什麼是太好或太貴的。（pp.77-8）

單親家庭結構中出現這樣的問題是可預測的，臨床工作者都應好奇地去詢問這些典型的三角關係，不管是何時在家系圖中看到。此外，值得關注的是失去父母一方對家庭（特別是孩子）的影響，所經歷的掙扎是否源於單親家長和上一代祖父母之間的衝突，或是對父母缺位那一方的感受。在柯林頓的例子中，他描述自己在幼年時期還滿無憂無慮的，並沒有注意到這樣的三角關係：

我是在外公外婆的照顧下長大的。他們對我非常細心。他們非常愛我，甚至多過他們對彼此的愛，這有點可悲。以外婆的狀況來說，她對我的愛還多過對她女兒的。當然，當時的我極其幸運，我對這些所有都毫不知情，我只知道我被愛著。後來，當我開始對在艱困環境下成長的孩子感到興趣時……我開始意識到我是多麼幸運。儘管我的外公和外婆和母親各自都有自己的課題，但他們總是讓我感覺我對他們來說是世界上最重要的人。

（Clinton, 2005, pp.9-10）

單親家庭通常是更大的多戶家庭網絡的一部分，有時被稱為雙核心（bi-nuclear）家庭（Ahrons, 1998）或多核心（multi-nuclear）家庭。在這些家庭中，孩子同時是幾個不同家庭結構的一部分。孩子在這樣的家庭中需要發展出複雜的適應技能，以因應他們必須在每個家中各類場景的溝通協商。

親子三角關係

父母雙方可以透過聚焦在孩子身上來緩解兩人的緊張關係。無論展現出來的特定情感模式是什麼（憤怒，愛，緊貼式依賴），兩個人的共盟關係是和第三者有關，即定義了三角關係，正如我們已經討論過的那樣，是家系圖上追蹤的關鍵模式之一。家系圖是種極其方便，用以識別這樣三角關係的工具，因為結構模式、生命週期信息和有關互動關係的具體資訊，都有助於使形成三角關係的三人組合現形。

關係中的三個人並不是一個三角關係，而是我們可能稱之為三人關係。三角化關係指的是三個人的相互依存性，每兩人的互動關係都取決於第三個人。如果三人中的一人，在某一次談話中選擇站在另一個人那一邊，這並不一定意味著他們處於一個三角關係中。然而，如果這種關係模式經常出現，那就很可能是一個三角化關係。

有時高張力的手足競爭會出現，就像美國著名劇作家尤金・歐尼爾（Eugene O'Neill）家系圖所顯示的（**圖 5.2：歐尼爾家庭的衝突和三角關係**）。這些兄弟一生的關係都處於高張力且彼此競爭。一般來說，家系圖上顯示如此高張力的手足衝突，通常反映了父母之間的問題。孩子之間的衝突反映且轉移了父母之間的衝突。事實上，歐尼爾父母的婚姻一直存在艱難和緊張的關係。兄弟之間本就關係緊張，或許也因為大哥詹米被指責要為二哥艾德蒙（幼時意外感染麻疹）的死負責而加劇。尤金是第三個男孩，在二哥去世後出生，但後來因母親嗎啡成癮而受到指責，原因是母親在他出生時開始使用嗎啡。

圖5.2　歐尼爾家庭的衝突和三角關係

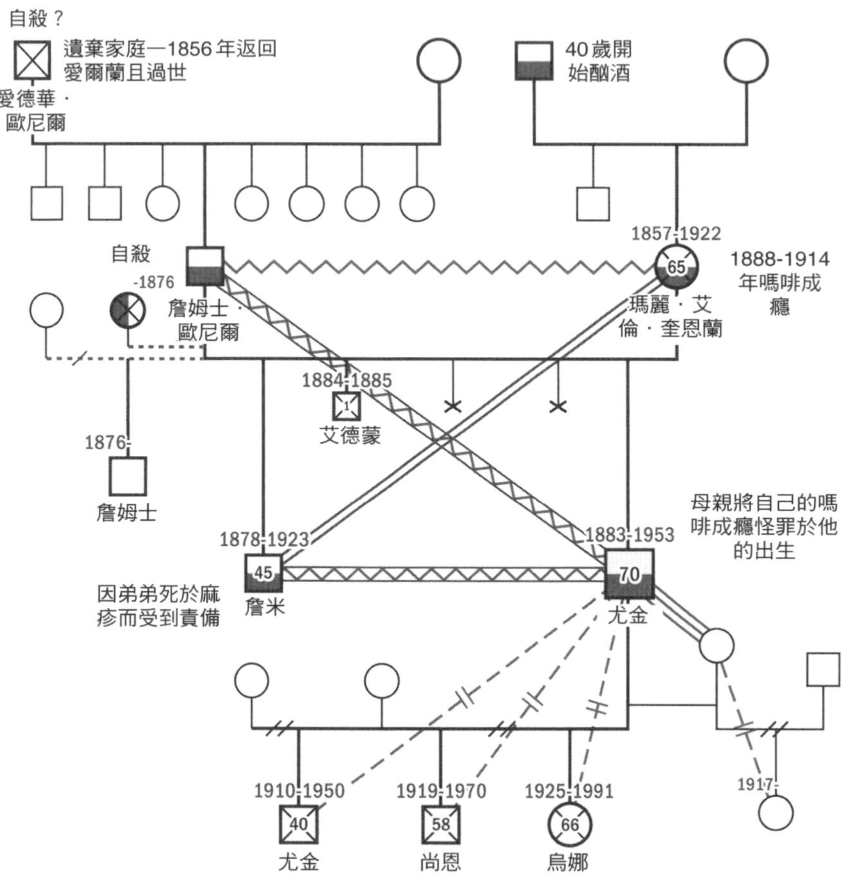

手足間的衝突無疑地不僅反映了父母之間的衝突，也作為一個分散注意力的手段，避免父母其他的個人和夫妻問題再浮現。

愛莉諾·羅斯福（Eleanor Roosevelt）的家系圖（**圖 5.3：愛莉諾·羅斯福的三角關係**）呈現了另一個常見的親子三角關係的例子。雖然愛莉諾的雙親在她十一歲時雙雙過世，但她一生都記得她和父親之間特有的獨特關係，同時也感覺到她母親對她父親的嚴苛和不敏感。她父親是個不負責任、酗酒的人，而她母親決定和他分居並將他送進精神病院。但對愛莉諾來說，父親是英雄，母

圖5.3　愛莉諾・羅斯福的三角關係

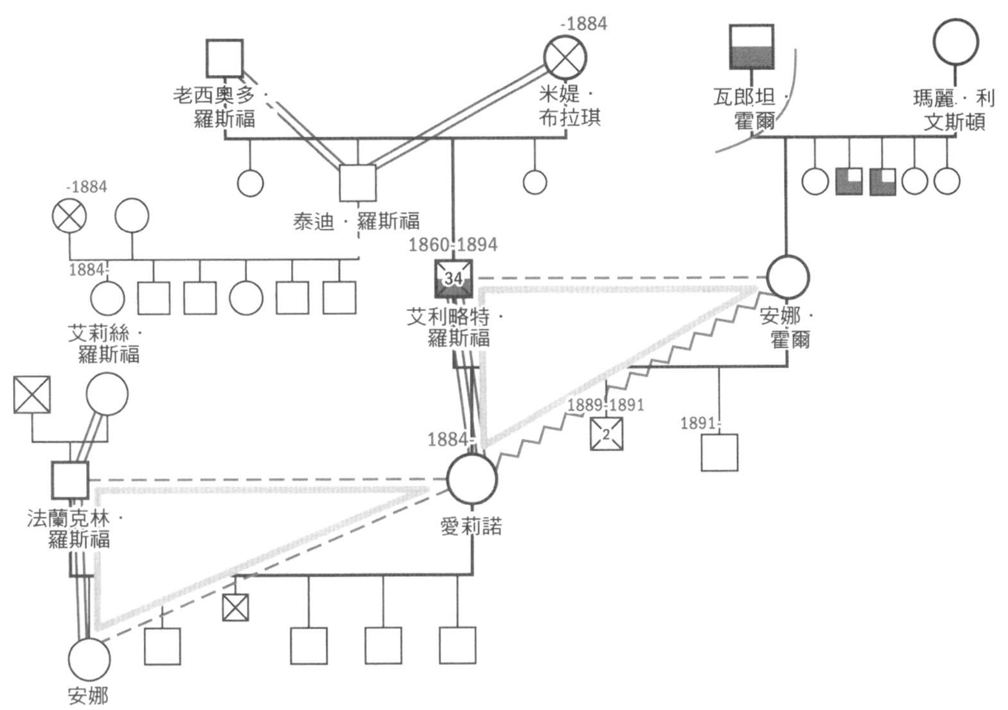

親是反派。

當父母之間發生嚴重的衝突時，這些三角關係是常見的。孩子們常常被捲入父母之間的忠誠衝突中，就像愛莉諾一樣，她感覺到母親的冷漠、殘酷和刻薄。雖然她父親有時會拋棄她出去喝酒，且給予無盡承諾卻從未實現，但愛莉諾只記得他的愛。她終其一生都把他的信帶在身邊。這種形式的父母、子女三角關係在離婚和再婚的家庭裡非常常見（見下文）。

這樣的三角關係在愛莉諾的女兒安娜身上重演。安娜和愛莉諾一樣是長女，同樣偏愛她父親法蘭克林，她覺得母親愛莉諾過於嚴厲。尤其青春期時，她和愛莉諾之間的關係像風暴一樣，起伏不定，這樣的情形直到她父親患上脊髓灰質炎才有所轉變。最後，安娜在白宮和大衛營地裡偷偷招待羅斯福總統和他的女友，卻沒有告訴愛莉諾，這讓愛莉諾感到被背叛。幸運的是，在日後的生活中，愛莉諾和安娜扭轉母女關係截斷的這個模式，關係變得更加親密（見 McGoldrick, 2011）。

寄養和收養家庭的三角關係

若家中有一個或多個寄養或收養孩子，父母／子女之間的三角關係尤其常見。父母之間的緊張關係——可能反映了他們未能一起生孩子的失望——可能在收養孩子前就存在，這可能導致夫妻倆集中並負面地關注被收養的孩子，使其被視為局外人，轉移家庭的注意力，而忽略其他重要的問題。

在很多方面，寄養或收養孩子的家庭就像再婚家庭一樣，涉及到兩個家：收養家庭和原生家庭。無庸置疑置疑的一點是，無論是否知道原生父母是誰，人們都可以和一個記憶或想法、實際的人形成三角化關係。例如，**圖 5.4：被收養的兄弟**。在這個例子中，兩個兒子分別從不同的家庭被收養。當長子布萊德成為父親時，他決定重新與他的原生父母聯繫。他的生母在他上大學時聯繫過他，但他的收養父母對此事感到非常沮喪，以至於他未來的七年都沒有再見過她。

但是之後，他結了婚，想要有自己的孩子時，他意識到他想更認識他的

圖5.4　被收養的兄弟

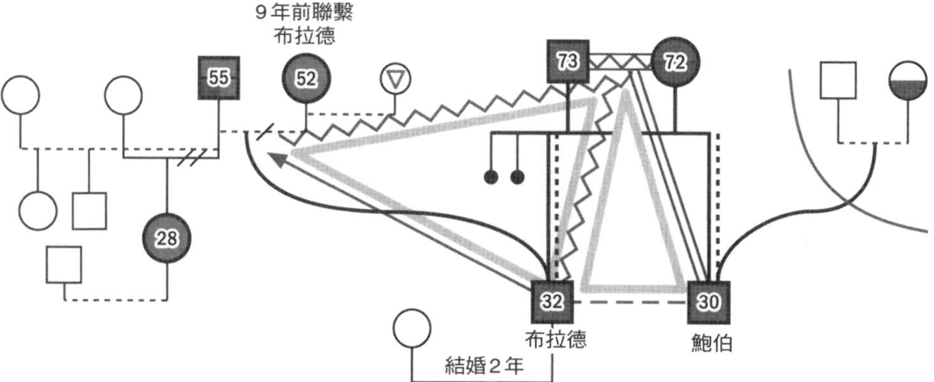

原生家庭，以及為什麼他們會把他出養。布萊德重新聯繫了他的生母，她幫助他聯繫他的生父，生父後來又和兩個不同的女人生了三個孩子。他的生父帶他去見他其中一位同父異母的妹妹。但當他告訴他的養父母所發生的事時，養父母變得非常生氣，認為他和生父母的聯繫是對他們所做的一切的背叛。這激活了收養家庭相互鎖定的三角關係：「壞哥哥」布萊德和「好弟弟」鮑伯間的三角形，後者從未表達想與原生家庭聯繫的興趣。布萊德花相當多的時間和精力來讓他的養父母意識到，重新建立和生父母的連結並不會改變他與養父母的關係。他還必須努力保持與他弟弟的連結，因為後者並沒有因為未聯繫生父母而落入「寵兒」的位置。

被收養的孩子可能會幻想他們的生父母會更有愛心或慷慨。養父母也可能因為他們面臨教養被收養孩子（「劣質」基因）的難題時，而捲入指責缺位之生父母的三角關係中。如果養父母有自己的親生孩子，那麼在被收養孩子和親生子女之間形成三角關係也是很常見。

多世代三角關係

正如之前所提到的，三角關係可以跨越多代。最常見的三代三角關係可能是祖父母和孫子孫女聯合起來對抗父母。在家系圖中看到這種情況，就意指著可能存在的三角關係，其中一種是父親處於無貢獻的局外人角色，成就一個跨越多世代的聯盟。這樣多世代的三角關係在父親缺席的家庭很常見，而且最有可能發生在單親媽媽、她的孩子一同與她的父母共同居住的家庭中，就像在柯林頓家所發生的情況一樣（**圖 5.1**）。當（外）祖父母接手撫養孩子的責任時，母親就可能會失去權力；或是（外）祖父母和孫子女形成一個聯盟對抗母親。

家庭界線：開放和封閉、局內人和局外人

家庭內的關係強度和家庭與外部的關係之間也有一定的相關性，也就是說，如果家庭對外的關係系統越封閉，家庭內部的關係強度就越大。因此，如

果在家系圖上看到了核心家庭內部的關係是融合（fused）或是高張力三角關係的模式，我們就可能需要調查家庭對外的界線。

例如，我們上面所描述的尤金・歐尼爾和他的第三任妻子卡洛塔之間的融合（**圖 5.2**）關係，因為他們被子女、家族和所有其他人斷絕往來，導致兩人的關係更加強烈，故而採取「我們兩個對抗全世界」的姿態。歐尼爾要求他的第二任妻子嫁給他就要截斷與女兒的關係，而現在他與第二任妻子離婚後，他也截斷與子女的關係。他和卡洛塔截斷之前的朋友、他們的子女的關係，逐漸變得孤立和彼此融合。

我們將在下文中討論另一個史蒂夫・賈伯斯（Steve Jobs）的例子。他自長女麗莎出生的那一刻起，便忽略她。但是當他決定結婚並迎來他的第一個孩子時，他邀請麗莎與他同住，可是他有個要求，就是如果她接受這個邀請，她就不能再與她母親有任何聯繫！這樣僵化的界線顯示內心的不安全感，而這種截斷並不太可能解決心中的不安全感。

勃朗特（Brontë）家族（**圖 5.5：勃朗特家系圖：失落與界線**）發展了類似的融合和截斷（cut off）的模式，這類模式似乎是受到失落的強烈衝擊。六個孩子的母親在家過世時飽受折磨，當時他們的年紀都還很小。大姊和二姊第一次離家上學時就過世，之後，其他孩子被帶回家繼續上學。夏洛蒂・勃朗特，本是家中的老三，但姊姊過世後，她成為四個倖存孩子中最大的那一位，不僅是唯一和家外的人建立關係的人，還是唯一一個能夠離家的人。其他三個弟妹在他們的年輕成年期時都相繼去世，彷彿他們的融和關係讓他們無法離開彼此獨立生活。其他三人每次試圖離家，但總是出現問題，而被迫返回家。

唯一的兒子布蘭韋爾離家就讀藝術學校，但卻沒有辦理入學。他回到家後很快就變成一名成癮者和酗酒者，終其一生都過的悲慘，直到他在家中去世。自他喪禮的那一天起，大妹艾米莉似乎罹患了感冒，然後就再也沒離過家。艾米莉不久後過世，隨即小妹安妮也跟著過世。這樣的家系圖不禁讓我們好奇這個家形成這麼堅固界線的原因。除了夏洛蒂以外，其他手足離家的時間都非常短暫。

事實上，當六個孩子中唯一倖存的夏洛蒂首次告訴她父親她想結婚時，父親勃然大怒，解雇了當時擔任他助理牧師的未婚夫。後來，他願意同意他們結

圖5.5　勃朗特家系圖：失落與界線

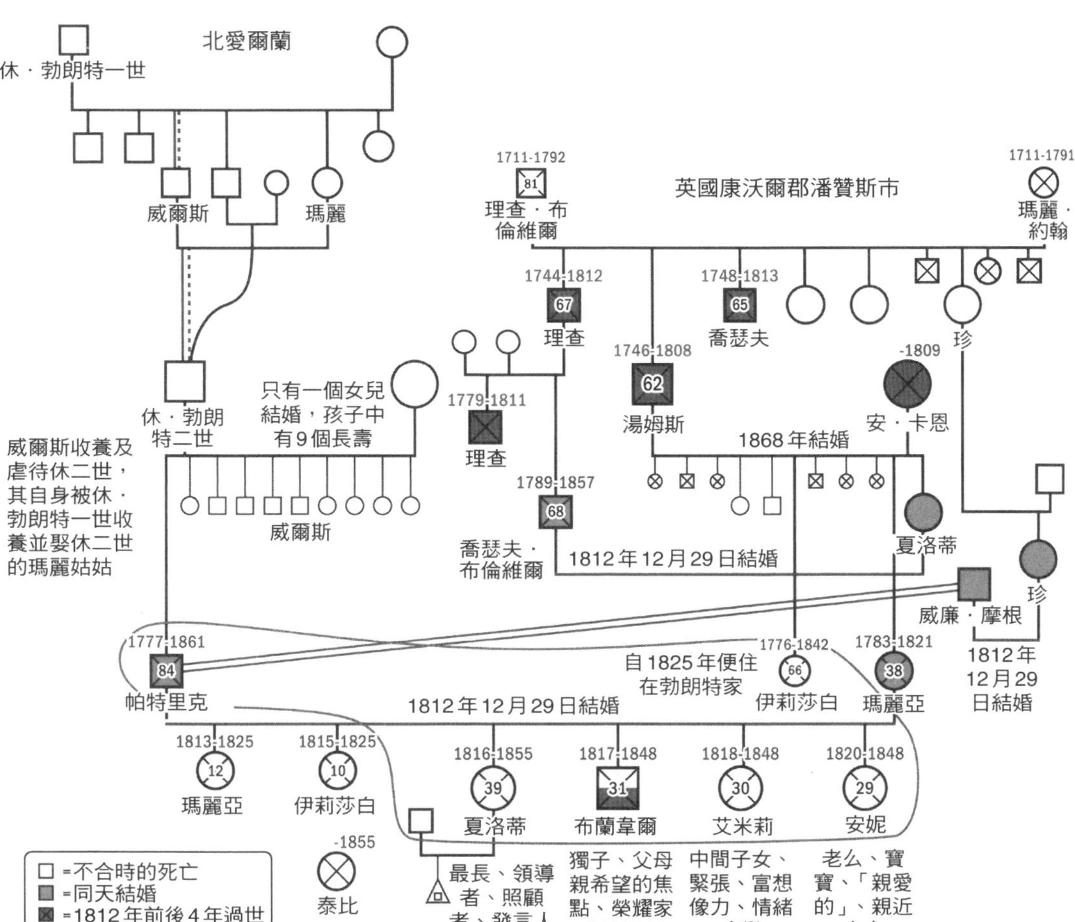

婚，但條件是夏洛蒂和她未婚夫要答應永遠不離開他（McGoldrick, 2011）。夏洛蒂如願結婚，並在前往愛爾蘭的旅途中開心地受孕了，但同時也感覺不太對勁，果真不久她就過世了。上一代，父親帕特里克．勃朗特和母親瑪麗亞．布蘭威爾結婚的當天與另一對舉行雙重婚禮，即母親的表妹和父親的摯友。又同一天，兩個布蘭韋爾表親（母親的妹妹和表哥）也結婚。三場婚禮後，似乎緊接的是一連串的死亡，這使得原本經商有成的布蘭韋爾家族面臨結束，整個家族幾乎如同關閉，且這樣的現象似乎延續到下一世代的家族。

隨時間演變的三角關係

隨著時間軸追蹤家庭的三角關係有助於我們更佳理解家庭的歷程。讓我們來看看上一代的英國皇室家族（**圖 5.6：皇室家族的三角關係**）。查爾斯王子年輕時，相較於父親，他很顯然地和母親比較親近。一九七一年，二十二歲的查爾斯王子第一次和卡蜜拉・尚德（帕克・鮑爾斯）邂逅，當時她曾開玩笑地說：「我的曾祖母是你的曾曾祖父的情婦。我覺得我們有一些共同之處。」他們確實有很多共同之處，也開始約會。就在查爾斯長時間在海軍船上駐紮期間，卡蜜拉和安德魯・帕克・鮑爾斯訂婚，安德魯之前曾和查爾斯的姊姊安妮約會。

直到七年後（1980），查爾斯才第一次和戴安娜約會，當時查爾斯已經三

圖5.6　皇室家族的三角關係

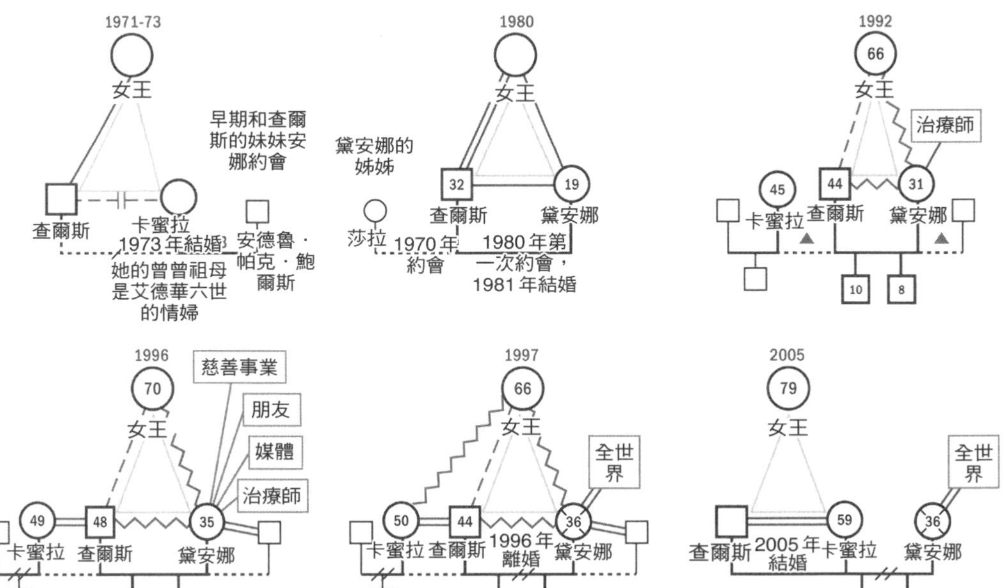

十二歲，而黛安娜只有十九歲（查爾斯之前曾短暫和戴安娜的姊姊莎拉約會過）。查爾斯的母親認同他和戴安娜在一起，於是這對夫妻一年內便結婚了。他們一結婚後，戴安娜變得不快樂，開始出現一些症狀：憂鬱症和暴食症。她的夢想沒有實現。查爾斯也變得不開心，所以向母親尋求支持。但她似乎沒辦法幫忙。黛安娜和查爾斯的婚姻出現了嚴重的問題，與此同時，戴安娜接受治療。她的治療師表示黛安娜在一個非常艱難的家庭環境中卡住了。後來，戴安娜感覺好些後，開始參與不同事物、交友、慈善工作和媒體活動。就在這時候，查爾斯再次遇到了卡蜜拉。

不久之後，整個世界都知道查爾斯和卡蜜拉的關係，而大多數人是站在戴安娜那一邊。夫妻兩於一九九六年離婚後，不久後戴安娜隨即訂婚，接著一九九七年不幸去世。

黛安娜過世後，針對她的負面三角關係也隨之停止。頌揚那些不合時宜而過世的人是非常普遍的。之後，查爾斯花了八年的時間（2005）才終於與卡蜜拉結婚，這個他已經愛了三十年的女人。他顯然不再擔心母親持續的不認可，而他的母親似乎也開始欣賞他和卡蜜拉的關係。回顧皇室家族前幾代的三角關係，查爾斯的曾祖父和卡蜜拉的曾祖母曾有長達十二年的風流韻事，一直到他去世，這段風流韻事在他的妻子和情婦愛麗絲・凱普爾（Alice Keppel）都在場的情況下結束。他的這兩個女人似乎達成了某種程度的和解。皇室家族中的其他三角關係持續的時間也似這麼長。查爾斯的曾曾祖母維多利亞女王，自結婚那一刻開始，一直到母親二十一年後過世，都和她關係疏遠。

查爾斯的母親被母親的叔叔截斷關係三十年，這位叔叔曾為了娶一位離婚的女人而退位。他們的關係——常被拿來和查爾斯、卡蜜拉的關係相提並論——以及他被英國流放，在他的餘生都持續著。因此，家庭中三角關係的模式經常會持續很長時間，儘管參與者的位置可能會變換。這樣的三角關係在皇室家族中有著非常悠久的歷史，而未來幾代將會發生什麼事情仍有待觀察。

實際上，回顧過去從維多利亞女王開始的五代皇室，我們可以看到每一代王位繼承人都存在類似的模式（**圖 5.7：英國皇室家族：五代的三角關係**）。維多利亞女王因其嚴格和規範而聞名，以至於「維多利亞時代」（Victorian）這個

圖 5.7　英國皇室家族：五代的三角關係

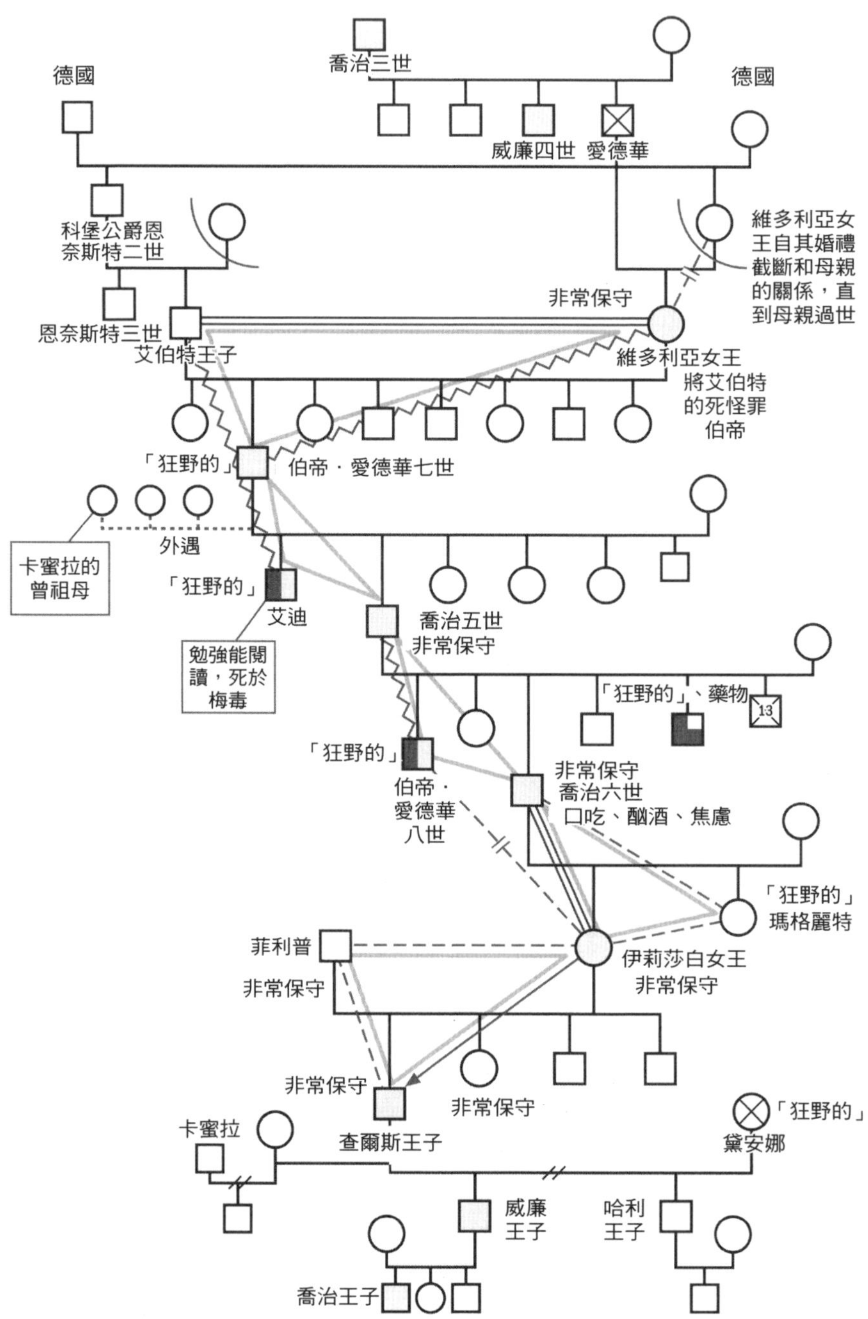

詞代表了高標準。她六十一歲才登基為國王的長子伯帝（阿爾伯特的簡稱），自年輕就以熱愛放蕩生活而聞名。維多利亞女王責怪他導致他父親的早逝。阿爾伯特的長子也自年輕時就墮落，二十五歲時去世，許多人認為這反而是幸運的，因為他根本無能力統治國家。王位留給了阿爾伯特的另一個兒子，即喬治五世，他是個非常保守、拘謹的弟人，甚至不願見任何一個離過婚的人。

再一次，喬治五世的長子也偏愛狂野的放蕩生活，甚至為了娶離過兩次婚的美國人華里絲・辛普森而讓位，由他保守的弟弟喬治六世（伊麗莎白女王的父親）取代，且堅持不讓大伯帶妻子回家。他的下一代，有「好」女王伊麗莎白和狂野叛逆的瑪格麗特公主。瑪格麗特公主愛上大她十六歲的已婚平民彼得・湯森上尉，他當時擔任她父親的王室侍從武官。最終，她的女王姊姊告知她，她可以嫁給湯森上尉，但她將會失去皇室的支持和地位，於是她屈服於家庭壓力。由此可見，每一代中都有涉及「好」孩子和「壞」孩子、「好」父母和「壞」父母的重要三角關係。只是，黛安娜和查爾斯所捲入的三角關係只是一個更長故事的一部分。

再婚家庭

在美國，越來越多兒童的部分童年是在重組家庭中度過的，因此非常重要的是，我們需要瞭解新的父母組合，也許是新的繼親手足加入家庭時的獨特互動。前一段婚姻的孩子們可能都住在同一個屋簷下、分開住在不同的家戶、或往返不同家戶間。不管是哪種情況，重組家庭，無論他們是否有正式婚姻關係，都必須處理特定的問題，包括監護權、探望權、嫉妒、偏愛、忠誠衝突以及繼父母或繼手足之間的衝突。

對於臨床工作者來說，製作一份準確的家系圖是非常重要的，確保誰是家庭成員，包括叔、伯、姑、舅、姨、（外）祖父母，以及參與每個孩子生活的非正式親屬，同時探索離婚和再婚對每個家庭成員的影響。這種類型家庭所傳承的關係模式和三角關係充分展現在柯林頓的家中，尤其是隨著時間推進更是清晰可見（**圖 5.8：比爾・柯林頓：再婚、分居和離婚**）。

圖5.8　比爾・柯林頓：再婚、分居和離婚

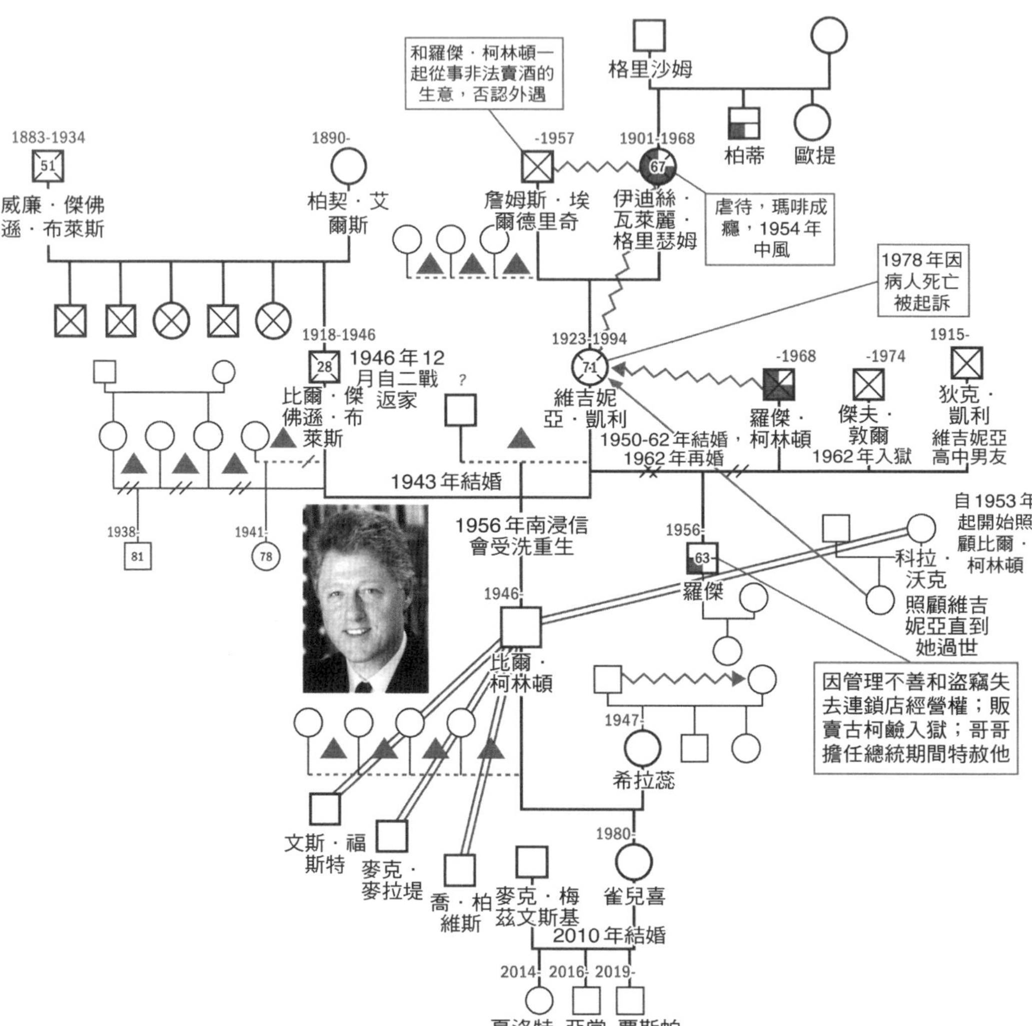

實際上，比爾・柯林頓的母親維吉妮亞在懷孕時，據稱其所謂的父親威廉・傑佛遜・布萊斯二世當時正在義大利。這個男人在與維吉妮亞結婚之前已經結過好幾次婚，而維吉妮亞是在多年後才得知這些前婚的情況，那時的她已快過世。

比爾・柯林頓中年時，得知威廉・布萊斯前面的婚姻有兩個小孩。他與同父異母的哥哥里昂見過面，但沒有與姊姊莎朗見面（Clinton, 2005）。布萊斯顯然是一個神秘又迷人人物，經常在重新塑造自己。有很多關於他生平的矛盾訊息，甚至他的出生日期也存疑。他的家人和他的墓碑上都寫著他是一九一八年二月二十七日出生，但軍事記錄和婚姻記錄卻顯示他是一九一七年二月二十一日出生。

他的妻子維吉妮亞說她是在他經過什里夫波特時遇見他的，但他的軍事記錄則顯示他們相遇前，他已在該地待了兩個月。他並沒有告訴維吉妮亞，他曾在一九三五年十二月結婚、隔年離婚，也沒有說一九三八年他的兒子亨利・里昂・布萊斯出生。她也不知道他在一九三八年八月十一日再婚，並在九個月後，由法官裁定離婚，原因是「極度殘酷和嚴重怠忽責任義務」（Maraniss, 1995）。當然，維吉妮亞也不知道。布萊斯在一九四〇年的第三段婚姻，娶的是他第一任太太的妹妹。很顯然是為了避免娶第四個聲稱懷著他孩子的女人。

甚至有另一張出生證明顯示登記在布萊斯名下的女兒，莎朗・李・布萊斯，一九四一年，堪薩斯市出生，女孩的母親名叫瓦內塔・亞歷山大，是一名女服務生，同年在密蘇里嫁給布萊斯。

布萊斯並不是家族中唯一一個以新版本歷史來重新塑造自己、掩蓋不一致和矛盾處的人。柯林頓的外公詹姆斯・埃爾德里奇總是否認他與女兒的第二任丈夫羅傑・柯林頓從事非法酒品生意，儘管實際上就是這樣。他還否認他妻子一直對他婚姻不忠的指控，但這在社區中卻是眾所周知。而柯林頓的母親維吉妮亞似乎對自己的生活事件也講述多種版本。這樣的謊言和自我重創故事的做法，其實對孩子的成長有很大的影響，就像他們對柯林頓所做的一般。關於他失去的父親，他在自傳中寫道：

我一生都渴望填補那些空白。我緊緊地抓住每一張照片、每段故事或一張紙片，想從中知道更多賦予我生命的男人的訊息……無論事實如何……考量到我所過的生活，我並不意外，我父親比我心中已理想化近半世紀的那個形象更為複雜……我父親遺留給我的感覺是，我必須為兩個人而活，而且如果我做得夠好，以某種方式，我似乎彌補他本該擁有的生活。在我小時候，對他的記憶讓我比大多數人更早地意識到自己生命的有限。我知道我也可能早逝，這驅使我努力充分地過每一刻的生命，迎接下一個大挑戰。即使不確定自己未來的方向，我總是急於前行。（Clinton, 2005, pp.5-7）

多次伴侶變換會使得繪製家中變動的結構和生活安排變得相當有挑戰，更不用說所涉及的心理複雜程度。柯林頓的母親於一九五〇年再婚，當時比爾四歲。她的第二任丈夫羅傑·柯林頓也有過前段婚姻。後來維吉妮亞與羅傑·柯林頓離婚後，另有一段短暫的婚姻，然後幾個月後，再次嫁給羅傑·柯林頓。當然，這樣的關係模式雖然傳達了夫妻關係的不穩定性，但也讓我們理解到孩子焦慮和生存策略的關鍵資訊。

除了關注包括教父母或其他親屬網絡的結構外，評估這些結構可能如何影響關係模式也是很重要的。舅、姨、姑、叔、伯、表堂手足、寄養童和管家都可能是家戶內的一部分。保姆、密友或其他「外人」或許對於經歷動盪的家庭來說尤其重要，他們通常會成為非正式大家庭親屬網絡的一員，而這些應該被包含在家系圖內。例如，柯林頓的家系圖中包括管家兼照顧者科拉·沃克（Cora Walker），她從一九五三年開始為柯林頓家工作，她的女兒梅也照顧柯林頓的母親維吉妮亞·柯林頓，直到一九九四年維吉妮亞過世為止，整整四十一年。同樣，將朋友納入，特別是這樣動盪的家庭，也是非常重要的。柯林頓的家系圖顯示他國小時期的朋友文斯·福斯特（Vince Foster），麥克·麥拉堤（Mac McLarty）和喬·柏維斯（Joe Purvis），在五十年後，和柯林頓一起進入白宮。

在三代同堂的家庭中，臨床工作者應始終探索跨世代的界線、同盟和衝突的問題，特別是那些反映在養育孩子方面的衝突。以維吉妮亞·柯林頓的情況來說，她一直很崇拜她父親，且認為她母親過於強勢。他們在比爾的監護權上有了衝突，幾乎進到法庭訴訟。一旦維吉妮亞再婚，她就有資源來支持比爾。但一位朋友說維吉妮亞和她的母親一生都在相互爭柯林頓。就像大多數孩子一樣，柯林頓唯一的希望顯然是，母親和外婆兩人都能意識到柯林頓需要他們兩個人（Gartner, 2008）。

臨床工作者還應該探索同住或住附近之大家庭成員的角色和關係。根據個人在家庭中的角色和結構位置，關係的議題大有不同。配偶的父母、兄弟姊妹、姑、叔、伯、舅、姨或堂表手足可能會讓另一半感覺像是一個闖入者，而寄養或收養的孩子很可能會被捲入所預期的三角關係之中，而成為「獨特者」或「問題者」，這取決於孩子自己的特質和其他家庭。重要的是我們要考慮到其他家庭成員的進入或長期訪問對核心家庭和大家庭所產生的影響。

人工受孕

在家系圖中，我們也可以顯示經由捐精受孕之子女網絡的複雜性，就像**圖5.9：人工受孕**的家系圖一樣。這圖展示了一對女同性戀伴侶，其中一位伴侶蘇生下一個孩子，而另一個伴侶安則進行收養。非常小的方塊表示孩子生父是一名捐精者。家系圖上也顯示父母之前的關係。蘇曾經多次結婚並離婚，而安

圖5.9 人工受孕

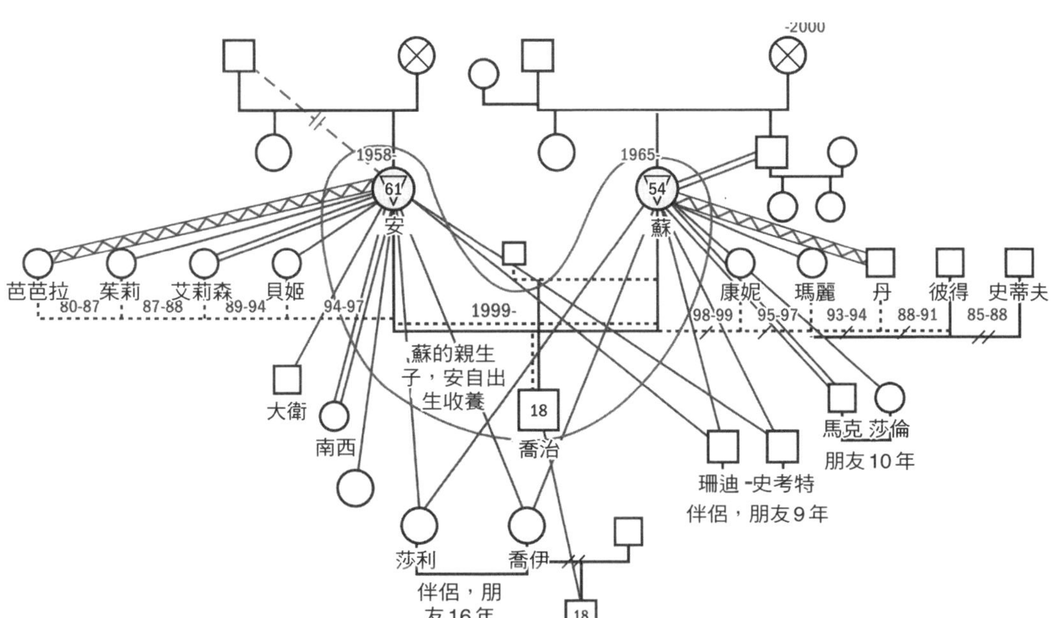

則有過幾個同居的伴侶。柏克（Burke）和費伯（Faber）（1997）提議用改寫家系圖的「家系網」（genogrid），來協助描繪女同志伴侶的聯繫、長期連結和社交網路。從家系網中，我們可以區辨歷史的影響力、主要情感及社交關係、親密關係。

多重家戶扶養的孩子

當「功能性」家庭與原生或法定家庭不同時，例如孩子由（外）祖父母或非正式的收養家庭撫養時，繪製一個單獨的家系圖來展示功能性結構有助於我們的評估及理解家庭的樣貌（參考 Watts Jones, 1998）。

當孩子在多個家庭（原生、寄養或收養）中生活時，為每個家庭單獨繪製家系圖有助於理解孩子隨時間而變化的居住狀況。**圖 5.10：路易斯・阿姆斯壯離家前的生活狀況**呈現他在一九〇一年出生時，在紐奧良的生活家庭。號稱史上最偉大的爵士音樂家路易斯・阿姆斯壯，是一位非常富有創新和創造力的音樂家，出生及成長於貧困家庭，自幼居住的環境就不斷轉變。幸運的是，他在相對年輕的時候就找到可以支持他卓越才能發展的資源，在加上他高度智慧，他能夠發展自己的天賦才華。

他出生後不久，父母分居，父親和另一個女人同居，於是他便去和奶奶約瑟芬・阿姆斯壯一起生活。隔年父母復合，然後在一九〇三年，路易斯的妹妹碧昂絲出生了。但這段期間，路易斯還是一直和奶奶住在一起，他的父母一九〇五年再次分居，他和他的妹妹（總是被稱為露西媽媽）搬去和母親一起同住。接下來的這幾年，他們和母親、母親的許多男朋友們一起生活。

然後，一九一二年，即路易斯十一歲時，他在一個假期中因開槍被捕，然後被送到紐奧良有色人種孤兒之家。他在那裡待了兩年，大約一九一四年，他搬去和父親、同父異母的弟弟們一起生活。但很快他又回到母親身邊，並在一九一八年，即他十七歲的時候搬去芝加哥，加入金・奧利弗（King Oliver）的樂隊工作。繪製他生活中的所有家庭組合，有助於我們看到他的韌性，以及他在即興創作和創意合作方面的天賦和才華。

圖5.10　路易斯‧阿姆斯壯離家前的生活狀況

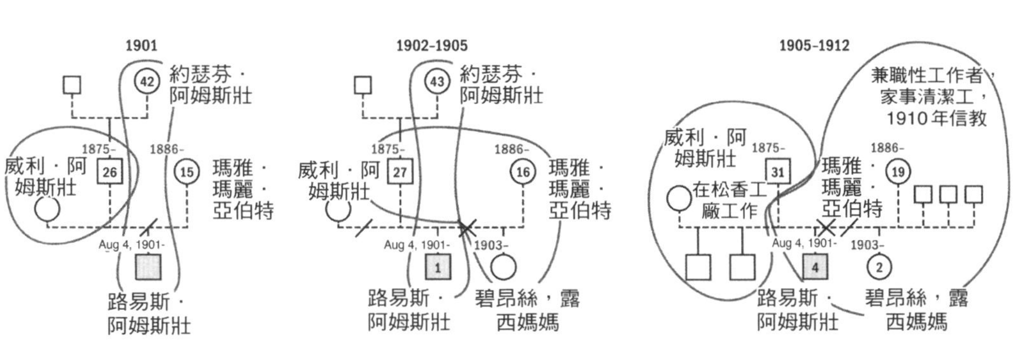

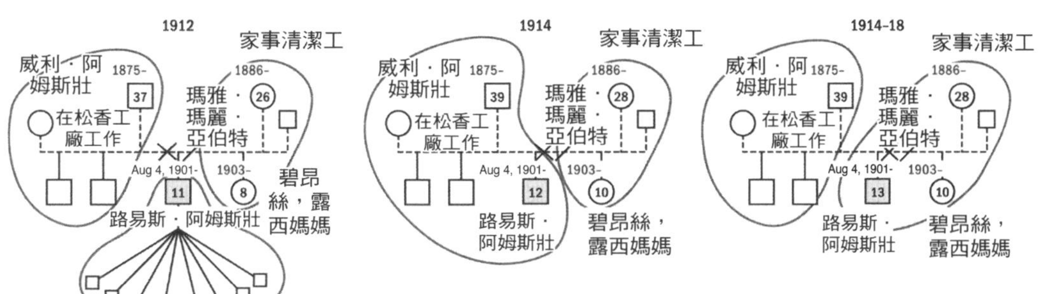

當孩子被收養或在多個不同的家庭中成長時，家系圖可能變得很複雜。當和有這種經歷的人一起工作時，分別繪製多個家庭的圖可以清晰展示他們複雜的傳承。這圖不僅僅是一個時間序的年代表，實際上還會繪製這個人和誰一起生活過。**圖 5.11：彼得·芳達成年前的居住情況**，顯示身為演員的他，二十歲之前住過的十一個地方和發展的關係。

它展示了他父親離開帶來的創傷、他六歲時被送去寄宿學校、他的家庭在一九四七年短暫地重新團聚，然後他的母親進入精神醫院。母親住院及自殺後，他對狗的依戀越為強烈。然後他的外祖母害死他的狗後，這個家庭再次分裂——他和姊姊各自去了不同的學校，而父親帶著他的新婚妻子及新生兒離開。然後父親離開了這個新的太太和嬰兒，又和另一個妻子走了。當你追蹤這些變化時，你可以看到彼得經歷了非常多的失落：他的母親、父親、外祖母、

圖5.11 彼得・芳達成年前的居住情況

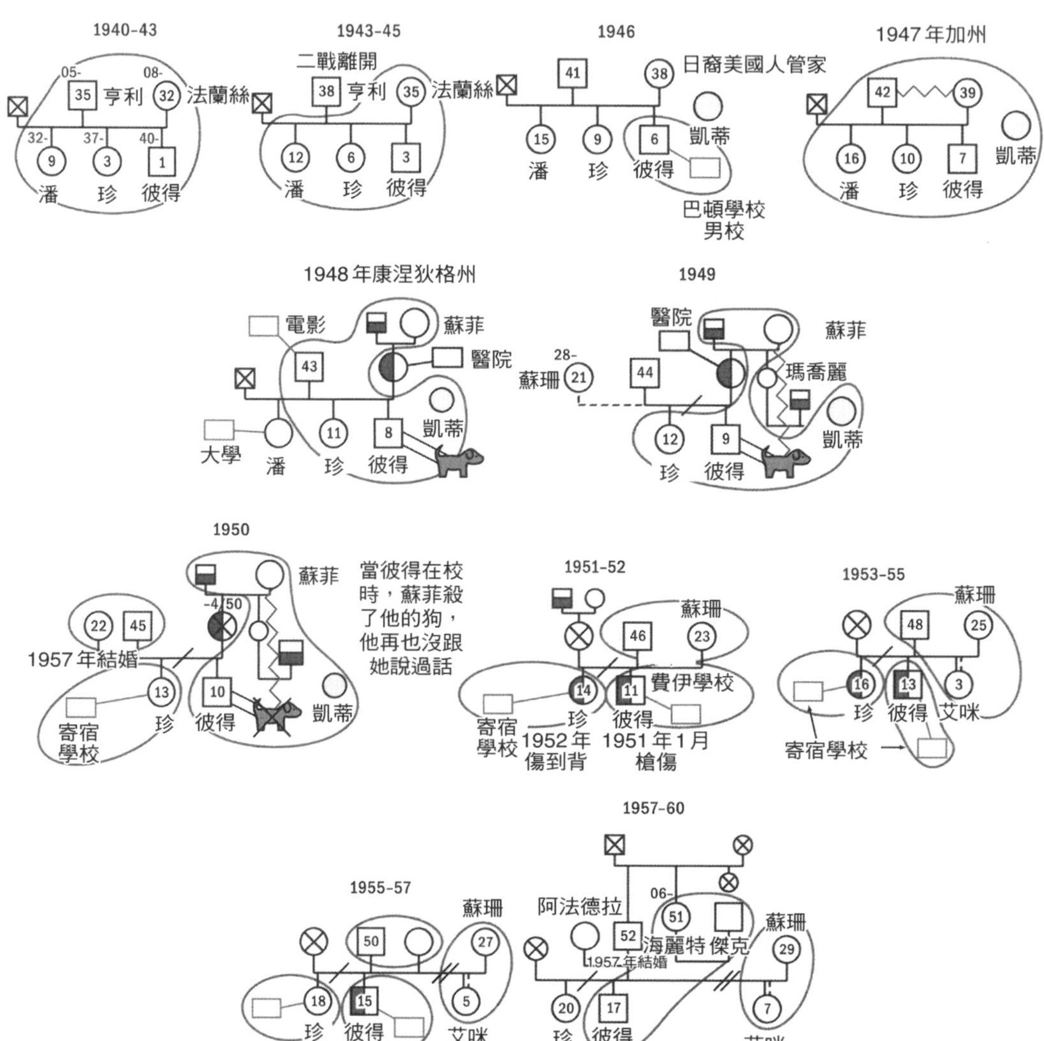

姊姊、狗、保姆凱蒂和繼母蘇珊。繪製這樣的地圖可以清楚地顯示反復發生的失落。任何一個人經歷如此多變化，若有一個這樣的圖繪製出依時間序排列的實際變動，將有助於理解這個人的發展。

即使這種的情況可能非常複雜，但將其繪製成圖，不僅傳達孩子處境的創傷，也有助於家庭意識到這些變動對孩子的影響。對於複雜的情況來說，都值得將艱難時期的家系圖繪製出，以詳細追蹤變化。

寵物和物件的三角關係

三角關係不僅出現在人與人之間，也可能存在於人與物品之間。家外介入伴侶關係的外遇、工作、愛好、酒精、網路等等都算，其影響是相類似的，除了這無生命的第三方不會有任何的回饋。

然而，通常在與無生命物件形成三角關係時，就像與人形成三角關係一樣，隨著人越靠近這個外遇、工作或網路，伴侶對這個人和他或她的「情感」物件會變得越加負面。伴侶對佔據另一半心思的物件反應越是負面，另一半為了避免伴侶的抱怨，就很可能越靠近該物件。這樣的三角關係應被註記在家系圖上。家庭成員也可能會與家庭寵物形成三角關係，最後結果的模式變成人越親近動物，三角關係另一端負面情緒越多。

圖5.12　彼得・芳達：和狗的三角關係

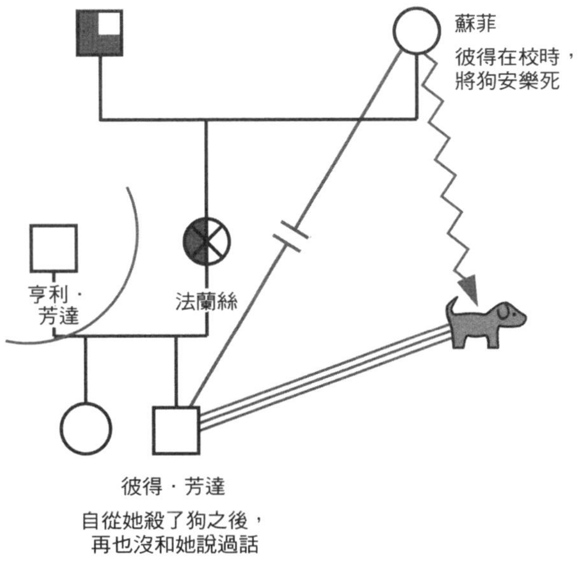

正如我們所看到的，彼得．芳達非常依戀他的狗（**圖 5.12：彼得．芳達：和狗的三角關係**），尤其是在他母親因精神疾病而自殺後。他父親離開後，他和外祖母同住，而他感到非常孤單。然而，外祖母對這隻狗感到非常感冒，所以有一天她趁彼得不在家的時候，讓狗安樂死。他從未原諒她。毫無疑問，她的反應反映出她所無法處理其他家庭的創傷——她女兒的精神疾病和自殺，她酗酒丈夫帶來的壓力，然後她要照顧女兒自殺後、被女婿遺棄的孫子、孫女。這隻狗無疑成了代罪羔羊。寵物通常會反應出家庭的壓力，而這隻狗如此表現出來時，這對外祖母來說確實是難以面對和處理的。因此，隨著時間，家庭中三角關係的親密和敵對關係線隨之被強化。

豐富的跨連結家庭

當家族中有多重通婚，如堂表手足或繼親手足時，可能會出現問題。在這種情況下，臨床工作者可能需要在家系圖上使用多頁或特殊註記來澄清這些複雜性。

有時候，家系圖可能會讓人感到困惑，因為家庭成員之間有多重的關係，例如兩個家庭的成員彼此結婚。據說地球上，每個人都在「六度分隔理論」（six degrees of separation）內與彼此連結，也就是說，每個人在六次連結內就能彼此連結。

確實，每個家庭的複雜性都會達到我們無法一次性展現所有細節的程度。家系圖軟體通常會藉由同時顯示家庭的一個分支來因應這樣的複雜性，但當遇到這複雜性正是我們想要解開時，我們便會需要探索整個更大的模式。查爾斯．達爾文的家族是我們所見過最豐富的跨連結的家族之一！**圖 5.13：達爾文家族的家系圖**展現了部分多世代的多重通婚，這無疑影響了達爾文對進化的興趣。這個家族的許多世代都發生多重通婚。達爾文的母親是他岳父的姊姊，所以他和太太艾瑪是表兄妹。此外，這兩對姊弟的父母是三等表親！

在查爾斯的世代中，除了他自己和他的太太之外，還有一等表親的通婚。他的姊姊卡洛琳嫁給了艾瑪的哥哥喬賽亞三世，艾瑪哥哥亨利娶堂妹潔絲，另

圖5.13　達爾文家族的家系圖

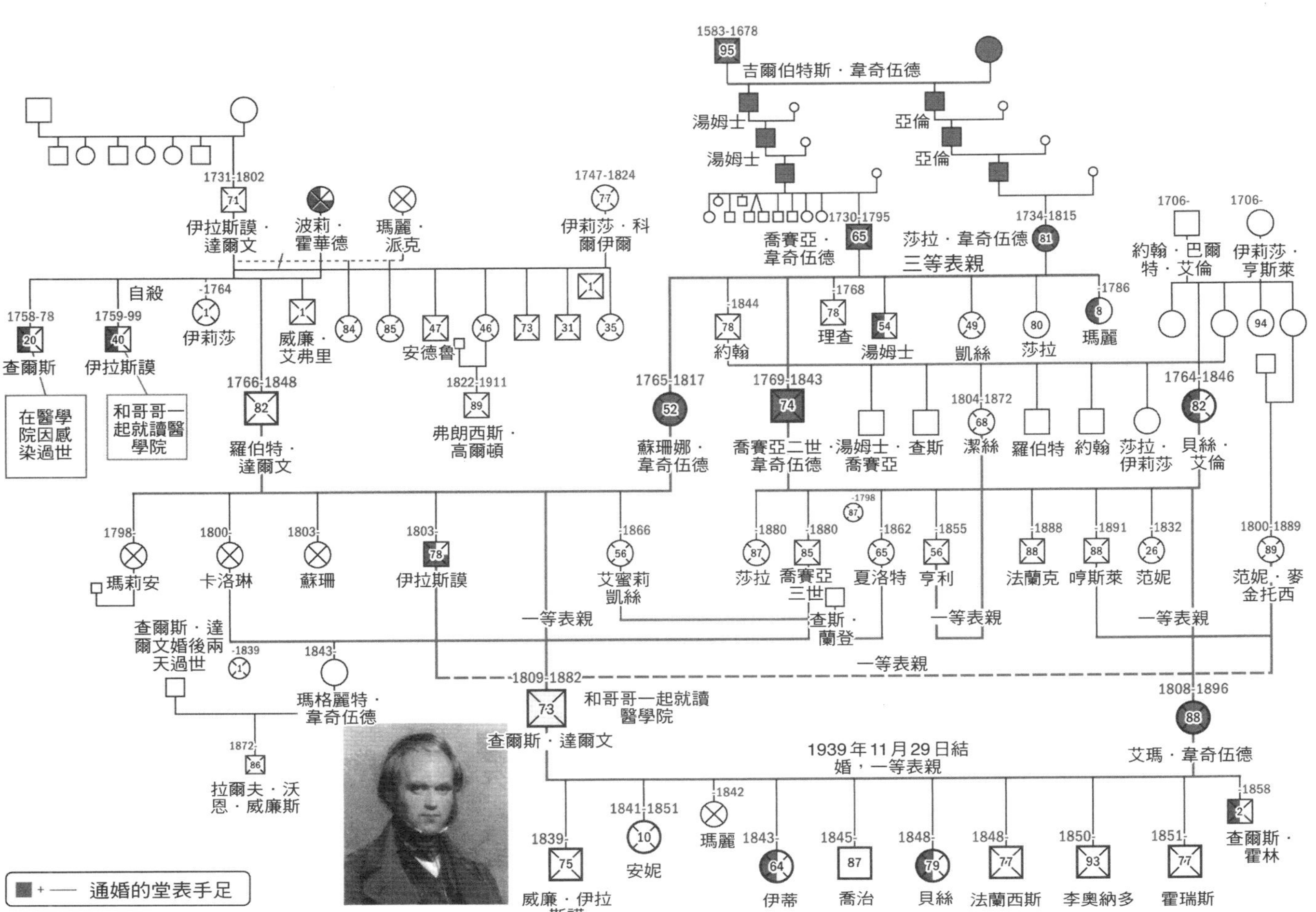

一個哥哥亨斯萊娶表妹范妮，儘管查爾斯的哥哥伊拉斯謨對范妮也有一生終愛的感覺。然後，查爾斯的妹妹艾蜜莉，在艾瑪姊姊夏洛特去世後，嫁給了夏洛特的丈夫。

這個家族不僅查爾斯和他的韋奇伍德姻親家族（韋奇伍德家族是著名的韋奇伍德瓷器的創始者）很有創意，還有許多其他成員也非常有創造力。查爾斯的爺爺伊拉斯謨・達爾文是一位知名的醫生、自然科學家、發明家和詩人。家族中還有同為科學家和發明家弗朗西斯・高爾頓，以及作曲家拉爾夫・沃恩・威廉斯。但同時，家族中也有一些成員處於身心嚴重脆弱的狀態，這讓達爾文非常擔憂。他擔心堂表手足之間通婚的遺傳因子可能會導致這些殘疾。

當一個家庭變得如此複雜，就更難注意到每個特定部分的細節。例如，達爾文是六個子女中的倒數第二個，上有三個姊姊，然後是哥哥伊拉斯謨（拉斯）。哥哥伊拉斯謨在他們伯伯伊拉斯謨自殺的忌日出生，且終其一生都愛著表妹范妮。哥哥最終因鴉片成癮過世。

查爾斯母親過世時，他只有八歲，當時的媽媽已是無法維繫正常生活功能。他不太記得母親，對她的記憶幾乎只有她臨終的景象，他認為這是因為他的姊姊們都在哀悼，從不願提及母親的名字。查爾斯的主要照顧者是他二姊卡洛琳，儘管他認為她聰明、善良，並且總是試圖讓他變得更好，但是他對她最深刻的印象是：「她現在又會因為什麼責怪我？」（Darwin, 1958, p.22）。他形容自己是一個「淘氣的男孩」，除了醉心於收集之外，在學業表現上並不出色。他承認自己「經常編造蓄意謊言」，只是為了製造刺激感（Darwin, 1958, p.23）。

達爾文的父親是一名醫生，他常常因為父親批判他的態度而感覺到被羞辱。他記得父親曾說過：「你除了打獵、養狗和捉老鼠之外，什麼都漠不關心，你會讓你自己和整個家族蒙羞。」（Darwin, 1958, p.27）然而，他非常信任和欽佩他的父親，認為他是一位偉大的診斷專家，也是他見過最會評斷他人性格的人。

爺爺伊拉斯謨・達爾文是名優秀的醫生和冒險家，他和第一任妻子生了五名子女中，而父親羅伯特是第四個孩子，也是唯一一個倖存下來的。爺爺有兩個孩子在嬰兒時期死亡，他的第三個兒子，也叫查爾斯，在讀醫學院時因執行手術受到感染而死亡。他的第四個孩子，也叫伊拉斯謨，後來自殺身亡，如前所提到的，查爾斯的哥哥伊拉斯謨在伯伯的忌日出生。查爾斯・達爾文的爺爺伊拉斯謨還有其他幾段關係及七名子女，但羅伯特作為第一批子女中唯一的倖存者，他的經歷似乎已經被決定了。

羅伯特的大哥查爾斯被送去愛丁堡就讀醫學院，他的二哥伊拉斯謨雖然隨行，但他後來成為一名成功的律師。只是當他陷入債務危機時，四十歲的他最後選擇自殺，他死後四年，羅伯特的長子伊拉斯謨出生。羅伯特本人成為一名受人尊敬的醫生。他將他的第二個兒子取名為查爾斯，以紀念他在醫學院時不幸過世的哥哥。

查爾斯・達爾文十六歲時，他的父親羅伯特安排他陪同二十二歲的哥哥伊拉斯謨前往愛丁堡學習醫學，這重複了他父親家族的情況。就像他之前的伯伯一樣，查爾斯並不喜歡醫學。他嘗試過神學，但後來他決定他最想做的是去探險，於是他參加了一個為期五年的南美船行。他的父親完全不贊成這個決定。父親說唯有查爾斯找到一個「理智的人」擔保他的想法，他才會同意。查爾斯找到他的舅舅，也是後來成為他岳父的喬賽亞・韋奇伍德。這次旅行對於達爾文來說是他尋求理解進化的一個關鍵。回國後，他很快決定與舅舅喬賽亞的么女艾瑪結婚。

在決定是否結婚時，他決定列出利弊清單。其中的壞處包括：他會錯過在俱樂部和聰明人的交談、會有子女的花費和焦慮、也許會與妻子吵架！好處包括：他會擁有一個充滿愛又可一起玩耍的對象，且這個對象「比狗更好」（Johnson, 2018, p.12）。

查爾斯似乎做了個正確的決定。他終其一生都和艾瑪有著非常親密的關係。同時，他開始發展他關於進化的理論，並問他父親是否應該和艾瑪分享他對基督教的質疑。他父親建議他不要這樣做，但查爾斯還是做了。艾瑪給查爾斯寫了一封信，表示她對他的一些觀點感到很困擾，希望問問他，但並不真的想要他回答。所以查爾斯也沒有回覆，但他一生都攜帶著這封信，並在信封上寫著一些字句，讓艾瑪在他去世後可以發現：「我曾多次親吻過這封信，也曾為它流淚。」但他們再也沒有討論過有關進化及其所隱含對挑戰基督教的質疑。

這是有趣的，後來當達爾文延遲發表他有關進化的理論和研究時，他與艾瑪做了明確的協議：如果他在發表前去世，她會負責完成發表，而她也同意了這個協議（p.64）。

這對夫婦共有十個孩子，其中兩個在嬰兒時期夭折。其他幾個孩子在童年時期都因身體或健康問題而無法正常運作或自理。查爾斯擔心近親通婚可能是造成他們的問題和健康不佳的原因。一八五一年，他們的第二個孩子安妮在十歲時不幸去世，這是父母難以忘懷的傷痛。這對查爾斯個人的宗教信仰來說，是壓死駱駝的最後一根稻草。夫妻兩都沒有出席安妮的葬禮上，且餘生都不願再提及她的名字。

與此同時，達爾文對他的家庭感到非常地滿意。他在自傳中寫道：

在我的家庭裡，我確實非常幸福。我必須對你們，我的孩子們說，除了健康方面的憂慮外，你們之中沒有一個人讓我有任何的擔心。我懷疑很少會有五個兒子的父親還能夠真實地這麼話。在你們很小的時候，我很高興能和你們一起玩耍，但我心中也有點遺憾，因為這樣的日子再也不會回來了。從你們的幼年到成年，對我們和對你們彼此來說，你們都是變得更加愉悅、更有同理心和更親密。當你們所有或大多數人都在家時（幸好，這種情況頗為頻繁），我認為再也找不到其他更令人愉快的聚會，對此我感到非常的滿足，而無欲求其它社交圈子。（p.81）

達爾文家系圖的假設

每當我們製作家系圖時，我們都會為了瞭解這個家庭，將注意力放在模式上和發展出假設。我們會從幾個面向來看達爾文的故事，例如：

達爾文的手足位置在他人生旅程中可能扮演什麼樣的角色？我們可能會說，作為三個姊姊和一個哥哥的弟弟，他可能有更多的自由去發揮創意，而這對長子來說是不太可能會被允許的。事實上，他的父親送他去醫學院的目的只是要他陪伴他的哥哥；所以也難怪他一旦到了那裡（除了他當時只有十六歲的事實），他只選上自己想上的課程，且對官方正式的課程不太認真看待。

查爾斯．達爾文後來選擇去航海五年，但這樣的選擇對一個長子來說並不會是一個選項，因為他的父母肯定不會希望他離家這麼遠，特別是他沒有明確生活計劃的狀況下。另外，我們可能還注意到身為老么的達爾文，是老么爸爸的兒子，而爸爸是老么爺爺的兒子，這樣的老么至少三代。

母親早逝和擁有意志堅定、有趣的父親對達爾文可能的影響是什麼？或許母親的早逝讓羅伯特和他的兒子查爾斯．達爾文成為尋求者。查爾斯和父親羅伯特都有一個性格強大且有趣的父親。他們母親的早逝，再加上父親在母親逝後專注於其他事物，可能都擴展了查爾斯和父親羅伯特去追求自己興趣的可能性。對於查爾斯來說，他的嗜好是收集。而爺爺伊拉斯謨樂於追求自己的各種興趣，和他的孫子最像。這些所有的例子都顯示這些男人是個獨具吸引力且超出家族常模的自由思想家。

韋奇伍德家族那一邊又如何？達爾文的韋奇伍德這邊的家族同樣也是自由思想家。達爾文和舅舅喬賽亞最親近，舅舅喬賽亞同樣也是弟弟。達爾文的外公喬賽亞．韋奇伍德是十二個孩子中最小的那一個。他在九歲時失去父母其中一方，這次是他的父親。他是當時最具創意、創新和藝術才華的人之一。他來自一個製造陶器的家族，起初他在大哥那裡工作，但最終被迫自行創業，之後他對家族陶器事業進行了一些最具創意的改變。

正是喬賽亞．韋奇伍德的創意發展，使得韋奇伍德成為著名的陶器品牌。喬賽亞喜歡做實驗，他的工作充滿原創性，但管理家族事業的哥哥並不欣賞這些特點。此外，喬賽亞年輕時患過天花，這使得他的身體虛弱，尤其是他的膝蓋，迫使他不得不離開站整天的陶器工作檯，也促使他將注意力放在研究陶器事業的其他面向，進而發展了陶器製造上的創意、藝術和實用性的改變，使其成為今日的樣貌。當他的哥哥拒絕使用他的想法時，他另謀高就，開始與其他人合作。最終，他成為女皇的陶工，也在這個過程中發展許多創意想法。

家族內近親結婚在查爾斯的生命軌跡中可能扮演什麼樣角色？查爾斯．達爾文極度擔憂家族內的近親結婚。我們或許能假設家族中反復近親結婚的人，如達爾文的婚姻選擇一樣，他在尋找配偶時，想尋求的是一種獨特的熟悉感，也可能將他們的冒險留給生活的其他面。對於達爾文來說，他的妻子是他認識一輩子的人，和她在一起，他感到非常自在。這對他來說是一個重要的因子，因為他似乎很早就意識到他研究的激進性，對他妻子和所處的整個社會會構成嚴重的挑戰和威脅。而事實也確實如此！

或許在另一個層次上，達爾文對於他和一等表親的表妹結婚並近親繁衍對下一代的影響感到焦慮，這也驅使他研究人類的進化。

他一生中的疾病和殘疾對他的成就可能起到了什麼作用？或許這些眾多的失落和嚴重功能失調之間是否存有某種關聯？許多達爾文－韋奇伍德家族中的失落和功能不彰，都和查爾斯自身的經歷產生共鳴。他的母親在他八歲時去世，他幾乎記不得她。據說在母親去世後，孩子們的情感被壓抑。查爾斯和艾瑪從未從失去女兒的絕望中走出，以至於兩人都未參加她的葬禮，也從未造訪她的墓園。

雖然查爾斯在她去世時陪在她身邊，但他無法忍受參加葬禮。達爾文的奶奶有嚴重的酗酒問題。他的女兒伊蒂（亨麗埃塔）患有妄想症（hypochondriac）。他的女兒貝絲被認為行為怪異。他的舅舅湯姆士・韋奇伍德是一位有才華的攝影師、鴉片實驗者、同性戀者，曾經歷精神崩潰。他在三十四歲時因慢性失能而去世（Wikipedia, 2019）。查爾斯的二伯伊拉斯謨自殺身亡，而達爾文的哥哥伊拉斯謨則成了鴉片上癮者（Desmond & Moore, 1991）。

另一方面，查爾斯的舅舅喬賽亞因患天花而虛弱無力，雖然無法整天站在陶輪前，但他卻在陶器製作方面表現出非凡的創造力。達爾文是否因為長期身體疾病而限制他健康和活動能力，反而促進他在科學思想方面的卓越才華？

達爾文與妻子和子女之間的關係非常良好，有哪些模式可能促成這種情況？是當時非典型的男性。對於這一點，我們沒有任何的假設，但家系圖的探索始終始於提出問題！

有哪些模式和達爾文創新性追求激進且極具威脅性的研究、挑戰整個社會主流宗教信仰有關？的確，他的外公和爺爺的自由思考本質都貢獻了他的創新冒險腦，外公和爺爺都是打破傳統界限的創新者，他們的冒險思維可能為他的大膽心靈提供了動力。他們來自一個非凡的家族，擁有才華橫溢且富有創造力的藝術家和科學家，包括後代作曲家拉爾夫・沃恩・威廉斯和科學家弗朗西斯・高爾頓。

異常的家庭結構

當臨床工作者分析家系圖時，特定結構排列可能會「格外顯眼」，暗示著關鍵的家庭主題或問題。美國首位女醫生伊麗莎白・布萊克威爾的家系圖（**圖5.14：布萊克威爾：異常的家庭結構**）展示了幾個有趣的異常家庭結構：

- 這個令人印象深刻的家族包括了美國第一位女醫生伊麗莎白・布萊克威爾和美國第一位女牧師安托瓦內特・布朗，以及許多其他成功的女醫生、牧師、藝術家和婦女參政者。
- 然而，正如常常發生的那樣，成功和失敗的模式共存在同一個家族中。除了成功的女性之外，伊麗莎白的二姊長期都在生病，而同樣的模式也在下一代中重複：塞繆爾・布萊克威爾和安托瓦內特・布朗的兩個女兒成為醫生，一個當牧師，一個成為藝術家，而第三個女兒格蕾絲則健康狀態不良、不能正常活動。
- 在美國第一代的三位兒子，本身都是堅定的女權主義者，各自娶了傑出的女性為妻。塞繆爾娶了上述提及的第一位女牧師安托瓦內特・布朗，亨利娶了美國早期婦女選舉權最重要的領袖之一露西・斯通，喬治則娶了露西的表親艾瑪—勞倫斯，她也是一位早期婦女選舉權領袖。第四個兒子霍華德重新移居回英國，未婚，去世時年僅三十五歲。
- 伊麗莎白和四位姊妹沒有人結過婚，同樣，上一代塞繆爾的五位姊妹也都沒有結過婚，而第三代的十四位女性中，只有少數幾人結過婚。
- 伊麗莎白和四位姊妹一共收養了七個小孩，而她們的兄弟收養兩個。這些被收養的孩子中只有一個是男孩，但後來因為適應不良而被送回去。

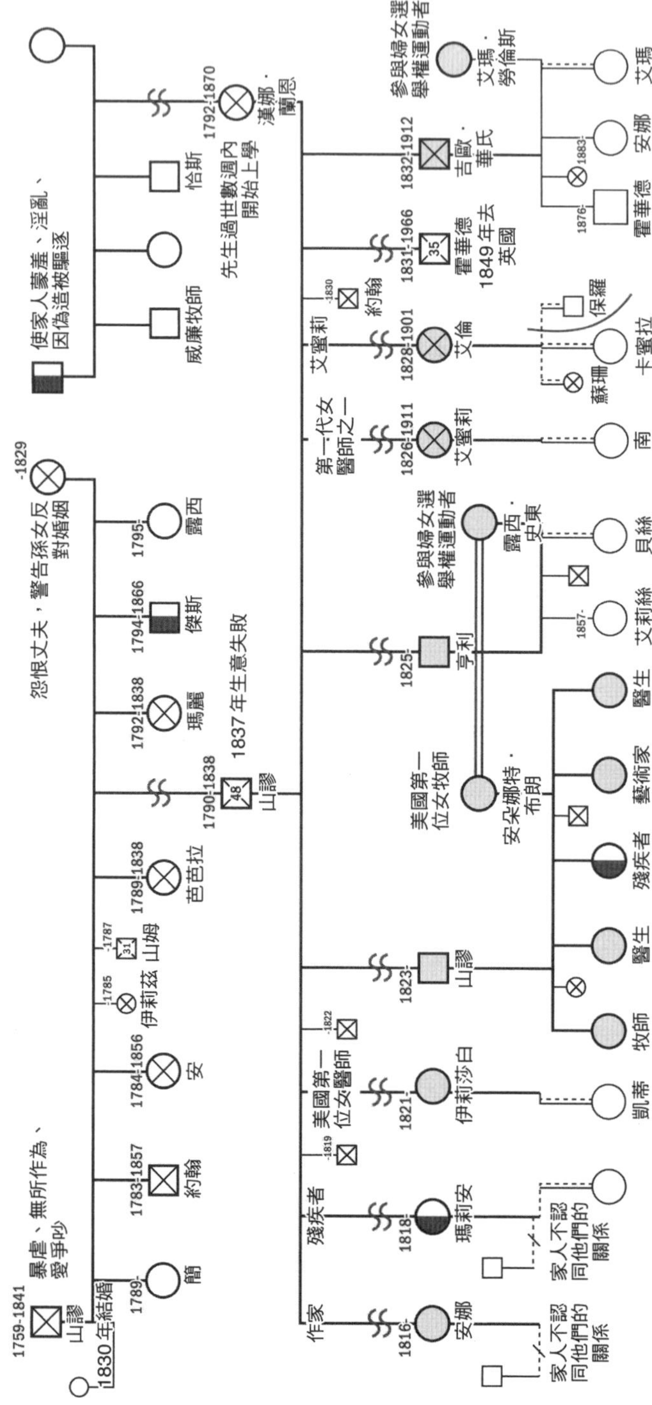

圖5.14　布萊克威爾：異常的家庭結構

布萊克威爾家族是一個非常有創造力和堅韌不拔的家族，展現了強大且成功女性的激勵人心模式。在這個非凡女性主義者的家族中（其中幾位是男性！），性別角色值得一探究竟。霍恩（1983）提出了一些這些模式的猜測，她表示這個家族對婚姻持消極態度，積極地勸阻女兒們結婚。伊麗莎白三位弟妹中的兩位，露西．斯通和安托瓦內特．布朗，在奧伯林大學讀書時成為最好的朋友，原本她們決定不婚，僅收養並撫養孩子。直到她們遇到出色的布萊克威爾兄弟時，便改變主意。人不禁要想，在某些家庭中，是否存在更深層次的力量，使得某些成員吸收這些負面能量並透過疾病或憤怒表現出來，而讓其他人能夠擁有創造力和成就。

這個家族相信女性應有平等的受教權。在這樣的家庭中，人不禁要問潛藏的性別限制和充權賦能機制。其中一位女兒瑪麗安對她弟弟的一位朋友感興趣時，但家人不鼓勵這段感情。當瑪麗安墜入愛河時，伊麗莎白寫信勸阻她：「你們兩人的結合對我來說似乎完全不可能。」並提出自己作為姊姊浪漫對象的替代伴侶（Hays, 1967, pp.53）。只有姊姊安娜曾訂過婚，她的未婚夫是一位「英俊、富有、受過教育、和藹可親、迷人」的男子，但是家人團結一致的抵制他，並且寫了一封非常堅定勸阻她不要結婚的信（Hays, 1967, pp.52-53）。

第三任美國總統湯瑪斯．傑弗遜（Thomas Jefferson）的家系圖（**圖5.15：湯瑪斯．傑弗遜**）則呈現另一種不同類型的不尋常組合。傑弗遜的家系圖非常複雜，涉及到同樣幾個家族內的婚姻和關係，包括奴隸和白人。

在奴隸制度時代，這樣的組合相當常見。奴隸的白人主人經常與他們的奴隸生下孩子，然後否認這種親子關係，這使得非裔美國人很難了解自己的歷史（Pinder-hughes, 2019）。源自於對非裔美國人的剝削，以及我們的整個歷史，都系統化地努力壓制非裔美國人的文化和家族歷史的關係截斷和衝突，而這一直是我們國家遺產中可恥的一部分。重要的是我們需要面對這段歷史，才能開始療癒和改變這種剝削模式的契機。理解這種種族間的結構是相當具有挑戰的，正如蓬德爾（Pinderhughes）所說的：

美國歷史中非裔美國人的隱形（invisibility）導致了普遍的無知，無論是

圖5.15 湯瑪斯・傑弗遜

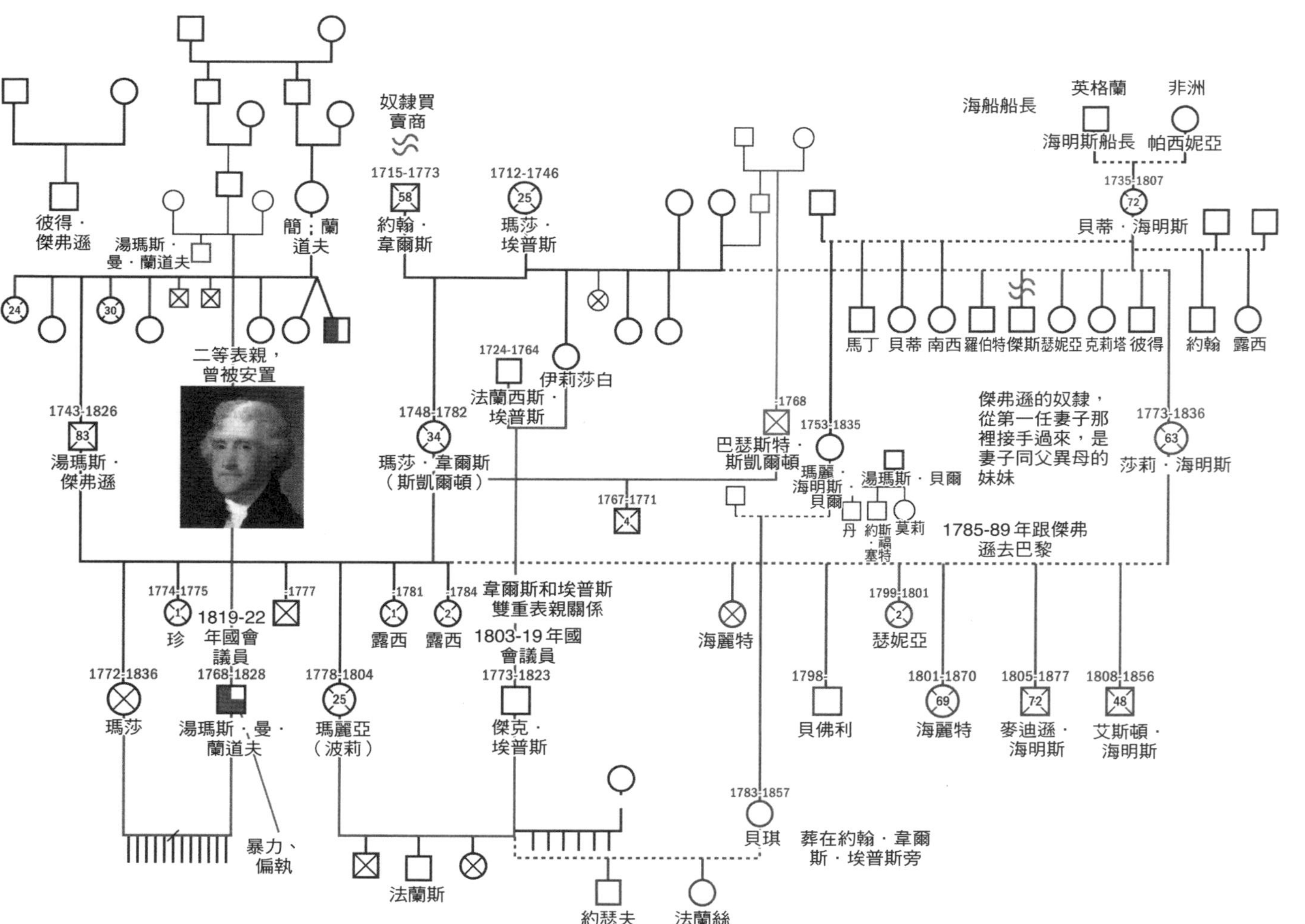
奴隸買
賣商
1715-1773
58
約翰・
韋爾斯
1712-1746
25
瑪莎・
埃普斯
彼得・
傑弗遜
湯瑪斯・
曼・蘭道夫
簡：蘭
道夫
24
30
海船船長
英格蘭
非洲
海明斯船長
帕西妮亞
1735-1807
72
貝蒂・海明斯
馬丁
貝蒂
南西
羅伯特
傑斯
瑟妮亞
克莉塔
彼得
約翰
露西
1724-1764
法蘭西斯・
埃普斯
伊莉莎白
二等表親，
曾被安置
1743-1826
83
湯瑪斯・
傑弗遜
1748-1782
34
瑪莎・韋爾斯
（斯凱爾頓）
1768
巴瑟斯特・
斯凱爾頓
1753-1835
瑪麗・
海明斯・
貝爾
湯瑪斯・貝爾
丹
約斯・福塞特
莫莉
1767-1771
4
傑弗遜的奴隸，
從第一任妻子那
裡接手過來，是
妻子同父異母的
妹妹
1773-1836
63
莎莉・海明斯
1785-89 年跟傑弗
遜去巴黎
1774-1775
1
珍
1819-22
年國會
議員
1777
1781
1
露西
1784
2
露西
韋爾斯和埃普斯
雙重表親關係
1803-19 年國
會議員
海麗特
1799-1801
2
瑟妮亞
1772-1836
瑪莎
1768-1828
湯瑪斯・曼・
蘭道夫
1778-1804
25
瑪麗亞
（波莉）
1773-1823
傑克・
埃普斯
1798-
貝佛利
1801-1870
69
海麗特
1805-1877
72
麥迪遜・
海明斯
1808-1856
48
艾斯頓・
海明斯
1783-1857
貝琪
葬在約翰・韋爾
斯・埃普斯旁
暴力、
偏執
法蘭斯
約瑟夫
法蘭絲

> 黑人還是白人，對於非裔美國人及其對我們國家建設的貢獻知之甚少。由於沒有影響美國歷史記錄的力量，且能夠傳播我們故事的資源又少，這些故事一直保持隱形不可見，或被負面刻板印象所扭曲。我們一直到近期都無法或不願意挑戰這些已被接受的過去歷史，只是這些歷史充斥著扭曲、謊言和遺漏……但是我們已經開始意識到過去認知，即使是痛苦的，也能滋養人們的力量。
>
> 這樣的理解激勵我們打開潘朵拉的盒子，揭開這些記憶，重新獲得真相，無論這真相是多麼地殘酷和震撼。唯有如此，潰爛的傷口才能開始癒合，我們才能更適應現在及建設未來。（2019, p.427）

對於像湯瑪斯・傑弗遜這樣的家庭，歷史學家一直非常不願意面對這段歷史的真相，其中包含著許多相互關聯的秘密強姦和關係。二百多年來，傑弗遜的白人家族和許多白人歷史學家一直很努力掩蓋這部分的家族歷史。直到最近，因為傑弗遜及他的奴隸莎莉・海明斯的後裔進行DNA測試，才迫使歷史學家最終必須面對自己的種族歧視。為了瞭解我們家系圖中的關係真相，我們往往需要仔細重新評估所聽聞的歷史。

確實，傑弗遜的岳父約翰・韋爾斯，本身就是個奴隸買賣商，他與他的奴隸貝蒂・海明斯有著長期的秘密關係，並生下了六個孩子。韋爾斯曾經擁有貝蒂的母親，後者懷了一位白人船長的孩子，該船長希望買走她的自由，但韋爾斯的岳父弗朗西斯・艾普斯拒絕了這筆交易。

傑弗遜繼承了韋爾斯的奴隸，包括貝蒂和她的女兒莎莉・海明斯，而傑弗遜與莎莉有著長達三十八年的秘密關係，並育有七名子女。莎莉是傑弗遜第一任妻子瑪莎・韋爾斯・傑弗遜同父異母妹妹，後者早逝。

傑弗遜的兩個女兒都與表兄弟結婚；瑪莎嫁給了她奶奶的姪子，瑪麗亞（波莉）則嫁給外婆那一邊的表哥約翰・韋爾斯・埃普斯，約翰後來又娶了岳母同父異母的妹妹。在這樣關係的第三代中，傑弗遜的女婿在妻子波莉去世後，與莎莉・海明斯的姪女貝琪・海明斯發展長期關係，他們至少育有兩個孩子，即使他在這段關係期間內再婚。貝琪・海明斯去世後葬在約翰旁邊。

此外，湯瑪斯·傑弗遜的妻子瑪莎的第一任丈夫巴瑟斯特·斯凱爾頓是她繼母的第一任丈夫的弟弟。傑弗遜家族顯然有向內發展關係的傾向，進而成為一個關係非常豐富，又相互交叉的家族。

再增添複雜性的是，湯瑪斯·曼·蘭道夫的父親湯瑪斯·曼·蘭道夫一世在一七九〇年結第二次婚，當時五十歲的他，娶了一個十七歲名叫加布里埃拉·哈維的女孩。她為他生了一個兒子，他又為兒子取名為「湯瑪斯·曼·蘭道夫」，彷彿他想要抹去同名的第一個兒子的存在（Gordon-Reed, 2008）。當我們在進行收案諮詢，探索所呈現的失功能時，這種複雜性通常可以呈現出家庭中臨床相關的模式。

在多個家庭成長的兒童：寄養、領養和孤兒院的經歷

許多兒童在多重的環境下成長，因為他們的父母離婚、去世、再婚，或特殊情況，這些特殊情況包括需要孩子在不同環境中生活一段時間，或是永久地生活在不同的環境。家系圖對於追踪孩子在多個寄養安置方面尤其有用。然而，有鑒於孩子所屬的多重家庭背景，臨床工作者通常未能在這種情況下充分利用家系圖追踪孩子的整個生命周期。孩子可能居住在各種不同的家庭組合中，而這些組合通常很難記憶清楚。

無論歷史的實際情況多麼複雜，臨床工作者越能夠清楚追踪這些歷史，他們就越能夠有效地了解孩子的實際經歷和不同形式的歸屬感。這種圖的製作，可依序排列孩子所經歷的多個家庭的轉換，包括每個因為生病、創傷或其它失落，而必須突然轉換的住處。

密西根安娜堡的家族治療師費爾南多·柯隆（Fernando Colon）醫生，多年來一直積極倡導實務工作者必須重視寄養家庭孩子的家族史與其重要關連性。柯隆醫生自母親過世後，曾待過幾個寄養家庭（**圖 5.16：費爾南多·柯隆：寄養照顧**）。成年後，他花了很多精力探索自己的家系圖（Colon, 1973, 1998, 2005），並且幫助他人在孩子的安置與寄養照顧的脈絡下去思考（Colon, 1978）。

圖5.16　費爾南多．柯隆：寄養照顧

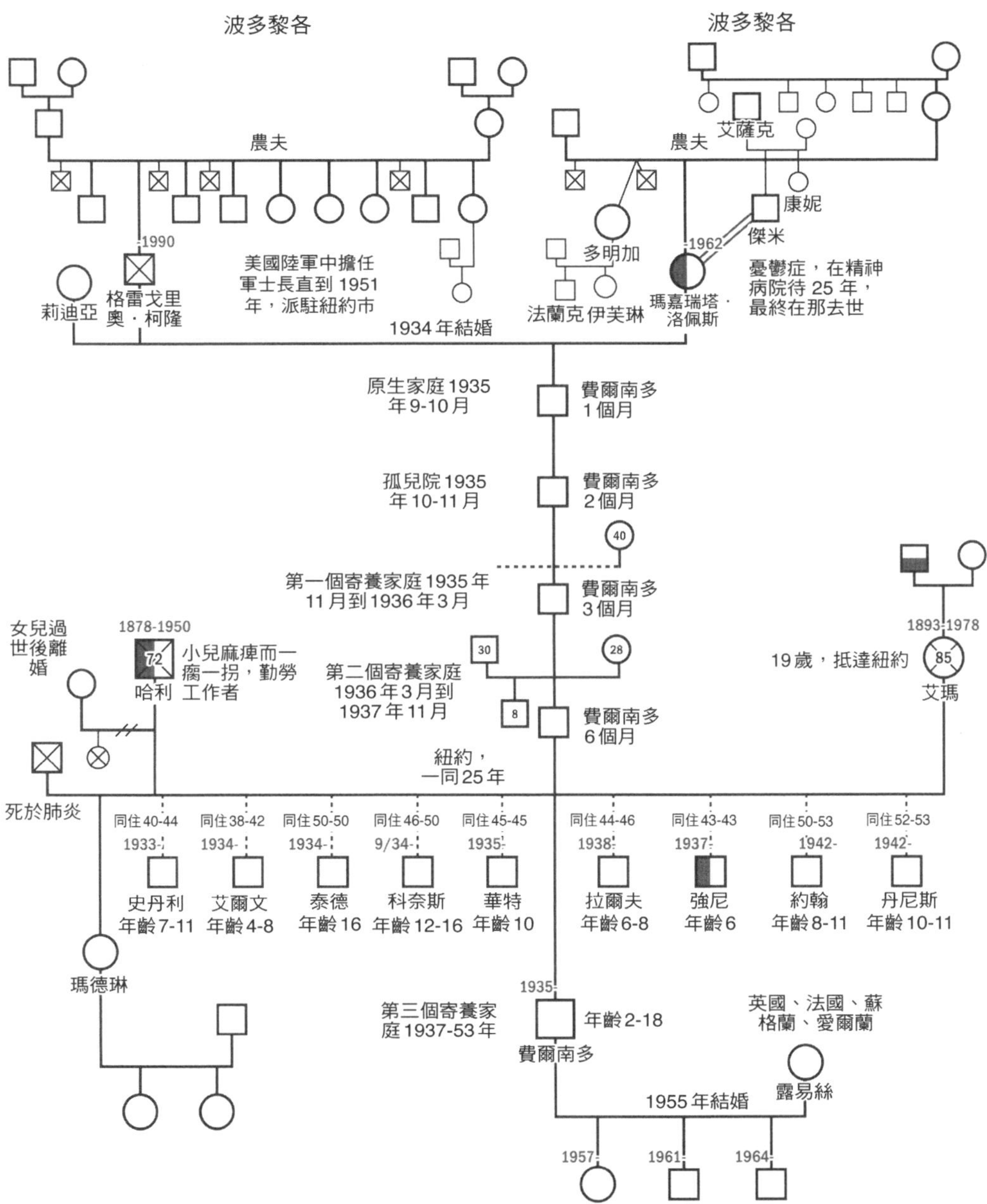

他清楚地強調寄養家庭的家系圖對於了解一個孩子生命週期的過去和未來，是十分重要的。柯隆醫生一生中仍與第三個寄養母親的親生孫子（女）保持聯繫，除了一起共度節日之外，也經常探訪他們的祖母，也就是他的寄養母親。他們這份共享的歷史中有許多共同之處，只是這樣的歷史在我們寄養照顧體系和整個社會中往往不被承認或看重。家系圖最有力的特點之一，在於它能引領我們探討各種可能的複雜親屬及親友關係，而這些關係可能是我們一生中的連結和支持的資源。當然，重要的不僅僅是我們的共同歷史，更是現存的連結，這些連結給予我們的力量，豐富我們的未來。

柯隆醫生（2005）出版了他的完整故事，並附有照片和家系圖。他從嬰兒時期開始，幾乎都是在寄養家庭中長大的。兒時的歲月裡，柯隆醫生幾乎經歷了各種的手足排列組合，而這種經歷或許增強他成年後，能夠彈性面對各式各樣關係的能力。他是三手足的老么，三手足中排行中間的那個、兩個手足中的老大，兩個手足中的老么，以及少見的獨生子，儘管作為唯一一個整個童年都留在家中的孩子，他的地位是特殊的。

與此同時，三個待相當長時間的兄弟（每人四年）對他來說更加重要，特別是他們與費爾南多的年齡相近。單就年齡來看，很難看出費爾南多和他的寄養母親與他的弟弟強尼之間的特殊關係。強尼是一個有嚴重發展障礙的孩子，只在家庭中生活了四個月。費爾南多和他的寄養母親在照顧強尼的過程中，都與強尼變得非常親近。費爾南多清楚地記得強尼多麼努力地想學會說出他的名字，而當他和寄養母親不得不讓強尼離開時，他們倆都哭得多麼傷心。

無論關係是好還是壞，有益還是有害，它們都不應該被輕視。而且大多數時候，關係並不是全然的正面或是負面的，常是好壞參半。當我們在建構家系圖的家族資訊時，我們能讓人們將許多生活中的片段組合起來，形成有意義的全貌。柯隆醫生成年後，進行了一項不凡的舉動，他花了超過三十年的時間，努力地尋找並重新聯繫他在波多黎各與美國的家人。儘管他的父親告訴過他，他的生母已經過世了，但他仍找到並拜訪母親曾居住過的城鎮。柯隆醫生發現他母親在一家精神病院度過了多年，而就差幾年，他便有機遇到她。甚者，他還發現他和這個城鎮的幾乎每個人都有關連。

根據當時寄養家庭制度的運作方式，當孩子搬到下一個家庭時，就不能再與之前的寄養家庭聯絡。然而柯隆醫生的寄養母親並不信服這種與過去截斷的作法，所以她甚至十分努力地逆轉那種截斷的歷程。柯隆醫生早期安置的日子裡，他的一位寄養兄弟科奈斯特別地憂鬱。科奈斯有四個兄弟，儘管規範限制，寄養母親仍帶他去見他的兄弟，自此之後，科奈斯開始適應他的新環境。柯隆醫生的經驗是很棒的教材，告訴我們截斷可能發生在所有家庭裡，但沒有一個人可以看見關係截斷後對一個人的影響。**沒有任何關係應被摒棄**，因為你永遠不知道誰與那截斷有關連。柯隆醫生創意地運用他的家系圖，讓他終其一生醫生與寄養家庭保持聯繫，重啟和他原生家庭豐富且具意義的連結。

這種公認的截斷家庭連結的實務作法，以我們來看，是一個巨大的悲劇。這種作法常導致治療者被捲入，取代個人原生系統的其他關係。正如柯隆醫生家庭自身所展現的那樣，這樣的關係截斷帶給我們的是憂鬱、哀慟和脆弱。一個人的關係截斷往往會導致其他家庭成員的多重關係截斷和失去許多潛在豐富關係。關係截斷也會削弱一個人整個生命的結構。藉由建構家系圖，我們得以清楚呈現如此重大的失落，並且審視每個有所牽連的個體，抵銷這種過度簡化的傾向和關係截斷。

如同柯隆醫生的故事所告訴我們的，與其他生長在同個寄養家庭的人的連結是可以維持一輩子的，而人生後期階段的重新連結或許尤具意義。這是另一個例子，佐證家系圖建構的重要性——不論過去的經歷是多麼地傷痛，這些經歷都能見證人們生命中的真相及複雜性。

收養經歷：史蒂夫・賈伯斯

這是給那些瘋狂的人、異類、叛逆者、惹麻煩的人，方納圓鑿的人。那些看事物不同的人。他們不喜歡規則。他們對現狀毫不尊重。你可以引用他們的話、不同意他們、讚美或譴責他們。唯一你不能做的事情就是忽視他們。因為他們改變事物。他們推動人類向前。儘管有些人把他們視為瘋子，但我們看到的是天才。因為那些瘋狂到認為自己能改變世界的人，就是那些做到的人。

——蘋果公司廣告

我們知道史蒂夫·賈伯斯是蘋果公司的創始人，也是電腦革命的先驅之一。他的生活不僅因為他被收養而界定，還因為一群具有共同特質的人而被界定：他生於一九五五年二月二十四日，根據馬爾科姆·格拉威爾（Malcolm Gladwell, 2011）的說法，這是計算機開發者的關鍵年分。同年出生的還有比爾·蓋茨（Bill Gates）、谷歌的首席執行官艾立克·施密特（Eric Schmidt）。艾立克曾管理過網威（Novell），其是矽谷最重要的軟體公司之一。互聯網大師比爾·喬伊（Bill Joy）則是在一九五四年十一月出生。

賈伯斯（**圖5.17：史蒂夫·賈伯斯：收養**）是阿卜杜法塔赫·「約翰」·錢德里的兒子，他是一名來自著名敘利亞穆斯林家族的移民，至威斯康辛州的就讀政治學研究所。賈伯斯的母親喬安娜·席貝爾是一名本科生，來自威斯康辛州德裔和瑞士裔的農家。由於她的父親不贊成她和錢德里的關係，所以她在賈伯斯出生時就把他出養。

賈伯斯被一對來自加利福尼亞州的夫婦收養——保羅·賈伯斯和克拉拉·哈戈皮安。養父保羅的家族也是威斯康辛的德裔農夫，養母克拉拉則有亞美尼亞血統。因此，扶養賈伯斯的養父母和原生父母的背景非常相似，但社會地位相當不同。

喬安妮的父親在她放棄兒子後不久去世，之後，她便和錢德里結婚並育有他們的第二個孩子，是個女兒，名叫莫娜·辛普森，她後來成為一名知名的作家。原生父母最後離婚，而喬安妮則再嫁給一個叫辛普森的人。

錢德里來自敘利亞霍姆斯的一個富有家庭，是家中三個兒子的老么。他於一九五六年獲得博士學位，之後在幾所大學任教，包括華盛頓州塔科馬的普及海灣大學。然後，就在他帶一群學生前往埃及時，他不僅遺棄這群學生，賭光學生的錢，然後消失，也因而失去他的學術教職。他最後是在內華達州的餐廳和賭場裡現身，直到今日。他的第二任妻子嫁給他時已經有成年子女，他們住在雷諾。她去世後，他於二○○八年結第三次婚。

圖5.17：史蒂夫・賈伯斯：收養

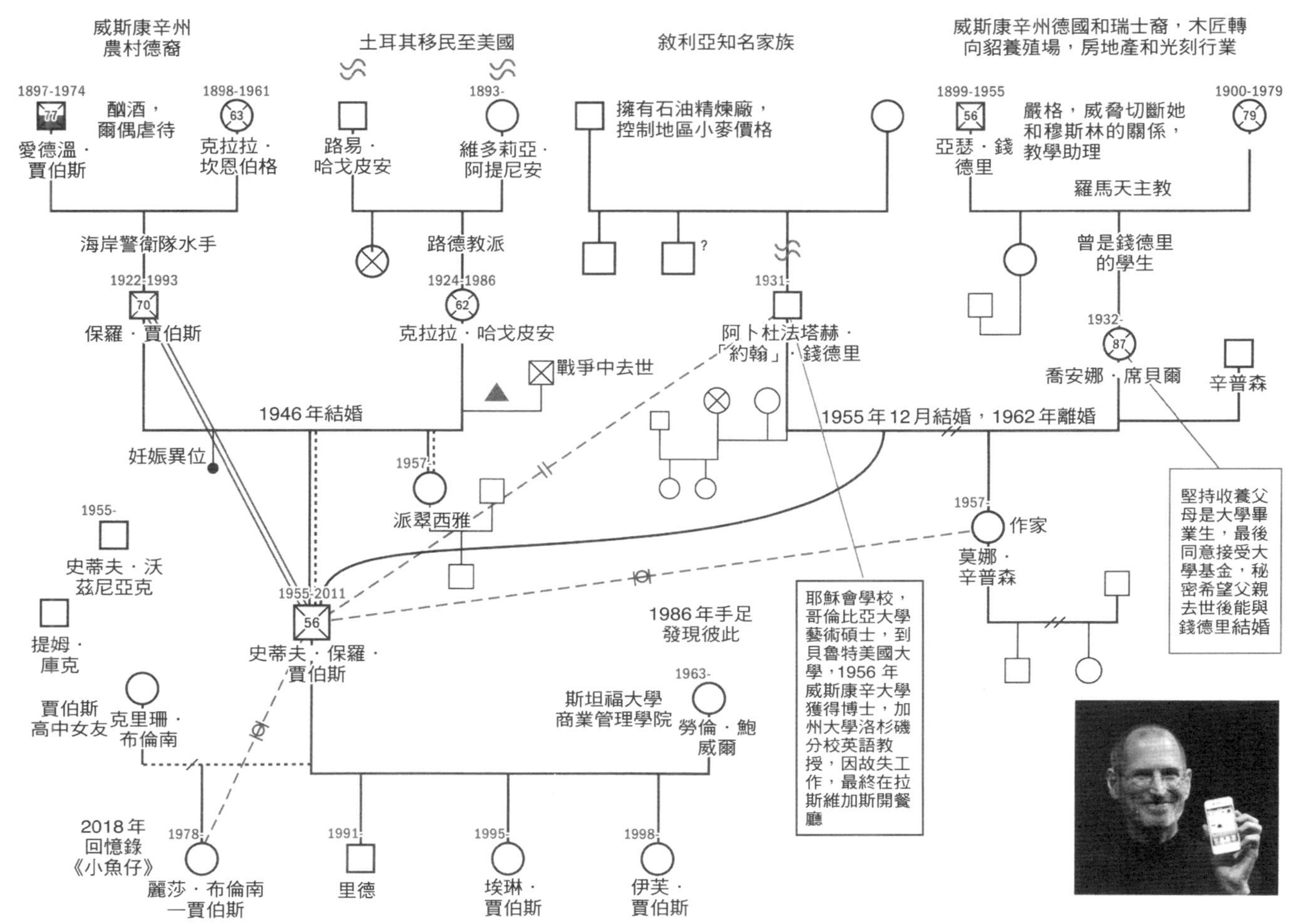

賈伯斯的養父保羅高中輟學，但他是一名出色的機械師。他的養母克拉拉是一名記賬員，之前曾嫁給一名士兵，但這個士兵在第二次世界大戰中去世（這件事沒有被談論過，因此我們在家系圖上畫一個三角形）。

賈伯斯與同是被收養的妹妹派翠西雅，一起在加利福尼亞州的一個工人階級社區中長大。保羅和克拉拉必須向史蒂夫的原生父母保證，他們會確保他們的兒子賈伯斯上大學。養父母為此積攢多年，儘管最終賈伯斯只在俄勒岡州的里德學院上了一個學期。雖然他幾乎都沒有去上課，但學院院長許可他旁聽課程，其中包括一門書法課，這似乎影響了他後來對蘋果電腦中的字體和字母外觀的重視。

賈伯斯似乎終其一生都一直因為自己是被出養而有被遺棄的感受而苦惱。然而，當他自己與高中女友克里珊・布倫南生下第一個孩子麗莎時，他否認了父女關係。有趣的是，他和克里珊當年都是二十三歲，就是他母親生他時的年紀！他多年來都沒有承認麗莎。克里珊最終被迫提起父權訴訟，希望他能夠承擔扶養女兒的責任。

賈伯斯直到多年後才開始花時間與麗莎相處，並壓迫麗莎跟她母親斷絕關係，才能與他建立聯繫。直到一九八七年，他才開始參與她的生活。史蒂夫的傳記作者瓦爾特・艾薩克森（Walter Issacson）引用麗莎母親後來所說的話，被出養讓史蒂夫像「完全破碎玻璃……被遺棄的人變成了遺棄者」（Issacson, 2011, p.5）。他是一個人格複雜的人，他在創造性事業中具有驚人的能量、熱情和魅力，另一方面對他人可能表現出冷酷和殘忍，幾乎沒有絲毫的悔意。

賈伯斯成長過程，與養父保羅的關係非常親近，保羅教會他很多有關電子的知識。他們兩人花了很多時間在車庫裡，賈伯斯在那裡學到了勤奮工作和大量的機械知識。後來，他將他完美主義的設計感歸功於他的養父。他說他的養父親會堅持，即使是書櫃的背面也都應該要完美的，就像你所看到的那樣。

賈伯斯因為他的高智商，導致他在學校學習時相當痛苦，他常感到無聊。高中時，賈伯斯養父對他聰明的評價是遠比賈伯斯自己高的，那段時期對兩人來說都是一段艱辛的時期。

賈伯斯在早期的學校生活中曾受到霸凌，在高中時期幾乎沒什麼同齡的朋友。他的朋友們都對數學、科學、電子、大麻和迷幻藥LSD感興趣。他住在矽谷，是一個到處都是工程師的地方。一位鄰居向他介紹了希思套件（Heathkits）。他加入了惠普（Hewlett-Packard）的探險者俱樂部，他自己製作的一樣東西，但他需要其中的一個零件。於是他在電話簿上查找到惠普的威廉・惠特（Bill Hewlett）並打電話給他。最後他不僅得到了這個零件，還得到了一份暑期工作。

在性格上，賈伯斯傲慢而難相處。但他同時也是才華橫溢和具創造力的人，他一生直到最後，都不斷重新塑造自己和他的電腦，。

賈伯斯開始為雅達利（Atari）開發影片遊戲。兩年後，他和他未來的合夥人史蒂夫・沃茲尼亞克（Steve Wozniak）成立了蘋果電腦公司。賈伯斯當時只有二十一歲。他的養父讓他們使用車庫，並在他們的事業中給予了幫助。沃茲尼亞克成為一個非常用戶友好的電腦設計師，而賈伯斯則負責市場營銷。他們的事業非常成功。

成年後的賈伯斯決定去尋找他的生母，而他也真的成功找到了她。她告訴他有關他妹妹莫娜的信息，他之後也見到妹妹。但當生母建議他們去找生父時，賈伯斯並不願意。後來莫娜找到了他們的父親，但賈伯斯說他決定不見他，原因是他已經得到關於父親的一些訊息。事實是早在幾年前，當賈伯斯碰巧去他父親的餐廳時，他們就已經碰面過。當時兩人都不知道彼此是有關係的。賈伯斯決定不再見他父親，而這個決定從系統的角度來看，是個令人遺憾的決定。

在一九九〇年，賈伯斯遇到他未來的妻子勞倫・鮑威爾（Laurene Powell），她是斯坦福大學的商業管理學院的碩士生，對賈伯斯有很大的影響。他們共同育有三個孩子。

一篇來自英國《每日郵報》的文章指出：

在史蒂夫・賈伯斯去世前的幾個月裡，錢德里克服了他拋棄兒子的內疚感。但他承認，經過這麼長時間，他都因為太驕傲而不肯主動安排見面。錢德里表示……他沒有打電話給賈伯斯，因為他擔心賈伯斯會誤認為他是為了他的錢。他當時說：「這可能聽起來很奇怪…但即使我們兩人都快死了，我都沒有準備好打電話他？」（www.dailymail.com, 2012 年 11 月 7 日）

這段引述顯示父親和兒子都同樣不願面對自己身分的某些方面，而我們希望賈伯斯的子女不會沿襲這樣的不願。為了要理解這樣不願意，我們需更瞭解錢德里來自什麼樣的家庭，以及他所扮演的角色。他是否是家中唯一一個來到美國的人？他是怎麼從敘利亞一個富有石油家族的兒子變成了威斯康辛州的政治學大學教授？再到雷諾的餐廳和賭場業主？家庭的其他成員呢？哥哥是否也移民到美國？他們過得如何？

我們現在可能想知道錢德里家族在敘利亞發生了什麼。他們來自霍姆斯，該地區成為反對派的主要據點，並在二〇一一年經歷了重大襲擊。這個家族在過去的幾年發生了什麼變化？他們是否成為敘利亞反對派的一員？還是成為難民嗎？是否有其他人來到美國？

我們可能會問的更具體家庭問題：是否有其他人像賈伯斯一樣聰明？他們是否同樣對美麗、簡化、簡單的事物感興趣？是否有人像他一樣有古怪的飲食習慣？或者追求靈性？或者有人際關係經營的困難？是否有家族成員也遺棄他們的孩子？另外，為什麼賈伯斯會重蹈覆徹，遺棄他的女兒麗莎，尤其這正是他自己過往歷史痛苦的一部分？

有趣且轉變的部分是，麗莎自己寫了一本卓越的回憶錄《小魚仔》（*Small Fry,* Brennan-John, 2018），雖然她在該書中坦率地講述她與父親賈伯斯的關係及她的成長經歷，但所論述的這些生活面向卻是非常清晰和經過深思熟慮的。儘管她父親賈伯斯拒絕與她聯繫多年，但她在某段時期也對母親做了相同的事。但她透過她尚年輕的生活傳達了對自己演變的深刻理解。當賈伯斯告訴麗莎，為了和他及他的家人在一起，她必須斷絕和母親的關係時，麗莎也這麼做了，她說：

我將離開我的母親……因為我竊取了她的青春和活力，使她陷入永恆的焦慮狀態中，沒有支持或資源，而現在我在學校茁壯成長，受到老師的喜愛，我把她趕走，選擇了他，那個離開我的人。我選擇了美麗的地方，而她卻是那個讀著古老故事給我聽的人，告誡我不要相信那些假象。（Brennan-Jobs, 2018, p.235）

但最後，她重新與母親連結、走過與父親的更多複雜和痛苦考驗、與繼母和姑姑建立正向聯繫，以及與其他關鍵家庭支持者建立了關係，填補了父親留下的空白（例如大學時期父親賈伯斯斷絕給她的支持，卻要求她在他需要的時候效忠）。她似乎一直努力在建構她的連結和理解她自己以及她父母的故事。

我們的觀點是，永遠不應關掉學習自己歷史的可能性的門。也許有一天，麗莎或賈伯斯的其他子女會努力重新與父親的家庭取得連結。他們可能會透過瞭解爺爺及其家庭來更理解自己。

CHAPTER 6

探索手足組合

探索手足組合是家系圖工作的重點之一。許多因素影響著手足模式，包括孩子出生時歷史和家庭的演變狀態、性別、年紀差（雙胞胎是終極手足〔ultimate siblings〕）、手足的組合、失落感、氣質、手足之間的能力和殘障情況、種族背景，以及生活環境（Cicirelli, 1989, 1995; Bank & Kahn, 1997; Kluger, 2011; Leman, 2009; Mathias, 1992; McGoldrick, 1989; McGoldricik & Watson, 2016; McNaron, 1985; Norris & Tindale, 1994; Richardson & Richardson, 2000; Sulloway, 1996）。

手足組合的重要性被看重，已行之多年，這樣的洞察最早可溯及阿爾弗雷德·阿德勒（1959）和後來的沃爾特·托曼（1976）。正如阿德勒和托曼早先指出的，手足是我們最早的同儕關係。因此，自然而然的可能發展是，老大成為領導者，老么期望被照顧，而中間的孩子則成為調解者、叛逆者，或迷失在群體裡。

手足之間也可能有配對關係，或者有時候會是深層的手足衝突。另一個思考面向是我們必要考量手足在年幼時一起相處的時間。年齡相近的兩個孩子，尤其是同性別的孩子，相處的時間通常會很多。他們會共同獲得父母的關注，通常也會被當作為一對一起養。而年齡差超過六歲的手足，彼此相處的時間通常較少，有較少的共同經歷；他們在家庭演變的不同階段成長，實際上更像是獨生子女（Toman, 1976）。

但這些只是一般性的概括，可能不適用於特定情況。您必須探索每個家庭，看看這些模式如何發展。當比爾・柯林頓的父母於一九六二年離婚，雖然他的繼父從未收養他，但他還是決定正式將自己的姓從布萊斯改為柯林頓，好與他同母異父的弟弟羅傑建立連結，他特別忠誠和關愛這個弟弟。換句話說，他的改姓似乎是期待能夠保護他弟弟，讓弟弟免受繼父的虐待和酗酒行為的影響。因此，即使手足的年齡相差十年，就像比爾和羅傑一樣，我們永遠不能忽視手足、同父異母或同母異父手足和繼親手足關係的重要性。

目前，在美國和全球各地，手足模式正經歷顯著的變化，主要是因為出生率下降，以及隨著避孕方法的普及、女性運動的興起以及更多女性進入有薪工作領域，家庭結構模式也在改變。在今天的世界裡，離婚和再婚的情況很常見，家庭成員通常由親手足、同父異母或同母異父的手足和繼親手足組成，這些手足們有可能住在不同的家戶，只偶爾相聚。

此外，獨生子女的數量也越來越多，他們最親近的類手足關係有可能是他們的玩伴。此外，相較於前幾個世代，現在更多的家庭只有兩個孩子，這種情況下，手足關係的強度和緊密度往往比多手足的更高。顯然，手足相處的越長、手足數量越少，關係就可能更緊密。在手足較多的家庭中，次團體有可能會根據性別和年齡差而形成。例如，相隔十八個月出生的兩兄弟可能會成為一個二人組，而五年和七年後出生的兩個妹妹可能形成第二個二人組。

雖然阿德勒認為手足的組合對發展來說是個關鍵因子，但佛洛伊德卻完全忽視這一部分。佛洛伊德在他的整本自傳中甚至沒有提到他有任何手足，儘管我們知道他實際上有八個手足。阿德勒對家庭組合的想法似乎和他個人的經歷有關。如精神病學歷史學家亨利・埃倫伯格（Henri Ellenberger）所描述的：

根據阿德勒的觀點，家中的每個孩子都會根據自己在手足中的位置，發展出其特定的面向。從一開始，長兄的位置比弟妹更優越，家人會讓他覺得他是更強壯、更聰明、更有責任感的那個。這就是為什麼他會重視權威和傳統，且在觀點上相對保守。另一方面，家裡的老么則可能會處於被寵壞和家中怯弱寶貝的風險之中。當長子繼承父親職業時，老么更易成為藝術家，或者由於過度補償的結果，他會發展出巨大的抱負，並努力成為整個家庭的救星。

家中第二個孩子通常是在來自兩方的壓力下生活，一方面要努力超越哥哥，同時又害怕被弟弟妹妹超越。至於獨生子女，被寵壞和被寶貝的情形可能比老么還嚴重。父母親會特別關注他的健康，進而可能使他變得焦慮和膽小。這些模式會根據手足間的距離，也會根據男孩和女孩的比例，以及男孩女孩在家庭中的位置而有不同。如果長子後面緊跟著長女，隨著女孩的成熟速度比他快，他可能會害怕被女孩超越。其他眾多的可能性如：兄弟中的唯一女孩，以及姊妹中的唯一男孩（根據阿德勒的觀點，這是一種特別不利的情況）。（Ellenberger, 1970, pp.613-14）

這似乎與阿德勒自己的家庭經歷非常契合（**圖6.1：阿爾弗雷德‧阿德勒的手足組合**）。他是中間的孩子，他的父母也都是中間的孩子，他甚至娶了個中間的孩子。阿德勒孩提時期身體不好。他患有佝僂病、五歲時差點死於肺炎、兩次被行駛中的車輛撞到。他覺得他總是生活在他哥哥西格蒙德的陰影下。

事實上，儘管西格蒙後來在房地產上很有成就，但他早年因為父親的經濟狀況不好，無法養家，而被迫離開學校，幫忙父親。反觀阿德勒，他能夠繼續上學並成為一名醫生。阿德勒的傳記作者霍夫曼（Hoffman, 1940）用「不停歇的競爭」來描述兄弟間的關係（根據埃倫伯格〔1970〕的說法，他們曾有一個嬰兒期夭折的大哥阿爾伯特）。

從家系圖上可以看出，阿德勒的後面緊跟著他的是妹妹赫米娜，兄妹倆兒時非常親近，但到了成年似乎就都沒什麼交集。原因很可能是阿德勒成長過程中害怕被妹妹超越。當阿德勒四歲時，他的大弟（家裡的第三個男孩）魯道夫在他旁邊的床上過世，這對阿德勒來說一定是非常創傷的經驗，即使孩童的過

圖6.1　阿爾弗雷德・阿德勒的手足組合

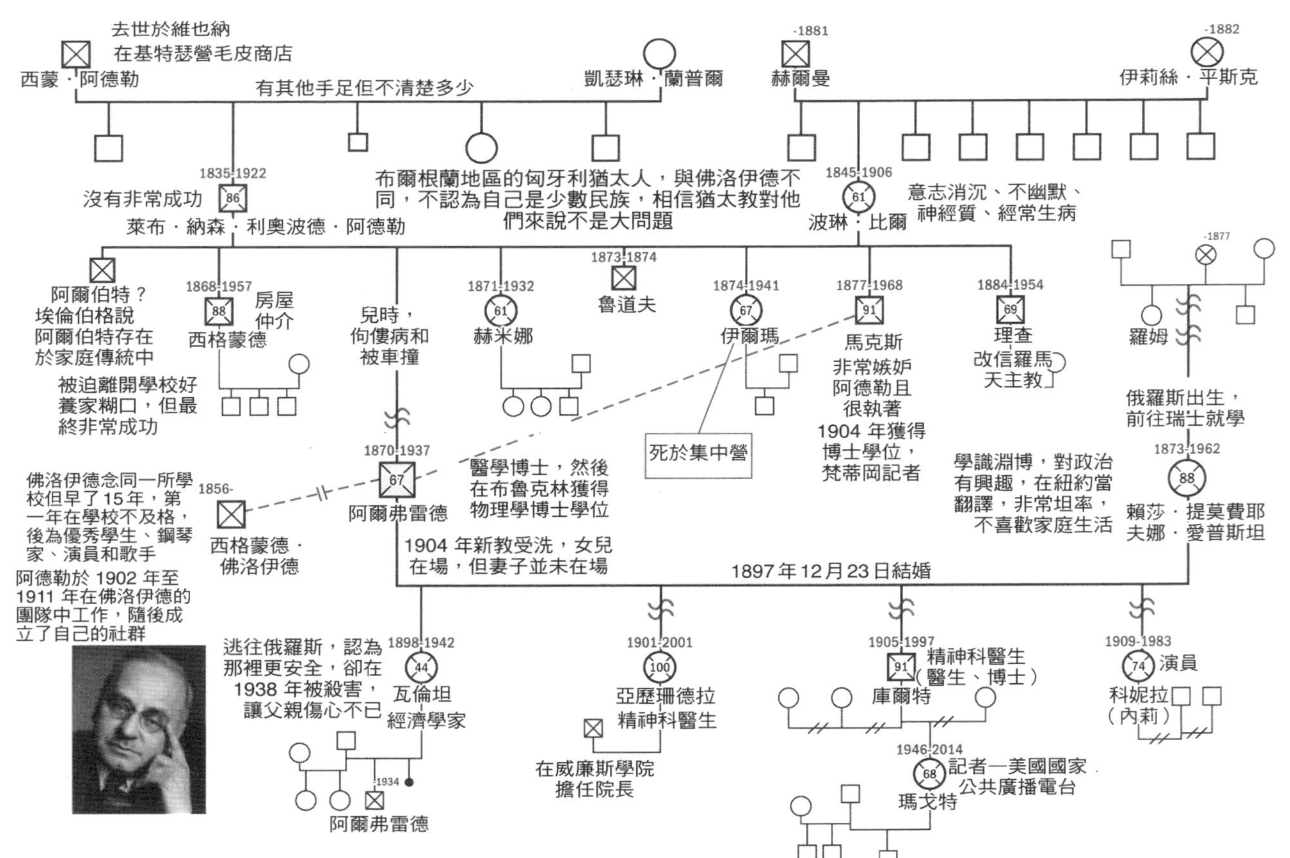

世在他們當時所處的時代和環境中是很常見的。

第四個兄弟馬克斯似乎是「天生叛逆者」（Sulloway, 1996），也很顯然地非常嫉妒阿德勒。他與家人保持距離，搬到羅馬並改信天主教。么兒理查是典型的老么，似乎被寵壞，從未能獨立照顧自己。他終生都和母親同住，想當一名藝術家和音樂家，卻總是難自立生活，有時與阿德勒同住，接受阿德勒和大哥西格蒙德的支助。

家系圖上，遺漏的訊息總讓人感興趣。以阿德勒的例子來說，儘管他明確認為手足關係對行為展現有相當的影響，但他的傳記作者對他自己的手足組合只提供了簡略且矛盾的信息（參見阿德勒的參考文獻部分）。我們對阿德勒父母的手足組合或家庭模式更是知之甚少，不管是佛洛伊德，還是霍尼、榮格也是如此，儘管他們的工作和心理結構一直被受廣泛關注。顯然，傳記作者尚未從系統的角度來看待歷史（McGoldrick, 2011）。

手足位置對一個人在原生家庭中的情感位置、未來配偶、子女或工作關係，都有其獨特的影響。長子往往更可能過度負責、謹慎和承擔父母角色，而老么則可能孩子氣、無憂無慮。通常，長子會感覺自己很特別，尤其對維護家庭福祉或傳承家族傳統，感受到特別強烈的責任感。他們可能覺得自己有責任，要在生活中實踐這個英雄使命。

此外，有時長子會對弟妹感到不滿，認為他們侵犯了自己早年所獨佔的父母的愛和關注。長子的經歷與老么的經歷非常不同，而中間的孩子則可能落於他們兩者之間，需要找到自己的定位，定義自己為不同的個體（Sulloway, 1996）。儘管出生序對日後的伴侶、朋友、同事關係的經驗有深切的影響，但不是絕對的保證特定類型的個性。還有許多其他因子會影響手足角色，如氣質、能力和殘疾、外貌、種族、智力、才華、性別、性取向以及每個人出生的時間和其他家庭經歷的關係——尤其是死亡、搬遷、疾病和經濟狀況的變化。

雙胞胎

由於生育藥物和現代醫療資源的發展，雙胞胎和多胞胎變得越來越常見。

在生育藥物出現之前，大約每五十人中會有一對雙胞胎，儘管首胎懷雙胞胎的機率約八分之一（Wright, 1995）。相較於其他家庭成員，雙胞胎之間的關係是獨特且獨有的。雙胞胎對我們的想像力來說，有絕對的吸引力，這可能源自於他們的存在挑戰了我們個人的獨特感（Wright, 1995）。他們以發展出他們自己的語言、保持一種既神奇又幾乎是心靈感應的彼此感知而著名。當雙胞胎的其中一個去世時，另一個可能會感到終生的內疚。即使是異卵雙胞胎，因為共享的生活經歷，也分享著非凡的相似之處。

對雙胞胎來說，最大的挑戰是發展個人的身分認同。其他人可能不明白雙胞胎之間的連結是多麼緊密——他們似乎能讀懂彼此的心思。另一方面，由於他們沒有屬於自己獨特的手足位置，他人往往傾向將他們（尤其是同卵雙胞胎）歸為一類，他們可能需要極力去區分自己與對方。

兄弟和姊妹的不同角色

兄弟和姊妹通常在家中擔任非常不同的角色。姊妹與姊妹間的手足模式通常也與姊妹與兄弟間的不同。研究顯示，由於社會對男孩的偏好，從幼兒期開始，男孩和女孩在社會化過程的差別待遇非常極端（Maccoby, 1990）。在男女同校的情境下，男孩往往忽視或錯待女孩，女孩的期待得不到平等的重視。如果男孩是哥哥，他通常是被偏愛和受照顧的那個。但如果男孩是弟弟，姊姊可能會因為他特殊的地位而感到嫉妒和怨恨。

黛安娜王妃的例子就是一個很好的例子。雖然她家庭的情況有些特別，但也反映了世界各地存在之一般性的性別問題（**圖 6.2：黛安娜王妃的家庭：兄弟姊妹的不同角色**）。黛安娜是家中的第三個女兒，該家庭的地位取決於是否生下一個兒子，這個兒子將在父親去世後成為第九任阿爾索普伯爵，繼承價值約一點四億美元的家產。如果父母沒有生兒子，就不得不離開該領地，因此他們非常迫切想要一個兒子。他們的第三個孩子是一個男孩，比黛安娜早一年出生，但他在出生後不久就去世。

當黛安娜出生時，她的父母親非常失望，甚至都沒有費心註冊她的出生

圖6.2　黛安娜王妃的家庭：兄弟姐妹的不同角色

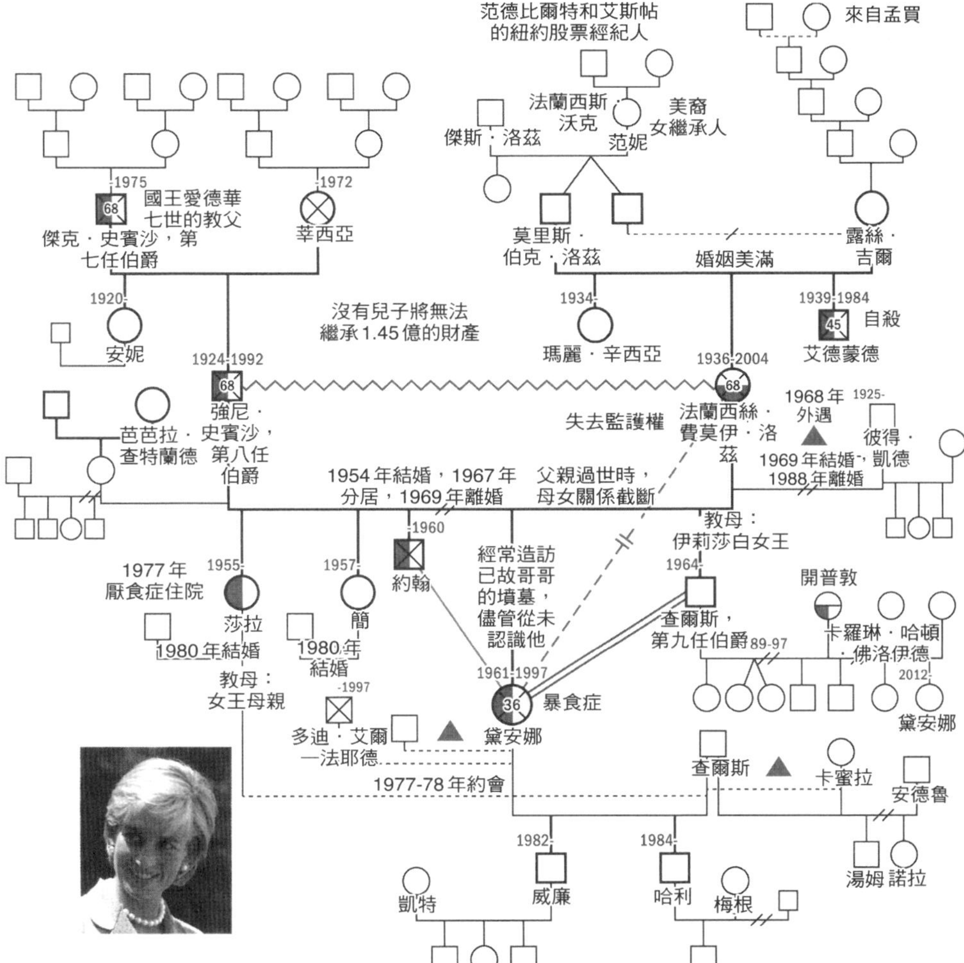

（與瑪麗亞·卡拉斯的情況相同，她在父母親失去兩歲兒子後出生）。黛安娜是手足中唯一一個沒有皇室教父和教母的人。正如她所描述的：「我是失望。我父母親原本希望的是一個男孩……他們甚至都沒有為我想過（女孩的）名字。」（Campbell, 1998, p. 1）儘管最終她依一個祖先的名字被命名，尤其這個祖先還差一點就和皇室成員結婚，但她的位置依然導致她感到自卑感，並小心翼翼地營造出自己是獨特的氛圍。

這個家迫切需要一個兒子卻又剛失去兒子，作為這個家的第三個女孩，她肯定需要「與眾不同」，好找到自己的定位，而她確實也辦到了。當然三年後弟弟出生，她的位置得到了很大的緩解。事實上，他成為她的最愛（更何況父母親不久之後離婚），這對姊弟成為彼此主要的避難所。但在父母敵對式離婚、衝突性的再婚，以及黛安娜與丈夫公開的關係問題後多年，她問她弟弟——父親去世後，他剛於一九九二年成為第九任阿爾索普伯爵——她是否可以帶她的孩子回到家裡。他拒絕了。

一九九二年被論定為是英國皇家糟透了的一年（p.122），對黛安娜自己家庭來說亦是如此。黛安娜在她家庭中的衝突持續存在，她過世的當時，和母親的關係是完全截斷的。母親未被允許參加葬禮。她弟弟最後的確允許黛安娜被葬在家族領地裡，這個領地後來也成為她重要的紀念碑。查爾斯，家中的老么，也是三個女兒後唯一倖存的兒子，被培養為第九任阿爾索普伯爵。人們好奇他和兩位倖存的姊姊會如何應對彼此的關係。

姊妹們在兒時通常扮演照料彼此和照料兄弟的照顧者，又同時是競爭父母關注的對手。父母對兒子和對女兒傳遞截然不同的信息，但他們的意圖可能是出於良善的，就像傑基・羅賓森（Jackie Robinson）的情況一樣。羅賓森是位卓越的布魯克林道奇隊選手，他促成了棒球大聯盟的種族融合。他對待中間女兒莎朗的態度與對待兒子的態度大不相同（**圖6.3：羅賓森家庭：兄弟姊妹的不同角色**）。傑基的妻子瑞秋和莎朗的手足組合一模一樣——被兩個兄弟包圍的中間女兒——可能也加強了這個模式。

她在我們的眼中，和所有接觸過她的人的想法一樣，都是如此的理想和完美，以至於有時似乎太過美好而不真實。雖然父親可能非常喜愛兒子，但和女兒卻有一些非常獨特的連結。它仍然是一樣的——我們的關係——可能甚至更深……

瑞秋也在同樣的家庭模式中長大——兩個兄弟之間的女孩。她是家裡那個忙碌有充滿愛的女孩，但不一定總是快樂，她需要成為家裡照顧弟弟的支柱。當我回想起我們對她的假設，那是多麼地戲謔的態度：莎朗強大到能夠很

圖6.3 羅賓森家庭：兄弟姐妹的不同角色

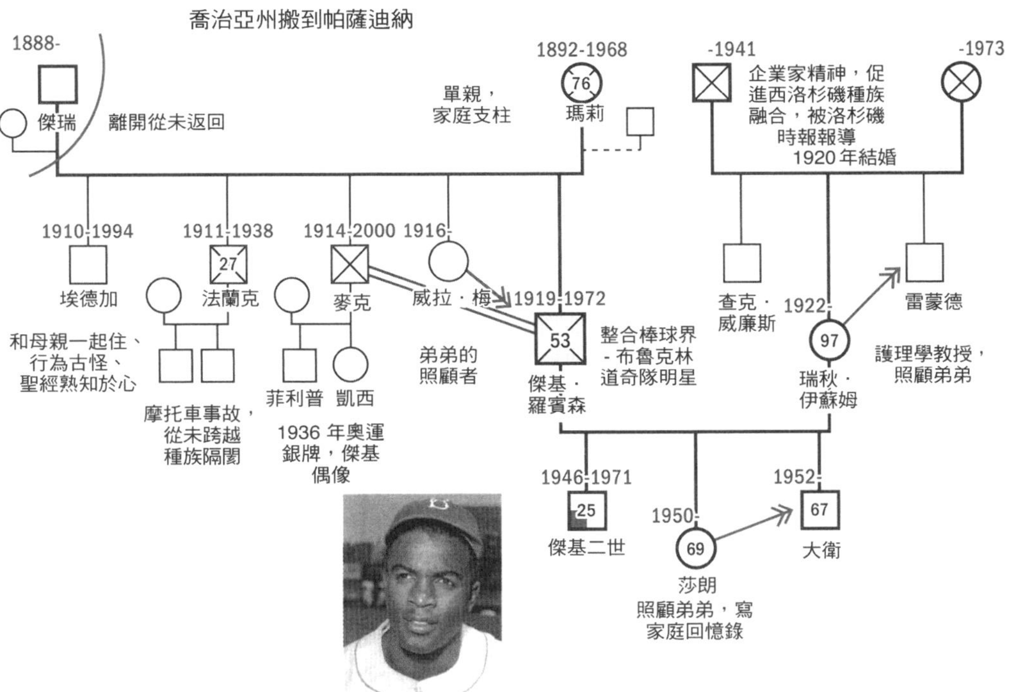

好地應付任何情況。多年來，我們對她的成長視為理所當然。她很少會用誇張的方式表達她的痛苦或是讓外界關注的她的問題。（Robinson, 1972, p.242）

儘管莎朗的雙親都努力地不想有如此的狀況發生，儘管她那個同樣身為中間女兒的母親是一位極富活力且成功的女性，莎朗覺得她自己仍然陷入許多典型的兩兄弟的姊妹行為中。她後來寫了一本描述她經歷的回憶錄：

有時傑基（她的大哥）會把我按住捉弄我，一直到我哭出來為止。儘管如此，我還是很容易陷入哥哥保護者的角色……儘管我母親反復告誡我不要如此做，但是當他們在湖邊釣魚時，我還是忍不住在我們後院山坡來來回回的跑，幫我的哥哥和弟弟搬水和搬食物。（Robinson, 1996, p.88）

有許多原因造就姊妹關係的複雜性：家庭關係的連結緊密度、關係建立的時間長短、賦予姊妹責任多寡，以及彼此之間為了得到男性注意力和認同而競爭。從歷史上看，我們的社會通常否定姊妹關係的重要性。在大多數傳說和故事裡，兩個姊妹間常常會有一個男人，她們必須爭奪他的關注（Bernikow, 1980）。當然母親幾乎根本不會被提及，除非是被輕蔑的情節，如《灰姑娘》。文學作品中的姊姊們通常會被描繪成邪惡的角色，而最小的則是被幼稚化的寶貝和寵兒——「爸爸的女孩」——父親給予她愛和財產的同時，換得她絕對的忠誠和自願成為他「愛戀的對象」。

在臨床評估中，這種負向神話如何影響家中女性看待彼此是一個需要被檢視的重要議題。女性間的衝突不應僅僅被表面接受，而是要評估當女性不能成為彼此盟友時，誰會從中受益（McGoldrick & Wattson, 2016）。姊妹關係中通常也存在著獨特的複雜性和親密性。

在文化方面，評估手足的性別角色（以及所有其他性別角色）也很重要。在許多社會，女兒會被培養成照顧他人的人，對象也包括她們的兄弟。一些族群，如愛爾蘭裔和非裔美國家庭，因為多重的歷史因素，可能會過度保護兒子，而對女兒的保護不足（McGoldrick, Giordano, & Garcia Preto, 2005）。例如，英語系國家的人認為兒子和女兒應該分擔相等的家務，但其他族群對兒子和女兒的期望可能較少相似，他們可能會要求女兒做更多的家務，包括伺候她們的兄弟。無論如何，關注性別角色如何影響手足關係模式，進而如何影響生活中的其他關係，是至關重要的評估面向。

不同於覺得自己沒有什麼特權感的長子，長女常常對自己的責任感感到矛盾和內疚。無論怎麼做，她們可能都會覺得不夠，永遠不能鬆懈，必須努力去照顧和使家庭運作順利。

失落對手足模式的影響

失落的模式也很重要，通常會對年齡最接近的手足所造成的影響最大。我們在第四章討論過的卡爾・榮格（見**圖6.4：榮格家庭：失落對手足關係的影**

響）就是一個因為先前的失落而成為功能性獨生子女的典型例子。前兩個嬰兒在出生時就死亡，然後第三個嬰兒保羅只活了五天，因此第四個出生的榮格成為第一個也是存活最久的孩子。榮格出生後九年，他的妹妹喬安娜才出生，榮格的經歷更像獨生子女，不像是有手足的人。

另一個影響榮格家中位置的因子無疑是他的父母親，他們在各自家中都排行第十三，也是老么，這在當時被認為是一種吉祥之兆（Bair, 200, p.7）。從系統觀來看，兩個老么結婚（尤其是他們各自有許多兄姊），可能會讓他們的孩子在成年前就必須成為成年人，因為兩位父母本來就是家中的寶貝，在照顧方

圖6.4　榮格家庭：失落對手足關係的影響

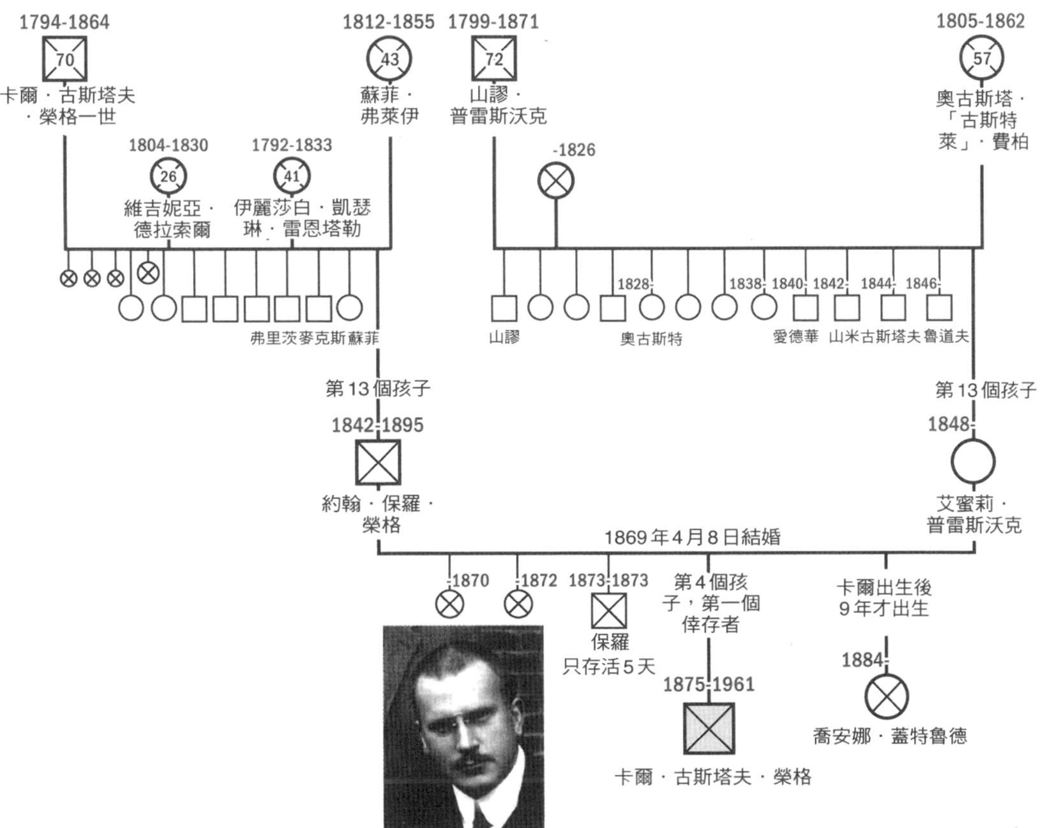

面可能功能不足。

事實上，榮格的父母親似乎是一對極不匹配的夫妻。他的母親有嚴重的心理議題，幾乎無法發揮母親的功能。據報導，靈性議題佔據她的整個心思，反而不是家庭和生活的實際問題。至於聰明且很有機會成為神學家的父親，卻成了一個表現不佳的牧師，他從未能維持家庭生計。如果這對父母親是十三個孩子中的老大，無疑結果可能就會大不同。兩個老大很可能因意見不同而相互爭執，也可能會互相爭奪領導地位，但他們可能會努力教育榮格，讓這個倖存孩子中的老大的他成為領袖。

特別是當家庭經歷了創傷性的失落，父母又無法提供滋養孩子所需時，手足通常會彼此之間建立深厚的依賴關係。珍和彼得・芳達（兩人都成為成功的演員，關於彼得的家系圖在五章已討論過）相差三年，但由於他們母親的退縮，且在他們還是青少年時在精神病院自殺過世，他們大部分的時間都必須靠自己。此外，兩人也經歷早年失去和父親情感連結的失落，因為父親不僅情感疏離，也常在外工作。在母親的創傷性自殺後，他們在不同的環境中流轉。在這樣的創傷情況下，手足成為彼此在痛苦和不穩定的世界中的支柱。彼得後來寫道：

> 珍和我團結在一起……我們開始在我們的房間之間鑿洞，這樣我們晚上可以交談。我們有（現在仍有）一個專屬我們的通關密語，我們會在小洞中低聲說出。（Fonda, 199, pp.14-15）
>
> 家庭搬遷，連根拔起並重新安置，無論距離遠近，都是生活中最感壓力的事情之一……我感覺到我和珍被流放了……在我們父母的某種未明言的行動中被拉著走。（p.35）
>
> 珍成了我的救世主……我的每一個重要時刻，她都在我身邊。姊弟、姊弟。（p.39）

他十歲的時候，正當他們的父親在度第三次蜜月時，他射傷了自己，是珍在他的身邊。當他十六歲被學校退學且沒有其他監護人時，才上大學的珍為他而來。他談到她時說道：「我真的只有珍。她對我來說是一切。」（p.54）很多年後，他描述她對他生活的重要性：「我需要她的認可，就像我所需要的任何東西一樣。在需要認可的尺度上，珍的重要性僅次於父親，因為我們彼此接觸更多，也更加親近，所以她的祝福更重要。」（pp.292-293）

當五十多歲的珍，正經歷生命中的一個危機時，她讓彼得答應陪她五天。她說她需要跟他一起談論他們的童年，想知道他記得的所有小細節，這樣她可以試圖將他們早期生活的瘋狂、破碎的拼圖片段拼湊在一起，她擔心在失去他之前成為未盡事宜（p.474）。

長子和長女

一般來說，家中的長子長女往往可能會是家中那個過於負責和謹慎的人。因為老大已有管教弟妹和對弟妹負責任的經驗，所以他們會成為一個好的領導者。而身為家中第一個出生的孩子，是件好壞參半的事。由於長子或長女是父母親美夢和新家庭組成的答案，所以他們所擁有的注意力，可能是弟妹所沒有的，然而有時他們所承擔的重擔，卻可能是沉重的。長子長女往往成為領導者、承擔責任，努力將整個群體提升到菁英位置。

喬治・華盛頓（**圖 6.5：喬治・華盛頓：長子**）就是絕佳的例子。華盛頓有兩個年長他非常多的同父異母的哥哥，他一直到青春期才知道哥哥的存在。兩個哥哥都在英國讀書，然後不是在軍隊就是在其他地方工作，所以華盛頓的成長過程，就像長子一樣。華盛頓十一歲時，父親過世，哥哥勞倫斯成為他的監護人，但當華盛頓二十歲時，勞倫斯也去世了。失去父親通常會更增加長子肩負家中「男人」角色的壓力。

此外，華盛頓的母親與他的關係從來都不親密。母親有許多的兄姊，她是老么，她很小的時候就變成孤兒，且似乎從未發展出良好的功能。母親的功能不彰很可能強化了華盛頓在家中的領導地位，此有助於他領導才能的發展，而這正是美國能夠建國的重要因素之一。

華盛頓二十歲時，加入維吉尼亞民兵，並在三年內快速嶄露頭角，成為所

圖6.5　喬治·華盛頓：長子

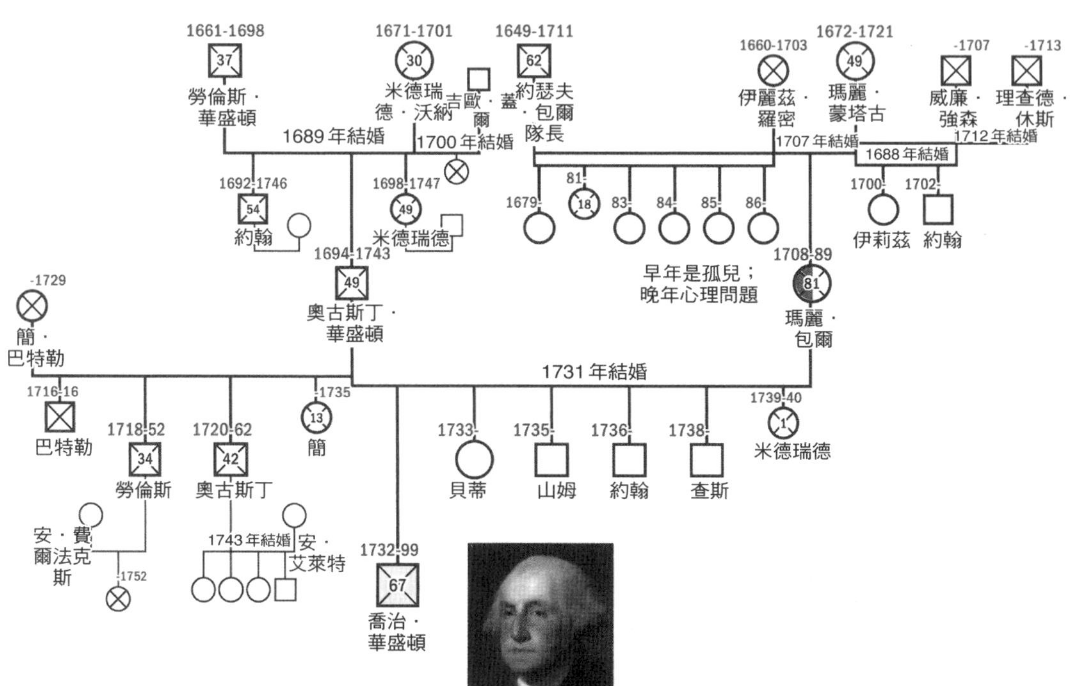

有維吉尼亞軍隊的總司令。他在戰場上展現優異的能力，引領部隊勇往直前，且毫髮無傷地返回。作為一位出色的領袖，不論他個人如何地犧牲，他專注於他的目標，支持他的部隊和達成任務。

長女通常和長男一樣，具有類似的特質：負責任、謹慎和領導能力，但並不會得到相同的特權或被期待卓越。因此，長女常擔負老大的責任，但卻沒有享有特權或是提升自尊的機會。著名的長女包括瑪格麗特·米德（Margaret Mead）、希拉蕊·柯林頓（Hillary Clinton）和愛莉諾·羅斯福。

當所有手足都是女性時，長女才可能會享有專屬於長子的某些特權和期望。但是，若長女之後跟著是男孩時，這個男孩很可能成為功能性的老大，若又是在一個重男輕女的文化背景下，那麼女孩就不會有這樣的可能性了。

中間子女

中間子女在家中的位置處於「中間」，既不是作為標誌性領袖的第一個孩子，也不是作為「寶貝」的老么。不意外，他們可能會展示出老大或老么的特質，或者兩者兼具。雖然在美國因為我們生育的孩子越來越少，這樣的狀況變得越來越少見，但他們在家庭中擔任著許多重要的功能（Sternbergh, 2018; Salmon & Schumann, 2012）。

除非中間子女是唯一的女孩或男孩，他們通常必須掙扎著找到自己在家中的角色位置。中間的孩子或許可以避免老大或老么的某些壓力，但他們必須努力爭取才能被注意到。中間的孩子有著迷失自我的危險，尤其是當所有的手足都是同一性別時。比起更有野心的兄長姊們，他們的性情更加平穩且圓潤，而和老么比，他們也較不會自我放縱。他們甚至更偏愛自己的隱形感。

馬丁．路德．金恩（Martin Luther King）（**圖 6.6：馬丁．路德．金恩：中間子女**）是中間子女的最佳例子。就能力而言，馬丁．路德扮演多種角色，具有團結他人的能力。他提出非暴力、理性團體抗爭的論調，就與他在家中排行中間的位置很相符，由於身為中間的孩子，並沒有自然而然就站在他或她這邊的勢力。中間的孩子不太像老么，他們或許不太會成為優秀領導者，但他們卻能夠因為善於透過合作和協調，將多個派系聚集在一起，而成為傑出的協作領導者。在馬丁．路德的案例中，他的父親是雙胞胎中存活的那一個，也是中間子女，但卻似長子，就像馬丁．路德自己一樣。馬丁．路德的母親是中間子女，但她的角色功能卻比較像老么，因為兩個最小的孩子都早逝。

中間子女雖然承擔責任的壓力較小，但他們必須更努力地讓自己留下印記，因為他們沒有具備特殊的角色位置。保羅．羅布森（Paul Robeson）家庭中（**圖 6.7：保羅．羅布森的家庭**），有三個中間子女，所展現出來的樣貌迥異。以父親之名命名的長兄威廉．德魯在進入醫學院之前，追隨父親的步伐就讀同所林肯大學。老二里德，同等聰明卻很易怒，導致身為非裔美國人的他，無法在他們的社區中生存，成為「迷失」的中間孩子和叛逆者。保羅認為他從哥哥里德那學習到了堅韌的特質。

圖6.6　馬丁．路德．金恩：中間子女

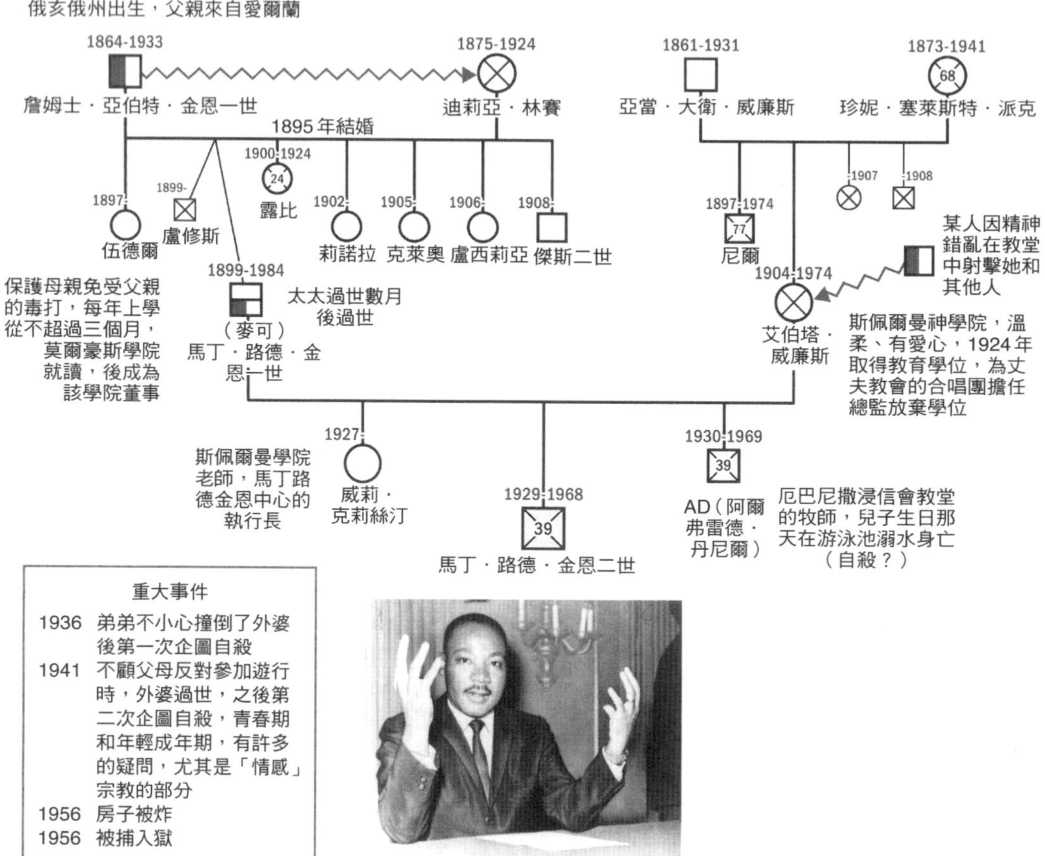

正如你在家系圖上看到的，里德前後的三個手足都是流產，這可能加劇了他在家中的困境，如同失落的影響一樣，尤其是對那些非常鄰近失落出生的孩子。老三班是個傑出的運動員，也是保羅性情沉穩的榜樣，班最後和他們的父親一樣，成為一位成功的牧師，亦是家中的協調者。第四個孩子，也是唯一的女兒瑪麗安，和母親一樣都是老師，溫暖特質是她的招牌，亦是協調者和連結者。對保羅來說，班與瑪莉安（和他的年紀最相近）是他最重要的良師益友——他們「說話含蓄、個性堅強、實踐他們的原則——總是無私的對弟弟

圖6.7　保羅・羅布森的家庭

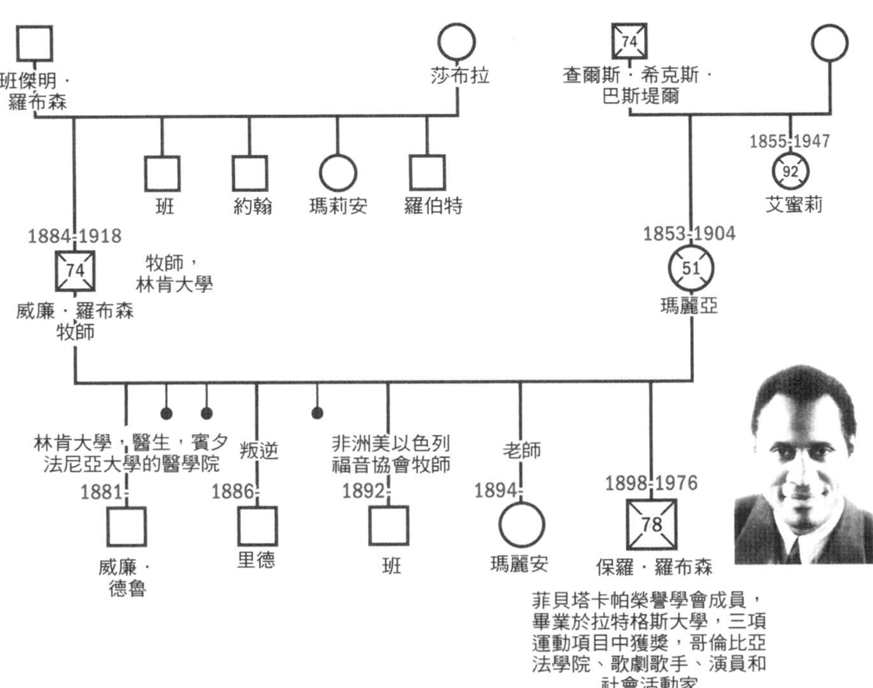

付出」(Robeson, 1988, p.13)。由於他們的母親不幸地葬身火窟時，保羅才六歲，所以這樣的支持變得更加重要。班與瑪莉安願意不當注目的焦點，用以促進其他人的關係。

保羅也從里德身上學到人生的功課。里德隨身都帶一袋小石頭防身，以防萬一遇到危險情境。保羅敬佩這位「強硬」的二哥，因為二哥讓他學會對種族羞辱與攻擊中快速做出反應。保羅對於這位辜負父親高期待的哥哥，有著特殊的情感。保羅後來這樣寫里德：

> 他在教室裡、講道壇前與講臺下從未得到任何榮譽，但我記得他的愛。他靜不下來、叛逆、嘲弄著規定和輕蔑白人的律法。我認識許多像里德一樣的黑人，我每天都會見到他們。他們盲目且用魯莽的方式，為自己找尋一

條出路。獨自地，他們生氣地用拳頭搥打著牆，但僅撼動眾人肩膀……何時……所有事情都變了……像里德這樣怒火衝天的人，能平靜的生活著，沒有人可以讓他們看不慣。(Robeson, 1988. P.14)

儘管羅布森牧師不贊同里德不在乎和不遵守紀律的行為，且最終因為他違法而將他趕出家，但保羅知道里德教會他為自己挺身而出。像許多中間孩子一樣，里德可能表達了其他人沒有勇氣表達的情感，以他的例子來說，是對種族主義的憤怒。在關於羅布森的著名傳記劇中，保羅說出一段他和父親之間從未結束的對話——記得那一個夜，父親因為害怕里德為弟弟豎立壞榜樣而將他趕出去。保羅想像著他和父親、哥哥班一起去找里德，並帶他回家。保羅想像著他在父親面前為里德辯護：

哎呀，爸，你不要改變話題……里德並不是不良影響。他對我說過唯一可怕的話是：「小子，你話太多了。」他告訴我要像個男人，挺身而出：「不要讓任何人低看你，如果他們欺負你，就用更猛的方式反擊回去。」我知道聖經上怎麼說，但是爸，里德也是你的兒子啊！你總是說你在我身上看到自己。但是，爸，其實在我們所有兒子身上，都可以看到你。(Dean, 1989 p.298)

這番戲劇性的言論，充分地說明手足在家庭裡所扮演的各種不同角色，以及當有人被截斷關係時，其會產生多大的影響，即使家庭不一定意識到這些影響。

老么

老么常會有種獨特、允許自我放縱之感，不需要像長子或長女一樣過度承擔責任。當家中有多位手足時，這種特別的感覺更強烈。兩個孩子中的老么，比起五個手足中老么，比較會有「一對」或雙胞胎的感受——除非年齡差距相當大。有鑑於老么所處的特殊位置，他們自認是注意力的焦點，且可以完成任何事，有時也確實如此。老么可能會感覺更加無憂無慮，樂於玩樂，而不是追求成就。他們也不像兄姊，比較不會身受自我懷疑的苦惱。通常，他們非常具有創意，願意嘗試別人不敢做的。

跳脫於常規，堅持按照自己的方式做事，老么有時會展現出非凡的創意飛躍，從而引導出發明和創新，如：湯瑪斯・愛迪生（Thomas Edison），班傑明・富蘭克林，居里夫人（Marie Curie），保羅・弗雷勒（Paolo Freire）與保羅・羅布森（可於McGodrick, 2011; Sulloway, 1996，詳見更多這些家庭的討論）。有趣的是，伊麗莎白・華倫（Elizabeth Warren）有三個哥哥，是家裡唯一的么妹，而南希・佩洛西（Nancy Pelosi）有五個哥哥，也是家裡唯一的么妹！

老么也可能很容易被寵壞而自私，有種自認自己應得的傾向，然而，有時，這樣特權感的感覺也有可能會導致挫折感和失望。此外，老么通常在哥哥姊姊離開後，會有一段像獨生子女的時間，這也是老么可以享受父母獨特關注的機會，或者可能會感覺到被哥哥姊姊遺棄、被父母親忽略。

既然老么會有哥哥或姊姊擔任照顧者的角色，他們就仍然能像是個「寶寶」一樣，是所有人關注的焦點，期待他人能提供他們幫助和支持。老么或許也想脫離習俗常規，感受自由。但老么也可能會覺得他們被迫脫離「寶寶」的角色而反彈，就像愛迪生與富蘭克林一樣，都在青春期時逃家。

么妹常是在被保護和愛的滋潤下長大，並被賦予人生的藍圖。她可能被寵壞（有哥哥的話，則更甚之）、並享有特別的特權。但是，如果她來自於一個大家庭，可能對總是要等待才能輪到她一事，感到挫折，因為輪到她時，她的父母可能就已經精疲力竭了。更甚之，若父母本來希望有一個兒子，最後卻不得不放棄，那麼她可能會對別人總是指揮自己，從來沒有把她認真當成一回事而感到憤怒。如果這個老么是唯一的女孩，她或許會被當公主，但也可能是長輩的僕人，並在成年後會成為哥哥們的知己，同時代替父母，維繫家庭的凝聚力。最小的女兒最有可能最後成為年邁父母的照顧者，有時是因為她們在獨立前留在家的時間較長，或者一直都單身未婚。這讓她們在父母生病、殘疾或虛弱時變成「照顧者」。

我們上面討論過的保羅・羅布森（**圖6.7：保羅・羅布森的家庭**），是家中才華橫溢且有創意的老么、多才多藝的明星，這對一個居住在種族歧視社會中的非洲裔美國人來說，更是非比尋常的現象。作為一個全能的優秀運動員、菲貝塔卡帕榮譽學會（Phi Beta Kappa）成員、大學年班的畢業致詞者、律師，最後成為世界知名歌手、演員和政治演說家，羅布森非常清楚每一個手足在他的生命中，對他的重要性。他說每個人都給予他更多的愛，把他視為某種「命運之子……與盼望中的美好日子連結在一起」（Robeson, 1988, p. 16）。

這樣的角色期待對家中的老么是常見的，尤其當家庭經歷困難時，就像羅布森的家庭一樣。

獨生子女

隨著小型家庭越來越成為常態，獨生子女在美國變得越來越普遍。在過去，獨生子女是相當罕見。

獨生子女可能會有老大的嚴肅和責任感，以及老么的獨特感和特權感。同時，他們更傾向關注成年人，尋求他們的愛和認可，並期望得到他們的全心全意的關注。他們所面臨的主要挑戰是如何與同年齡的人「親近和深入交流」。他們在社交上比較獨來獨往，較少同儕關係，也更早熟。他們可能會因父母的關注和保護下顯得更加焦慮。他們通常都和父母保有非常緊密的關係，但這可能更會增加他們和朋友、伴侶建立親密關係的困難。

在中國和其他快速發展的國家，一種極端的例子越來越普遍，即父母本身是獨生子女，然後生下獨生子女（**圖 6.8：獨生子女的獨生子女**），若在此之前的世代是屬大家庭的文化，那麼其影響將更為巨大。家庭會將大量的注意力放在這個孩子身上，不僅是父母關注的焦點（若在早年，父母多半是會有幾個孩子），還會成為祖父母和外祖父母情感、希望和期待的寄託！

在中國，這可能會發展為一個極其嚴重的問題，因為父母有時需遠離家鄉至外地工作，所以當祖父母被迫在五十多歲時退休，他們自然而然地就會將所有的注意力放在孫子孫女身上，尤其是他們的孫子（Miller, 2019）。這種情況下，因為父母和大家庭對這群孩子獨生子女的期望很高，要求他們實現和滿足

圖6.8　獨生子女的獨生子女

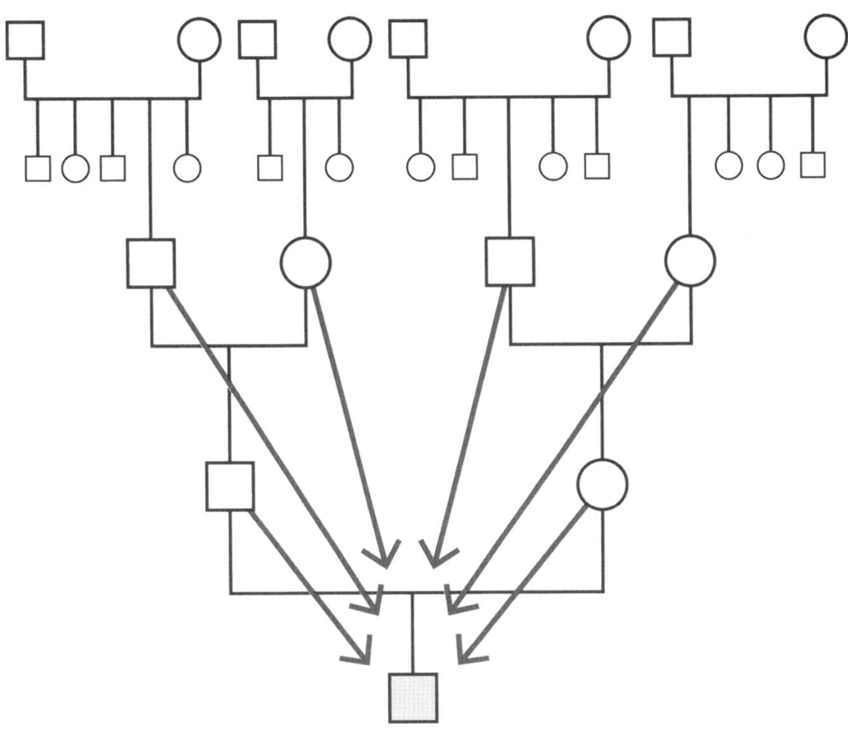

所有家庭的需求，是故他們常在高壓力下掙扎。在任何情況下，作為父母「傳承代表」的獨生子女，可能背負著完成父母所有期望和夢想的責任。

成功父母的獨生子女可能為了達到高期望而感受到巨大壓力。處境較差的家庭，獨生子女則可能被視為家庭獲得救贖或體面的社會地位的最後機會——做到父母做不到的事情。獨生子女特別容易被捲入三角關係中。在這樣的家庭系統裡，他們是「分散」慢性焦慮的唯一選擇。獨生子可能成為母親的知己和準伴侶（quasi-partner）。獨生女可能被誘使成為父親的盟友。這樣的家庭甚至會有較高發生亂倫衝動和行為的風險，雖然說多個孩子的家庭也有可能會發生亂倫。

印度第二任總理，英迪拉．甘地（Indira Gandhi）展示了許多獨生子女的經歷（**圖6.9：英迪拉．甘地與她的父親尼赫魯**）。她在成長過程中相當孤立，

圖6.9　英迪拉．甘地與她的父親尼赫魯

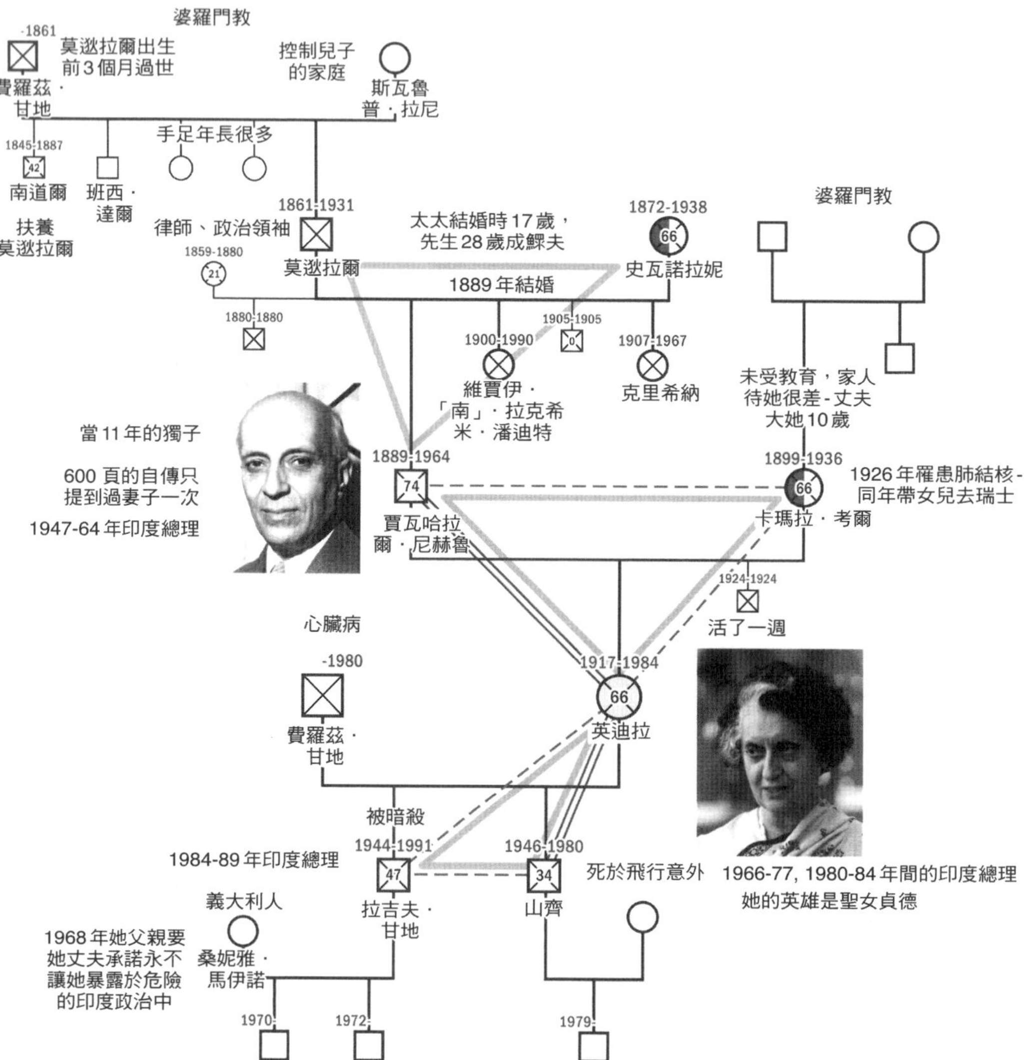

生活環境裡主要的都是成年人，她很早就成為她父親的知己。她明顯具有老大的使命感和責任感，但作為領袖，她則是相當獨裁，為了要維持自己的決策，治國方式相當封閉。

她的父親和爺爺在各方面也都和獨生子相似。父親賈瓦哈拉爾．尼赫魯

（Jawaharlal Nehru）比妹妹大了十一歲大。而同為印度領袖的爺爺莫逖拉爾・尼赫魯（Motilal Nehru）則比自己的手足小非常多歲，他是在成年的哥哥家中被扶養長大的，因為莫逖拉爾出生前，他們的父親就去世了。由於賈瓦哈拉爾母親與英迪拉母親的身體病況，無疑加劇了他們各自作為獨生子女的孤立角色，以及父女之間的連結。

手足位置與育兒

我們總會在家系圖中查看代代相傳的手足組合。父母可能會對與自己性別和手足位置相同的子女產生過度認同。一個身為五個弟妹的長兄，可能會感覺到自己在童年時承擔太多責任，弟弟妹妹們卻能「逍遙法外」。所以當他有了自己的孩子後，很可能會特別寵愛老大，並試圖讓較小的孩子們聽話、守規矩。一個嫉妒自己妹妹的母親，可能會覺得特別難同理自己的么女。父母通常也會因為某個孩子和家中的某個成員相似，而認同這個特定的孩子。

當父母對某個特定子女的認同太強，以至於延續自己原生家庭的模式時，手足組合所引起的世代間的問題就可能發生。例如，一個討厭被自己哥哥發號司令的母親，就會在一看到兒子欺負他妹妹時指責他。

其他可能的情況包括父母自身的經驗十分不同，以至於可能誤讀自己子女的行為。身為獨生子女的父母可能可能會認為手足間正常的打鬧，是孩子病態的徵兆之一。

成年時期的手足關係

手足關係在成年時期扮演非常重要的角色，特別是在晚年。然而，如果負面情感持續存在，則可能在照顧年邁父母上，加劇手足之間的緊張關係。在這種情況，長年分開的手足就被迫需要以一種新且不舒服的方式合作。與父母保有最緊密關係的孩子（通常是女兒）常會承擔大部分的照顧責任，但是這卻可能使長久以來所隱藏的妒忌和怨恨浮上台面。

雙親過世後，才是手足關係首次真正的獨立。倘若舊有的對抗和競爭還持續存在，手足間或許會完全失和、疏離。過去未解決的問題與衝突會加劇強烈的情感，反之，手足間的關係越好，則創傷性家庭事件導致關係衝突和截斷的可能性就會越小。

影響手足組合的因子

然而，我們不能假設手足組合適用於任何特定的家庭。手足組合的預測受到許多其他因素的影響，這些因素將影響人們是否符合這些特徵。例如，若手足模式和堂（表）手足組合是否相符合，可能會修改或強化某些的手足模式。一個只有一個妹妹，卻有六個表（堂）姊妹的兒子，可能會使他身為家中唯一男孩的特殊地位更加突出。

如果一個孩子與親戚一起生活在多個世代的家庭中，同樣的強化效應也可能存在。例如，獨生子女不僅和父母同住，同時還有祖父母、叔伯和姑姑住在同一個家庭中，或者多次同住家人的變動，孩子便是在不同組成成員的環境中長大。

當生活情況複雜時，運用線條圈出不同的家戶將有助於區辨。這對生活在多核心家庭的孩子來說尤其重要，因為他們在不同的家中都度過一段時間。賈姬・布維耶・甘迺迪和她的妹妹李似乎總是生活在多種不同的環境中（**圖 6.10：賈姬・甘迺迪複雜的堂表手足和手足組合**），而這種情況在賈姬父母正式分居後更是如此，當時賈姬七歲。更甚之，賈姬十三歲時，母親再婚，生下兩個孩子，還有多個繼親子女，她生活在不同家戶的情況更加明顯。我們不僅需要知道賈姬家庭的手足組合變化，還需要知道手足組合如何嵌入堂表手足組合的例子。

這樣的家系圖確實挑戰了我們的能力，考驗著我們如何一次地全部展現多重再婚家庭的所有面向，尤其這個家庭是不斷變動的（記住，任何一個家系圖所能呈現的內容就只能這麼多！超過某種程度的複雜度後，將變得難以閱讀，就很可能會成為一張無用的圖）。

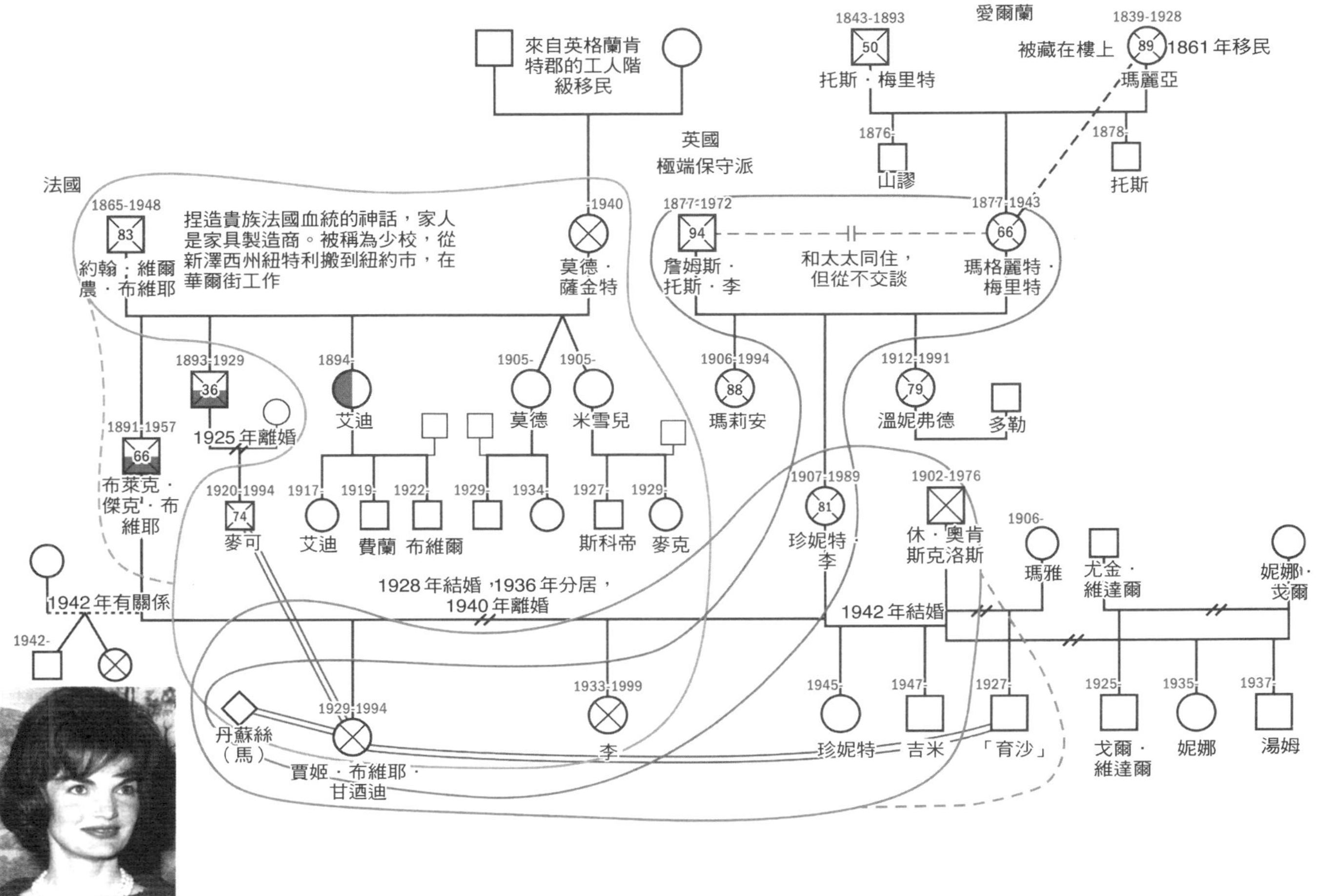

圖6.10　賈姬・甘迺迪複雜的堂表手足和手足組合

就學期間，賈姬和她的妹妹與母親、外祖父母一起住在紐約市。外曾祖母是一位來自愛爾蘭的移民，被認為是「粗俗不雅的」，她在外祖父母家樓上住了幾十年，也正是賈姬母親和阿姨們成長的歲月。外曾祖母在賈姬出生前一年去世。外祖父母從未分居，他們會坐在一起進餐，但卻從未彼此交談。

賈姬和李的母親再婚後，家戶組合發生了變化，當時賈姬十三歲，妹妹李九歲。賈姬和李隨後有了繼親手足，再不久，又有兩個年齡小她們很多的同母異父的手足出生。賈姬對其中一些手足特別有感情，尤其是年紀比她稍長的繼兄育沙，她對他似乎是青少女初期的一種愛慕，且持續多年。有趣的是，對賈姬來說，同母異父手足和繼親手足並沒有什麼區別。

賈姬和李在夏天會與父親方的大家庭在長島共度時光，包括祖父母、堂（表）手足、叔叔、姑姑，和賈姬的愛馬丹蘇絲，她的父親偶爾才會露面。這樣的組合中，賈姬和兩個表手足同一年出生。

她似乎對幾個堂（表）哥有特殊的偏愛，尤其是大她九歲的堂哥麥可，她甚至在遺囑中提到他。麥可的母親在一九二五年和酗酒的先生離婚後，麥可在家庭中的特殊地位便加重了。離婚造成整個家庭的巨大壓力，因為他們感到正要失去下一代唯一的男性牧羊人（Bouvier）。男性血脈的脆弱感始於上一代，當時十二名子女中只有四個是男孩，其中只有一個活到結婚，且有自己的孩子。所有手足中，其中五個從未結過婚，儘管他們都很長壽。

「叔伯、姑姑、舅舅、阿姨（叔伯姑舅姨）的影響」對手足組合也有影響，他們可能會特別關照某個特定的姪子或姪女，這可能影響手足模式。叔伯姑舅姨若將自己未實現的夢想傳遞給下一代的姪子或姪女，那麼他們的角色就可能會起重要的影響作用，特別在以前的世代中，常見的是以誰的名字命名。

家族歷史中的其它經驗，也會影響手足模式。以英國著名演員李察．波頓（**圖 7.2：李察．波頓和伊麗莎白．泰勒：兩個老么的婚姻**）為例，當母親早逝後，他便在一個複雜的家庭環境中成長。剛結婚大姊賽西（賽西莉亞），大他十九歲，母親過世後，便成為他和其它手足重要的母親化身。然而，正如波頓所言：「賽西非常好，但她不是我媽媽。」（Bragg, 1990, p.69）哥哥便成為父親的化身，其他的姊姊則像阿姨，賽西的女兒像姊妹，堂（表）兄弟變得像兄弟，親阿姨們則像母親。正如他所想的，他有「許多另類世界……難懂、複雜、另類、平行的生活，一直以來都是這樣；那正是所謂的『正常』」（Bragg, 1990, p.69）。

因此，當我們面對多重家庭模式的複雜脈絡時，探索其中的手足組合是必然的，就像探索家庭生活裡的任何單一因子。手足可能出於氣質或必要性等因子而經常扮演非手足的角色，非手足則可能扮演手足的角色，就像伯頓那樣。的確，因為有太多其他因素會改變或調整手足組合的影響，所以手足組合的實證研究仍未有任何定論。不過，在實務工作上，我們可以覺察手足的組合，針對人們在他們家庭中所扮演的角色，提供有用且常態化的解釋，並在我們未發現典型模式時，手足組合能夠指引我們探討其他的因子。除此之外，成人手足關係，雖然常被臨床工作者所忽略，但其在治療和健康照護中，卻能成為極重要的資源。

孩子的手足位置與父母的手足位置之間的關係

如果孩子在家庭的手足位置重複了與同性別父母的手足位置，這手足位置則可能會被特別的強調。因此，一個身為長子的男人，若他的父親也是長子，這個長子的角色或許會被寄予特定的特殊期待，而這期待卻不適用於他的弟弟。如果一個人與他父親的關係充滿衝突，他很有可能與他兒子（與他處於相同手足位置的下一代）的關係也會變得緊張。在嚴格規範手足出生序與其相對應之角色功能的文化環境下，這樣的情況更容易發生（McGoldrick & Watson, 2005）。

約翰．亞當斯的長子約翰．昆西．亞當斯，（**見圖6.11：亞當斯家族：命名與功能**），打破家族三代都將長子命名為約翰的傳統，將長子取名為喬治．華盛頓。喬治．華盛頓．亞當斯出生的那一年，他的爺爺約翰．亞當斯未被選上延任第二任期而卸任。約翰．亞當斯當時擔任華盛頓的副總統，但他覺得華盛頓從未給予他應有的榮譽。家系圖上的名字或是小名提供了一些家庭「編程」（programming）的線索，但臨床工作者需探索命名模式以了解其含義。

喬治．華盛頓．亞當斯在二十九歲時自殺身亡，當時他剛失去家族財產，

圖6.11　亞當斯家族：命名與功能

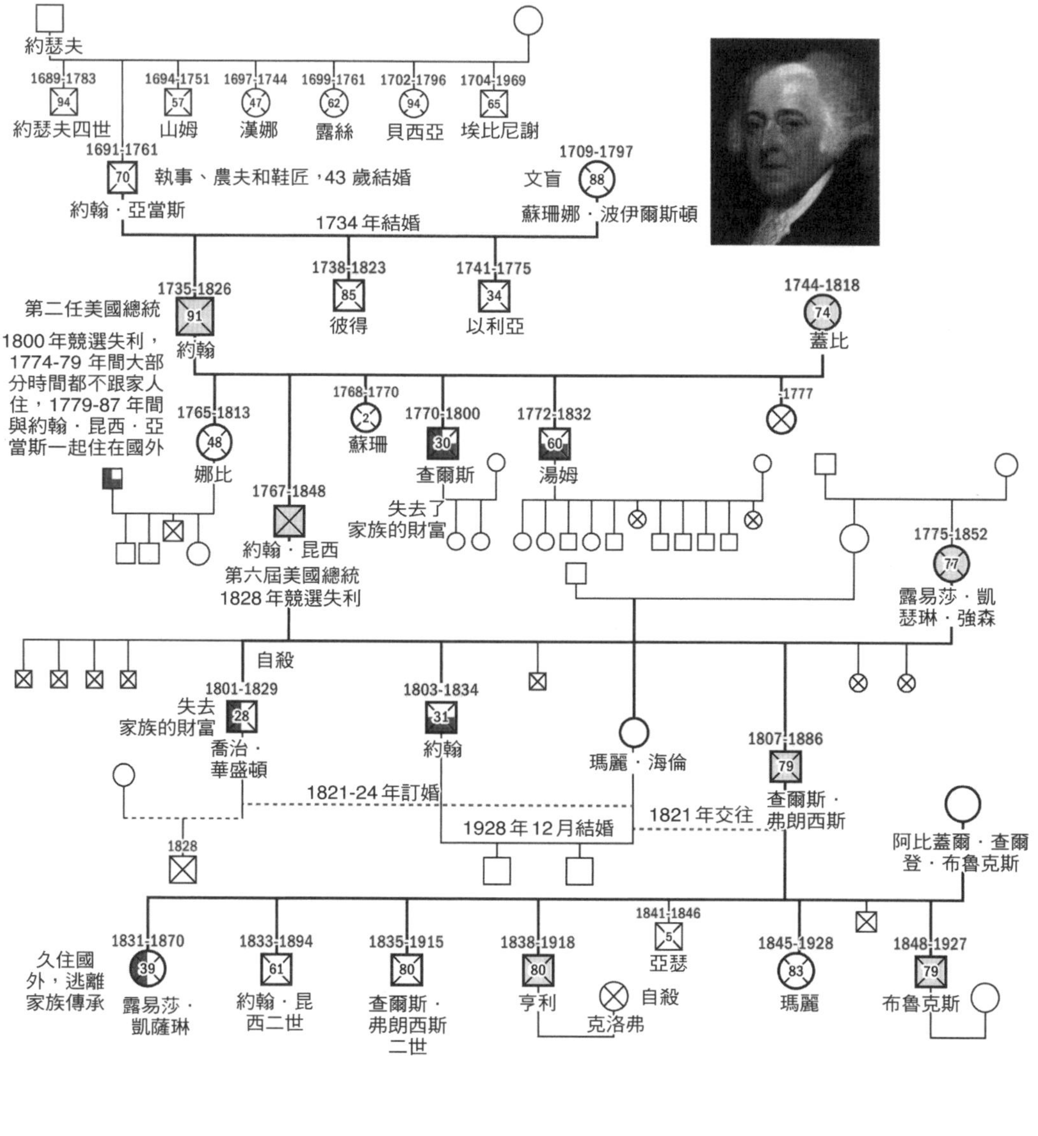

約瑟夫
1689-1783 94 約瑟夫四世
1694-1751 57 山姆
1697-1744 47 漢娜
1699-1761 62 露絲
1702-1796 94 貝西亞
1704-1969 65 埃比尼謝
1691-1761 70 約翰・亞當斯 執事、農夫和鞋匠，43 歲結婚
1709-1797 88 文盲 蘇珊娜・波伊爾斯頓
1734 年結婚
1735-1826 91 第二任美國總統 約翰
1800 年競選失利，1774-79 年間大部分時間都不跟家人住，1779-87 年間與約翰・昆西・亞當斯一起住在國外
1738-1823 85 彼得
1741-1775 34 以利亞
1744-1818 74 蓋比
1765-1813 48 娜比
1767-1848 約翰・昆西 第六屆美國總統 1828 年競選失利
1768-1770 2 蘇珊
1770-1800 30 查爾斯
失去了家族的財富
1772-1832 60 湯姆
-1777
1775-1852 77 露易莎・凱瑟琳・強森
自殺
1801-1829 28 失去家族的財富 喬治・華盛頓
1803-1834 31 約翰
瑪麗・海倫
1807-1886 79 查爾斯・弗朗西斯
1821-24 年訂婚
1821 年交往
1928 年 12 月結婚
1828
阿比蓋爾・查爾登・布魯克斯
1831-1870 39 久住國外，逃離家族傳承 露易莎・凱薩琳
1833-1894 61 約翰・昆西二世
1835-1915 80 查爾斯・弗朗西斯二世
1838-1918 80 亨利
克洛弗 自殺
1841-1846 5 亞瑟
1845-1928 83 瑪麗
1848-1927 79 布魯克斯

且未婚生子後不久，也正值他的父親約翰・昆西・亞當斯爭取連任美國總統第二輪任期失敗。正如可以在亞當斯家族的家系圖上看到的那樣，這個家族有著多世代的模式：子女間有高功能和非常功能失調的模式。美國第二任總統約

翰・亞當斯（1735-1826），是長子，也明顯地扮演著領袖的角色，不管是他的家庭或是我們的國家，都是如此。他是另一位約翰・亞當斯（1691-1761）的兒子，而在生下他的長子約翰・昆西（1767-1848）之前，其實生了一個女兒，這個女兒與他夫妻倆都有著緊密的關係。但父母親對女兒和對兒子的期待往往不同。

約翰・昆西擔任美國第六任總統，他的領導表現並不突出，最後像他的父親一樣，任期僅有一任。有趣的是，他後來在國會服務多年，這對於一位前總統來說是非常不尋常的角色。他其實是一個出色且具整合團隊合作的國會領袖，尤其在反奴隸制運動中扮演非常重要的角色，這或許說明他更喜歡在沒有那麼主導的位置上領導。他的兩個弟弟則嚴重功能失調且酗酒，造成他們的父母親極大的痛苦。

約翰・昆西把他的長子取名為喬治・華盛頓，二兒子取名為約翰，但這個兒子也陷入酗酒問題，家人對他非常的失望。三兒子取名為查爾斯・弗朗西斯・亞當斯，成為家族的歷史學家，似乎是第三代中表現最好的。某種程度上，他成功地改變了家族模式，使他的子女免受影響。查爾斯・弗朗西斯的兒子中沒有一個有酗酒、重大失敗或早逝的情況。

第四代中唯一早逝孩子是個女孩。長女露易莎・凱薩琳公認是所有子女中最聰明的，但她常感到忿忿不平，因為她認為如果她是男孩，她就可以成為總統。據報導，這個家族對他們的第一個孩子是個女孩感到失望（Nagal, 1987）。為了逃離家族壓力和傳承，露易莎・凱薩琳遠嫁歐洲，並留在那，她似乎過著一種放縱、幾乎自殺式的生活方式。她在三十九歲時死於一場事故。這一個世代中的另一個悲劇女性是亨利・亞當斯的妻子克洛弗。她是一位具天賦的攝影師，四十二歲時自殺，顯然對當時的性別束縛有很大的掙扎。

么女瑪麗，一直以來都是個叛逆且固執的孩子，最後成為亞當斯家族第四代中最傳統的一位，最順從家族的方式，儘管她晚年嗎啡成癮。長子約翰・昆西・亞當斯二世感受到家族傳統和作為長子的沉重負擔的壓迫。他想獨自一人，但不斷地被迫參選。他應對的方式就是避免參選任何職位，除非他確信自己不會贏。後來他燒毀了自己的日記和信件，並提早將家族財務交給他的弟弟查爾斯，只是查爾斯在一八九三年的金融海嘯中失去了這筆錢，接著切斷與手足的聯繫。

每個手足在家族歷史中的出生時間點

當一個孩子出生於家庭歷史中的重要關鍵時刻，我們除了需要了解那個孩子所在之手足位置的既定期待之外，可有哪些特殊的期待會加諸在這個孩子身上，就像在亞當斯家族一樣。這些期待或許會誇大各個手足位置的特性（例如：期待老大表現出超級負責任的樣子），或是調整平常的手足角色（例如：期待中間子女或老么的功用像老大或是獨生子女）。特別重要的是不合時宜和創傷性的家庭死亡和變遷。若一個孩子出生時，正逢祖父母過世，他在家族中可能就會扮演一個特殊的角色。

孩子的特質

家庭面對具有特定特質的孩子時，也可能對既有的手足模式期待有所轉變。例如：若某個孩子特別聰穎或是老大有某種程度的殘疾，那麼這個孩子就可能成為具備老大功能的孩子。如果較大的孩子有某種殘疾，則可能被當作老么對待。

家庭為孩子所設定的「計劃」

父母可能會為特定的孩子制定特定的計劃，例如期望他或她成為負責任的人或「寶貝」，而不論該孩子在家庭中的位置如何。若孩子像家族裡某位成員，就有可能被期待擔任起那個人的角色。孩子的氣質可能與他或她的手足位置相衝突。最困難的情況是孩子無法履行結構上賦予他們的手足角色。孩子可能會勇敢地抗拒家庭對他們的期待——老大拒絕負起幫照顧者或是家庭規範維護者的責任，或老么努力成為領導者。不同文化對出生順序和性別的角色期待差異很大。例如，亞洲文化對孩子期待程度的高低，傾向取決於他們的出生順序和性別，反觀猶太和英美家庭，則相對民主。在某些家庭中，最適應責任的孩子（不一定是老大）最有可能會成為領導者。

手足的命名模式通常是家庭「編程」的重要信號。例如，格雷戈里・貝特森的名字是以父親心目中的一位英雄葛里格・孟德爾（Gregor Mendel）所命名。雖然他是老么，但被「編程」為一位自然科學家，且有不凡的成就。

有時，名字也反映出不同的情勢。奧塞・戴維斯（Ossie Davis）原是以祖父瑞福・查特曼・戴維斯（Raiford Chatman Davis）命名（Davis & Dee, 2000），但當政府辦事員詢問名字時，母親說「R.C. Davis」，他卻認為她是說「Ossie Davis」（奧塞・戴維斯）。辦事員是白人，而母親是黑人，在美國喬治亞州之根深蒂固的種族歧視盛行的脈絡下，她不敢對他有什麼意見，自此，奧塞就這樣成了他的名字。

家庭組合並非占星術

正如威廉・莎士比亞在他的戲劇《凱撒大帝》（*Julius Casar*），讓卡西烏斯對布魯圖斯說：「親愛的布魯圖斯，我們的失敗並不是命運造成的，而是我們自己能力不足，我們是卑微的。」雖然家庭組合不會預定我們的生活，但有時它們影響的方式卻是可被預期的，有時甚至令人驚訝。

臨床工作者可以運用家庭組合資訊的最好方式，便是提出有關家庭角色和關係的假設，而這樣的假設必須隨著對該特定家庭的複雜性有更深的認識而予以測試和修正。

CHAPTER 7

探索伴侶組合

伴侶在形成家庭前，就已經將過往發展的脈絡帶入關係中，並影響著未來的進展，因此我們應該要檢視至少三代的脈絡（特別參閱《家庭評估與會談案例》的第八章，用以瞭解運用家系圖與伴侶工作的臨床觀點；伴侶生命周期觀點請參考McGoldrick〔2016b〕；伴侶離婚和再復合的再婚週期請參考McGoldrick & Carter〔2016〕）。

手足位置和伴侶關係

手足關係通常是為夫妻關係鋪路——分享、互相依賴與親密——就像他們可能使伴侶落入嫉妒、權力鬥爭和競爭一樣。由於手足關係通常是個體最早的同儕關係，伴侶最為自在的關係可能會是重現其熟悉的手足出生序和性別模式的關係。一般而言，當伴侶的關係是互補其原生的手足模式時，他們之間的衝突似乎較少，如：老大配對老么，而非兩個老大的結合。

如果長女有許多的弟弟妹妹，又是個照顧者，她可能會被一個佔主導地位，且願意承擔責任的老大吸引，但隨著時間的推移，她可能會開始對他的權威感到忿忿不平，因為根據經驗，她更喜歡為自己做決定。

在所有事物平等的情況下（生活中很少是這樣的！），根據手足位置所建構出最理想的夫妻關係，應該是丈夫是家中的老大，並且有個妹妹，而妻子是老么，並且有個哥哥。當然，照顧者和需要被照顧者之間的互補，或是領導者和追隨者之間的互補，並不能保證親密關係或幸福婚姻，但可確定的是人們所擔任過的角色的熟悉感。

愛莉諾．羅斯福和堂哥富蘭克林．羅斯福（儘管他有一個幾乎大他整個世代的同父異母哥哥）的結合就是個很好的例子。愛莉諾身為長女、在家中被當成獨生女在養，富蘭克林是家中獨子，夫妻兩都是意志堅強的人，而兩人的婚姻似乎因為他們能夠在各自的領域中發展而得以維繫（**圖 7.1：富蘭克林和愛莉諾．羅斯福：手足組合和婚姻模式**）。他們在各自獨立的世界中是領導者，除了假日之外，他們相隔兩地、各自過活。

當愛莉諾和富蘭克林剛結婚時，愛莉諾大多會聽從富蘭克林和強勢的婆婆莎拉．德拉諾的指示（薩拉在愛莉諾夫妻的生活中扮演了重要的角色）。但隨著愛莉諾變得越來越有自信，並培養出自己的興趣，她開始展現出長女的決斷力。

當愛莉諾發現富蘭克林與露西．默瑟婚外情的信件時，夫妻關係出現了危機。很顯然地，富蘭克林的母親莎拉居中協調，為他們協商，說服愛莉諾回到這段婚姻中（這個協定是所有羅斯福檔案中唯一未被公開的文件）。因為老大和獨生子女通常以父母為主，所以莎拉成了唯一能阻止他們分開的人——而她也確實做到了。有趣的是，在這裡起關鍵作用的人物莎拉．德拉諾．羅斯福，家中有十個孩子，她排行中間，且是存活到成年的五個孩子中的其中一個。因此，她可能不僅繼承了出色的調解能力，還是一個特殊的存在，即所有早逝手足的倖存者。

羅斯福夫婦仍然保持著婚姻關係，但各自過自己的生活，政治成為他們的共同基礎。富蘭克林因小兒麻痺而癱瘓後，愛莉諾成為他政治生涯中不可或缺

圖7.1　富蘭克林和愛莉諾．羅斯福：手足組合和婚姻模式

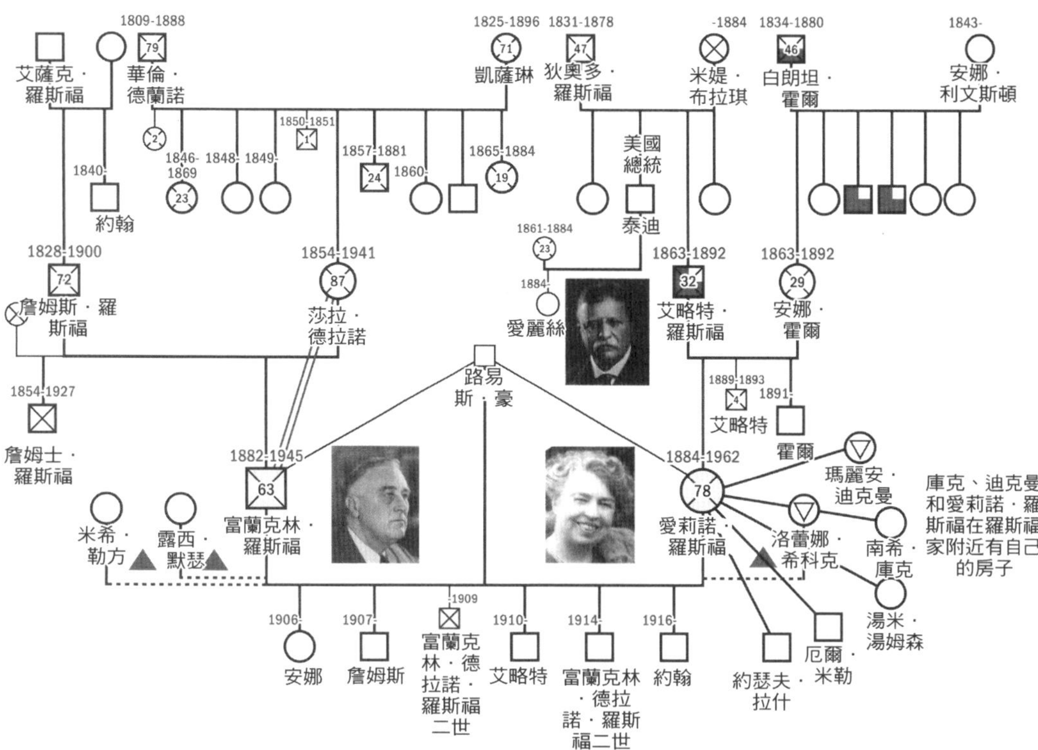

的一部分。然而，她仍然擁有自己的親密關係、政治觀點和活動，且她在位在海德公園的住所，是屬於她個人的生活空間，會和朋友在此聚會。

如果我們觀察他們父母親的手足組合，我們可以看出愛莉諾父母的組合很糟。她的母親安娜．霍爾是長女，有五個弟弟妹妹，而愛莉諾的父親艾略特有一個哥哥、一個姊姊和一個妹妹。艾略特的哥哥狄奧多．羅斯福（暱稱泰迪，俗稱老羅斯福）成為美國總統，艾略特則陷入酗酒和失功能的狀態，他遺棄他的家庭，他在愛莉諾八歲時去世，同年，愛莉諾母親也過世時，之後愛莉諾由外婆扶養長大。在外婆家，她雖然像一個獨生女，但更覺得像個孤兒。

愛莉諾的大弟在母親去世後一年過世，當時他才四歲，而小弟霍爾在她七歲時出生。很顯然，愛莉諾被迫發展出非常獨立的功能，就像她婚姻後期所需

圖7.2　李察・波頓和伊麗莎白・泰勒：兩個老么的婚姻

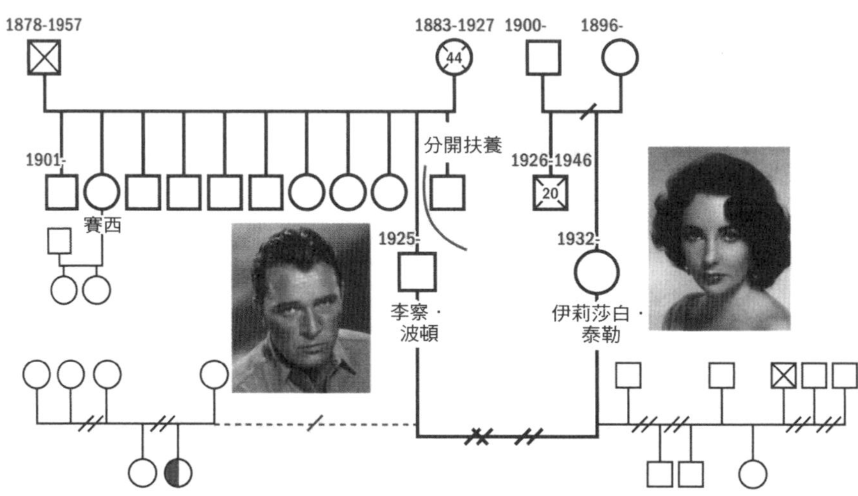

要的那樣。此外，她也像富蘭克林一樣，拓展了非常豐富的朋友和同事圈，發展多元的興趣。富蘭克林和母親莎拉的關係十分緊密，父親則年長許多，富蘭克林出生時父親已五十四歲，當富蘭克林高中畢業時，父親過世，因此當他進入哈佛大學就讀時，母親與他一起搬家。

另一對非常不同的夫妻是知名演員李察・波頓（Richard Burton）和伊麗莎白・泰勒（Elizabeth Taylor）（**圖 7.2：李察・波頓和伊麗莎白・泰勒：兩個老么的婚姻**）。他們兩度結婚、兩度離婚。是一個戲劇性的一對老么結合的例子，兩人都爭著想當「小的」，都在尋找一個照顧者。波頓是家中十三個小孩中排行倒數第二，因為他幾乎和弟弟都黏在一起，所以也被當作老么在養。在非常大的家庭中，幾個最小的孩子通常都會有老么的特質。雖然伊麗莎白・泰勒是家中兩個孩子的老么，哥哥的需求常因為她的明星地位而被犧牲，當然，這也鞏固了她的特殊地位。波頓和泰勒以他們劇情化的愛情爭吵而聞名，一個總是比另一個有更多要求和更幼稚。

當然，婚姻中可能有許多其他可能的手足配對。評估家系圖中手足組合的相容性是值得付出心力的。獨生子女往往會彼此結婚，但可能因為彼此都沒有與兄弟姊妹分享的經驗，婚姻關係也可能走的特別艱難。通常，他們一方面或許想嘗試融入對方的生活，但是另一方面卻又比其他類型的夫妻，想尋求更多的個人空間。由於中間子女具有多重角色的經驗，他們往往是最有彈性的伴侶。

當然，即使是手足組合互補的夫妻，他們的夫妻關係也可能存在問題，因此針對這樣特定類型的家庭，需要更仔細檢視。以瑪格麗特．米德（Margaret Mead）為例，身為老大的她嫁給了身為老么的格雷戈里．貝特森（**圖 7.3：格雷戈里．貝特森和瑪格麗特．米德：老大嫁給老么**）。他們的手足位置清楚地反映出他們的性格作風。貝特森是老么，兩個哥哥過世後，他被迫接管他們的遺物和傳承。正如他們的女兒凱瑟琳所描述的那樣：

> 瑪格麗特的方法肯定是基於早期在處理問題的成功經驗，不僅和她是姊姊的經驗有關，還有她成功管理弟妹多年也增強她的能力。身為老么的格雷戈里的經驗相對較少，尤其是應變改變周圍環境的能力。不同的是，他會尋求理解。事實上，他對於解決問題的努力，無論是醫學還是政治問題，都有一種厭惡感。（Bateson, 1984, p.176）

然而，米德和貝特森的手足位置和解決問題風格並未導致施助者／受助者的互補關係，而是彼此之間的掙扎和失望。瑪格麗特資深伴侶的角色被她比格雷戈里大三歲的事實而強化（她的母親也是老大，也比她的丈夫大三歲）。凱瑟琳．貝特森描述了她父母的關係：

> 在婚姻中，她是那個設定模式的人，因為格雷戈里缺乏對普遍細節的興趣……他的生活總是充滿了未完成的事或未解決的問題，而對瑪格麗特來說，每條線都能成為一個機會。（p.27）
>
> 當她嘗試管理他的生活時，格雷戈里對她的反擊比其他人都多……她會看到一個問題，接著她的想象力就跳躍到解決方案。(p.111）
>
> （他）最先是反抗瑪格麗特，這種反抗充斥著他對他的家庭，尤其他的母

圖7.3　格雷戈里．貝特森和瑪格麗特．米德：老大嫁給老么

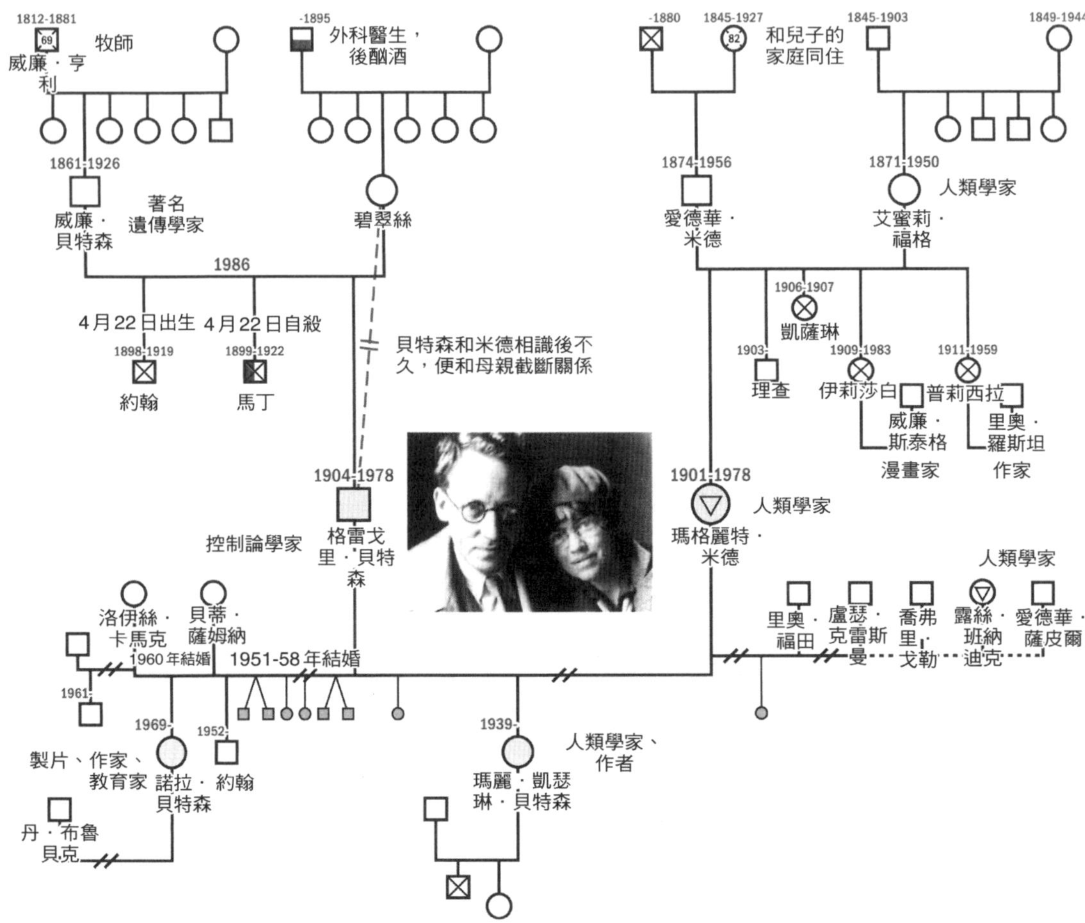

親的憤恨。（p.160）

或許哥哥馬丁於一九二二年的自殺，接著伴隨父母企圖強硬引導，且有一段時間更加用力左右格雷戈里的選擇，導致他對他的問題解決和任何努力表現，都感到焦慮。（p.176）

對貝特森的描述反映了他的老么位置，等著被照顧，同時對抗照顧他的人——身為老大的瑪格麗特。正如在第四章（**圖 4.9：貝特森家族的巧合事件**）

所討論的，貝特森手足位置的期望，隨著他兩個哥哥創傷性地離世而改變。十八歲時變成獨生子的他成為家庭承受失落的替代品。因此，貝特森的手足位置在他剛成年時的轉變，對他和瑪格麗特關係產生不相容的影響則不容小覷，即使他們的出生位置是互補的。

貝特森與瑪格麗特父親愛德華．米德的經歷存有一些相似之處。貝特森是家中唯一倖存兒子，這個角色所感受到的壓力和毒害的關係，使得必須截斷和母親的關係。另一方面，瑪格麗特父親是為獨生子，自父親在他六歲時去世後，他便集母親寵愛於一身。雖然母親施予的壓力使青春期的貝特森與她斷絕關係，但愛德華自童年開始就和母親的關係非常緊密，甚至將母親帶入他婚後的住所，度過她的餘生。這種融合或截斷模式被認為是系統化情感天平的兩端。換句話說，有時一個人被卡住，而與另一個人太過緊密；另一方面，一個人在面對情感難題會截斷關係，用以維繫這份強烈情感關係中的自我感。

手足組合、伴侶和性別

除了互補的出生序外，如果伴侶曾有過異性手足，其似乎也有助於關係的經營。最困難的伴侶組合可能是有許多姊姊的么妹嫁給有許多哥哥的么弟，因為一般來說，這兩者都沒有和異性親密相處的經驗，且可能都扮演著「被寵壞的孩子」，等待被照顧。他們可能也難做決策，都在等著有人來掌控。

繪製多重伴侶的夫妻關係

通常每個人都曾有過幾段伴侶關係的經驗，若要描繪或追踪每段伴侶關係及每段關係下的子女，挑戰可謂相當大。描繪這類家系圖複雜性的著名例子就是英國亨利八世及他的六位太太的家系圖（**圖 7.4：亨利八世和他的太太們**）。讓事情變得複雜的是，亨利的第一位妻子，亞拉岡的凱薩琳（費迪南德國王和伊莎貝拉女王的女兒）原本嫁給亨利的哥哥亞瑟，兩人在亞瑟三歲時訂婚。他們的婚姻旨在鞏固英國和西班牙之間的聯盟。亞瑟在結婚僅幾個月後去世，年才十五歲。

之後，亨利娶了凱薩琳為妻，並育有五名子女，但只有瑪麗・都鐸倖存。瑪麗後來成為了英國女王。隨後，亨利不僅發生了婚外情，還結了五次婚。他和情婦貝西・布朗特在一五一九年生下了一個兒子亨利・費茲羅伊，然後他因為第一位妻子凱薩琳未能生下存活的兒子而休掉她。他的第二位妻是安・博林，他曾與安的姊姊有過一段情（可能還有兩個孩子）。要繪製出所有的關係，變得十分不易，更晃論要包括每個人的手足和家庭背景、化為秘密關係的確切真相了。

亨利八世六個太太本身的命運相當悲慘，下場分別是：離婚、斬首、死亡、離婚、斬首、存活，兩段婚姻中間還發生幾段婚外情，其中只有兩段婚外情在**圖 7.4** 中顯示出來。左側看到亨利的哥哥亞瑟，然後是他的妻子和關鍵婚外情，按照時間順序排列，並添加了數字標示其順序。他與凱薩琳結婚以及與

圖7.4　亨利八世和他的太太們

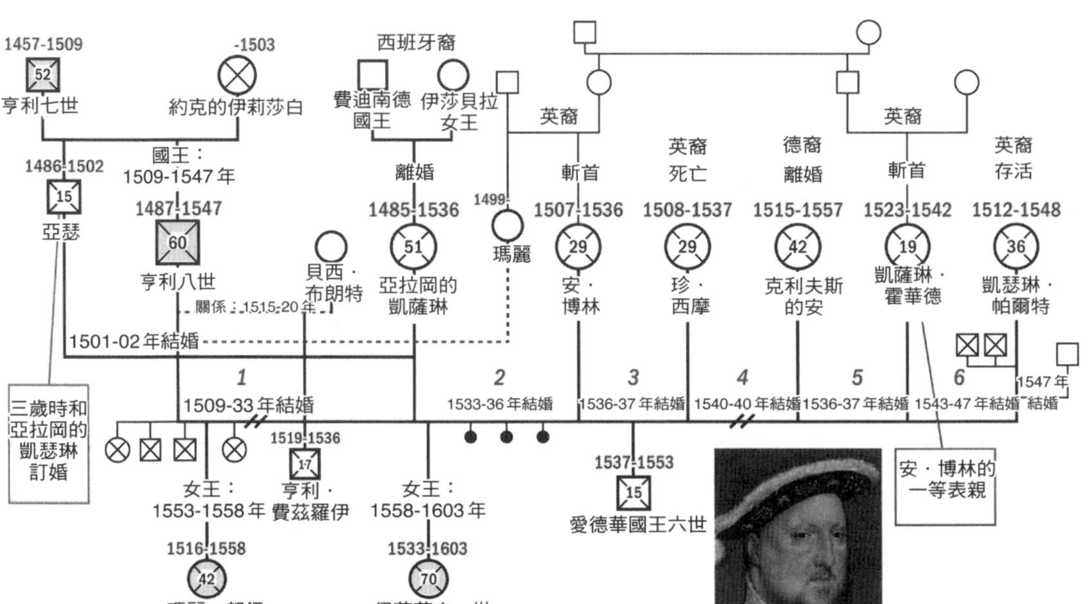

貝西有婚外情。他與貝西的兒子亨利・費茲羅伊，僅活到十七歲。接著是和瑪麗・博林發展一段婚外情，然後與安結婚。他和安的女兒伊莉莎白後來統治了英國四十五年。

亨利八世對於沒能有兒子感到失望，安曾經流產過三次，他將她斬首，然後轉而迎娶了珍・西摩。珍生下兒子愛德華六世後隔年去世。愛德華只活到十五歲。珍之後，亨利八世還有三位妻子，克利夫斯的安（亨利也和她離婚）、凱薩琳・霍華德（亨利將她斬首），和最後一任妻子凱瑟琳・帕爾特。凱瑟琳活了很長時間，她在亨利八世過世後結了四次婚，嫁給亨利八世前已經結過兩次婚。

確實，繪製這麼複雜的伴侶關係是很困難，但還是必須盡力追蹤他們的歷史。這個家系圖還顯示了一個額外的複雜性——即亨利八世的兩位太太是他的表妹（安和凱瑟琳）。在不使圖形過於複雜的情況下，可以根據需要判斷所需要添加的資訊。如果您正在和一對夫妻工作，您會希望儘可能的包含他們各自原生家庭的許多細節。

但就多次再婚來說，一個簡單的原則就是，在可以的狀況下，不同的婚姻按照從左到右的順序排列。但如果我們談論的是一對活生生的伴侶，那麼現任伴侶的兩個位置會最近。因此，如果亨利八世尚在世，且他與最後一任妻子的婚姻關係依然存續，那麼我們可能會放棄按時間順序的排列，而是讓他最靠近現任妻子的位置，所有的前妻則會在他的左邊，而她的前夫則在她的右邊。

婚姻和離婚日期也有助於讓伴侶關係的順序清晰，指出分居、離婚和再婚的時間，這些時間有時可能非常長或非常短。儘管在示例家系圖中未包括，但理想情況下，我們會記錄出生、死亡和婚姻的確切日期。這些資訊對紀念日的反應很有用，並且可以提供一些關於「逼婚婚禮」（shotgun weddings）和未婚生子等事件的線索。然而，當每一個配偶都有多個伴侶（可能還有來自先前婚姻的子女）時，繪製複雜的關係網絡確實可能會很困難。如果每個配偶都有多個其他伴侶，而這些伴侶本身又有其他伴侶以及來自不同關係的子女，那麼伴侶關係和育兒就可能變得非常複雜。如果配偶有其他伴侶，可以在第一個婚姻線的略上方微微繪制第二條線，以區分這些關係，就像亨利八世的婚外情和他的最後一任妻子的三段其他婚姻所示。

每一次繪製家系圖都需要決定哪些細節應該包含其中，畢竟能夠展現的訊息有限。這將意味著要選擇最為重要的事實、關係或模式來描繪。因為我們依照時間序關注亨利八世，所以我們選擇著重他的關係的順序。若我們想關注某個特定孩子的父母親，那我們可能會選擇將關鍵的伴侶夫妻放在中心位置，然後將其他關係和各關係下的孩子置於兩側（正如前面提到的）。

一般來說，最好是按照正確的出生序（從左邊最年長到右邊最年幼）來顯示來自不同婚姻的孩子，但如果有很多伴侶，這可能會很難做到。以下以亨利．芳達家族的家系圖來做說明（**圖 7.5：芳達家族的子女出生序**）。為了展現孩子的出生序，我們必須省略亨利的妻子法蘭絲．西摩爾的關係，然後將他後來的太太們放在右側。如果其中一位妻子在其他關係中有其他子女，我們可能必須決定顯示的規則，是按出生序還是按關係。

亨利和蘇珊．布蘭查德的么女艾咪自一歲起就和家人一起生活，直到五歲父母分居。所以，我們如何構建這個家系圖取決於我們想要繪製哪個時間點，在該時間點，誰住在哪裡？手足的組合是什麼？手足按出生序排列有助於我們理解他們彼此之間的關係，但我們也想了解他們在一起度過的年分，以及當時

圖7.5　芳達家族的子女出生序

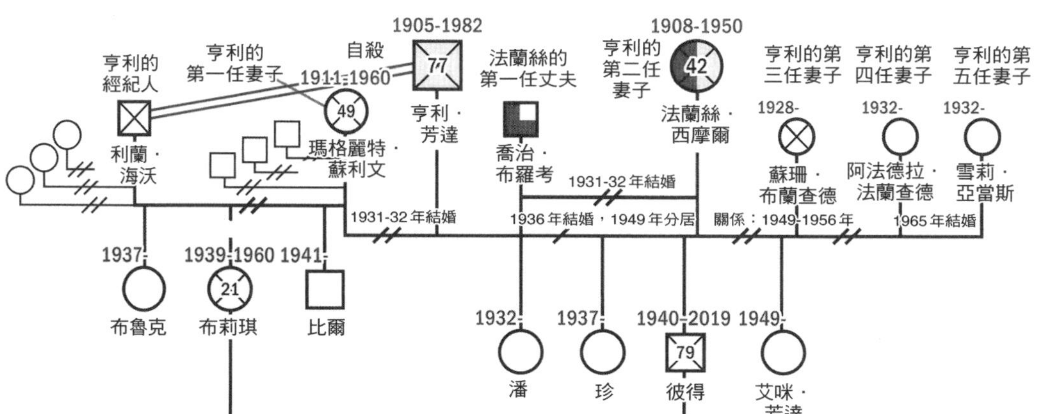

誰住在家中。

面對複雜的家庭，繪製家系圖時一定會要有所取捨，可能需要用幾個家系圖，來描繪家庭歷史中不同的關鍵時刻。希望電腦軟體能夠很快能夠保有並管理如此複雜的家庭關係資料，並顯示家庭隨著時間推移的演變過程。

當伴侶雙方都另有雙性伴侶時，可能需要在不同的高度繪製關係線，來清楚地顯示誰和誰有關。如果都有許多伴侶，可能必須抉擇，僅顯示最重要的關係。若伴侶之間是處於彼此承諾的堅定關係，則以一虛線和一實線來表示，即便這對伴侶並未正式結婚，就如**圖 7.6：茱蒂．福斯特（Jodie Foster）的家庭**所示。

這個家系圖顯示茱蒂母親白蘭蒂和她的伴侶喬阿姨之間專一的關係。圖中並未顯示茱蒂的父親路西斯。路西斯在白蘭蒂懷著茱蒂的時候離開了家，並和另外四位伴侶有了孩子。路西斯和白蘭蒂的婚姻在圖中清楚標示出一九五四年

圖7.6　茱蒂．福斯特的家庭

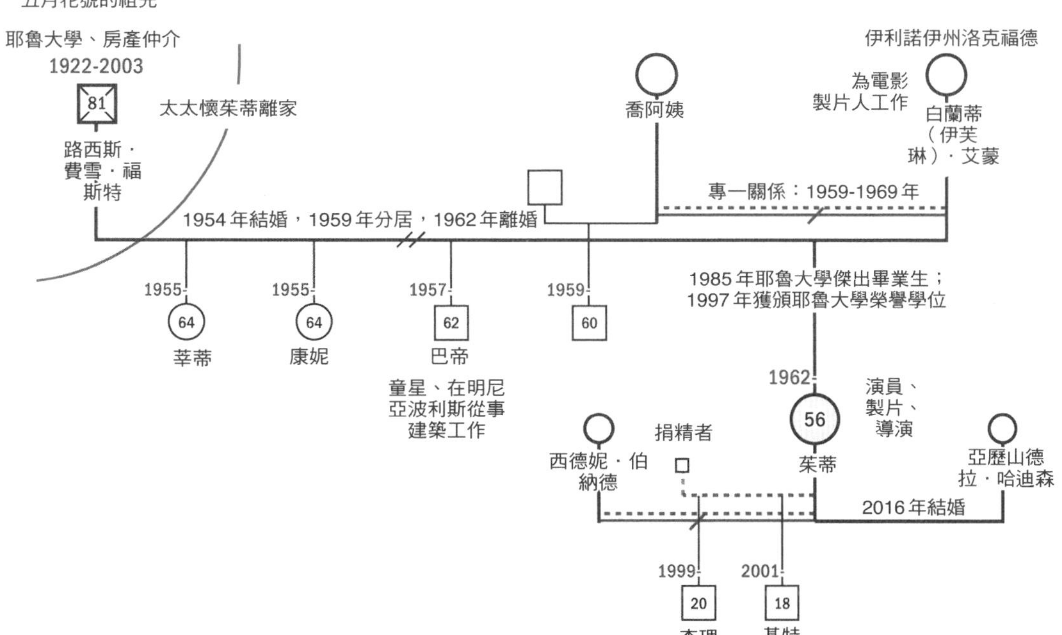

結婚，一九五九年分居，一九六二年離婚。

以特定的時間軸來記錄伴侶的關係對追蹤家庭模式來說很重要。再一次，這個過程會因為電腦軟體得以追蹤伴侶關係的整個年表而變得更加容易。但一個時間點所能描繪的訊息量就是這麼多。以茱蒂為例，她是在父母分居三年後、離婚前不久出生，這似乎是父親對母親進行金錢、情感和身體上虐待的結果。母親是在父親強迫其發生性行為後懷了茱蒂，這之前他僅提供到期所積欠的子女撫養費。

從一九五九年到一九六九年之間，母親白蘭蒂和喬阿姨維繫著專一的伴侶關係，她們自一九六二年開始同居，而她們的伴侶關係線則畫在茱蒂生父線的上方，來顯示喬在家中的重要地位。「喬阿姨」成為孩子們的穩定港灣，多年來提供孩子們經濟、物質和情感上的支持。喬的先生和他共度終生的女人則畫的較小及較高，他從未與喬離婚，也因此她無法再次結婚；他的其他關係以虛線表示。這個家系圖還顯示了茱蒂與她的伴侶西德妮間的關係，他們透過捐精者生下兩個孩子，然後茱蒂與亞歷山德拉．哈迪森結婚。

文化、時代和地點脈絡下探索伴侶關係

在考量家庭文化認同的同時，還要考量廣泛的社會政治脈絡和歷史力量，檢視這些因子如何形塑每位伴侶的經歷。著名畫家芙烈達．卡羅（Frida Kahlo）和迪亞哥．里維拉（Diego Rivera）就是一個引人注目的例子。**圖 7.7：芙烈達．卡羅文化家系圖**是許多家庭混合複雜的文化傳承的典型代表。若不看芙烈達家庭的歷史和文化脈絡，我們就不可能理解她。芙烈達是一位革命藝術家，出生時正值政治混亂之際的墨西哥科約坎。她非常認同她所處的政治時期，以至於宣稱她是在一九一〇年出生的，也就是墨西哥革命的那一年，儘管事實是她早了三年出生。她完全陷入她所處文化和時代的社會政治掙扎之中，她的作品反映出這些掙扎。

芙烈達一生都在努力應對她的多重身分，包括性別、種族和國家，她常常在自己的藝術中描繪這些主題，一腳跨在古代墨西哥的文化廢墟中，另一腳則

圖7.7　芙列達·卡羅文化家系圖

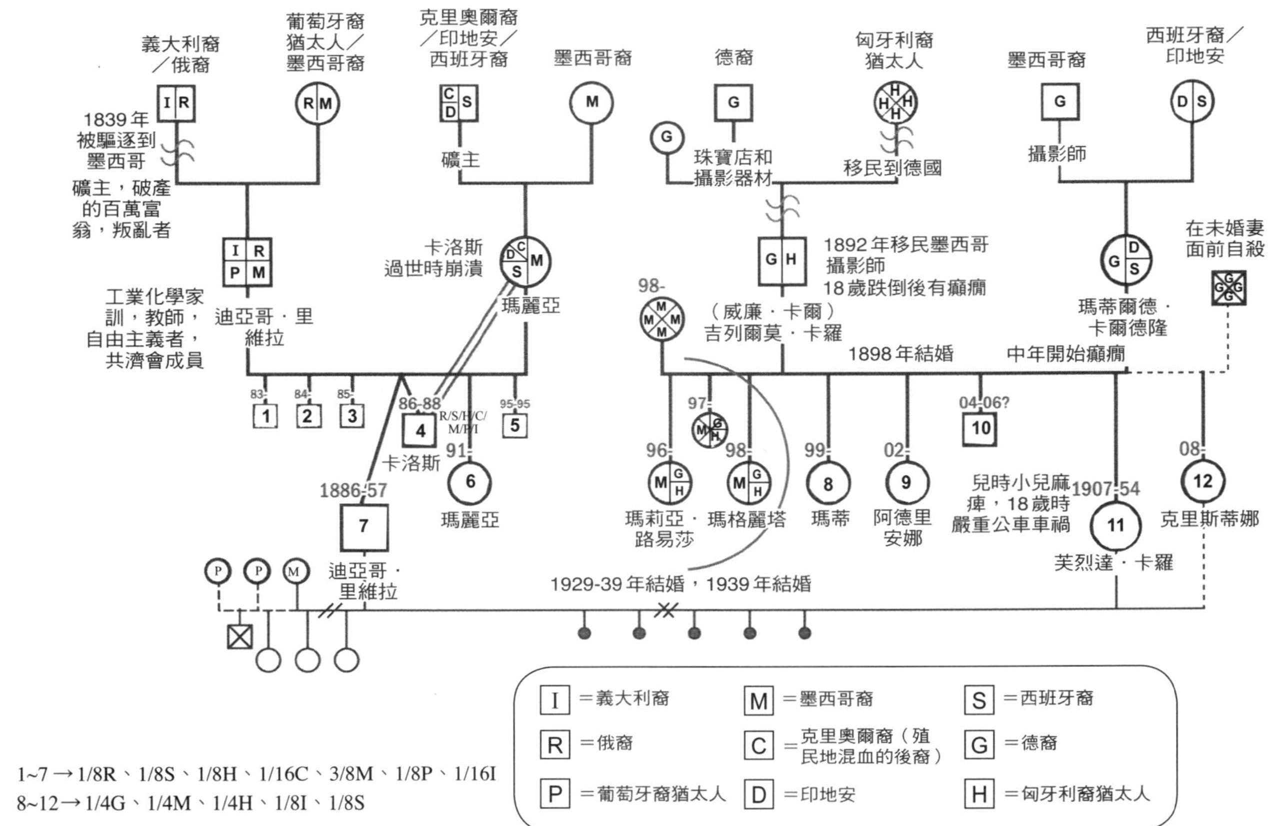

1~7 → 1/8R、1/8S、1/8H、1/16C、3/8M、1/8P、1/16I
8~12 → 1/4G、1/4M、1/4H、1/8I、1/8S

圖片7.1　卡羅跨越兩大洲

跨在工業帝國主義的美國（**圖片 7.1：卡羅跨越兩大洲**）。她是個兩股衝突力量的複雜合體。一方面，她是個年輕的墨西哥女孩，另一方面，她是世界上的精明女性。她的作品見證了前哥倫布時代和殖民時代的文化影響。芙烈達的生活和作品體現了文化碰撞，反映出她所處的歷史脈絡，和她家庭文化傳承中的獨特動力。

她的父親是一名德國／匈牙利猶太人，移民到墨西哥，並深深融入當地的文化。

她的母親是一名墨西哥米却肯州土著女性（是一個與阿茲特克帝國匹敵的帝國的後代）和一名西班牙將軍的後代，因此她是墨西哥文化的直接體現，即由征服者西班牙人與被征服的古代墨西哥土著之間的碰撞所鍛造出來的文化。芙烈達深刻地認同她家族系統兩邊的根，並努力在這些對立的力量之間保持平衡。

我們常說她繪製她自己家庭中每個人的肖像的圖表，如**圖片 7.2：卡羅家**

圖片7.2　卡羅家庭肖像

庭肖像，可說是她的第一個家系圖。這幅圖片展現了她父母的複雜文化和種族根源，以及一些孩子們複雜的傳承，這是受到納粹家譜圖（genealogical chart）的啟發，家譜圖是種被用來證明或否定「種族純淨」的一種方法。到了一九三六年，墨西哥的德國學校在校派發納粹取向的家譜圖手冊，教大家如何進行家譜研究，當時有許多教師加入納粹黨，並鼓勵學生繪製他們的家譜。

芙烈達對此感到厭惡，於是她為了強調自己種族的多樣性，調整這種納粹的方法，她運用她的繪畫表達她顛覆性——反映出她的猶太和多種族根源的認同。除此之外，她的藝術作品還反映了她對墨西哥文化二元性的熱情和共鳴，以及古代中美洲和歐洲西班牙根源。她的繪畫經常包含猶太教、天主教和原住民的宗教符號，更進一步描繪家庭混合的傳承對她的生活和作品的影響。

她的父親在德國長大，原本希望能上大學，但在十八歲時遭遇了一場嚴重的意外事故，造成腦部損傷和癲癇，就此，他的人生改變了方向，他上大學的夢想破滅。他的意外以及隔年母親的離世，再加上父親迅速和一位與他不和的

圖7.8 卡羅—里維拉家系圖

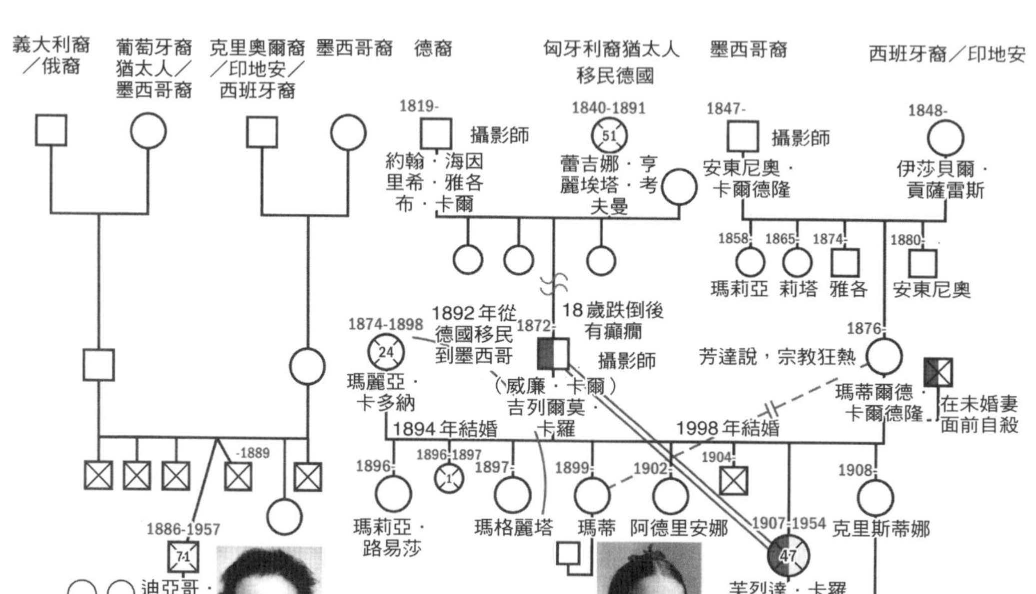

女人再婚，都影響他決定移民到墨西哥的決心。

在墨西哥，他將名字從威廉・卡爾改為吉列爾莫・卡羅。雖然他因意外所造成的永久後遺症所苦，但他卻在墨西哥成為著名的攝影師。在墨西哥，卡羅與第一任妻子結婚，生下三個女兒，其中一個女兒早逝，然後他的妻子在生第三個女兒時不幸去世（參見**圖 7.8：卡羅—里維拉家系圖**）。

卡羅顯然在第一任妻子去世的當晚遇到了他未來的妻子瑪蒂爾達・卡爾德隆，兩人很快就結婚了。然而，瑪蒂爾達表示，她不想照顧第一次婚姻的兩個女兒，所以這些女孩被送到修道院，他和瑪蒂爾達「重新開始」。

接下來的幾年，瑪蒂爾達和吉列爾莫先有兩個女兒和一個早逝的兒子，再有兩個女兒。芙烈達是失去兒子後的第一個女兒。如果我們看看芙烈達十幾歲時的圖片（**圖片 7.3：靠在父親身上**），會發現她確實看起來像個兒子，這或許再次證明她能夠融合許多不同文化的能力。

圖片7.3　靠在父親身上

當我們再次觀察芙烈達家族的「家系圖」肖像（**圖片 7.2**），她似乎不僅對自己的文化傳承有著強烈的意識，還對家族所隱藏歷史有所了解，包括那些已故或關係被截斷的家庭成員。芙烈達的「家系圖」肖像似乎按照出生序來顯示，先是她的兩個姊姊，然後是一個嬰兒（早逝的哥哥？），接著是她自己和她的妹妹克里斯蒂娜。但是右邊有兩個沒有臉的人，下面有一個被劃掉的男孩。這兩個沒有臉的人是否可能是那被排除在外的兩個姊姊？芙烈達有一種令人驚嘆的能力，能夠傳遞這樣一個概念，即那些已經失去但卻永遠不會完全消失的人。在她看來，過去的創傷永遠會影響著我們。她是否想要傳達兩個被排除在外的姊姊仍是家庭的一部分的信念？她的哥哥也是？

她創作了另一幅「家系圖」肖像，**圖片 7.4** 展現了祖父母和外祖父母。母親的肚子裡有一個嬰兒。而芙烈達自己則是父母下方，在家院子裡的一個小孩子。母親肚子裡的嬰兒是否是她的哥哥？她是否在說她為已故的哥哥過活，同

圖片7.4　另一幅「家系圖」肖像

時也為自己？在許多方面，她似乎確實是她失去的哥哥的替代者。

多樣關係的複雜性在芙烈達家族系統中深深植根。芙烈達的生活總是連接不相關的部分，反映了她的傳承的複雜性。

芙烈達的父母早年都經歷了嚴重的創傷。她的母親瑪蒂爾達是一位具有西班牙和原住民血統的聰明迷人女性。她曾與另一位德國人相戀，但他在她面前自殺。她一生都一直保存著他的書信，儘管她嫁給卡羅並育有四女兒一男。她似乎也從未發揮出自己的潛力。瑪蒂爾達鼓勵丈夫和她的父親一起做攝影生意。不幸地是，他似乎也從未擺脫自己早期創傷的後遺症。多年下來，他變得越加刻薄且孤僻，儘管他擁有才華且很早就致力於培養自己。

他最鍾愛的女兒芙烈達則是展現出非凡的能力。儘管芙烈達遭遇嚴重的殘疾，但透過轉化的力量和創造力的能量，她能夠將創傷經驗轉化為希望和美麗的藝術。她第一次生病是她六歲的時後，罹患小兒麻痺，以致右腳萎縮。十八歲的她時，經歷一場嚴重的公車意外，金屬管刺穿她的骨盆，致使她的脊椎骨折。儘管進行了多次手術，但這場意外讓她必須終身忍受慢性疼痛。她成為父親最喜愛的孩子，也是唯一一個被賜予德國名字（芙烈達）的孩子。

她很早就發展她對藝術、對父親專業的興趣，而這些也成為她事故之後的宣洩出口。就像她父親一樣，芙烈達曾夢想過成為一名學者和醫生。然而，她最終成為了一名藝術家，像她父親和外公之前一樣。

意外事故後三年，芙烈達與迪亞哥・里維拉結婚，他長她二十一歲，且已經是一名成功的藝術家。里維拉本人來自非常多元化的背景：俄羅斯、意大利、葡萄牙、西班牙、克里奧爾和墨西哥，包括被迫從猶太教轉變為天主教的祖先。就像芙烈達一樣，他的家庭也經歷了許多創傷。他和他的雙胞胎弟弟出生前，他的父母已經有三個兒子還在強褓中就過世。里維拉的雙胞胎弟弟則是兩歲時去世，最小的兒子也是如此。一個年幼的妹妹是里維拉唯一倖存的手足。里維拉自幼因為罹患多種疾病，包括佝僂病，所以遠離家裡，由保姆在山區照顧，歷時兩年之久。

在芙烈達愛上他時，他已經結過好幾次婚，並且有幾個孩子。她自己也有過幾段關係。在他們的婚姻中，芙烈達流產四次，對她來說定是非常艱難和痛苦的經歷，這些傷痛還因意外事故所引起的殘疾而加劇。

芙烈達有時描繪里維拉就像他是在她的腦海中，彷彿不可能擁有他沒有參與的身分（參見**圖片 7.5：芙烈達和她腦中的里維拉**）。里維拉似乎是她一生中的摯愛，但他從未忠誠，外遇過幾次，包括與她的妹妹克里斯蒂娜。這對夫妻離婚又再結婚，而且芙烈達本人也有過情人，男人和女人都有，包括著名的俄羅斯革命家列昂・托洛茨基。夫妻倆最終住在墨西哥城內相連但不同的住所。兩人都是非凡的藝術家。儘管芙烈達一生中都承受著身體和心理上的痛苦，但她卻是二十世紀最具創新、色彩繽紛和創造力的藝術家之一。

她的作品散發出她強烈的獨立性，以及她非凡能力，描繪出關於人類身分的多重觀點，就像她將里維拉描繪在她的腦海中一樣。有時，她會從不同的文化和生命週期的角度來描繪自己，就像在**圖片 7.6：卡羅穿著三種生命週期服裝**。在這張圖片中，她同時展現了一個年輕的女孩、一個傳統文化的女人和一

圖片7.5　芙烈達和她腦中的里維拉

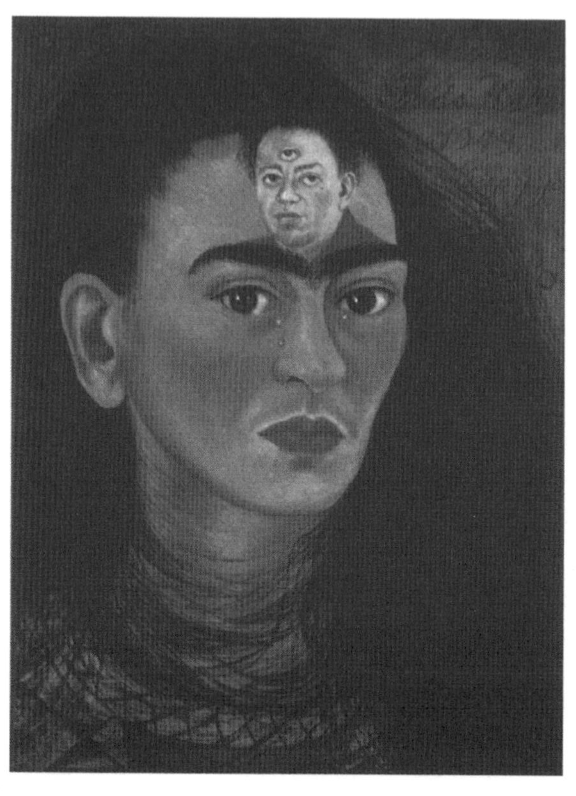

個老練的女人。她的情感充滿了希望和絕望，她在極度孤立和狂歡爆發之間搖擺。

芙烈達和里維拉傳達了關注伴侶所屬的時空、家庭所屬的文化群體、個人創造力、家庭困境和韌性的的重要性。

常見的伴侶三角關係

常見的伴侶三角關係不僅涉及與孩子（在第五章討論過）、與手足模式（在第六章討論過）有關，還包括與父母、姻親父母、朋友等等有關的三角關係，當然還包括家庭寵物，以及其他物件或機構：金錢、互聯網、工作、電視和治

圖片7.6　卡羅穿著三種生命週期服裝

療師等等。

姻親議題

最常見的伴侶三角關係或許是姻親的三角關係。經典的情況涉及到一個受寵的兒子、他的母親和他的妻子。姻親三角關係的形式非常多種。伴侶可能會透過將注意力放在先生的母親，來轉移伴侶之間的衝突。或者妻子可能會將她丈夫的能力不足歸咎於婆婆；而婆婆可能會怪媳婦搶走她的「寶貝兒子」。丈夫可能會享受母親和妻子間的較勁，因其讓他能夠遠離戰場，避免與兩人打交道。這通常是「讓妳和她鬥吧」的場景。

當然，姻親三角關係也可能發生在伴侶雙方和他們任何一位父母之間，但妻子往往扮演著更核心和更具情感的角色，因此很有可能成為這種情況下的壓力焦點。此外，在某些文化中這樣的三角關係可能會更加劇，例如亞洲，傳統上嫁入丈夫家的妻子，會成為受到婆婆控制的對象。

外遇

另一個常見的伴侶三角關係涉及外遇。無疑地，即使婚姻關係存續，外遇關係不但對婚姻有影響，也可能變成主要關注的環節。外遇是給予夫妻一方抒發的管道，從而緩解衝突關係中一些緊張的情緒，或者轉移夫妻間潛藏問題的焦點。

佛洛伊德的追隨者威廉・萊希（Wilhelm Reich），終其一生都在研究被視為人類發展核心動力的性學。他的家系圖（**圖 7.9：萊希家庭三角關係**）顯示了導致家庭悲劇的外遇三角關係。威廉是長子，和母親極其親密，甚至是性化的關係（sexualized relationship），與他殘暴、善妒和暴力的父親的關係是相反，他和父親的關係是負向的。但當他發現母親與他的家庭教師有外遇時，他感到好奇、憤恨，甚至可能嫉妒她的秘密關係。後來，當母親向父親透露，她在威廉的口袋裡找到一個他從父親那裡拿來的小捲煙裝置時，威廉感到被背叛，所以告訴父親有關母親的外遇。父親顯然無情地毒打她，直到她服毒，在

圖7.9　萊希家庭三角關係

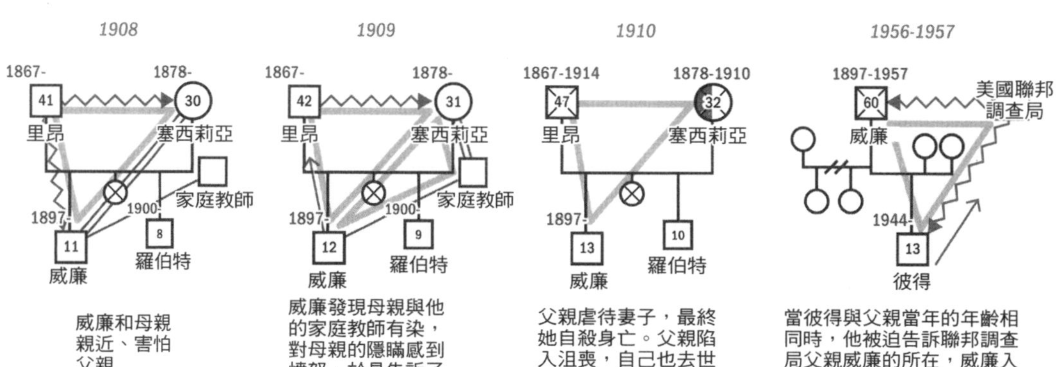

一種極度痛苦的情況下過世。

威廉永遠無法從這個陰影中走出來；這在他最深層次的心靈上給他帶來了創傷。父親似乎對此深感遺憾，他陷入了抑鬱。他購買了一份人壽保險，然後讓自己暴露於風險中，以致他生病，並在四年後過世，年僅四十七歲，遺留他十七歲和十四歲的兒子變成孤兒。

萊希後來提倡各種形式的無罪性愛作為，似乎是為了彌補他在那個家庭三角關係中所造成的災難性後果。然而，令人遺憾的是，萊希的下一代，他的兒子彼得也在同樣的年齡經歷了類似的創傷。法院禁止萊希銷售他未經科學證實之治癒癌症的「宇宙生命能量療法」（cosmic orgone therapy），但他後來因違反禁令而被定罪。聯邦調查局前來找他，兒子彼得被迫透露萊希的下落。萊希被送進監獄後六個月去世。多年來，彼得一直覺得是自己背叛了父親而感到內疚。

離婚和再婚家庭具有完整額外層次的歷史和潛在的三角關係

離婚和再婚為任何家庭的關係方程式增加了一個完整額外層次的歷史。最常發展出來的三角關係，包括新妻子和前妻、新的孩子和與前任的孩子，以及新的家庭與舊的家庭。關係的問題可能會影響到兩位配偶、所有的子女以及大家庭的各個部分——姑姑、阿姨、伯伯、叔叔、舅舅、堂表手足、祖父母和外祖父母。

如我們在第五章中所討論的，一方或雙方的父母再婚後，孩子可能會很輕易地陷入三角關係之間，這些增加的三角關係是需要被探討的（McGoldrick & Carter, 2016）。也許能夠輕易在再婚家庭的家系圖中識別出這些三角關係的原因之一是因為家庭的結構。相較於參與者的個性，運用家庭結構來辨識情況的輕易度可能是有過之而無不及，因其使得這些三角關係變得相當具可預測性。基本上沒有一個孩子會預備失去父母一方，無論是過世還是離婚。生父母是不可取代的。無論父母過世或消失多少年，他們對孩子來說都永遠重要。

圖7.10　離婚和再婚的三角關係：芳達的例子

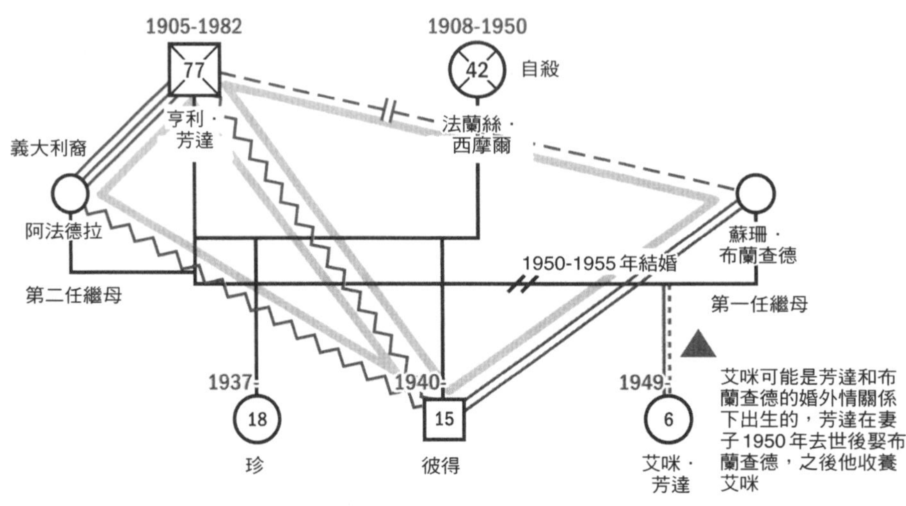

因此，在再婚家庭中的局內——局外的結構模式在本質上是固定的，並且容易形成三角關係。孩子們如何回應新的繼父母取決於許多因素，包括他們的性別，父母離婚時他們所處的生命週期階段（McGoldrick & Carter, 2016），但某些三角關係的預測度是很高的。例如，亨利．芳達在前妻自殺後與蘇珊．布蘭查德結婚（**圖7.10：離婚和再婚的三角關係：芳達的例子**）。十歲的彼得和十三歲的珍在知道後的反應非常不同。彼得仍然非常需要一個母親。珍則開始進入青春期，故更可預期她想脫離及獨立。四年後，當芳達再次離婚時，彼得已經十五歲，而珍已經十八歲並準備上大學。

當彼得正為可能失去第二個母親感到心碎時，父親爭辯說，若彼得繼續與繼母見面，是對他和對他的新婚妻子阿法德拉．法蘭查德不貼心之舉。正如我們對青少年的預期，彼得回說：他並未與蘇珊離婚，他想什麼時候見她就什麼時候見她（Fonda, 1998, p.84）。我們可以很清楚地看到再婚家庭的結構變化啟動了連鎖三角關係模式。以下的概略的家系圖顯示的是再婚家庭中一些可預測的三角關係。一個常見的三角關係涉及生父、孩子、孩子難以和睦相處的繼母。

這種模式非常普遍，因為繼母永遠無法取代生母，而子女聯盟的對象通常會是生父母而不是繼母。彼得．芳達是個例外，因為他還小的時後就已經失去生母，他迫切需要建立連結。對具有監護權的父親來說，再婚的新妻子通常代表著失落後重新獲得婚姻之愛的希望。對孩子來說，繼母是一種威脅，害怕她把生父帶走。

在離婚和再婚的家庭中，有幾種不同類型的三角關係最為常見（**圖7.11：離婚和再婚的三角關係及去三角化**）。其中一種包括子女、生父和繼母（**子女、父親和繼母**），而子女與新婚妻子之間存在敵意（不幸的是，太常被認為是「邪惡」的繼母）。西方文學中充滿了邪惡繼母的故事（納博科夫的《洛麗塔》中是少見對繼父有負面描繪的故事）。繼母常常感到受威脅，即她的丈夫給自己孩子的關心會多過給她的。

圖7.11　離婚和再婚的三角關係及去三角化

子女、父親、繼母

子女、繼母、母親

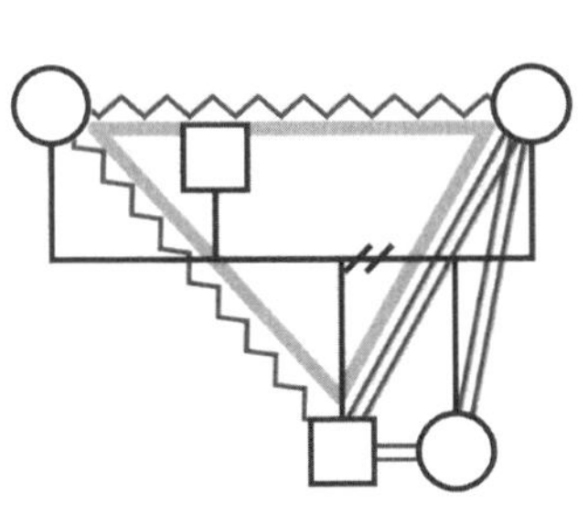

再婚夫妻的三角關係

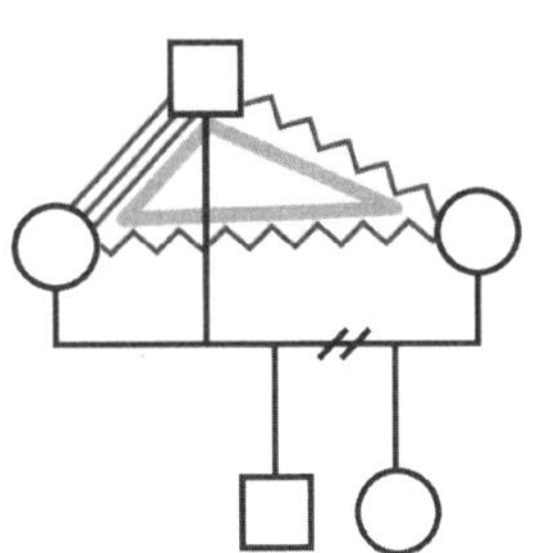

再婚初期如何避免三角關係：
繼親保持更疏離的位置

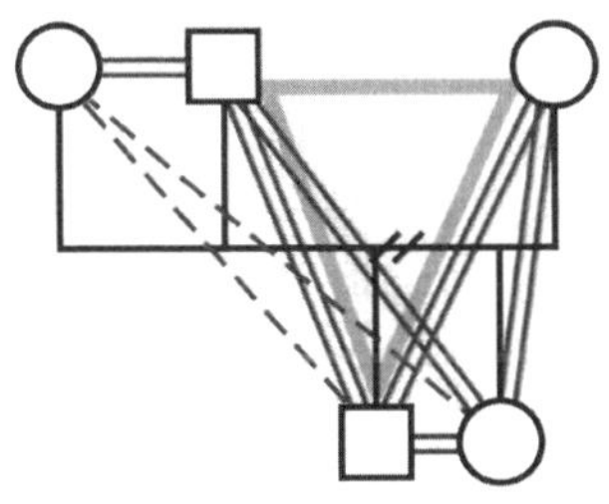

丈夫通常陷入了新妻子和孩子之間的忠誠衝突中；對他來說，這種情況產生了一個不穩定的三角關係，因為很難和兩個相互敵對的人保持連結。這裡所顯示的結構清楚地顯示父親可能會陷入的困境。但結構也指出解決方法：因為新的婚姻是發生在先前承諾之後，所以父母必須先讓自己處在加強與子女連結的位置上，然後再加強與新伴侶的連結。父母必須努力避免被新伴侶或子女捲入三角關係中。子女最關心的是要確保父母對他們的愛和承諾。新關係需要融入之前親子關係的承諾之中。

第二個常見的三角關係通常與第一個相互交織，其涉及子女、繼母和生母（**子女、繼母和母親**）。子女可能會對繼母努力取代生母的意圖感到不滿。新妻子在自己的家中感到不被接納，而生母很可能會感受到新妻子的威脅。在這個三角關係中，生母和繼母之間白日化的衝突是常見的。丈夫、他的前任妻子與現任妻子間，彼此環環相扣的三角關係，也相當普遍。新夫妻與前妻之間存在緊張關係，前妻明顯處於局外的位置。這裡可能存有兩種類型的三角關係。新夫妻可能聯合起來對抗前配偶，視她是所有問題的起因。或者新舊妻子的對立白日化，丈夫甚至會鼓勵他的新妻子為他的舊戰場打仗，如**再婚的伴侶三角關係**中所示。

三角關係也會發生在生母、她的子女和繼父之間。然而，由於我們的文化對母親的期望比對父親更高，所以繼母經歷的艱辛通常的是比較多的。

結構再次暗示了解決方案（**如何避免再婚初期的三角關係：繼親保持更疏離的位置**）。關鍵是繼父母應避免追尋成為孩子生命的中心位置，因為這可能造成孩子對其生父母忠誠的衝突，反之，應該促進他們與生父母的連結（McGoldrick & Carter, 2016）

另一個維繫這一組關係平衡的指導原則是，離婚的父母要保持一種合作伙伴關係，允許子女對兩人忠誠，但這對許多家庭來說顯然並不容易。如果他們做不到，就至少要建立合作關係，所以下個最好的替代方案就是有結構的關係，這樣子女的生活至少在某種程度上是可預測的。

在再婚家庭中，此類三角關係的潛在負面後果可以在尤金·歐尼爾（Eugene O'Neill）第三次婚姻後的家系圖中看到（**圖 7.12：歐尼爾第三次再

圖 7.12　歐尼爾第三次再婚中的融合和截斷

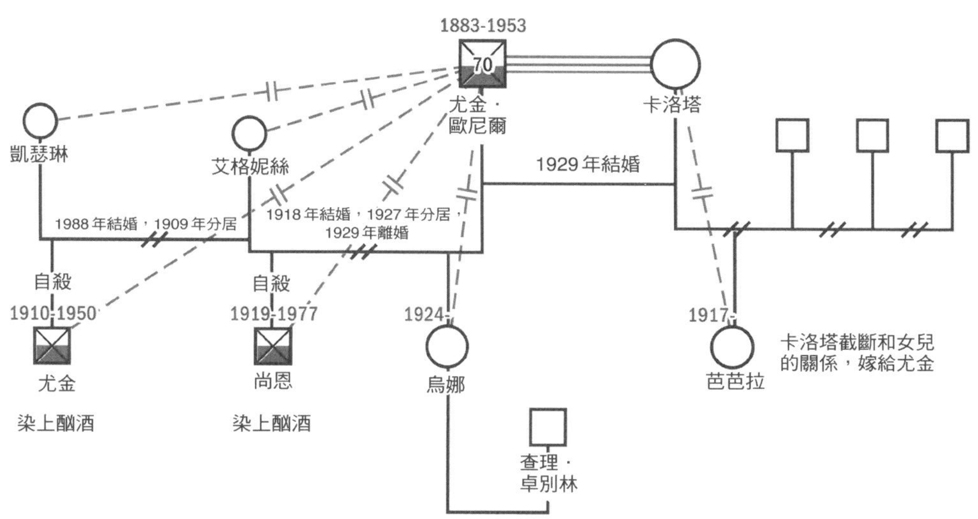

婚中的融合和截斷）（McGoldrick, 2011）。歐尼爾離婚後，幾乎截斷他與三個子女的所有關係。他與第二任妻子艾格妮絲分居時，他們的老么烏娜・歐尼爾（Oona O'Neill）只有三歲。

在對婚姻幻滅的痛苦下，他不僅切斷了與前妻的關係，還切斷了與子女的聯繫，甚至拒絕提到他們的名字。他對他被期望支付的「過高」的贍養費感到不滿，而他的前妻艾格妮絲則極其嫉妒他的新妻子卡洛塔。當烏娜長大嫁給查理・卓別林（Charlie Chaplin）時，歐尼爾拒絕再與她有任何關聯。這情況可能是因其他交錯的三角關係而加劇。看起來，艾格妮絲本人似乎在更早期與卓別林有過關係，而卓別林又曾是卡洛塔的好友（Gelb & Gelb, 1987）。在再婚家庭中，三角關係的加乘速度很快。

再婚家庭的姻親和祖父母關係

最後，在再婚的情況下，姻親通常不會保持中立。丈夫的母親和他新妻子間的關係可能會相當緊張，或者妻子的家庭和他們女兒的前夫間可能也會有緊張的關係。祖父母那一輩通常會捲入再婚的三角關係中，與他們的成年子女聯合會加劇這一過程，尤其是對抗須為離婚負責的前配偶。還有就是與他們有利益相關的孫子和孫女。當他們覺得孫子孫女的福祉和幸福受到威脅時，很可能會選邊站，甚至會「插手」。祖父母會分享他們的意見，以及提供未經請求的建議，而此往往會使情況變得更糟。

從不同角度來看伴侶關係

製作伴侶家系圖是瞭解家庭「局勢」最快、最有效的方法。即使是一個相對詳細的家系圖，也能揭示出伴侶的重要關係、功能水平和應對風格。家系圖通常會顯示出在家庭處於壓力之下時，正在產生或可能導致困境的多代模式。治療師可以更有效地利用這些資訊與處於危機中的家庭合作。在相對平靜的時期，治療師可以指導伴侶改善他們之間溝通和互動的方法，幫助他們能更好地應對或避免未來的困境。

CHAPTER 8

探索時空中的家庭：家庭生命週期

透過家庭生命週期追蹤家族歷史是理解任何家系圖的重要途徑。在臨床上，可從兩個面向來看學生和個案繪製家系圖的好處，一是從年代表的時間角度理解家庭傳承，另一則是從復原力的角度整合家庭敘事（Walsh, 2016）。

在解讀家系圖時，您或許還想看看這個人和其整個家族所處的生命週期位置。家庭會經歷不同的階段和轉換，包括離開原生家庭、結婚、生育、養育子女、退休、生病和死亡。在達到每個里程碑時，家庭必須重新組織，以便成功地過渡到下一個階段。如果在轉折點時模式變得僵化，它們可能在適應下一個階段時遭遇困難（McGoldrick, Garcia Preto, & Carter, 2016）。

臨床工作者應該注意家庭是否正在經歷任何生命週期的轉變，以及他們過去如何適應生命週期的變化。當年齡和日期不符家庭所經歷的各個階段，便需要去探究家庭因應該階段的生命週期時，是否遇到困難。例如，如果成年子女未離家，則需要探究是否在開始新的生命週期階段時遇到任何困難。或者，如果婚姻在失落後迅速發生，這可能是條探究是否有未解決之失落悲傷問題的線索。

家系圖勾勒出一個家族的過去，揭示其歷史的痛苦和美好之處。儘管這些模式可以為未來提供路徑和靈感，但同時也可能充斥著秘密，而這些秘密可能是痛苦和令人恐懼。在探索任何的家系圖，都須考量人們對於「風險部分」的焦慮。

當然，同樣重要的是要體認到，當人們在典型的時間點上，發生不符合典型生命週期模式的事，往往會讓人感到不正常，但他們實際上卻可能是具創造性或獨立思考能力的人，或者僅是遵循其他可行的生活模式。不管如何，最重要的是看到任何特定生活模式的優勢、復原力及脆弱。

通常，我們發現長大後的年輕成年期是比較可行的討論時期，此時期的成年子女必須更獨立於原生家庭之外，建立自己的生活，一般來說也會建立伴侶關係。生命週期的這一時刻通常是家庭多年來第一次為了整合新成員的加入而轉變。父母可能會努力地調整自己，以便將年輕成年孩子的伴侶、姻親，容納進一個新的、擴展的家庭組合中。

佛洛伊德及其家庭的例子

我們將利用心理學前輩佛洛伊德及其家庭的家系圖，呈現依據生命週期來追蹤典型的家系圖模式。由於他對心理學領域的巨大影響，他的家系圖對於我們在歷史視角下理解我們自己的假設尤為相關。他的傳奇可能讓我們在探究自己傳統背景時帶來重要的啟示。

佛洛伊德一生都很厭惡傳記。他就像許多其他人一樣，會為自身背景的某些層面，感到難為情或因其而苦，以至於隱藏這部分的家庭歷史。所以需要一些挖掘，才能重現這些訊息。在他看來，沒有什麼比個人和家族歷史更讓人想保護自己了（Phillips, 2014）。他的理論顯示出個人家庭歷史如何影響到他（儘管他多麼想忽視或忘記其中的某些部分，及儘管他多麼希望其他人忽視或忘記其中的某些部分）。他至少在三次不同的情境下，摧毀許多他個人和家族的文件。一八八六年，他寫信給妻子米娜，表示他剛剛摧毀許多他的文件，因為：

> 我不能在夠成熟或去世前還在擔心誰會獲得那些舊文件。在我的生命中，超越重大轉折點、超越我們的愛情和我職業選擇的一切，早已逝去，但為其舉辦一個相稱的葬禮應該不為過。至於傳記作者，讓他們去擔心吧！我不打算讓他們太輕鬆。他們每個人對「英雄的發展」的看法都會是正確的，我已經迫不及待地想看到他們迷失方向。（Freud, 1975，p.141）

佛洛伊德寫這些話時只有三十歲。他的事業才剛剛起步，但他已經確信會有人寫他的傳記，並希望引導他們走上錯誤的道路。後來的幾年裡，他又兩度摧毀個人和家族記錄，顯然，他和許多人一樣，對家族成員的精神疾患、犯罪行為和其他秘密感到尷尬。

比起任何其他人，佛洛伊德對傳記的負面態度對我們心理思維的影響可能更多。他幾乎只專注兒時對父母幻想的重要性，而忽略個人歷史的現實部分——自己和父母的真實生活，以及手足和大家庭的角色。他試圖徹底轉移我們對家族歷史的注意力。

毫不意外，許多佛洛伊德的傳記作者以及其他心理學家，都追隨他的領導，對家族歷史都視而不見。例如，佛洛伊德提出母親對兒童發展具關鍵影響的理論，我們本以為他的傳記作者會對他的母親產生興趣。在他七十七歲時，佛洛伊德依然帶著強烈的感受寫道，母親在他童年怨恨手足出生的角色：

> 兒童怨恨不受歡迎的入侵者和競爭者，不僅僅是對於哺乳，還包括母愛的所有其他跡象。他感覺自己的權利被廢黜、被掠奪、被損害；他對新生嬰兒心懷嫉妒的仇恨，並對不忠實的母親產生不滿。（Philips, 2014, p.47）

我們預期佛洛伊德這樣的態度會引發他的傳記作者對他母親的好奇，並想多多了解，但事實並非如此。佛洛伊德的母親活到九十五歲，且一直住在他的附近，傳記作者幾乎沒有關注過她的生活或她在家中的角色。我們對她與父母、手足或早年生活的關係一無所知。令人困惑的是，既然如此，佛洛伊德和他的許多傳記作者為何從未詢問過她。當然，或許我們當中的許多人也會問自己同樣的問題：為什麼在我們有機會時，我們從沒有問過自己的母親（或父親或祖父母）他們的生活？

佛洛伊德曾寫過關於母親與兒子的關係：

> 母親只有透過與兒子的關係才能帶來無限的滿足；這完全是所有人類關係中最完美、最不帶矛盾的。母親可以將她不得不壓抑的內在野心轉移到兒子身上，她可以期望他滿足她內心還剩下的男性氣概情結。（Krüll, 1986, p.117）

佛洛伊德的母親通常稱他為「我的黃金西格」（My golden Sigi）。但正如克魯爾（Krüll）指出，佛洛伊德對母子關係最不帶矛盾的描述，可能只是指她對他的感受，而不是他對她的感受。他經常在拜訪她之前會感到胃脹氣。事實上，佛洛伊德的母親在晚年被她的孫子孫女形容為龍捲風：衝動、尖銳且不溫暖（Krüll, 1986）。

我們也必須考量佛洛伊德家族所處的文化脈絡。他們是來自東歐的猶太家庭，數百年來一直受到迫害並被迫多次遷徙。他們一直生活在一個相對小的邊緣社區裡，這個社區位於敵對的社會之中，永遠無法融入其中。因此，佛洛伊德保護自己免受曝光的渴望也反映了文化遺產對他的影響，即他來自一個長期在迫害下生活的文化群體（Phillips, 2014; Krüll, 1986）。

我們可以像探索所有家系圖一樣探索佛洛伊德的家系圖——詢問一系列的問題。佛洛伊德所迴避的歷史是關於什麼？是什麼讓他想要否認他和歷史的相關性？他是否有想要逃避的特定事實？如果有，原因是什麼？在佛洛伊德的家族中，是否有他不敢談論的秘密？最近的研究顯示確實存在著秘密。

透過探索佛洛伊德家族的家系圖模式，或許可以幫助我們看到佛洛伊德不想讓我們注意到的事情。

讓我們從家庭成員的年齡開始，隨著他們的生命週期來探索。如**圖8.1：1855年的佛洛伊德家族**，佛洛伊德的父母雅各．佛洛伊德和亞瑪麗亞．納坦森的年齡相差一個世代，他們結婚時，雅各四〇歲，妻子二〇歲。雅各也已經當祖父，兩個成年兒子和他的年齡差距都比他和妻子之間的小。我們可以看到

圖8.1　1855年的佛洛伊德家族

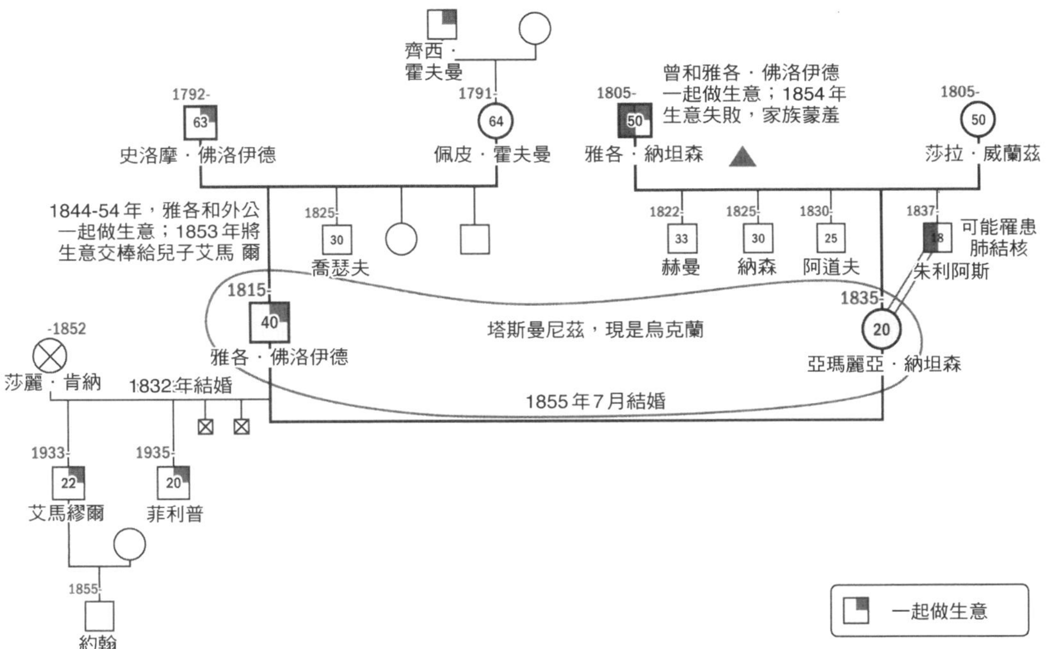

雅各結過婚，他的第一任妻子在他和亞瑪麗亞結婚前三年去世。

雅各曾與他的外公齊西・霍夫曼合作經商，也和亞瑪麗亞的父親雅各・納坦森商業合作十年。在此之前，這兩位男士都遇到嚴重的商業難題。雅各・佛洛伊德在一八五三年安排他的兒子艾馬繆爾接手他商業參與的部分。亞瑪麗亞的父親則因一八五四年生意的失敗覺得很丟臉。我們可能會想知道這次的失敗是否影響亞瑪麗亞決定嫁給一位年長她許多、且自她十歲起就一直和她父親一起工作的男人。

我們知道在當時和那個地方，這樣的年齡差距並不是常態（Krüll, 1986），雖說鰥夫和他第二任妻子之間有著相當大的年齡差距並非罕見。也許亞瑪麗亞父親近期的失敗和失去財富為她的這個決定提供了解釋，即作為唯一的女兒「將就」於一個年紀較大的男人（Swales, 1986）。我們對雅各的第一任妻子、雅各和亞瑪麗亞結婚的決定，或家族中任何人對所有的這些變化作出什麼反應一無所知。

為什麼家族中沒有人認為這些事件或關係很重要而需要討論和記錄呢？甚至事後也沒有討論和記錄？我們不知道亞瑪麗亞是否認識雅各的第一任妻子莎麗・肯納？因為結婚時，亞瑪麗亞只有十七歲。這可能意味著非預期懷孕的可能性（Anzieu, 1986）。

亞瑪麗亞肯定會知道莎麗的存在，因為他們都住在同一個城鎮，且雅各和她父親共事很長一段時間。是否有人曾向佛洛伊德提起過莎麗？沒有記錄顯示他與任何人討論過她。她是否有什麼讓家族蒙羞嗎？

我們也不知道任何亞瑪麗亞和艾馬繆爾、菲利普關係的細節。我們從佛洛伊德成年後所作的評論中知道，在他的幻想中，他的母親和菲利普是情人。我們還知道，在他再婚的三年內，雅各幫忙安排他的兒子移居英國，部分原因可能是為了讓他們與他的第二任妻子保持一段安全距離。

雅各第一次婚姻維持二十年，遺留下了什麼？亞瑪麗亞對步入莎麗的後塵有什麼樣的想法或焦慮？無論如何，在雅各的前段婚姻及四個孩子中失去兩個的陰影下，他與亞瑪麗亞展開了新家庭。

亞瑪麗亞是一位充滿活力的年輕女子，也是她父母親唯一的女兒。作為一位和父親、外公、亞瑪麗亞的父親一起工作到處推銷的業務員來說，三十多歲雅各的表現算是相當出色的。

但他的事業似乎在中年時期陷入停滯。有人或許在看到家系圖上的這對夫妻，可能會預測許多會讓這段婚姻在生命週期轉變時遇到很大問題的原因。早期生活階段的未解決議題往往會增加晚期轉變的困難度及複雜度。

我們只能猜測，有鑒於雅各的前段婚姻、神秘的過去、和妻子間的年齡差、他們的財務困境，亞瑪麗亞父親的金融醜聞、以及婚姻期間她弟弟的生病和去世，都會增加此階段轉變的困難。

這些都是我們想要探索這樣家系圖的提問。針對可能的家庭模式和壓力提出假設，是家系圖運用的重要部分。探索模式可以幫助我們對家庭建立假設，並思考問題，而這些問題會有助於我們更深入地了解發生了什麼，從而了解他們目前所處的情況。

家系圖通常也讓我們看到先前關係中的問題，例如與父母或手足之前的融合或疏離關係，可能會影響婚姻關係的連結。不幸的是，我們僅知道佛洛伊德家族中，雅各和他父親史洛摩這一代，曾經與亞瑪麗亞的父親一起工作，後者因為經營失敗而結束。但我們不知道這夫妻關係如何受到影響的細節。

轉換至為人父母階段：一八五六年的佛洛伊德家族

佛洛伊德於一八五六年在摩拉維亞弗萊堡出生，正好是夫妻兩結婚一年後（**圖 8.2：1856 年的佛洛伊德家族**）。通常，比起婚姻本身，第一個孩子的出生更能清楚地標示著一個新家庭的轉變。對於新伴侶來說，孩子往往不僅意味著更大的合法性，也意味著相較於原生家庭，當前家庭的影響力變大。

佛洛伊德出生前三個月，雅各的父親史洛摩去世，享年六十三歲。於是佛

圖8.2　1856年的佛洛伊德家族

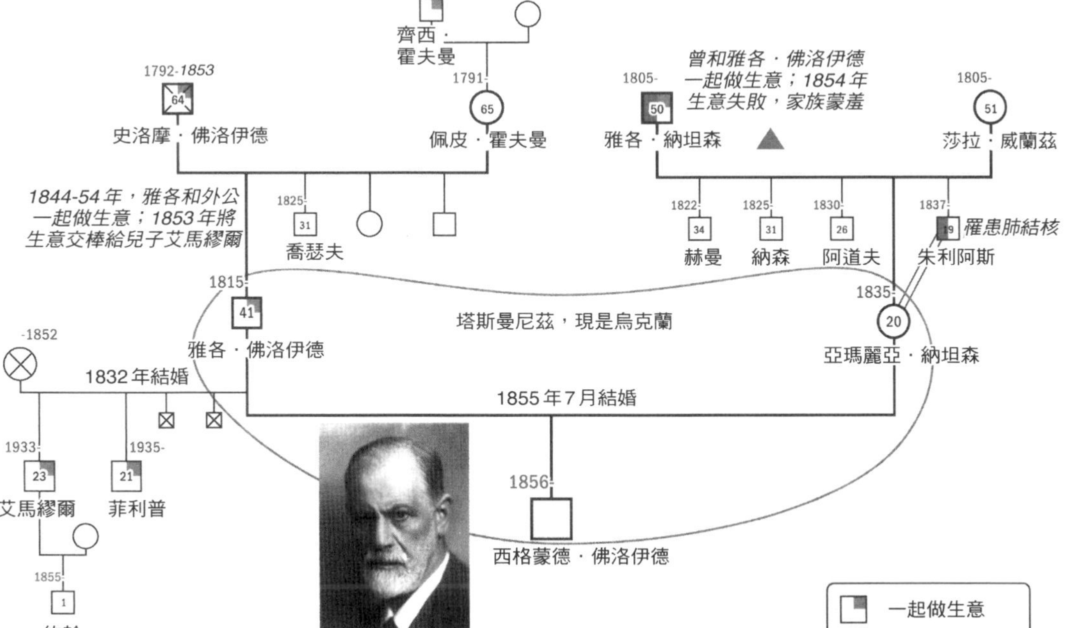

洛伊德以爺爺的名字命名（我們在家系圖上用斜體文字標註了佛洛伊德出生時的事件，以突顯連結：佛洛伊德的爺爺去世的前一年，他的同父異母的侄子約翰出生）。爺爺就像拉比（rabbi，猶太人的精神導師）一樣，佛洛伊德會這麼認為，可能是他生來就是要追隨爺爺的腳步，成為拉比：教師和智慧領袖。從一開始，佛洛伊德似乎在他母親的心中佔據特殊地位。他的角色明顯地受到他既是新家庭的長子又天生聰穎的影響，同時也受他出生在家庭希望感最高點的影響。

早期育兒年代

家系圖可能會透露出圍繞著一個孩子出生的特定情況，以及這些情況如何造就一個孩子在家庭的特殊地位。它還暗示可能會發展出來的典型親子三角關係。如果我們觀察佛洛伊德出生後三年的家系圖（**圖 8.3：1857-60 年的佛洛伊德家族**），我們可以看到家庭面臨的一系列獨特壓力，包括遷移、出生、失落和其他對系統的威脅（同樣，我們在家系圖上用斜體字標示出與佛洛伊德早期童年經驗有關的重要事件）。

佛洛伊德的母親在他出生八個月後再次懷孕，並於一八五七年十月生下第二個兒子朱利阿斯。但不幸的是，朱利阿斯在一八五八年四月十五日，也就是他患上腸炎的六個月後去世，恰好前一個月，亞瑪麗亞的弟弟朱利阿斯死於肺結核。

一個孩子的死亡往往會加深父母對存活孩子的感情，年齡最近，尤其是同性別的孩子，通常會成為失去孩子的替代品。因此，在第二個兒子去世後，佛洛伊德對他的母親來說變得更加重要。這樣的失落本身又因她最小弟弟的去世而加劇（Krüll, 1986）。當亞瑪麗亞在六個月前以她弟弟的名字為第二個兒子命名時，她一定知道弟弟正瀕臨死亡。

這種命名尤是有趣，因為它違反了猶太人命名的傳統，即猶太人的命名是只用已逝者的名字來為嬰兒命名以示尊敬。因此，亞瑪麗亞為兒子的命名，是否意味著情感上的必然性大過文化習慣？佛洛伊德在日後曾表示他對

圖8.3　1857-60年的佛洛伊德家族

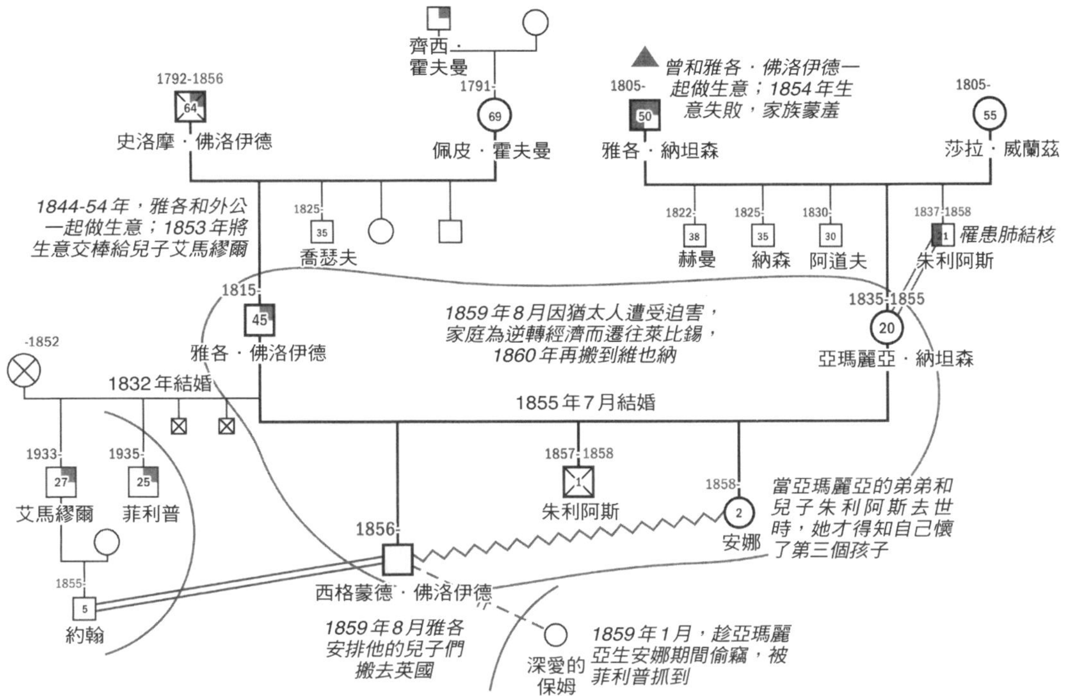

這個弟弟抱有「壞心眼和真正的幼稚嫉妒，而他的死為我留下了罪惡感的種子」（Masson, 1985, p. 268：給威廉．弗萊斯〔Wilhelm Fleiss〕的信，1897年10月3日）。

當亞瑪麗亞的弟弟和兒子朱利阿斯去世時，她已經懷了第三個孩子安娜。安娜於一八五八年十二月三十一日出生，而當時正值這個家庭處於重重壓力之中。安娜出生的隔月，即一八五九年一月，保姆因偷家裡的東西而被抓。佛洛伊德出生後的頭三年都是這個保姆照顧他，關係非常親近。然因她在亞瑪麗亞產女期間偷竊，佛洛伊德的哥哥菲利普質問她後解僱她。與此同時，佛洛伊德的父親安排他的兩個大兒子移居英格蘭曼徹斯特。這意味著佛洛伊德和艾馬繆爾的大兒子約翰（大佛洛伊德七個月）失去他們最早的同儕關係。佛洛伊德後來說道，他生活中後來的所有朋友都是這個最早關係的轉世，他對他的傳記作者厄尼斯．瓊斯說：

直到我三歲前，我們都是分不開的；我們互相愛著、爭吵著…這種兒時的關係決定了所有我日後和同齡人相處的感覺。（Jones, Vol. 1, 1953, p.8）

佛洛伊德後來寫道：

我的情感生活一直堅持我應有一個親密的朋友和一個仇敵。我總是能夠自己找到這兩者，兒時的理想狀況被完全重現的情況並不常見，即朋友和仇敵集結於一身——當然不是同時出現或者不斷地擺動，但這或許是我幼年時的情況（和約翰在一起）。（Krüll, 1986, p.130）

正如之前提到的，雅各對亞瑪麗亞和菲利普關係的發展感到焦慮，促使他將兒子送往國外，迫使他們與他的妻子分開。無論如何，在這個時候，雅各先將他的家人搬到萊比錫，然後再搬到維也納，這可能是因為經濟困境，還可能涉及一些偽造貨幣的秘密金融交易（Swales, 1986）。我們必須假設佛洛伊德家族離開弗萊堡來到萊比錫是出於經濟原因，但他本人和家族的其他成員從未針對遷移討論過，一年後。舉家又搬到當時對猶太人更加友好的維也納。

在短短三年內，佛洛伊德經歷了多次失洛：弟弟的去世、保姆被解雇、侄子／「哥哥」約翰和同父異母的兩個哥哥艾馬繆爾和菲利普的移民、妹妹安娜的出生（這似乎再次將他的母親帶走），最後是兩次整個家庭的地理上連根拔起。佛洛伊德家族的經濟狀況自此不再穩定。佛洛伊德的妹妹們，特別是安娜和朵爾菲，可能承受了家庭這些負面變化的主要壓力。

佛洛伊德與他的妹妹安娜從未對盤過。打從很小開始，他或許就把她視為一個外來者，而她可能對他在家庭中的特殊地位和特權感到不滿。七名兄弟姊妹中，佛洛伊德是唯一一個自始至終都有自己房間的人，即使家庭極為困頓時，也無例外。老大通常會怨恨弟妹的出生，感受到新成員的威脅或被取代，但他與安娜的疏離並未在成年後而有所改變。

育兒歲月中期

任何家庭的育兒歲月裡，典型的特徵是父母被淹沒在任務之中，他們既要管理孩子，還要支持家庭。隨著自己的父母親和其他年長親戚開始需要額外的支持，他們往往又會添加額外的任務。

對佛洛伊德的家庭來說，育兒中期可說是相當困難的，一八五六年到一八六六年的十年間，在經濟狀況不太穩定的情況下，八名子女出生。一八七三年的家系圖（**圖8.4：1873年的佛洛伊德家庭**）顯示了佛洛伊德完成中學教育，並開始就讀醫學院那一年的家庭情況（在這個家系圖中，我們以斜體字顯示1859年至1866年間有許多的新生兒，父親的弟弟在這段時間入獄，以及雅各如何支持家庭的問題）。

根據所有記錄，佛洛伊德是家庭的中心。有一個眾所周知的家庭故事，就

圖8.4　1873年的佛洛伊德家庭

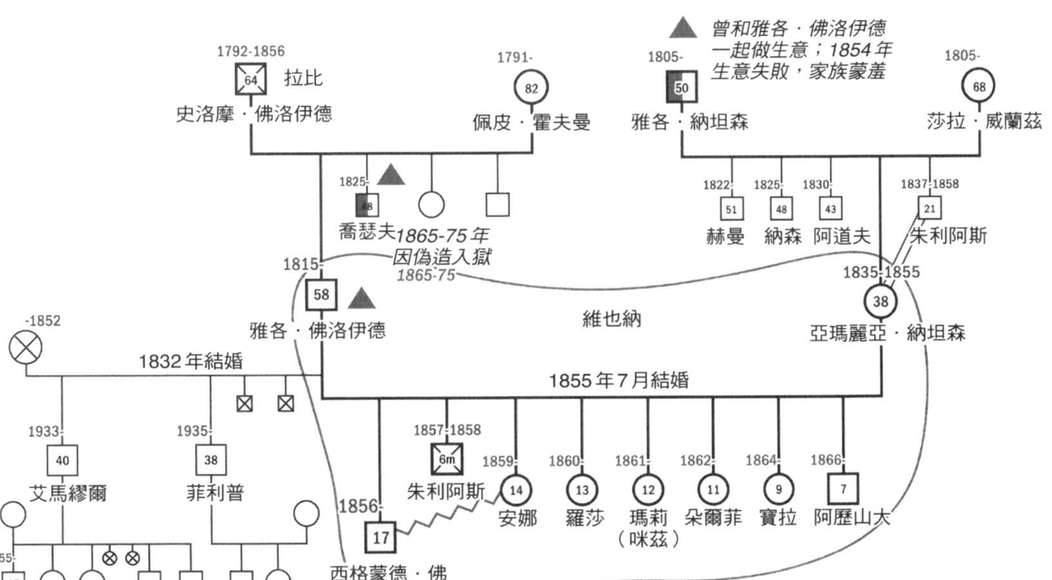

是他的妹妹安娜想彈鋼琴，他們的母親便買了一架鋼琴，但當佛洛伊德抱怨噪音讓他不舒服時，母親立刻把它扔掉了。他的妹妹再也沒上過鋼琴。佛洛伊德的特殊地位還展現在另一件事上，即家人給予他為弟弟亞歷山大取名的特權，當時佛洛伊德年僅十歲。

隨著孩子進入青少年階段並變得較不依賴父母時，可能會出現幾種常見的三角關係模式。第一種涉及青少年、他／她的同儕和父母；第二種涉及青少年與父母其中一人關係親近，但與另一個不親近；第三種則是青少年、父母和祖父母其中一人之間的關係。當青少年尋找自己的身分認同，逐漸展現性方面的發展和創造潛力時，然父母往往也在此時意識到自己在工作和人際關係方面的限制而陷入掙扎，這可能會加劇代間衝突的強度。

我們對佛洛伊德青少年時期的家庭詳細情況所知幾乎是零，但這一時期的家系圖顯示他們家的育兒負擔沉重，因為仍然有七個孩子還在家。在這個生命週期階段，雅各和亞瑪麗亞之間的年齡差異可能感覺更大。五十多歲的雅各可能感覺到自己的年齡。佛洛伊德後來形容他父親的脾氣相當暴躁，又對他的兩個成年兒子艾馬繆爾和菲利普感到失望。

相比之下，小雅各二〇歲的亞瑪麗亞充滿活力，吸引人且年輕。有鑒於她對佛洛伊德的奉獻和家務的繁忙，她的精力可能更多是花在孩子們身上，而不是丈夫身上。佛洛伊德還表示，他感覺自己必須彌補父親的情感缺失。雅各的弟弟約瑟夫因偽造罪被判入獄十年，同年，么兒亞歷山大出生。佛洛伊德後來說到，叔叔被監禁的痛苦和恥辱讓他父親一夜白髮。或許雅各也牽涉其中——正如之前提到的，這可能也是艾馬繆爾和菲利普搬到英國的原因（Krüll, 1986; Swales, 1986）。

青春期的孩子們會在學校和朋友中，建立家庭之外的興趣。佛洛伊德八年的中學生涯中，有六年名列第一。但他與同儕的成功互動就相較不明確。他顯然很害羞、認真、嚴肅，專注於學業而不是社交。

我們的家系圖應該特別指出，重要的同儕關係，尤其是青春期的孩子，有助於我們看到家庭界限是如何擴展到包容外部人。我們知道愛德華．西爾伯斯坦是佛洛伊德在學唯一親近的朋友，他們通信並組建了一個「秘密社團」。

十六歲時，佛洛伊德對一位朋友的姊姊吉塞拉·弗魯斯有好感，但從未向她表白。也許為了證明自己在家庭中的特殊地位，以及彌補家人的其他失望（同父異母的兩個哥哥，和從未真正在維也納謀生的雅各），佛洛伊德以他在學業上出類拔萃、生活中取得成功來回應家人的要求。

佛洛伊德的中年時期家族：青春期、展翅離家、年輕成年期和新夫婦加入，然後繼續前行

一旦孩子進入青春期，這個階段的任務便要準備因應世代間關係上的質變，因為孩子越來越不依賴父母，並開始開闢他們在這世界的道路。在我們當前這個世代，展翅離家階段（孩子離家獨自生活的階段）通常和婚姻結合在一起，因為孩子通常要到結婚才會離家。在佛洛伊德的時代，青春期晚期、展翅離家、年輕成年期、和伴侶結合通常發生的時間都相對緊湊。

佛洛伊德確實於一八七五年，在他就讀醫學院時，前去英國探望他兩個同父異母的哥哥。這次旅行顯然讓他重新思考他對父母和對自己目標的觀點，這在青春期後期是很常見。這種與核心家庭之外的人接觸的經歷通常會讓正在崛起的成年人重新評估他們的家庭。不幸的是，我們不知道佛洛伊德重新思考的細節是什麼，也不知道他的父母對他想法的改變做出什麼樣的回應，甚至也不確定他是否傳達了這些想法，因為通常青少年和年輕成年人不會這麼做。

到了二十一世紀，尤其是在美國，這個時期的生命週期階段通常都延長了，我們甚至可以說是在談論另一個額外的階段，這個階段有時被稱為「成人青春期」（adultolescence）。一些年輕的成年人在三十多歲時才完成教育或者自給自足。

以佛洛伊德的例子來說，他這個階段的時間有比當時那世代典型的時間都還要更長。佛洛伊德和貝內斯（Bernays）家族的一八八五年聯姻家系圖（**圖 8.5：1885 年的佛洛伊德－貝內斯家族**），顯示他與瑪莎·貝內斯訂婚的第三年。醫學院就讀十年後，二十九歲的佛洛伊德首次踏上職業生涯，但他仍然與父母同住，他的未婚妻瑪莎則是和她的原生家庭住一起。我們看到隨著佛洛伊

圖8.5　1885年的佛洛伊德—貝內斯家族

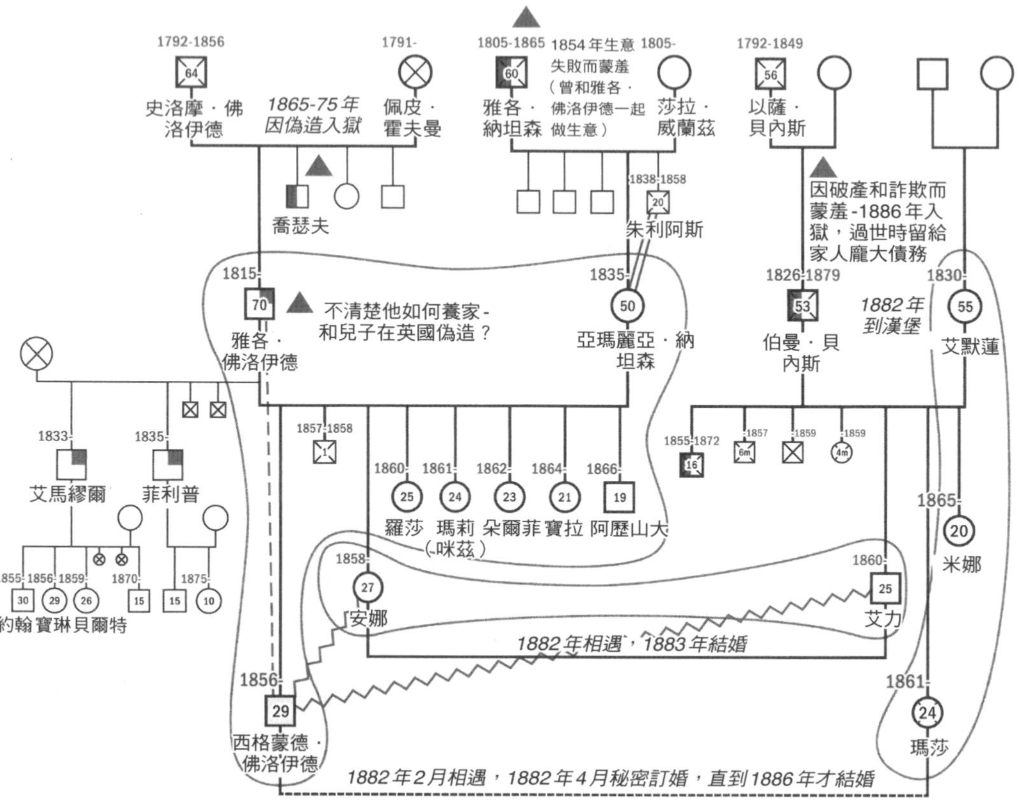

德的世代開始展翅離家，家庭也建構完成。佛洛伊德和他的妹妹安娜雙雙和貝內斯家庭的兄妹艾力和瑪莎結婚。

展翅離家階段是現代家庭生命週期的基石。對於隨後的所有階段來說，這個階段至關重要。這個階段的中斷或延長都可能會影響所有未來生命週期的轉變。

佛洛伊德家庭，宛若一般的大家庭一樣，許多生命週期階段同時發生。在同一時間點，佛洛伊德家庭正預備佛洛伊德的「展翅離家」，同時老么卻還沒進入青春期。在更大的大家庭中，佛洛伊德的哥哥艾馬繆爾和菲利普在養家活口的同時，佛洛伊德才剛脫離青春期。

我們或許可以問佛洛伊德家庭，當孩子進入青春期並開始投入自己的生活時，他們如何因應界線的改變？當母親正在失去她的「金色西格」時，她是否抓住她的女兒？隨著年齡漸長，佛洛伊德的父親是否變得憂鬱、活力減少、財政資源減少，與妻子的連結變少？佛洛伊德與母親的親近或父親的功能不佳是否使他更難離家？佛洛伊德是否感到身為長子的責任？以及母親是否試圖留住他？

佛洛伊德在籌劃婚禮的經濟困境對他和妹妹安娜和妹夫艾力之間升溫的衝突，是否雪上加霜？安娜和艾力於一八八二年相遇，但因為他們的經濟資源更為豐富，所以次年一八八三年便結婚。反觀佛洛伊德，他和瑪莎則必須等三年才能結婚。

性別限制對佛洛伊德和瑪莎的關係影響程度如何？艾力送妹妹瑪莎和米娜去德國漢堡照顧喪夫的母親，並住在那裡。此舉是否打亂了佛洛伊德和瑪莎的關係？兒子會被送離開去照顧哀悼的母親嗎？似乎是不太可能的。另一個當時傳統習俗的性別限制的例子是，佛洛伊德五個妹妹當中的朵爾菲終生未嫁，且成為母親的主要照顧者。佛洛伊德的下一代，他的女兒安娜也會為他和太太做相同的事情。

佛洛伊德的醫學研究一直到一八八一年，共計持續了八年，但後續他還花了好幾年的時間才自給自足。這情況在當時並不尋常，尤其對於無法財務獨立的學生來說。也許是他覺得母親需要他的陪伴。但無論如何，他很顯然在沒有動娶瑪莎的念頭前，從未認真思考過要如何養活自己。當邁向下一個生命週期階段時出現延遲，就像這種情況一樣，臨床工作者應該探討往前進的障礙。以佛洛伊德來說，障礙看似是關乎財務和情感，還有當時限制他生涯機會的反猶太主義。佛洛伊德繼續住在家裡，直到最後，夫妻倆從瑪莎阿姨那裡獲得一筆小遺產後，他們才能夠結婚並搬進公寓。

戀愛和婚姻時期的家系圖也可以提供有價值的線索，探索兩個家庭的傳統如何在成立新家庭時成為共創出來的議題。如果一方的配偶或家庭與另一家庭競爭（就像佛洛伊德的情況一樣），或者如果父母不贊成子女的婚姻選擇（儘管此情況在此似乎不適用），涉及姻親的三角關係很可能就會發展出來。

在這個生命週期階段，手足之間的衝突和三角關係也可能浮現。在這個家庭中，這樣的三角關係顯而易見。從早期開始，佛洛伊德就感受到瑪莎與原生家庭關係對他的威脅；他要求多、佔有、嫉妒瑪莎對哥哥艾力的忠誠。我們猜測艾力可能也怨恨佛洛伊德的事業，以及帶走他的妹妹瑪莎。在他們漫長的戀愛過程中，佛洛伊德曾寫信給瑪莎，威脅說他的自我主義會起來反抗她的家人：

不管你的孝順感覺要如何對抗，我都將製造出讓每個人都聽到的巨大響聲。無論你的子女情感如何反叛。從現在開始，你只是家裡的客人，就像我典當的珠寶，一旦我有了錢，我將盡快贖回。長久以來尚未確定的是：女人應離開父母，追隨她所選擇的男人？（給瑪莎的信, 1882/8/14, Freud, 1960, p.23）

佛洛伊德甚至威脅瑪莎說，如果她不放棄對哥哥的忠誠，他就會取消他們的訂婚。他寫給她的信：

你只有兩種選擇。如果妳不夠喜愛我，妳就不會為了我放棄妳的家庭，那麼妳必會失去我，生活必會崩壞，又不會從妳的家庭裡得到太多。（引用自 Appignanesi & Forrester, 1992, p.31）

佛洛伊德一代中，佛洛伊德家和貝內斯家之間存有特殊的雙重連結，暗示著兩個家庭之間複雜的關係，以及可能的三角關係。各自家庭的長子都娶了對方家庭的長女。佛洛伊德和他的妹妹安娜從未相處融恰，他們和對方家庭的兄妹結婚無疑使情況變得更糟。也許佛洛伊德感覺到的是老大和妹妹之間的原始敵對關係；或者，他可能將安娜的出生與當時所發生的許多失落連結在一起：他的母親正在生另一個孩子、他的保姆被送入監獄、他的家庭因經濟因素而搬遷、他的哥哥搬到英國。

很顯然，佛洛伊德怨恨他的妻兄艾力有足夠的錢娶安娜，而他自己的婚姻卻因為經濟因素而被推遲。佛洛伊德還不滿艾力開始金援他的弟弟亞歷山大的某個項目，他認為艾力在控制他的兄弟以及他的未婚妻。

瑪莎來自一個有著自己秘密的家庭。她的父親也曾經因為詐欺而被關、蒙羞，當時瑪莎還是個孩子。他去世時嚴重負債，兩年後瑪莎與佛洛伊德相遇。當時，佛洛伊德和她哥哥艾力已經是朋友，後來艾力與佛洛伊德的妹妹安娜交往。與此同時，艾力催促瑪莎、母親和妹妹一起搬到漢堡，避免父親的債務和尷尬。

佛洛伊德對艾力和安娜產生怨恨，他甚至沒有參加他們的婚禮！事實上，他甚至在寫給瑪莎的信中都沒有提到這個事件，儘管當時他幾乎每天都寫信給她。佛洛伊德在艾力和安娜婚禮後不久，還討論參加瑪莎其中一個表親手足婚禮的可能性，而這無疑是個相對不太重要的家庭事件。佛洛伊德還不滿艾力用瑪莎從姨媽那裡繼承的一筆小遺產去投資，他覺得這再次阻止了他早點和瑪莎結婚的機會（Young-Bruehl, 1988）。

如果我們比較瑪莎和佛洛伊德的家系圖，我們會看到某些顯著的相似之處。貝內斯家族，就像佛洛伊德家族一樣，不得不面對年幼孩子的死亡。最年長存活下來的兒子艾力非常像佛洛伊德，在三個嬰兒過世不久後出生，也是哥哥，有妹妹。長子以薩在一八七二年去世，年僅十七歲。雖然我們不知道具體細節，因為關於這個家庭的許多事情都是秘密，但他顯然是個嚴重困擾的年輕人

在一八六七年，瑪莎的父親因詐欺被捕、短暫入獄，帶給家庭恥辱時，孩子們都還不到青春期，這與佛洛伊德及其家庭所經歷的不光彩相似，當時佛洛伊德的叔叔，或許還有父親、同父異母的哥哥們都參與偽造。上一代中另一個類似情況則是佛洛伊德的外公，在亞瑪麗亞十八歲時，事業失敗，留給家人毀滅感和羞恥感。

瑪莎的父親在她十八歲時去世，家人陷入巨大的債務風暴中，就像佛洛伊德的家庭經歷雅各晚年失業一樣，只是不清楚的是瑪莎家人是如何度過困境的。艾力接管家庭的經營，最後為避免破產和還積欠朋友的款項，因而逃離維也納。瑪莎的母親與她的女兒們搬到了漢堡，此舉激怒了佛洛伊德，因為他和瑪莎在前一年已經秘密訂婚。

我們可以推測，佛洛伊德和瑪莎背景中的不光彩和秘密的相似性可能是他們相互吸引的一部分。佛洛伊德父親的生意有嚴重問題。佛洛伊德在結婚前幾年，就開始銷毀家庭文件，第一次是在與瑪莎見面並秘密訂婚幾個月後，再一次是三年後，也就是他們結婚的前一年。當瑪莎終於設法取得她姨媽小小遺產的控制權時，佛洛伊德和瑪莎這對夫妻終於能結婚。

當安娜和艾力搬到紐約後，教育程度比佛洛伊德低的艾力變得非常富有，佛洛伊德對這對夫妻負面情緒更加劇了，尤其是受過高等教育的他是如此掙扎著維持家計。三角關係所牽涉的衝突，似乎是艾力和安娜的家庭擁有財富、物質主義，且具有「不良」價值觀，反觀佛洛伊德及其家族，不以追求金錢為主，著重自己在智識上優越。

這對夫妻的整個婚姻中，雖說一些衝突被隱藏了，但卻還是存在。例如，瑪莎確實與其他家庭成員保持聯繫，並依然保有正統猶太教的信仰，儘管她的丈夫是拒絕宗教的。結婚數年後，她說佛洛伊德拒絕讓她在婚後的第一個星期五晚上點燃安息日蠟燭，這是她生命中最令她感到難過的經歷之一（Appignanesi & Forrester, 1992）。佛洛伊德去世後，當時已經六十八歲的瑪莎又重新開始在每個星期五晚上點燃蠟燭。

下一代

對家有幼兒的家庭來說，這頭幾年都是事情很多的，而最常見的是婚姻難題，因為伴侶將大部分精力都投入在工作和孩子身上。儘管瑪莎幾乎負責所有的育兒責任，佛洛伊德則努力擴大他的醫療工作，且開始進行一些最具創意性的智力工作。當家庭處於這個階段時，臨床工作者應警覺育兒的壓力和婚姻中一般性的壓力。正如兩邊的父母一樣，佛洛伊德和瑪莎八年內生了六個孩子（**圖 8.6：1896 年的佛洛伊德家族**）。

最後一個孩子的出生可能是家庭生活的一個重要轉折點。對安娜來說確實是如此。安娜出生於一八九五年十二月三十一日，她並不是以佛洛伊德的妹妹所命名的，而是以他敬愛的亦師亦友的山繆・漢姆舒拉格的女兒命名（Krüll,

圖8.6　1896年的佛洛伊德家族

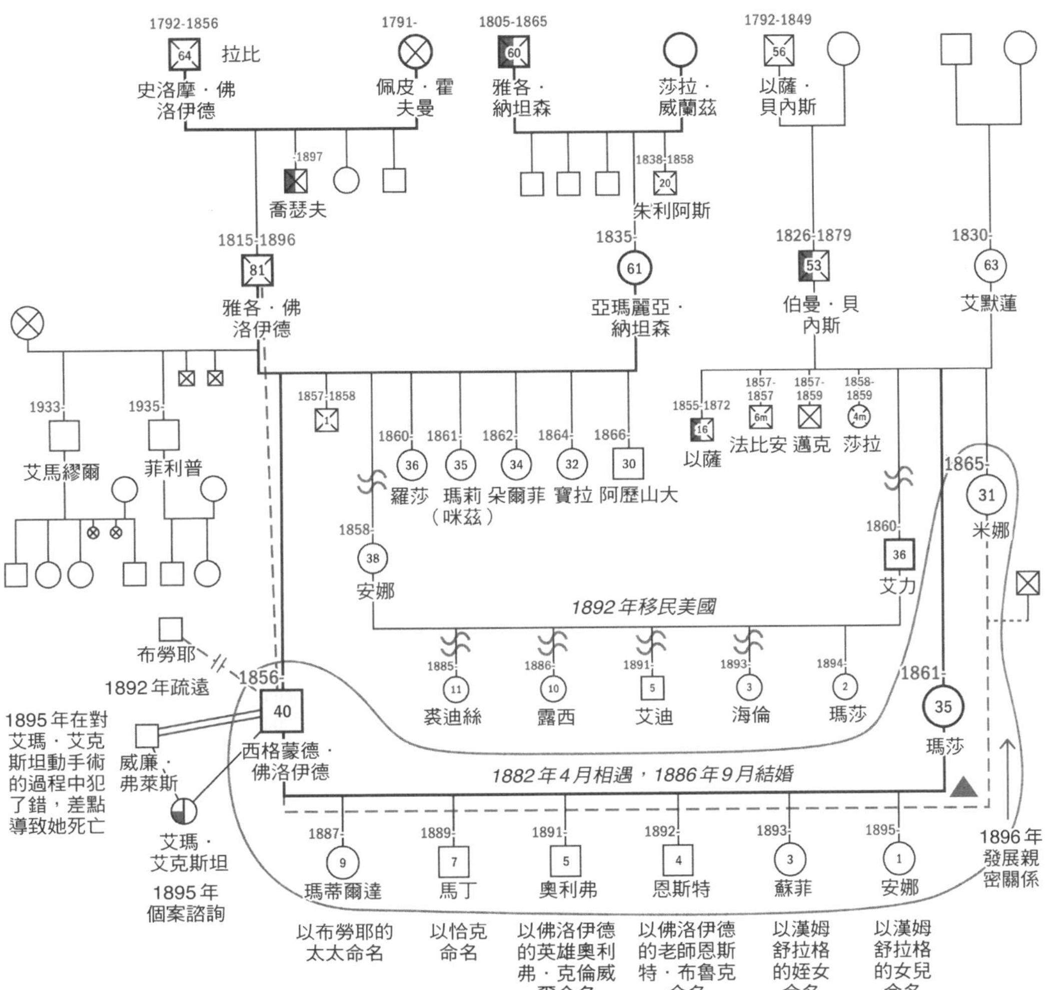

1986）。最後一個孩子出生後，佛洛伊德和瑪莎似乎決定不再生育了。這對夫妻之間的性生活從那時開始明顯減少（Anzieu, 1986; Roazen, 1993）。

儘管安娜對她的父親鞠躬盡瘁，但她似乎並沒有感到自己是他最偏愛的孩子。她一生竭盡所能地努力，為的就是贏得父親的認可。當他生病時，照顧他的是安娜，而不是他的妻子。

自一九一八年初期，當時安娜二十三歲，父親成為她的分析師，這讓我們腦海中出現一個奇怪的畫面，即佛洛伊德坐在她後面，分析她的自由聯想。她甚至代替他參加了他自己母親的葬禮！她是他所有子女中唯一一位沒有結婚的，她全身心地奉獻於他，選擇繼續實踐他的工作。

瑪莎似乎將所有注意力放在養育孩子上，而不太參與孩子教養和生活的佛洛伊德則在思想和情感上逐漸靠近小姨子米娜。他在一八九四年向朋友弗萊斯描述米娜時，他稱她為「我最親密的知己」（Masson, 1985, p.73）。佛洛伊德的老么安娜出生的同月，米娜搬進了他們的家。十四年前，米娜曾與他的密友伊格納茲・舒恩伯格訂婚，但在他死於肺結核之前不久，他們的關係已破裂。伊格納茲去世後，米娜從未結婚。

各方面來看，佛洛伊德和米娜的關係是極度親近的。佛洛伊德認為他和米娜相似：兩個狂熱的人，都想按照自己的方式行事，而伊格納茲和瑪莎則是溫和且適應力強的人（Jones, 1955）。佛洛伊德和米娜一起去度假至少十七次（Swales, 1986），理由是他們兩人都喜歡旅行，而瑪莎不是，至少不是按照佛洛伊德的節奏（Freeman & Strean, 1981）。米娜似乎更有興趣討論佛洛伊德的想法，而不是瑪莎。實際上，瑪莎對精神分析表示：「如果我不明白丈夫對待治療的態度是多麼認真，我想我應該會將精神分析視為某種形式的色情」（Appignanesi & Forrester, 1992, p.45）。

米娜在佛洛伊德家庭的臥室，必須穿過主臥才能進入（Eissler, 1978）。最近的研究支持榮格的說詞，就是米娜曾告訴榮格她和佛洛伊德發展一段婚外情。一八九八年，他們入住瑞士的一家度假酒店，登記的名字是佛洛伊德博士和夫人，而他寫信給妻子時並沒有提到米娜和他一起。也有證據顯示，米娜曾在一九〇一年懷孕及墮胎（Swales, 1986）。瑪莎對丈夫與妹妹關係的態度，我們一無所知。

佛洛伊德在此生命週期階段經歷了一次重大危機，他重複了自己父親在中年時期的變化。除了老么的出生，他與妻子、小姨子米娜發生變化的關係、父親的去世，與此同時，佛洛伊德也剛過四十歲的生日。他正面臨生涯議題和個人症狀議題，同時也掙扎著支撐一個大家庭。

類似於他父親雅各在中年時的變化，雅各在四十歲時與亞瑪麗亞發展一段新戀情，同時也面臨工作的轉換和遷移。佛洛伊德的危機似乎還涉及到親密關係的變化和生涯的動盪。比起他父親，佛洛伊德能夠運用更積極的方式化解危機，他不僅鞏固了他的工作，還被任命為教授，並且作為新理論創始人的他越來越受到認可。有趣的是，他的下一代中，長子馬丁重複這種顯而易見的模式，他也與小姨子發生婚外情（Freud, 1988）。

佛洛伊德的危機讓他發展出最偉大的論述，包括他對誘惑理論的主要闡述，所得出的結論是許多女性在治療中談到的早期性虐待並不是幻想，而是現實。然而，隔年佛洛伊德又撤回這一主張，回到：所有這些女性關於自己曾遭受性虐待的陳述都是想像（Masson, 1992）。這些年裡，佛洛伊德出現了憂鬱和焦慮的症狀，包括「偽」心臟問題，並抱怨倦怠、偏頭痛以及各種其他身體和情感問題。顯然，這是一個動盪不安的時期，他用自我分析來回應他的中年危機，並在此動盪的時期，將朋友弗萊斯視為父親的形象。他還建立了一個新理論的結構，最後成為他最著名的作品《夢的解析》（*The interpretation of Dreams*）。

年表8.1：1895-1897年的佛洛伊德家族顯示佛洛伊德這一時期的關鍵事件。當瑪莎懷安娜時，正值佛洛伊德的專業諮商最具爆發性的時候。他將他的病人艾瑪．艾克斯坦轉介給他的朋友和父親形象的弗萊斯，後者出於某種原因相信鼻子手術能夠治癒因手淫引起的性問題，即使當時沒有人清楚鼻部手術如何被認為具有治療作用。弗萊斯在動手術的過程中犯了錯，將紗布遺留在傷口裡，造成感染，甚至差點導致病患死亡。已經和弗萊斯關係十分緊張的佛洛伊德，對於這樣的情況，深感理想的幻滅和壓力。

一八九六年，安娜出生不到一年，佛洛伊德的父親去世，他說這是人一生中最具影響和最令人難過的事。當時，瑪莎正在外地拜訪她的母親，只有米娜在那裡安慰他，或許這是促使他們發展出親密的連結。他在父親去世後不久寫道：

那些意識背後的隱晦之路，老人的死對我產生非常深的影響……他的生命早在他過世之前就結束，但他的死喚起了我所有早期的記憶。我現在感到

年表 8.1：1895-1897 年的佛洛伊德家族

1895	（2 月）佛洛伊德的朋友弗萊斯在為佛洛伊德的病人艾瑪．艾克斯坦動手術的過程中犯了錯，將紗布遺留在傷口裡，差點導致病患死亡。
1895	（3 月）瑪莎剛孕育著安娜。
1895	佛洛伊德覺得憂鬱，且有心臟方面的症狀，用古柯鹼自我治療。一年後他放棄該治療，並開始抽煙。他決定開始自我分析。弗萊斯幫他動了鼻腔手術。
1895	（12 月）第六個也是老么的安娜出生，以佛洛伊德的老師山繆．漢姆舒拉格的女兒之名命名。她是個年輕的寡婦，也是佛洛伊德的病人（Anzieu, 1986）。佛洛伊德運用安娜的出生擴展他的執業。
1895	（12 月）佛洛伊德的小姨子米娜搬去和佛洛伊德一家同住——她的臥室在主臥的後面，而唯一的出入口必須穿過主臥。
1896	佛洛伊德對朋友和同事布勞耶產生極度負面的情緒。
1896	（4 月）佛洛伊德寫到偏頭痛、鼻子分泌物和對死亡的害怕。
1896	（5 月）佛洛伊德寫出最清晰的誘惑理論（seduction theory）：他相信女人的焦慮是源自於實際童年的性虐待經驗。他的演說使他的聽眾震驚及憤慨。
1896	醫學界因為佛洛伊德的看法而孤立他。
1896	佛洛伊德稱艾瑪．艾克斯坦的出血為「歇斯底里」。
1896	（10 月 23 日）雅各．佛洛伊德過世。（佛洛伊德 40 歲，也是佛洛伊德出生時，雅各的年紀）雅各過世前，病重約一個月，因為瑪莎總是去探望她母親，只有米娜在家撫慰失去父親的佛洛伊德。
1897	（1 月）佛洛伊德沒有獲得大學晉升升等。
1897	（2 月）佛洛伊德被告知他最終會被推薦為教授。
1897	（3 月）佛洛伊德不光彩的叔叔喬瑟夫過世。
1897	（3 月）女兒瑪蒂爾達罹患非常糟的白喉症。
1897	（5 月）佛洛伊德再次未獲得晉升而變得焦慮。
1897	（5 月）佛洛伊德夢到和女兒瑪蒂爾達亂倫。
1897	（7 月）佛洛伊德第一次和米娜共度至少十七天的假期。
1897	（9 月）佛洛伊德放棄他「誘惑理論」的想法（他以為他的父親和他的妹妹安娜有過不恰當性關係）。在意志消沉的情況下，他覺得需要自我分析；概述「伊底帕斯理論（Oedipal theory）」。

1897	（10 月 15 日）佛洛伊德發展出伊底帕斯情結（Oedipus complex）看法。
1899	佛洛伊德出版《夢的解析》。
1900	西格蒙德的自我分析結束。
1900	和弗萊斯的旅程以吵架收場，並從未和好。
1900	和米娜共遊義大利。米娜是否懷了佛洛伊德的孩子而在診所墮胎呢？他們在 1900 年 9 月 12 日到 1901 年 2 月中，非常密集地一同出遊（Swales, 1982）。瓊斯曾說她是為了治療肺結核，但並沒有其他地方提到過她罹患該疾病。

沒有了根。（Masson, 1985; 1886 年 11 月 2 日的信）

除了失落之外，父母的死對於自己的必死性、將衣缽傳承至下一代的傳統和責任來說，都是個沉痛的提醒。現在佛洛伊德還須扶養他的母親。此外，使家人蒙羞的叔叔喬瑟夫和瑪莎的一位叔伯在那同一年過世。

佛洛伊德家的晚年生活

隨著成員的年齡增長，家庭必須面對長輩的死亡。也隨著每一代在發展階層上往上升，所有的關係都必須重新排序（Shields, King, & Wynne, 1995; Walsh, 2016）。女性一般來說會面臨一些特定的議題，即她們更常成為照顧者（朵爾菲和安娜），且往往比另一半更長壽（佛洛伊德的母親和妻子）。當最後一位父母去世，手足之間的關係第一次單獨出來。

通常，家系圖會顯示出哪個孩子被指派成為年邁父母的照顧者，以及手足之間在分配這些責任時常見的三角關係。這段期間手足間關係的衝突和截斷通常反映了和父母的三角關係，而這關係在早期生命週期階段開始就持續存在了，特別是小時候哪個手足最受寵愛。

雅各去世後，亞瑪麗亞往後的三十四年由她的子女接手照料。排行中間的妹妹朵爾菲留在家裡照顧母親，而佛洛伊德和他最小的弟弟亞歷山大一起承擔

圖8.7　1939年的佛洛伊德家族

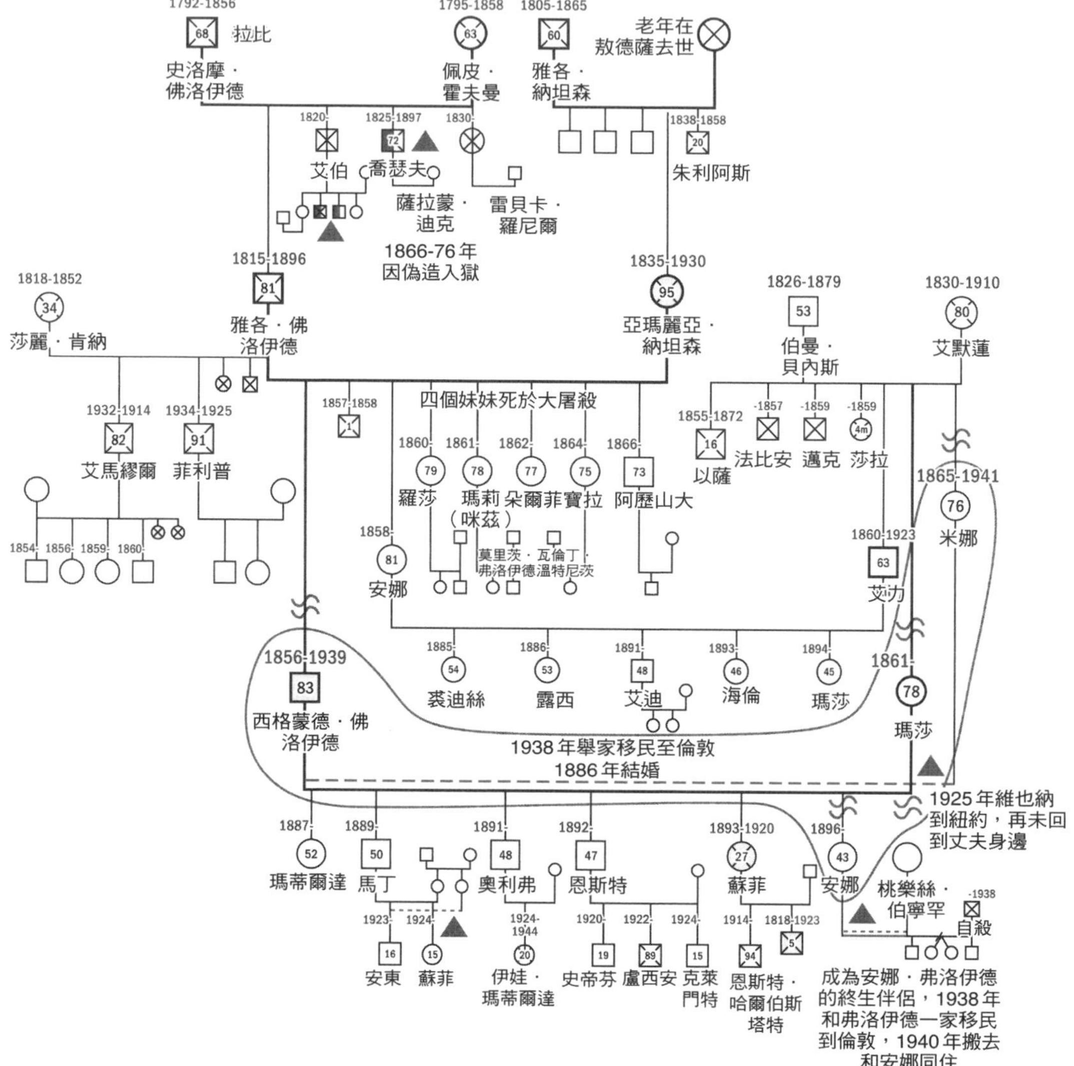

朵爾菲和其他姊妹的經濟責任。

佛洛伊德很長壽，活到八十三歲（**圖8.7：1939年的佛洛伊德家族**），由他的女兒安娜照顧。安娜成為她父親的主要追隨者和知識傳承者。儘管瑪莎還活著（她一直活到一九五一年），但佛洛伊德在動過三十三次下顎癌手術期間，安娜都是他的主要照顧者，而他的第一次手術是在一九二三年。對於安娜來說，就像上一代的朵爾菲一樣，這意味著她永遠無法離家。父親佛洛伊德去世時，安娜四十四歲。多年來，他一直不願意在沒有她的情況下生活。

儘管安娜在一九一三年曾短暫地愛上她的表哥愛德華．貝內斯，但後來無疾而終。她說這樣的結果其實是件好事，因為他是她的雙重表哥，會是雙重亂倫。她早期夢到她的父親是國王，而她是公主，人們試圖透過政治陰謀把他們分開。她與朵洛西．伯林漢（Dorothy Burlingham）成為伴侶，朵洛西是一個有四個孩子的美國母親，是玻璃大亨路易斯．康福特．蒂芙尼（Louis Comfort Tiffany）八個女兒中老么。

雖然朵洛西從未正式離婚，但她和安娜一起生活和一起度假，直到她們生命終了。他們一起運營一個戰爭育嬰所、一個精神分析培訓學院，和一個世界著名的兒童診所（朵洛西的丈夫在一九三八年自殺，曾徒勞地試圖說服她回到他身邊）。當佛洛伊德家族逃離納粹的同一年遷移到倫敦，朵洛西和他們一起遷移。她與安娜一起在倫敦生活了四十多年，直到朵洛西一九七九年去世為止。

不同生命週期階段會有不同重要的事件發生，而家系圖有助於理解或預測家庭成員對這些事件的反應。例如，佛洛伊德三歲的孫子在一九二三年過世時，他的反應很強烈，不久之後，他即被診斷出罹癌：

> 他確實是個迷人的小傢伙，我意識到自己從未像這樣深愛過一個人，當然也從來沒有像這樣深愛過一個孩子……對於這個失落，我覺得非常難以承受。我不認為我經歷過這樣的悲傷，也許我的病情加劇了我的震驚。我純粹是因為必要而工作；但從根本上來說，一切對我都失去了意義。（Freud, 1960, p.344）

毫無疑問，他自己的疾病確實影響了他的反應，但也存在著孩子死亡的悲劇。一個月後，他的信寫道他正經歷他人生中第一次真正的憂鬱症。三年後，他寫信給女婿說，自從那個孩子去世之後，他就再也無法享受生活：

我度過了我一生中最黑暗的幾天，哀悼這個孩子。最後，我振作起來了，我能夠安靜地想他，談他而不會掉淚。但理性的慰藉對我一點幫助都沒有；對我唯一的安慰是，在我這個年齡，我本來就不會常見到他。（Jones, 1955, p.92）

佛洛伊德的話表明他正在努力調適面對自己的死亡。這特別困難，不僅因為他孫子的去世是如此的不符合時宜，還有就是三年前過世的女兒蘇菲，孩子的母親。她是一九二〇年過世，年僅二十七歲。

我們可以看到關於失落的巨大對比，一方是女兒和孫子，一方是七年後，即一九三〇年過世的母親。

表面上，我能夠察覺到的只有兩件事情：第一，個人自由的增加，一想到母親可能會聽到我的死訊，就總讓人驚恐；第二，滿足感，因為活得如此長的一生後，她最終贏得了解脫。除此之外，沒有其他悲傷，就像小我十歲的弟弟正在痛苦經歷的一樣。

我沒有參加葬禮。安娜再次代表我，就像在法蘭克福時一樣。她的價值對我來說幾乎無法再高了。這件事以一種奇怪的方式影響了我⋯⋯沒有痛苦、沒有悲傷，這樣的狀況或許可以從情境、高齡來解釋，以及結束我們對她的無助感的憐憫。感受到的是一種解脫的感覺、一種釋放的感覺，而我能夠理解。只要她活著，我就不被允許死去，而現在的我可以。生活的價值在更深的層次上顯然已經改變了。（引自 Jones, 1955, p.152）

七十四歲的佛洛伊德在與癌症抗爭的歲月中，更加接受了自己最終會死亡的事實。他感到欣慰的是，生命週期的順序將得到尊重：首先父母去世，然後是子女。家庭成員之不合時宜或創傷性的失落，通常對一個家庭來說，是極其困難去哀悼的，而治療師必須特別注意家系圖上不合時宜的死亡。

生命的巨大曼陀羅（輪）

個人或家庭的生命週期可以被概念化為一個巨大的輪（在佛教教義中稱為曼陀羅），以各種有趣的方式，不斷地與前代祖先和後代子孫的生命輪交錯，以及每個與他們互動的人。治療師被告知要保持對參與他人曼陀羅的科學敬意和欣賞，希望對雙方都有益處。用民謠歌手彼得、保羅和瑪麗在歌曲〈巨大的曼陀羅〉（The Great Mandala）的話來說：

無論贏還是輸，你現在必須選擇，
如果你輸了，你只是失去了生命。

治療師可以利用對自己曼陀羅的認識，幫助他人更好地應對逆境和悲傷，使他們的生活過的更有韌性和愉快。有時，考慮到失望和失落的積極作用——可以提供一種對比，使生活中的美好事物更加甜美和珍貴。

CHAPTER 9

家系圖在臨床上的應用

本章節提供了一些家系圖在臨床實務中的應用示例。家系圖訪談集結一些圍繞著關鍵的家庭生活經歷的提問：出生、婚姻、生活轉變、疾病和死亡。要更全面地理解家系圖在臨床實務上的運用，我們為您引薦我們相關著作：《家庭評估與會談案例》，該書更詳細地介紹臨床實務上家系圖的運用，以反映系統理論和落實。收集這些事件的資訊通常有助於打開僵化的家庭系統，並幫助個案接觸受阻的情感和人際議題。

揭開家庭秘密：卡魯索家族

義大利裔的卡魯索家族由他們的律師轉介來進行諮詢，律師希望這個轉介能對正在進行法院訴訟的老大約翰有一些幫助，他因販賣毒品而被捕。約翰有兩個弟弟（**圖 9.1：卡魯索家族**）

一開始，這個家庭呈現出非常團結的樣子，且是個關係非常親密、彼此相

圖9.1　卡魯索家族

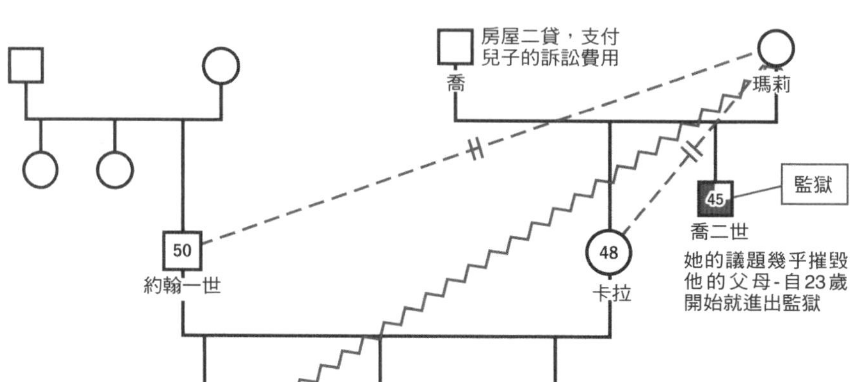

愛的家庭，他們的兒子則是受到「壞朋友」的影響。他們否認兒子犯罪的嚴重性，提供的事證訊息不但非常少，還將任何關係問題化到最小，然而，他們卻表示願意傾全力幫忙。

在收集基本家系圖的資訊時，呈現出來的線索很少，直到我們詢問舅舅的下落，母親卡拉・卡魯索最初表示她不知道弟弟在哪裡，但稍後承認他在服刑，且在此之前，已有多次被捕的紀錄。這帶到外婆對約翰的問題的反應。就在此刻，家庭團結的防線開始瓦解。父母親勉強地承認，自從約翰被捕後，他們就不再和外婆說話，因為外婆「不貼心」的回應：「就讓他在監獄腐爛好了。」

卡魯索夫婦為了支付兒子的保釋金及訴訟費，把他們的房子去做二次借貸。卡拉說她一直都和母親非常親近，但現在卻認為她是個「不忠誠」的人。當更進一步詢問家庭歷史背景時，我們得知卡拉弟弟第一次被捕的年紀是二十三歲（正是約翰現在的年齡）。由於外祖父多次違背外祖母的意願，不斷地花光家裡所有的積蓄保釋他的兒子，所以外祖母非常的不滿，認為她兒子在經濟上幾乎毀了這個家。唯有透過討論舅舅犯罪行為的細節，這是約翰和弟弟都不知道的家庭秘密，家庭對他們現在問題的「泰然自若」才崩解。

卡拉談到那些年，她看過自己母親極度苦痛的痛，以及憤怒弟弟給家人帶來的恥辱，她極度害怕重複父母的經歷，她不敢和她母親討論這事。一談此事，就會更加確認她的家庭「注定」重蹈歷史覆轍，所以她不再和母親談話。在我們說話的同時，約翰的兩個弟弟開口表達（這是他們在會談中第一次說話）。他們表達出對哥哥的不滿，因為他讓家人陷入了一個可怕的境地，即父母親必須決定是否要花他們一生的積蓄保哥哥，或是讓哥哥去坐牢。家中最堅決否認家有任何問題的父親，談到他的失敗感及被兒子背叛的感覺。只有談論到他之前的家庭經驗時，家庭現階段的衝突才現形。

當家庭試圖避免面對痛苦的過去經驗和未解決的情緒議題時，通常會使他們的關係及自我的觀點變得僵化。實務工作者通常能利用沉靜、不具威脅的探問方式，開啟這些議題的談論，進而讓家庭成員開始以另一種方式連結，為家庭開啟新的可能性。

家系圖訪談在面對過度固著、無反應或不參與的家庭成員特別有用。過度固著的個案可能會一直在無止境的細節上徘徊，且通常在家系圖訪談中，會很快地進入情緒滿載和重要的議題上。無反應的家庭成員則往往會隨著家庭歷史逐步被揭露出來而參與更多（McGoldrick, 1981）。

應對失落和創傷

比任何其他議題，失落可能是家庭更易阻隔避免討論的議題。關於應對失落和創傷之臨床問題的詳細影片，可以參考〈我們家中的鬼魅〉（The Ghosts of Our Families，可透過psychotherapy.net獲取）。該影片展示了諾曼和貝蒂．保羅（1986）的生活和工作，兩人運用家系圖並將注意力放在多世代家庭的失落上，來解構家庭系統。

個案不管是探索核心家庭還是大家庭中的死亡或生命威脅經歷，實務工作者都能夠透過參與其中，一窺個案症狀背後的意義。根據保羅夫婦的觀點，家庭成員在面對失落時，對症狀發展最重要的影響之一是扭曲和「遺忘」經歷。

通常，個案會在首次會談之前填寫家系圖的表格；所提供的重要資訊，可以協助工作者瞭解個案如何定位自己在原生家庭的位置。第一次會話中，保羅仔細追蹤過去三個世代家庭成員的出生日期、死亡日期以及死因。根據保羅夫婦的經驗，個案通常會在製作自己家系圖時，出現某種程度的困惑，而這種困惑感會一直持續到個案開始看到隱藏的連結為止。

保羅夫婦（1986）在《婚姻之謎》（*A Marital Puzzle*, 1986）中，針對一對夫妻進行深度的研究，丈夫被要求在第一次治療會話中帶來家系圖信息。儘管他已被明確問及父母親的訊息，他卻遺漏父母都已去世的事實；當詢問他這件事時，他說他不記得他們確切過世的日期。保羅夫婦在這次治療模式中重新發現解離家庭經驗的重要性。回答者經常將空格留白或每次都給出不同的日期，這表示失落問題所引發的情緒可能會很高張。

澄清家庭模式

澄清家族模式是家系圖運用的核心。在收集資訊、完成家系圖的過程中，我們不斷地根據對家庭的理解，來持續構建和修訂假設。通常我們會與家庭討論我們的觀察，將這些觀察作為暫時性的假設，然後家庭可以在我們共同探索他們的歷史時對其進行補充或修訂。

正如之前所討論的卡魯索家庭，其說明了家系圖如何成為家庭和治療師的指引，用以瞭解模式、澄清現存的兩難困境、從而為未來開啟替代行為的可能性。一旦我們理解隱藏的歷史，我們就可以看到一個犯罪行為的模式。當我們指出兒子和舅舅之間犯罪行為的連結時，這個家庭便開始在家庭脈絡中看待兒子的行為，並探索一直在延續該行為的遺產、衝突和秘密。他們也可以開始將精力放在決定是否改變這種模式以及如何改變。

澄清家系圖模式對於家庭成員具有重要的教育功能，讓他們將自己的生活和行為與家庭歷史連結。此外，一旦澄清並公開隱含的家庭模式，往往可以消除功能不彰的行為。

家庭議題的重新框架和除去毒害

家庭會發展出特定的自我看法。當家庭存在許多問題時，家庭成員的觀點往往變得僵化，並抗拒改變。家系圖是一個重要的工具，用來重新框架（Reframing）行為和關係、「除去毒害」（Detoxifying），以及常態化家庭對自身的觀點。進而，提出家庭經驗的替代解釋為未來注入新的可能性。

家系圖訪談讓臨床工作者有很多機會來常模化家庭成員對於他們處境的理解。簡單地帶出一個議題或將其放在更常態的視角，可能就能夠「除去毒害」。運用家系圖所收集的資訊，臨床工作者也能積極地重新框架家庭系統中行為的含義，協助家庭成員以不同的方式看待自己。

家庭結構會列出常態的行為和對關係的期待（例如：「你這麼負責任一點都不令人意外，因為老大通常都是這是這樣的。」或者「通常兩個老么結婚，一方會等待另一方來照顧自己。你的狀況又是如何？」）。同樣地，瞭解所符合的生命週期，也能夠提供常態化的經驗（例如：「像你一樣晚婚的人多半都已經有一套自己的行事方式。對你來說，是如此嗎？」）。

模式的重複和事件發生的巧合都顯示了問題行為的較大脈絡（例如：「也許你的情緒與當時正在發生的所有壓力事件有關」）。而關係模式和家庭平衡則有助於示範家庭成員的相互依賴（例如：「大部分的人是如此反應的，當他們『格格不入』時」，或者「通常，當一個人承擔了超過她應負的責任時，另一個人就的承擔就會比較少。」）。

鮑文是運用家系圖提問進行除去毒害反應的大師。例如，以下是鮑文與一位男子的訪談節錄，這名男子有感覺受到「霸道、佔有慾強的母親」的威脅：

鮑文：母親是個獨生女，作為她的獨子的問題會是什麼？

個案：我母親是個非常霸道的女人，從來不想放手她所擁有的任何東西，包括我。

鮑文：嗯，如果你是唯一的一個，那不是可預見的嗎？在這樣的關係中，人們通常可以相當準確地知道對方在想什麼……換句話說，你在描述一種相當緊張的關係，對母親和獨子來說，並不是那麼不尋常，尤其是一位沒有丈夫的母親。而你的母親是一個「獨生女」。你會怎麼形容你母親和她母親的關係？

在這裡，鮑文透過討論家庭結構，來常態化母親的行為，以及一個單親母親與獨生子女的特殊親子關係。鮑文的系統治療到處都可見這樣的特徵：多世代模式的追蹤、除去毒害和重新框架。這樣的提問也有助於治療師讓個案成為他自己家庭的專家，如同他可以描述他母親與她母親（他的外婆）的關係。

運用家系圖帶出復原力及擬定處遇

多年來，鮑文系統取向的家族治療師將家系圖作為主要工具，用來評估和擬定治療處遇計畫。近期也有不同取向的治療師開始將家系圖用於記錄、評估家庭並設計策略性處遇。

一些治療師會聆聽各個家庭成員的描述，用以了解家庭價值觀是如何從一代傳承到另一代。當然，意見的差異也會成為治療的材料，我們常常鼓勵家庭成員可以在會談之間去尋找缺失的家系圖資訊和其他想法。

策略性地運用家系圖模式不僅可以積極地理解當前功能不彰的情況，還能挑戰當下穩定狀態的僵化狀況。隨著變化的發生，家系圖資訊可以再次用來強化新興的模式，並突顯家庭的正常演變。

近年來，移民和有色人種家庭在大多數機構場所中會遭受到不被認可的待遇，而家系圖成為另一個對抗這種情況的重要工具。同時，家系圖允許家庭能有尊嚴地承認他們的歷史，並幫助家庭在其他情境中將所使用的適應策略轉化為解決當前問題的方法。在我們這個「問題解決導向」的社會中，通常會為了維繫主宰群體的地位，壓抑受壓迫群體的歷史。是故，以一種支持復原力的方式幫助家庭述說他們個人和文化的故事，便是將他們從被壓迫的限制中解放出來。

治療任務中的一個重點就是充權賦能個案，不僅見證家庭的失落，也見證家庭發展出來的倖存感、意義、掌握和持續性。家庭通常需要幫助來擴展他們對自己的看法，以及在脈絡中檢視歷史——看到他們的經驗與祖先、目前的家庭和社區之間的連續性，也意識到他們與後代間的連結。我們社會中，有許多力量剝奪人們的連續感。為了要徹底改變這種情況，不僅要用較好的觀點來看待失落，且為了他們共享的未來，強化他們整個的生命。我們發現，將相對簡單的處遇重點放在連接家庭成員彼此和他們過往的失落，會對他們的自我感產生相當重要的影響，同時也增強他們因應未來的能力。

陳家以一種驚人的方式出現在治療室裡（**圖 9.2：陳家**）。他們之所以被轉介是因為他們十四歲的兒子喬涉及毒品，並在學校出現「不良行為」。學校之前已多次轉介這個家庭給藥物治療機構。然這些機構形容父母不僅不遵從

圖9.2　陳家

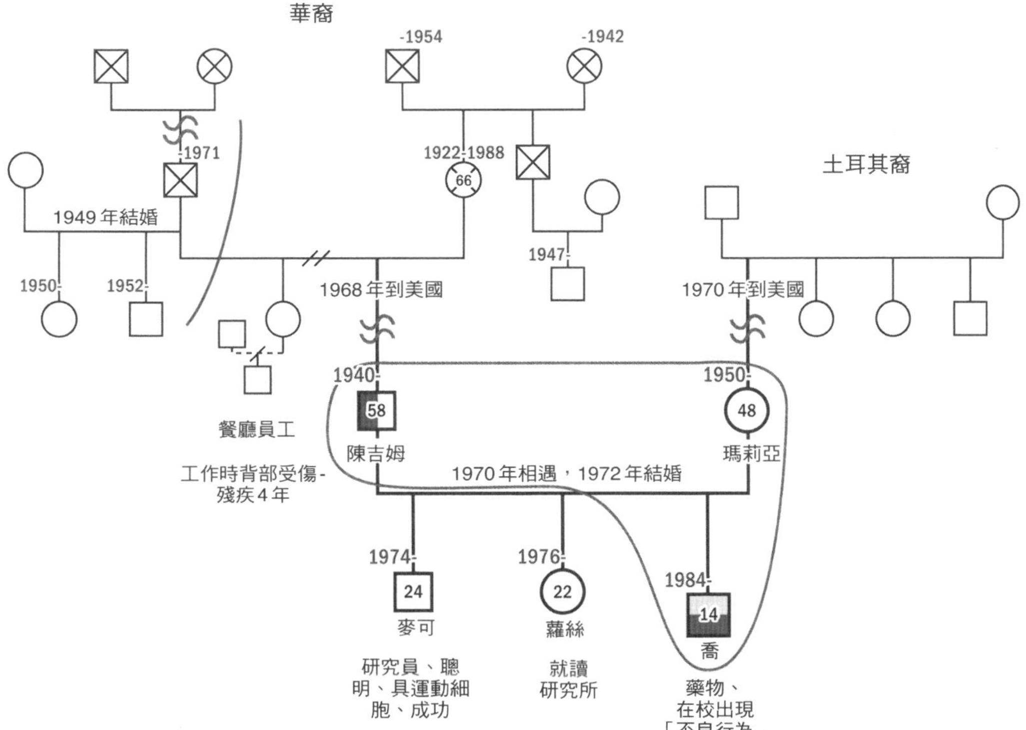

治療，也無法為兒子設立有效的界線。這個兒子也被認定對同學有很不好的影響。

父親陳先生是一名五十八歲的餐廳工人，四年前因背部受傷而患有殘疾。十八歲的他從中國移民到美國。兩年後，他遇見自土耳其移民至美國的妻子。這對夫妻非常成功地撫養兩個年齡相仿且比喬年長許多的長子和女兒。長子麥可十九歲就完成大學學業，並在附近的大學從事專業研究。女兒蘿絲在鄰近的城市念研究所。父親受傷時，喬才十歲。自那時以來，一直對家人有強烈責任感的父親感到極度的無能感。

當詢問關於喬吸毒和不良行為問題的家庭歷史時，我們發現其實父母大多數時候都有遵循被要求要做的事。然而，他們沒有參與所轉介的藥物酒癮戒治服務（A1-Anon）和其他「共依存取向（co-dependency-oriented）計畫」，因為他們覺得學校在責怪他們未能針對喬的吸毒問題而「疏離」喬。他們對「疏離」（detachment）的概念感到困惑。他們一直定期帶喬進行毒品檢測，他已經有一個多月沒有使用毒品，但學校對他仍持否定態度，希望將他趕出學校。

當我們開始為這個家庭繪製家系圖時，陳先生談到他的父親時淚流不止。他的父親曾經為了另一個女人遺棄他的妻小，並移民美國另組家庭。陳先生的父親從未支持過他的第一個家庭。最後，他在陳先生結婚前一年去世。

我們決定根據家庭的家系圖歷史來構建一個儀式，賦予他們當下的力量。我們不太確定陳先生失去父親的痛和他現況之間的關連為何，但是他明顯的情緒反應清楚地表露出他為此事所苦。我們分別要求父親、母親和喬寫信給已故的爺爺，希望可以從家系圖中，串連關係模式與當前的議題。以下是三人隔周信件摘錄：

父親的信

親愛的父親：

我一直都想要寫信給您。我常常在黃昏的微光中想起您，這使我回到我兒時的記憶。很多孩子都有他們的黃金童年，那是我從未享有過的。取而代之的是戰爭、飢餓和孤單。我沒有機會上學。最糟的是，我沒有父親指導我。所有這些回憶都永存在我的心中和腦海裡。它們帶給我的僅有悲傷，而我能做的就是哭泣。

我的心被一條繩子束縛住，令我窒息。 我感到如此心痛。有很多問題我想問您。你既是丈夫，也是父親。你盡到對妻子和孩子的責任嗎？在中國時，我們寄了很多信給您，但從未收到你的隻字片語。我小的時候，我母親照顧我。她辛苦工作，賺取微薄薪資，她盡其所能地扶養我。我曾聽舅舅說，她有一個再嫁的機會，但是因為我還小，她不希望我有繼父。我的母親受制於從不允許她再嫁的傳統，你毀了她的整個人生。

你有一塊農地，特別花了許多心思，照顧所有的幼苗和蔬菜，它們才能生長。你確保溫室裡生長的所有花蕾足夠強壯，然後才將它們移植出來。當你要將蔬菜移植出溫室種在農地時，你確保那裡沒有雜草。你非常仔細地施肥、澆水和照料你的蔬菜。你擔心它們不會生長。

我也是你的種子。為什麼你沒有像照顧你的蔬菜一樣好好照顧我？我想去上學——獲得良好的教育，就像你所照顧的蔬菜一樣，需要肥料和水。你確保蔬菜成長時沒有雜草的阻礙。我也需要在這種教育的農場受到滋養。你同意嗎？你從來沒有給我一個好好接受教育的機會。

當我來到美國的時候，我告訴過你所有的這一切，但你的心如鐵一般的鋼硬。你對我說：「你已經十八歲了。我把你帶來這裡，是讓你照顧你的母親和你的侄子。」我那麼小的年紀，就開始背負著如此沉重的負擔，獨自照顧我的家人。你認為你對待家人的方式是對的嗎？你不覺得自己可恥嗎？這是個寧靜的夜晚。請好好想想。我已經沒什麼話要說了，所以我就此打住。祝你身體健康。

最後，我可以告訴你，我結婚了，有三個孩子。我是一個好丈夫和好父親，不僅提供我的家人食物和住所，還確保我的孩子能夠受教育，盡可能的從中獲益。我愛我的孩子，我能為他們做任何事。

你的兒子
陳吉姆

喬的信

親愛的祖父：

你好嗎？我只能說你挺「混蛋」的，但我不能真的因為你對待我父親的方式而恨你。我也不能真的說我喜歡你，因為我從未見過你。但根據我所聽到關於你的事，我猜你並不關心我的父親，也就是你的兒子。嗯，就這樣了。我得走了。

祝平安

你的孫子

太太的信

親愛的公公：

我沒有見過你，因為在我嫁給你兒子之前你已經去世了。但我知道你的一切，知道你如何對待我的丈夫和我的婆婆。我為他們感到傷心，尤其是吉姆。我能想像他在那段時間是多麼地艱難。因為你，他沒有像其他孩子一樣享有正常童年，但他總是告訴我，他原諒你。他始終相信寬恕、愛與和平。你給他和家人帶來很多的痛苦；他工作，為了幫助他母親、姊姊和侄子，讓他們過好日子。他總是告訴我他從不後悔。他從不把他們看作負擔。我們結婚後，他會為了照顧舅媽的需求而寄錢給她，也會支持侄子。

身為父親的你，怎麼能夠這樣對待你的兒子？但是吉姆很幸運。他有很棒的舅舅和很棒的外公。吉姆從外公那裡學了最多。如今的吉姆一點都不像你，而是像他那位了不起的外公。他每想到外公時，都是充滿著愛——他非常堅定，但同時充滿了愛和情感。我的先生對待他孩子的方式就像他的外公。我以他為榮，並且告訴我的孩子他們是多麼的幸運。他們有一個很棒的父親，總是在他們身旁支持他們，滿足他們的需求。

在念這些信之前，兒子覺得無聊，坐在椅子上轉來轉去，對談話不感興趣。但念這些信之後，我們能夠動員家庭與我們和學校合作，持續讓兒子和家裡有連結，並參與學校活動，不再有任何的干擾。

在這個案例中，家系圖有助充權賦能核心家庭，見證他們歷史中的混亂和截斷的關係。一個家庭成員聚在一起分享和面對他們歷史的儀式，雖然沉痛，但是能成為很好的資源和復原力的來源。

家庭醫學中的處遇

以下的例子示範醫療治療中家系圖的使用。第一個例子說明在初始訪談中收集資訊的重要性。

二十九歲的化學工程師麥克・安德森於二〇一八年十一月二十二日，因為胃痛，到當地的家庭醫學中心尋求幫助。習慣上，在醫生和病人見面前，會由護士對新病人進行家系圖調查。護士繪製了**圖 9.3：接案家系圖：安德森家族**。醫生根據家系圖開始評估，試圖將患者的胃痛放進脈絡裡來檢視。醫生注意到過去這一年對安德森來說是一個壓力特別大的時期，他的前妻一年前才去世、他剛從加州（加利福尼亞州）搬到紐澤西州結婚、他的新任妻子懷孕。她好奇他如何因應這些所有的壓力。病人的太太瑞塔再五個月就要生。此外，安德森先生的姊姊和姊夫在經歷兩次流產後，近期分居，這也可能增加家庭系統的焦慮。

家系圖反映了一些時間上的連結、週年反應和重複性的模式，這些都可能會加劇即將發生的事情對安德森先生所造成的壓力。他的第一任妻子貝琪在二〇一七年八月車禍死亡，因此他可能正在經歷一次週年反應。女性早逝的重複性模式：他的母親和他的第一任妻子都在三十歲時去世，他的外婆在生他母親時難產去世，這些都可能讓他特別敏感女性身體的脆弱性。他自己剛剛滿三十歲，這可能會加劇他的焦慮。

他的祖母在難產中去世，這使他在面對妻子的懷孕會感到特別焦慮，再加上姊姊分居前經歷兩次流產，似乎很有可能引發他特別擔心妻子即將到來的分娩。他或許擔心流產或失去瑞塔？他是在前任妻子喪禮過後一週和瑞塔相遇。他很快地橫跨美國，從西部搬去東部，為得就是和妻子一起，遠離家人、遠離他以前住過的地方。鑑於短暫的過渡期，醫生想知道他是否已經處理與貝琪去

圖9.3　接案家系圖：安德森家族

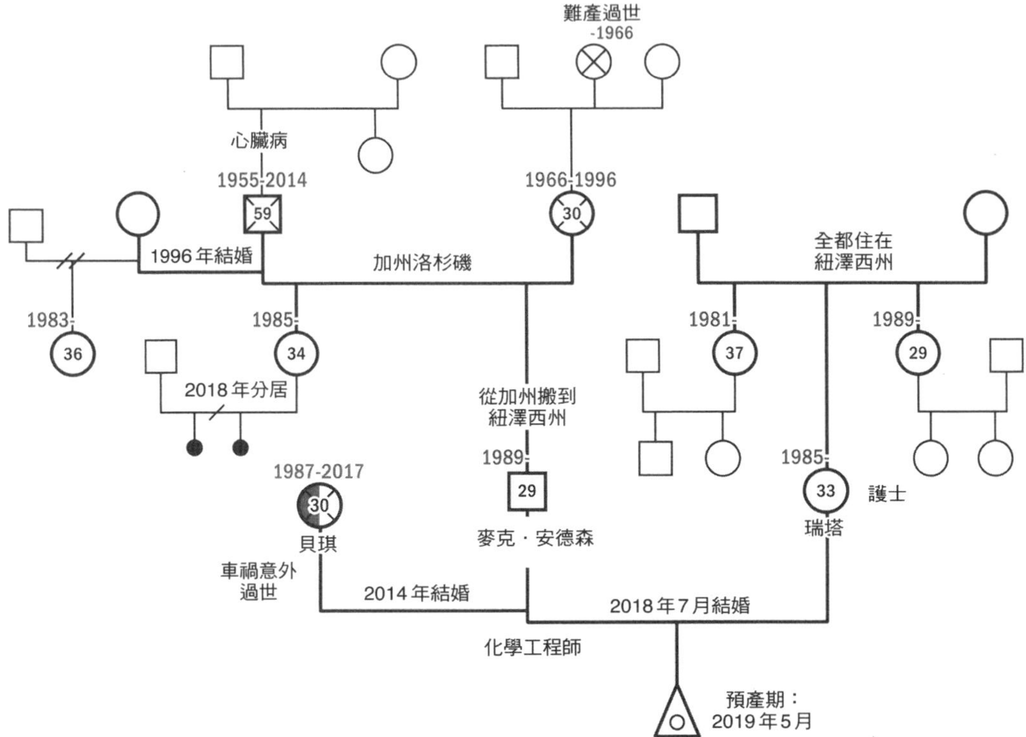

世相關的悲傷，並假設可能會有隱藏的三角關係，即瑞塔在某些方面可能是他與貝琪間之未解決關係的外人。

安德森先生在當地沒有其他家人，而他妻子的父母和她的所有手足都住附近。醫生假設這可能會導致夫妻之間情感資源的不平衡。在簡短討論這些家庭因素後，安德森先生承認他對懷孕感到害怕，也仍想著他的第一任妻子，這讓他感到內疚。他同意接受醫生的轉介，去諮詢家庭治療師。身體檢查確實顯示他有胃食管逆流的狀況，病徵的加劇可能是受到過去這兩年眾多壓力源的影響。醫生開了處方。醫生要安德森先生兩週後帶著妻子回診。返診前，他已經諮詢過家庭治療師，他的症狀消失了。他和妻子顯然談了很多他的過去經歷，他在身心方面都感覺好多了。

家系圖幫助醫生識別出許多潛在的壓力源，它能夠獲取更多關於病人背景的資訊，並予以轉介，以減輕安德森先生和家人的壓力。事實上，他有兩位大學朋友已搬到紐澤西、還有聯繫密切的姊姊（住在德州）和住在加州的姑姑。安德森先生可以開放地和這位姑姑談話，這位姑姑在他母親過世後承擔起代理母親的角色。家系圖允許醫生執行預防性健康護理，不僅向他提議接受家庭治療的諮詢，還能敦促他在這段壓力時期與他的朋友、姊姊和姑姑保持密切聯繫。

下一個例子（**圖 9.4：羅戈斯基家庭**）則是一個較為複雜的案例，其對家系圖資訊的反應不是那麼立即。

四十九歲的唐．羅戈斯基是一名業務員，因為心悸去看他的醫師。醫師發現羅戈斯基先生沒有任何的生理功能障礙，所以檢視病例表上的家系圖。家系圖顯示病人（羅戈斯基先生）的父親死於心臟病發；母親則有多次心臟病發及中風的紀錄，目前和妹妹瑪瓦同住，而這個妹妹罹患多重硬化症，狀況也不太

圖9.4　羅戈斯基家庭

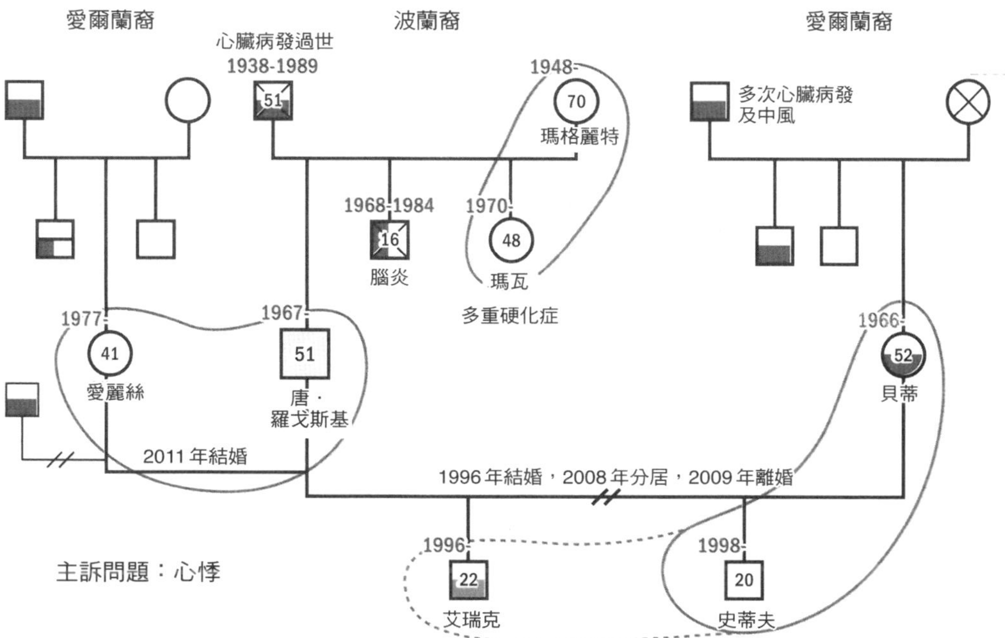

好一陣子了，病人的弟弟則是在青春期前期死於腦炎。醫師決定他需要知道更多羅戈斯基先生家庭歷史的資訊，於是，他詢問更多的問題，添加家系圖裡的訊息。

醫生注意到幾件可能影響病人的家庭事件。他的兒子艾瑞克加入海軍前有許多行為和吸毒問題，而他即將返家。或許他是擔心這個兒子的問題會故態復萌。前妻有酗酒史，最近剛失去母親，他擔心這可能將導致她的飲酒增加，然後加重壓力在兩個和她同住的兒子身上。羅戈斯基先生的妹妹瑪瓦也狀況不佳。母親剛滿七十八歲，可能很快就無法照顧她的女兒。作為唯一倖存的手足，他覺得自己要對妹妹的照顧負責。他可能還擔心自己會受疾病的影響，畢竟弟妹都患有疾病。

醫生還注意到，羅戈斯基先生現在和他父親去世時的年齡相同，父親當時是死於心臟病發作，巧合的是，他的大兒子現今二十二歲，也正是他失去父親時的年齡。也許他擔心心跳不正常是心臟病即將發作的跡象，歷史可能重演。

最後，家族中存有酗酒模式：他的雙親、兒子、前妻、兩任妻子的家庭都有酗酒問題。根據這個歷史，羅戈斯基先生可能有飲酒問題，或者他的家人認為他有這個問題，又或者他擔心自己會開始酗酒。

運用家系圖資訊，醫生得以詢問他的每一個擔憂：兒子即將返家、前妻、妹妹的失功能、他正處於他父親過世時的年紀和他的飲酒。除了飲酒之外，病人承認他在每一區塊都有一些一般性的擔憂，但他確信這些對他的身體狀態沒有影響，並強調他從不讓這些事情困擾他。

至於飲酒，當被問及時，他承認他的妻子認為他喝太多，但那只是因為她父親和前夫都酗酒，所以她會過於敏感。這個回答當然會引發更多關於他的飲酒程度和性質，以及他與妻子關係的問題。雖然身體檢查和心電圖都正常，但基於收集到的資訊和病人的回應，醫生決定兩週後請羅戈斯基夫婦回診，「只是想看看他心臟的狀況如何」。

回診時，醫生檢視家庭壓力，而羅戈斯基太太證實她對丈夫的焦慮和飲酒問題的擔心。醫生提到他們參加戒酒互助組織（AA或Al-Anon）或接受心理治療的可能性，但這個想法立即被夫妻倆拒絕了。然而，一個月後，羅戈斯基太太夫人打電話來，說她覺得緊繃狀態並沒有消失，她現在想要一名心理治療師的名字，好讓他們可以諮詢。醫生再次建議她參加戒酒互助組織，但她拒絕了，儘管她的確取得一位當地心理治療師的名字。

六個月後的醫療回診，羅戈斯基先生自豪地宣布他要慶祝五十歲生日，而他感到非常放鬆和健康。他說他和前妻一直試圖幫助他們的兒子艾瑞克，他自從離開海軍後，都一直沒有站穩腳步，且喝太多酒。

雖然羅戈斯基夫婦沒有立即回應醫生對家庭情況的觀察，但家系圖確實幫助醫生評估家庭壓力和關係因素，且最終成為夫妻雙方的重要資源。醫生所做的基礎工作使得夫妻倆將來若有需要，更容易再次求助於醫生。病歷中的家系圖記錄會使得醫療團隊中的任何人更易追蹤持續中的變化，尤其關乎他兒子艾瑞克、他妹妹瑪瓦、他與前妻的衝突，以及他與現任妻子在飲酒議題上的關係張力。

許多跡象指出當一位家庭成員陷入困境時，其他人也會受到影響（Huygen, 1982; Wider, Cadoret & North, 1980）。在這個例子中，醫生得知羅戈斯基先生正在經歷多重壓力，也意識到引入羅戈斯基太太的必要性，評估她的回應和支持丈夫的能力是屬治療性的一部分，同時也至少讓他們知道當他們需要時，能夠獲得哪些幫助。這或許讓羅戈斯基太太更容易尋求轉介，因為她的醫生已經熟悉情況，並曾直接向她提出可幫助的資源的建議。

家系圖評估能夠顯示出家族模式是否重複出現，以便採取預防措施。它能夠識別出病人在應對問題方面所具有的資源；病人在遵循建議時可會面臨到什麼樣的問題，以及什麼樣的家庭壓力可能會加劇困境。它還提供了進一步可能需要的心理社會處遇，例如在回診時加入其他人或向外轉介。

家庭模式、重大事件、同時發生的生活壓力和文化議題

蒙特西諾斯－諾蘭家系圖（**圖 9.5：蒙特西諾斯－諾蘭家庭**）呈現出一個有極端狀況的家庭：成功和失敗、健康和生病、幾個世代嚴重的三角關係。這個家庭因為中間女兒芭芭拉而尋求幫助，因為大家（尤其是母親）都斷定這個

圖9.5　蒙特西諾斯－諾蘭家庭

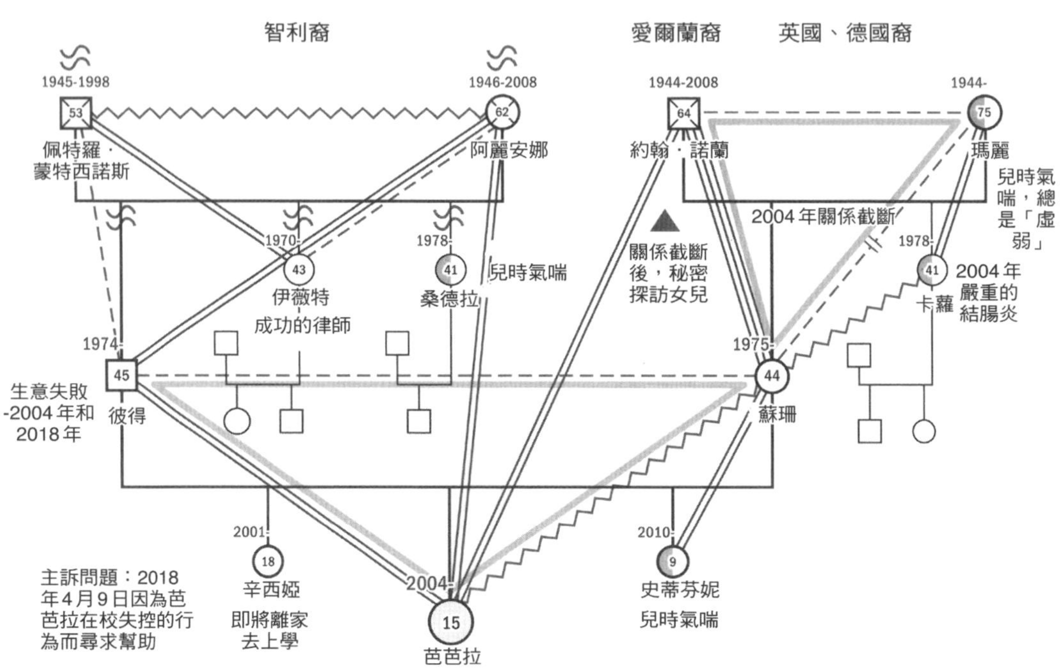

女兒的行為失控。在最初的兩次會話中，我們收集了家系圖的資訊。家系圖提供了一張快速視覺圖，顯示許多家庭因子在當前的壓力中所扮演的角色。以下的摘要概述了這些模式：

父母之非互補性的手足位置

- 彼得和蘇珊都是老大，似乎都爭著要掌控（兩個都是老大的婚姻典型情況，參見第六章）。

週年紀念日反應

- 芭芭拉生日的前一天，爺爺和外公都過世（爺爺在她出生前過世，外公則是在她四歲時過世），這也與家庭申請治療的時間相吻合。外公與芭芭拉關係非常緊密，在他的妻子拒絕與家人交談後，還會偷偷地來看她。

- 彼得十四歲時，他和家人從智利移民到美國，這正是芭芭拉（認定的病人）接受治療時的年齡。
- 蘇珊截斷她與母親的關係，以及妹妹卡蘿的生病，都發生在芭芭拉出生的那一年（2004年）。
- 除了所有這些壓力之外，芭芭拉出生那一年（2004年）彼得經商失敗，且他在他們尋求治療的時候再次失業。

多世代三角關係

- 核心家庭中，芭芭拉與父親的關係親近，與母親關係衝突。父母關係則是疏離。
- 在母親的原生家庭中，她與父親關係親近，與母親斷絕關係，她的父母關係疏離。
- 在父親的原生家庭中，他與母親關係親近，與父親關係疏離；他父母關係充滿敵意。
- 父親的中間的妹妹伊薇特，在一個平行但相反的三角關係中，與父親關係親近，與母親關係疏離，這可能會使她和哥哥產生衝突，雖然到目前為止，智利這一方家族的手足間保持著非常親密的關係。

同時發生的壓力事件

- 芭芭拉與奶奶關係非常親近，但奶奶三個月前去世。
- 彼得最近失業，他在芭芭拉出生那一年也經歷了生意失敗。
- 長女辛西婭秋季即將離家上大學，這對家庭其他成員造成更大的壓力。

功能者過高者和功能不足者之間的不平衡

- 彼得的妹妹伊薇特是一位非常成功的律師（高功能者），且是他們父親的寵兒。相比之下，彼得經歷了多次生意失敗，目前失業中（功能不足者）。

- 辛西婭是一位高功能者。隨著芭芭拉威脅成為功能失調的中間姊妹，看得出其中明顯的不平衡。么妹史蒂芬妮患有慢性哮喘。
- 母親蘇珊一直都是身體健康且成功者，而她的妹妹卡蘿據稱在母親眼中一直被視為脆弱的，受到母親過度保護的，甚至在她得結腸炎前就是如此。

模式

- 家中的么女都患有哮喘：彼得最小的妹妹自兒時就患有哮喘，卡蘿、史蒂芬妮也是如此。
- 蘇珊的妹妹卡蘿患有嚴重的結腸炎。她的症狀始於二〇〇四年，就在蘇珊和母親爭吵並斷絕關係的那一年，自此父親就秘密地拜訪蘇珊的家庭，雙方關係依然親近。
- 中間女兒芭芭拉總是被家人將她和外公連結在一起。她曾經在夢中看到祖父，所以家人認為她是外公的轉世（雖然他們承認他們將她看成是外公，但他們一直到治療晚期他們才提到這一點）。

財務

- 彼得最近失業，目前尚未找到工作，而蘇珊擔任代課教師賺取微薄薪水。他們擔心可能需要借貸過活。
- 辛西婭計劃在那一年離開上大學，這將是家庭的一大開銷。

文化議題、家庭責任

- 彼得的原生家庭是智利人。他重視相互依賴，並為大家庭負責任，這是典型拉丁家庭的價值觀。蘇珊的原生家庭是英國、德國和愛爾蘭後裔，也是美國移民的第三和第四代。蘇珊重視獨立，孩子上大學前，都是父母的負責，這與美國主流文化的價值觀一致。這些文化差異是他們關係中的壓力源。

- 彼得希望與妹妹們的家庭多些時間相處，他也希望他的女兒們能與表兄弟姊妹們親近。但蘇珊更喜歡在空閒時間一家人能一起活動，且認為如果彼得多花些時間只和她、女兒們相處，他們的婚姻會更好。蘇珊認為彼得對原生家庭的依附是他與她疏離的方式。
- 蘇珊自二〇〇四年起，與母親的關係便截斷了。彼得擔心因為岳母年事已高且身體不好，他希望蘇珊能與她母親和好。自從他母親去世後，蘇珊和她和解的想法更加堅定。彼得認為蘇珊對母親缺乏同情心是「冷酷的」。這也是他們婚姻中的另一個壓力源。

運用家系圖收集資訊的過程本身就是一種治療。通常，在繪製家系圖時，關於重複的家庭模式、重要事件和同時發生之生活壓力的對話有助於家庭看到多種可能性和結果。當蘇珊為她的女兒芭芭拉尋求治療時，她專注在芭芭拉的「失控」行為。透過講述他們的故事，蘇珊和彼得看到芭芭拉的不良行為是家庭壓力的展現，和這些家庭壓力有關的有財務壓力、對辛西婭離家上大學的焦慮、多世代三角關係和文化差異的婚姻分歧有關。

蘇珊發現她和彼得正重複他們原生家庭的模式時，她開始以一種新的方式看待問題。她想和女兒發展良好的關係。她不想重複與母親的關係。當蘇珊和彼得意識到他們與芭芭拉的三角關係正在重複原生家庭模式時，他們能夠一起共同努力改變他們的關係。當蘇珊和彼得走到一起時，芭芭拉的位置就改變了。因為她不能再依賴她的父親作為她與母親衝突中的盟友，她和她的母親變得更能夠直接好好地處理她們之間的關係。

雖然蘇珊形容她和彼得的關係疏離的，但是他們彼此相愛，忠於他們的婚姻。承認彼此之間的文化差異幫助他們以一種較不具威脅性、更加和諧的方式看待他們的分歧。當蘇珊看到彼得對妹妹的依附行為是一種文化價值觀時，她意識到他並不是在回避她。同時，當彼得看到蘇珊的獨立是一種文化價值觀時，他知道她並不是「冷酷的」。當他們開始做合作父母，進行更多討論，取得教養他們孩子的共識時，他們的關係變得更親近，婚姻也得到改善。

家系圖資訊如何改變個案對自己的看法

最後一個案例說明了隱藏的家系圖訊息的力量，是如何轉化個案自身的經驗。法蘭克・派楚希（**圖9.6：2019年的派楚希家庭**）是一位成功的五十歲義大利裔愛爾蘭生意人，最近結第三次婚。當他離開前二任妻子時，也遺棄他的孩子蘇菲亞和奧菲莉雅。在他的第三個家庭中，他負起照顧失去父親的繼子的責任，繼子的父親是位成功的商人，從希臘移民到美國，並死於癌症。

克麗絲汀試圖延續她第一任丈夫的努力，讓她的兒子成為一個希臘人，只是她對希臘文化知之甚少。但她發現自己與一個似乎是無文化感的男人在一起，且他似乎從他所說要追求的親密關係中退卻，這讓她感到沮喪和憤怒。當問及他的原生家庭時，法蘭克並不想談。他承認，他成長在一個常常混亂的環境中，經常因為母親關係的轉換而不斷搬家。二十四歲之前，他的母親已經結過七次婚！

從七歲起，他與他父親的關係就被截斷，當時他的母親收拾好行囊，搬到一千英里之外。接下來的幾年裡，他依稀記得來來回回被另一方父母「抓」回

圖9.6　2019年的派楚希家庭

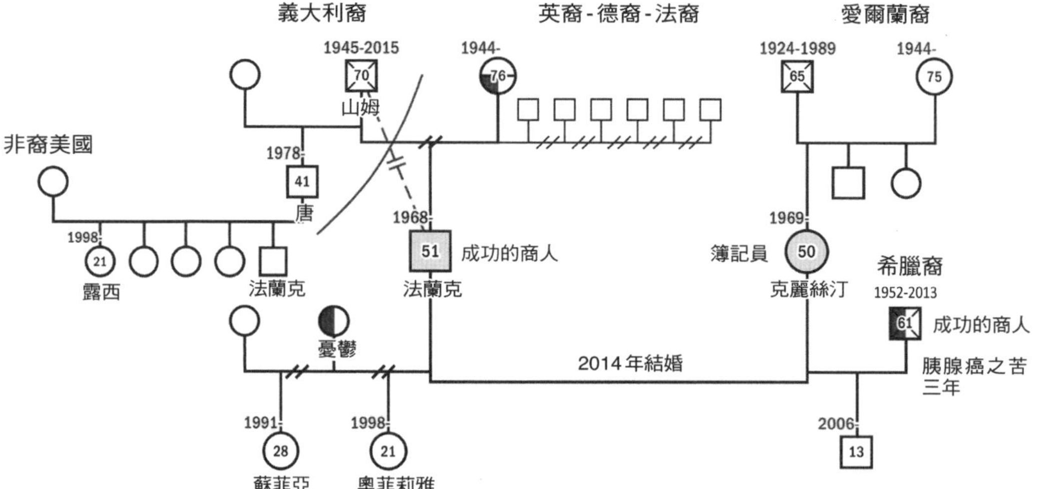

的景況，就彷彿父母陷入苦戰。因為母親的言語和肢體虐待、酗酒，從很小的時候，法蘭克就不僅必須照顧自己，還經常要照顧母親。他記得有一次，他的父親試圖重新聯繫，當時的他大約十八歲，他們在一家餐廳見面。但是當父親拿出他第二任妻子所生的兒子照片給他看時，他勃然大怒，轉身離開。

克麗絲汀透過治療來處理她自己家庭的議題，這些議題關乎她第一任丈夫長期患病所帶來的痛苦，以及這如何引發她對丈夫的隱瞞感到憤怒和沮喪。在一次夫妻會話末，幾乎沒有說什麼的法蘭克突然宣布他找到他的父親，這真是一個巨大的驚喜。他說他聘請了一名偵探，然後得知他的父親在一年前去世了。他相當確定他父親過世的公寓是他童年位在克利夫蘭的住所。他說他決定回到克利夫蘭，去看看他出生的房子，並探望他父親的墓地。

當他到達房子時，他發現一個年輕的非裔美國婦女住在那裡。當法蘭克向她自我介紹時，她面露驚訝，因為她的名字是露西・派楚希。事實證明，她是法蘭克同父異母弟弟唐的女兒。唐娶了一位非裔美國女人，生了五個孩子，其中年紀最小的孩子，也是唯一的兒子，取名為法蘭克・派楚希（事實上是一個無意的同名）。

露西是家中的老大，她曾與爺爺，也就是法蘭克的父親山姆，關係最親近。山姆去世前都住在這個家裡。當天晚上，這家人帶法蘭克出去吃飯，正如他後來所描述的，他所體驗到的愛和連結，是他從未意識到自己會需要。這個他新發現的姪女露西填補許多法蘭克對父親歷史的空白，因為她在他生命的最後幾年裡，與爺爺的關係非常緊密。甚至，在他過世那晚，露西是最後一個和他說話的人。

而新發現的同父異母的弟弟也談到多年來，他們父親對法蘭克的思念，以及那一次當法蘭克拒絕父親時，父親的痛。法蘭克非常驚訝他和這個黑人家庭是如此親近，因為自他有記憶以來，他便是個強烈的種族主義者。重新連結讓他深深地體會到，兒時的截斷讓他失去的不只是父親而已。

這個重新的連結不僅影響了法蘭克，也影響他的家庭。如同他所想的，這個連結「奇蹟似地」轉變了他和太太的關係。正如她所說：「一次的重新連接不能改變整個人生，但不知何故，他現在似乎變得更加溫和、溫柔。」他也開始重新思考他與女兒之間的距離。

他和克麗絲汀結婚時，一件憾事發生，而他想為這件憾事道歉。他對於奧菲莉亞在他的婚禮上遲到又鬧脾氣非常的生氣，以為她不想和他一起慶祝他終於找到幸福。但當他想到他當初把奧菲莉亞單獨留給她患有憂鬱症和焦慮症的母親，又很少探望甚至與她聯繫，他便開始努力重新與他的兩個女兒連接。

家系圖作為治療工具的價值

借用一個長期運行的電視廣告的語句：

沒有家系圖的治療——有價值。
家系圖協助的治療——無價。

我們希望能夠激勵那些對家系圖尚不熟悉的讀者，了解其真正的價值，並在培訓和實務上與個案一起使用它。對於那些已經熟悉家系圖的人，我們希望讀完這章能夠幫助您在治療和處理自身家庭問題時更加有效地使用它。

CHAPTER 10

家系圖在醫學或精神醫學中的實踐

by麥克爾．艾弗里．克勞奇醫學博士、
公共衛生碩士（Michael Avery Crouch, M.D & M.S.P.H.）

為什麼醫生要使用家系圖？

醫生為了要檢查病患的骨骼健康，會進行X光檢查（roentgenograms）。家系圖是一種快速瞭解病患家庭健康的好方法——沒有X光的X光檢查。對於新病患，這是一種可以有很高效率建立初步關係，以及收集社會和家庭歷史資料的方法。家系圖有助於從系統的角度思考個人狀態，並將其置於其家庭和社區的脈絡中檢視。這樣的方式思考可以顯著地提高醫生在生物醫學和心理社會方面的效能。

繪製家系圖的許多潛在病患護理的好處，包括：

- 減輕病患的焦慮
- 促進醫病關係的合作

- 揭示疾病和早逝的模式（糖尿病，心臟疾病，癌症）
- 預防處遇措施（戒煙，癌症篩查）的優先順序排列
- 確定某些共同點或共享醫病的興趣，作為連結的紐帶
- 顯示可能對健康有影響的關係模式（衝突、疏離、虐待、多次離婚）
- 討論家庭心理健康的議題（躁鬱、憂鬱、酗酒）
- 揭示核心家庭的社會問題（婚姻衝突、配偶酒精濫用、家庭暴力）
- 透露生命周期階段的脆弱性（空巢、退休、配偶去世）
- 揭示家庭秘密（意外懷孕、醜聞、坐牢）

繁忙的醫生為什麼不畫家系圖？

醫生通常在時間壓力下工作。家系圖可能被視為一項額外的任務，並沒有時間來做。但如果被視為一種來獲取新病患之社會和家庭歷史的替代方式，那麼家系圖幾乎不需要額外的時間。以長遠來看，繪製家系圖實際上是能節省大量時間，更重要的是，可以讓醫生提供更好、更及時的護理。

另一個阻礙繪製家系圖的原因是對「打開潘多拉之盒」的猶豫。部分原因是醫生希望立即採取措施來「修復」他們發現的問題；家系圖的揭示可能會引發更耗時的事項。具有強烈生物醫學傾向且未接受諮詢培訓的醫生，通常會對深入探討病患心理社會問題感到沒有能力做和（或）不感興趣。克服這種猶豫的解藥是，記住很少有事情是必須立即處理的。下列建議幾種針對家系圖揭露所引起不安的務實回應：

- 「嗯，那肯定是相關。也許我們可以安排後續回診的時間，來討論這個問題？」
- 「我認為那對您的健康有重要的影響。如果您願意，我可以轉介您去見一位很棒的心理諮商師來協助這個議題。」

唯一知道潘多拉之盒內容影響的方法就是打開它並快速查看。家系圖非常

擅長做到這一點。當問題不是那些真正緊急的情況（例如，高度立即自殺風險）時，尊重但堅定地關上潘多拉之盒是一項醫生執行「結束」的重要技能，而練習會使其變得更加容易。

給醫生繪製家系圖的實用建議

家系圖對於一位繁忙的醫生來說是一個可行的辦公工具，因為繪製家系圖「骨架」既容易又相對快速（Waters, Watson, & Wetzel, 1994）。家系圖骨架可以置放在一般紙上，或是一個空白家系圖表的下半部分，就像在第二章中所顯示的。醫生應該從底部開始，從病患的子女或孫子女開始，然後往上追溯到父母和祖父母。

使用橫向排列的空白紙張可以提供空間，以應對每次回溯到另一世代時所出現的側向擴展狀態，同時也能為後續訪談中所得到的新資訊預留空間。我們希望不久的將來，我們將能夠將電腦化的家系圖添加到醫療記錄中，並隨著醫病關係的進展，添加或顯示不同的變項。

開始繪製家系圖

一九七七年，我在家庭醫學住院醫師培訓的迎新月期間，行為醫學的教職人員要求我們製作並討論我們自己的家系圖。這包括簡要檢視我們的家庭動態。他們還分享他們自己的家系圖。我們接著討論我們的家庭動態和出生順序（Toman, 1976）對潛在個人和專業的影響是什麼。這個練習的用意及重點是要我們覺察自己是如何運用情感、行為和溝通傾向有效地與同事和病患建立關係。也透過這個練習，我注意到我和我母親及父親間都存著重大未解決的議題，而這可能會在病患護理和家庭生活中造成問題。我更意識到我對家庭過去幾個世代的認識非常有限。

在完成住院醫師培訓後，我執行了兩年學術家庭醫學的研究。然後，我擔任為期兩年的全職教職人員，期間我完成了家庭治療培訓課程。家系圖則是在多代家庭系統（鮑文）理論（Bowen, 1978）培訓中資訊收集的核心工具。透過它，我得以對家庭情感生活有清晰洞察，並看到重複出現的家庭模式對關係、健康習慣、生病和疾病的強大影響。這個培訓使我能夠更有效地諮商焦慮和憂鬱的病患。家系圖通常指出預防步驟的方向，以避免或減輕有害的家庭模式。

繪製多年例行性家系圖的要點

住院醫師在任職期間會被鼓勵與病患一起繪製家系圖，以提高繪製的熟練程度，並探索其臨床用途。於是，我開始例行性地和每位病患繪製家系圖。我首先注意到的是，透過這個繪製家系圖的過程，我得以比當一名資深醫學生更快地和病患建立良好關係，而我更認為其中的一部分是因為我在**收集家系圖資料的時候已經短暫地扭轉一般性醫病角色的影響。病患成為專家（關於他或她家庭的知識），而醫生變成了學習者。**

收集家系圖資訊對焦慮的病患來說具有鎮定作用。它讓他們能夠更全面地參與協作互動，而這是我力求盡可能多經營的醫病關係類型。最引人注目的一個例子是我和一位年輕男子工作的過程。當時，我一進入診療室，就看到他正在來回走動。即使我坐下來之後，他依舊如故，我甚至花幾分鐘談他的就診議程（經歷一些困難）和過去病史，都沒有改變他來回走動的狀態。他非常的緊張。但當我解釋說我要尋問他的家庭背景，以便能夠盡可能的幫助他時，幾秒後，他坐下來，稍微放鬆了一些，後來的訪問變得更能相互溝通。

家系圖通常能很快地顯示出幫助我理解病患及其所面臨的健康風險的資料，否則我可能會需要花很長時間才能發現，甚至根本不會發現。

令人驚訝的是，繪製家系圖的過程往往引出童年或成年虐待（情感、身體和／或性虐待）的歷史；這通常發生在有繼父或酗酒父親的女性。住院醫師的培訓，讓我學會以合宜的方式探詢這些領域，我會問：「在你成長過程中，有人令你感到**困擾**嗎？」病患不覺困惑會說不，要不就會開始講述他們悲傷的故事，有時是第一次或第二次見面時。

我繼續繪製家系圖的主要原因，是為了提高照護病患的品質。繪製家系圖僅需花幾分鐘的時間，但對於勢必要取得家庭醫學和精神病史來說，通常不會花費太多「額外」的探問時間。偶爾在家系圖的探問中會出現一些重要且需要立即關注的事情，那麼訪談的時間勢必就會加長。隨著我在時間管理和結束訪談的越加上手，我變得越能夠將大多數需要特別關注的議題延遲到下次回診再談。

有時，長遠來看，探索家系圖可以為我節省時間和挫折，因為它釐清一些在背景中讓診斷和／或治療變得混亂的重要資訊。但若我跳過家系圖繪製，我的訪談就會僅限於資料收集的提問及猜測測試，在這種情況下，我會意識到我可能一直原地打轉，都無法探究問題的核心。

檢視我自己的家庭

家庭治療培訓也激勵我更想多瞭解自己家庭的歷史（**圖 10.1：克勞奇家系圖**）。自從我的祖父母去世後，我開始與我的父母、手足、叔伯和姑姑有更好的連結。父親在八十三歲時因肺氣腫去世，他去世的前兩年，我終於學會如何與情感疏離的他對話。我跟他分享我所找到關於他祖先的一些資訊。那是一個長達三十六年的家系圖探索的第一階段。

在擴展我自己的家系圖時，我得知父親的三個兄弟和一個妹妹都在七歲前，因兒童疾病和煤油中毒而去世。前兩次的死亡分別發生在我父親出生的前一年和前三年，後兩次的死亡則相距兩個月，發生在他出生後十一年。

他生活的環境是多麼地艱難，且他生存下來了，我對他的敬重更加重了幾分。他一直到七十五歲，都還很認真努力地從事磚匠工作。我更理解他為什麼不太參與我們的家庭，也鮮少和我們當中的任何一個人說話，他不希望有人靠近他的工作室或大型有機花園。我理解他表達愛的方式是為我們提供、建造和維修事物，我開始對他充滿感謝。

多次哀悼的場合和家族談話中，我理解到我的祖母患有慢性憂鬱症，她在照顧她的倖存子女上是有些疏忽的。祖父母幾乎從未對父親表達過任何言語或非言語的愛意或情感連結，父親自己也是到晚年才會表達情感的。他的脾氣令

圖10.1　克勞奇家系圖

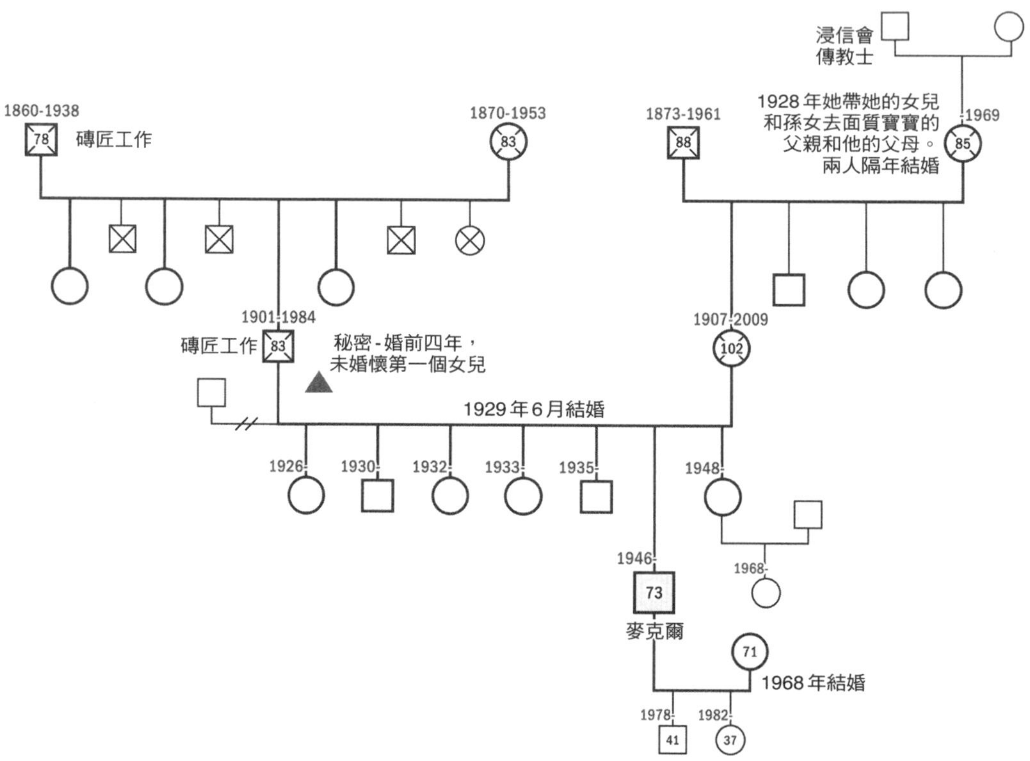

人害怕，偶爾會暴怒，並用皮帶或剃刀帶抽打我。我父親的原生家庭的溝通狀態非常差，以至於他都不知道他祖父的正確名字。他一直認為祖父的名字是伊扎拉，但實際上他的名字是伊諾克．艾爾伍德。

在我父親開放自己前，我不知道他對任何事情有什麼看法。但在我向他坦承我對死亡的強烈恐懼後，我們嚴肅地討論並開關於死亡玩笑。他去世前不久，我問他對我現在的生活有什麼看法。當我聽到他說他以我為傲時，我很高興。同一次對話中，他問我是否認為他的健康狀況會變好（即使一直待著氧氣罩，他起身時還是會呼吸急促）。我回答他，治療他慢性阻塞性肺病（COPD）的藥物已達最大劑量，他的健康不太可能會改善。然後他說：「那麼，我想我準備好『離開了』。」

兩週後，在我生日那天，他突然心臟驟停，人就過世了。葬禮後，我在他的墓地談到愛他和被他愛的艱難，而我希望繼續從他身上學習。有趣的是，近年來我做了很多正向的夢，都是關於和父親談話和一起做事的夢。

與父親進行這樣的結束對話減輕了我們關係中的負向性，也使我能夠更自在地與身體健康狀況不佳的老年男性交談，更包容地聆聽。它還幫助我在安慰瀕死病患及其家庭時能夠堅持下去，而不是屈服於我從父親那裡學到想疏離的衝動。我並沒有克服對死亡的恐懼，但我大多數時候，都可以接受它的不可避免性，且面對我的病人的死亡和自己去世的前景，我能有更好地應對。

在青春期和早期成年期，我母親的過度保護讓我感到窒息。她經常在晚餐餐桌上講述人們因各種意外事故死亡的故事，目的是要警告我避免這些情況。當我十六歲開始約會時，她則是反復告誡我：「不要讓某個女孩懷孕，然後毀了自己的一生。」我變得憤恨不滿，有一次我生氣地告訴她「別再干涉我的生活」（當然，這讓她哭了）。直到三十七歲，我才理解這強烈的根本明智建議是從哪裡來的。

在家庭治療培訓期間，我擴展我的家系圖，然後我發現一個深藏五十年的家庭秘密——我父母親是先有後婚，中間相隔四年。母親和另一個男人離婚後不久隨即嫁給我父親，因為她認為父親是可以做她女兒爸爸的男人。現在，我妹妹明白為什麼她一懷孕就結婚這事，會讓我的父親如此不高興，以至於他得了出血性消化潰瘍。

諷刺地是整件事件中，當父親正因潰瘍住在一家退伍軍人醫院的重症監護室裡，姊姊為了找父親的退伍軍人文件，反在一個保險箱中找到母親的離婚判決書。姊姊當時並沒有告訴任何人，直到十四年後，當時我為了填補我家系圖的細節，我問姊姊為什麼長姊的出生日期（1926年）和我們父母結婚日期（1929年）不一樣。然後她告訴我她所知道的。於是我去問我母親，母親對於能夠將秘密公開，反而感到鬆了口氣。

母親告訴我，父親給她錢去「廚房墮胎」（kitchen abortion）後，就離開他們所在的小鄉村，去隔壁州找工作。然而，母親的懷孕週數已經超過可墮胎的月數而無法墮胎。當時我的外婆（她是一位浸信會傳教士的女兒）得知母親非婚懷孕的事之後，堅持讓她搬到了一個大型的中西部城市去避羞。三年後，我外婆發現一封母親寫給父親卻未寄出的情書，於是，她帶著當時三歲的姊姊搭火車回到他們曾經逃離的小鎮，當面與我父親的父母對質，說：「這是你們的孫女！」我非常感激我外婆的勇氣；如果沒有她的堅持，我不會在這裡寫下這些文字。

經過多年不斷努力，我與母親的關係有很大程度的改善。幸運的是，她比我父親多活了快二十年，她在一〇二歲生日前的兩星期過世，她給了我們許多彼此可以交流的時間。她經常回憶起她的童年和她的父母，雖然在我成長的歲月裡，我幾乎不認識他們。

我開始欣賞他們所處的生活逆境，以及這些逆境又是如何影響我母親的世界觀。我母親原生家庭的溝通狀況也很差。我一直到醫學院畢業並完成家庭醫學住院醫生的培訓後，才透過家族譜的研究，發現我的外曾祖父在一八五五年到一九一〇年間曾是一名鄉村醫生，而那正是我成長的鄉村。我問她為什麼從來沒有告訴我關於他的事時，她說：「你從來沒問過。」戳中要害！在溝通匱乏的關係裡，我一直是被動的參與者。

理解原生家庭模式讓我更有效及更順利地減緩我在核心家庭和工作系統的情感回應。在我釋放對父親的大部分憤怒和對母親過度保護的憤恨不滿後，我感到自己更能與他們區分開來，更加感激我從他們那裡得到的禮物。這也允許我能夠和讓我想起父母親的病患建立更好的連結。我變得更擅長鼓勵吸煙者和（或）患有慢性阻塞性肺病（像我父親一樣）的病患成功戒煙。抽菸造成我父親和大哥的死亡（大哥在和他兒子和孫子一起打高爾夫球時，心臟病發作，三天後冠狀動脈搭橋手術中中風），我經常告訴吸煙的病患他們的故事，作為警世故事。

在進行完自己原生家庭的工作，及自己成為父母後，我更能同理那些面對孩子疾病（例如哮喘）或行為問題（例如過動症）而不知所措的母親，和她們的工作也更有效率。我變得可以更巧妙地敦促過分保護的母親，開始鬆綁他們對青春期孩子的束縛，允許孩子安全地邁向獨立。

我有兩位大我許多歲的姊姊，她們「溺愛」我，還有一位比我小兩歲的妹妹，我則是傲慢地支配著她。因此，我對女性的期望則是被滋養或控制她們。對妹妹和我來說，我大哥的功能形同父親一般。但當我五歲時，大哥離家加入軍隊時，父親形象不復存在。自此，我的內在小孩似乎會期望被男性忽視、虐待或遺棄。

我的一位哥哥一生都與父親有著潛在的衝突。爸爸想向他道歉，但他拒絕在爸爸臨終前回家。甚至在爸爸去世後，他從加利福尼亞州開車回家，而不是坐飛機，就這樣他也錯過了喪禮。令人難過的是，這個哥哥和父親的衝突關係複製在他和他大兒子的關係上。哥哥和大兒子雖住在同一個城市，但他過世前的十年間卻都沒有說過話。當他昏迷時，我向他告別，並和他兒子交談，這是三十六年來我和這個侄子的第一次談話。

我的妻子比她的弟弟大七歲。成長過程，她支配她弟弟就像我支配我妹妹一樣。可想而知，我們爭相爭取控制權，且難以共同做出重大決策。幾十年的婚姻（截至目前為止五十年）生活過去，我們才學會共享控制權並有效地協商。我最終養成了被妻子要求做家務時立刻去做的習慣，而不是拖延且經常忘記，比起我所做的其他任何改變，這對我們的關係更有幫助。

我讓自己在情感和實質上是可以提供連結的，並將兒子和女兒排在至高無上的優先位置來展現我對他們的愛。當他們年幼時，我們一起度過了很多愉快的時光。我的唯一遺憾是，當我感到沮喪或被其他家人聯合孤立時，「父親的脾氣」偶爾會浮現。我的兒女似乎原諒我了。我曾經指導他們兩個踢足球長達十年，現在我期待與三個孫女分享我對體育的熱愛（孫子孫女是最棒的！）。

有鑒於我父親的脾氣，與男性的衝突對我來說不奇怪，但女性的憤怒對我來說一直是很難應對的（後者感覺就像情感上的措手不及）。我早年的工作，我比較難與男性病患建立聯繫，尤其是那些憤怒的病患。面對女性病患，我往往會變成過度功能者，想要拯救她們脫離困境。

我那被需要的渴望，在一些病患身上，反而鼓勵了他們過度依賴，他們甚至會拖延他們的照護，直到能夠見到我為止。有時這對他們的健康是不利的。我慢慢地變得更加知道如何在黏人的病患身上找到折衷的方法，而不是被捲入他們的漩渦中，或是有意無意地試圖疏離他們。我學到督促自己回電話，不論對我來說是容易相處或不容易相處的病患，我都會同樣認真地追蹤照護的未盡事宜。

臨床工作者可以從製作自己的家系圖中獲得許多，然後分析他們自己的家庭模式和議題如何影響他們與病患的互動。特別是當醫病關係似乎不順利或不滿意時，問自己幾個問題往往會有所助益：

1. 我自己的家庭模式在其中可能發揮什麼作用？
2. 我可以如何改變自己在互動中的角色，以避免重複這個人的家庭功能失調模式？
3. 當我意識到類似的情況可能演變成問題時，我可以為將來做些什麼不同？

在教育病患時，通常較有效的方式是系統性的提問（例如：「你認為你可以做些什麼來改善你的健康？」）而不是灌輸信息（例如：「糖尿病會讓你變成罹患腎衰竭的高危險群」）或發出警告或命令（例如：「你肥胖症嚴重，必須減肥！」）。

專業培訓的時期是一個很好的自我理解的契機，可以開始瞭解自己的家庭背景是如何影響自己作為醫生的效能（Emerson, 1995; Launer, 2017; Mannem 2008）。在瞭解自己和醫病關係的同時，可以看出家庭議題，並予以解決。一旦開始執業，有重大未解決家庭議題的醫生，若能找個他們覺得自在的人定期接受諮商或是心理治療，他們將能從中受益。

在電子醫療記錄時代繪製家系圖

常態性繪製家系圖二十年後，我工作的場所於一九九七年首次引入電子醫療記錄（Logician，後來成為Centricity），但它並沒有內建家系圖的功能。儘管人類基因組計劃承諾會讓家庭歷史資訊變得更加有用，但紀錄家庭史的家系圖或家譜格式卻是直到二〇一九年（EPIC）才添加至電子醫療記錄裡。突然間，曾幾何時，簡單又極具價值的家系圖繪製不復存在，現在的家系圖都變得相當的複雜和繁瑣。我仍然可以在紙本上呈現家系圖，然後將其掃描到病患的醫療記錄中作為建檔的文件。然而，事後不僅需要幾個步驟才能查看它，圖像的解析度還相對很低。隨著時間推移的新資訊，僅能寫在列印出來的掃描檔上，然後再掃描，再歸新檔。

可預見的是，儘管有最好的意圖，我越來越不常畫家系圖。最後，我只在以下情況下畫家系圖：

- 我對病患感到困惑。
- 我與病患的溝通出現困難。
- 病患的生病或疾病管理不順利，因為我在診斷或治療上都感到卡住了，或者我們在照護目標或方法上有衝突。
- 病患的障礙或失功能的狀況比顯見的健康問題更為嚴重。
- 家庭任何成員開始嚴重的身體、情緒或行為的問題或這些問題加重。（這其中的任何一項都可能是家庭危機的症狀。）
- 每次我繪製其中一個家系圖時，都會再次被提醒它們多麼有用，再次感到不再經常繪製它們的遺憾。它們對於理解和幫助那些與醫生相處困難的病患尤其有用，因為其：
  ——為病患及其家庭問題提供更全面的觀點。
  ——幫助制定實際的長期預測。
  ——找出具有自毀行為風險的病患，包括自殺企圖，並提供適時的輔導。
  ——允許更切實的照護目標評估。
  ——減少病患和醫生的挫折感，並改善關係（可能提高遵循護理建議的機會）。

回顧我的醫學生涯，有幾個家庭的家系圖和故事特別令人難忘。我想分享我實務工作中一些家庭的家系圖和故事，希望能夠激勵下一個世代的醫生珍視這些觀點的價值。

格雷格和佩妮

我住院實習的第一周，有人通知我，格雷格因腹部刺傷住院。他是一名三十四歲的父親，也是預先分配給我的其中一個家庭。總共分配給我的家庭有二十五個。幾天後，他前來回診。根據格雷格的說詞，他當時酒醉回家（這種情況經常發生），接著就與妻子佩妮發生爭吵。然後在某一刻，他抓起廚房用刀刺傷自己。至少，這是他的說法。我仍在想是否是他的妻子出於憤怒或自我保護而刺傷了他，而他改編故事來保護她，即一種扭曲的騎士行為。

在第一次看診，我呈現格雷格家系圖的「骨架」，然後慢慢填入詳細的資料（**圖10.2：格雷格和佩妮**）。立馬，它顯示出明顯的酗酒和早期心血管死亡的模式。他的爺爺在五十二歲時因心臟病發去世，同樣的情況發生在他父親四十歲的時候。兩個人都有酗酒的問題。格雷格很小的時候，就學會在他的父親出去喝酒時鎖上自己的臥室門，防止父親回家後毆打他。他曾非常希望自己「不要成為老爸的樣子」，如今卻因為自己過度飲酒的模式而感到羞愧。

格雷格的「生活劇本」是「我會在四十歲前死去，所以我買了很多人壽保險，好在我離開時，得以照顧我的妻子和孩子。我死後的價值遠高於活著時」。佩妮的父親和爺爺也因心臟病早逝，所以她共感他的悲觀預測。格雷格的母親住在他們一邊的房子，岳母則住在另一邊。家庭治療師稱之為「融合」（enmeshment）。格雷格有很多慢性健康問題，包括酗酒、抽煙、糖尿病、高血壓、高膽固醇、痛風、焦慮和憂鬱。雖然有基因遺傳，但其中許多問題都是因為他長期過度飲酒而引發或惡化的。

在接下來的三年裡，我經常看他，偶爾見他的妻子和年幼的女兒。他只比我大一點。儘管他充斥著悲觀主義，但他這個人，我是喜歡的。我經常敦促他增進自我照顧和健康習慣，以緩減他嚴重的悲觀情緒，也防止自我實現預言（self-fulfilling prophecy）。

第三年間，因為要接受一連串的諮商會談督導，我在診所的家庭室裡見

圖10.2　格雷格和佩妮

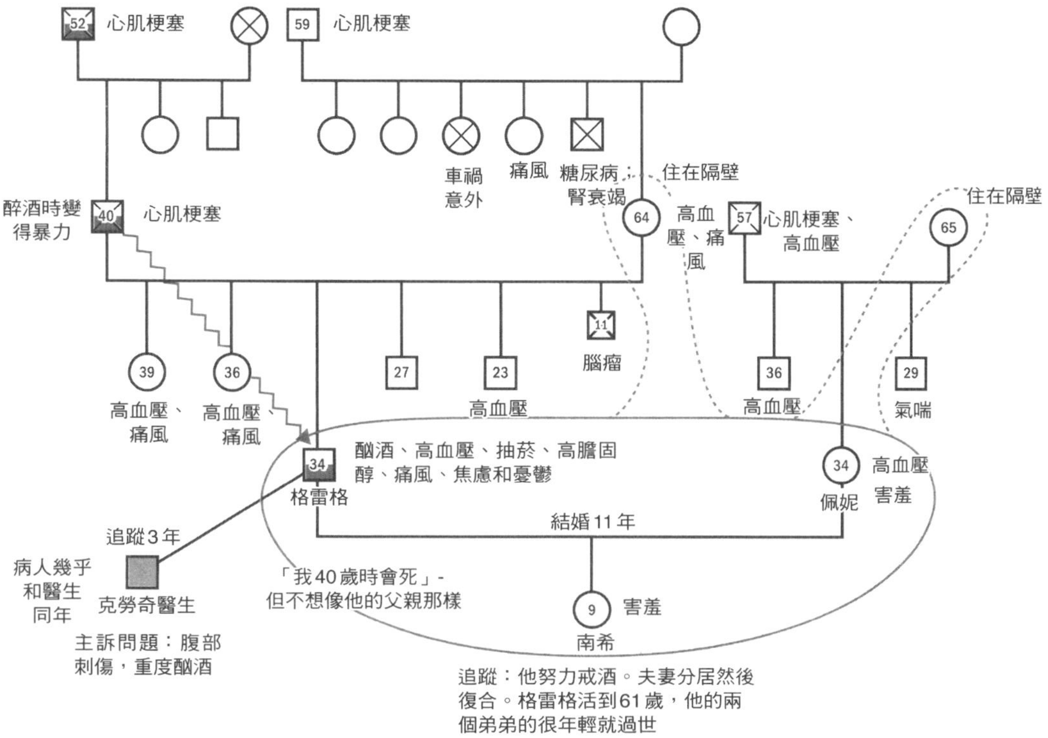

他。他更加理解自己的情緒模式和觸發因子，直到他生日那天，他已經戒酒六個星期。生日當天，他決定在回家的路上，去他最喜歡的酒吧喝一杯慶祝一下，僅喝一杯。令人驚訝的是，他確實在喝了一杯後離開。不幸的是，當他離開時，一個男人誤認他是另一個欠他錢的人（後來格雷格說他確實和那個人長得很像），於是他和一個朋友在酒吧外襲擊格雷格，嚴重毆打了他。格雷格「屢戰屢敗」。當事情進展不順利時，他會說：「沒關係。總會有翻身的一天的。」

住院培訓期間的團隊護士告訴我，幾年後，格雷格和佩妮分手了。然而，當我再次查詢時，我得知他們復合、重新在一起，婚姻保住了，生活也一直越來越好，直到格雷格六十一歲時去世。雖然格雷格去世時的年紀仍屬年輕，但遠超過了自己的預測。他的兩個姊姊尚在世仍，他的兩個弟弟卻過世了。格雷格至少某種程度逃脫他父親和祖父的情感魔咒，他比家族中三代的男性都要活得更長。

鮑伯和妮爾

家庭醫學住院醫生轉介鮑伯和妮爾給我進行照護諮詢，當時鮑伯正在住院（**圖 10.3：鮑伯和妮爾，2015 年**）。

住院醫生希望我提供一些建議，幫助這對夫妻因應他們的疾病和理解疾病

圖10.3　鮑伯和妮爾，2015年

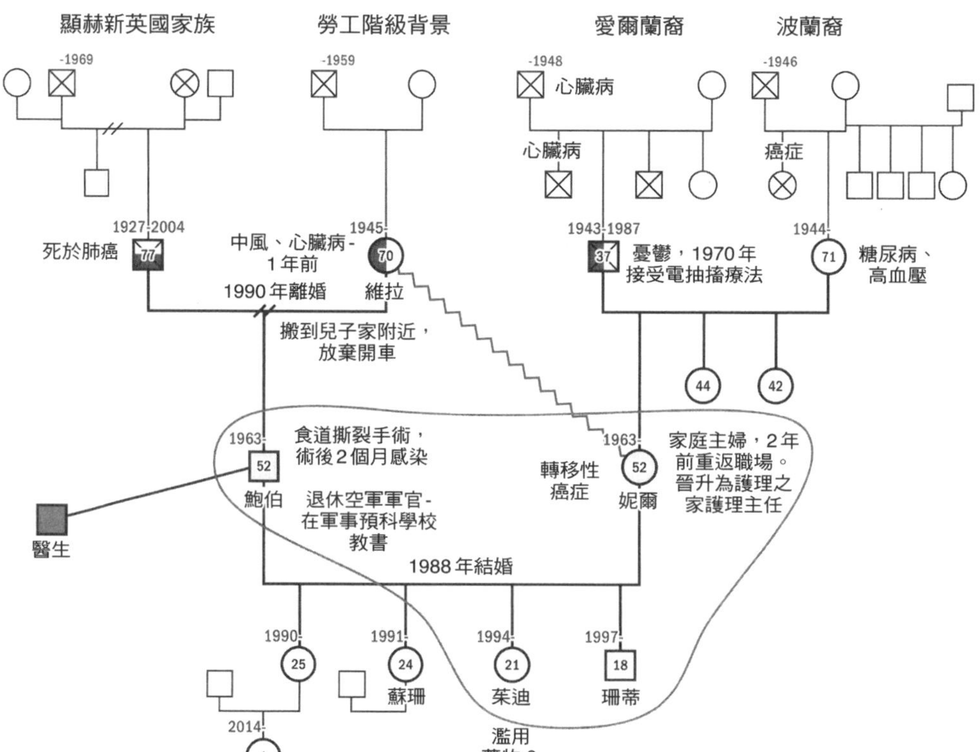

對家庭的影響。我們談話的兩個小時中，我繪製了他們的家系圖。當我獲得越多資訊，我越擔憂他們承擔長期悲痛的風險。

鮑伯和妮爾兩人都四十八歲，去年搬到這個地區。兩人結婚二十六年，共有四個孩子（兩個仍在家中）和一個孫女（最近出生）。鮑伯是一名退休的空軍軍官，現在在一所軍事預科學校教書。妮爾擔任二十二年的家庭主婦後，三年前重返職場。一年前，她被晉升為護理之家護理主任。他們的成年子女住得很遠。

鮑伯的母親維拉來自一個工人階級的家庭，但她嫁給了一個東北城市的顯赫家庭。維拉反對妮爾嫁給她唯一的兒子，且認為妮爾不值得他們家族姓氏。妮爾的父親是一名勞工，他的父母親是愛爾蘭移民，而妮爾的母親則是波蘭移民。儘管妮爾多次企圖和維拉建立文明、尊重和有禮的關係，但維拉始終保持敵意。他們半開玩笑地稱她為「龍女士」。

維拉前年中風，然後心臟病發，她拒絕進入養老院，於是搬到鄰近鮑伯和妮爾住所的公寓。鮑伯認為她開車不安全，所以她賣掉她的車，並依賴他們接送。鮑伯曾對母親（她本身也是唯一的孩子）對他的過度涉入感到悲傷，他沒有手足來分散母親的注意力，但他現在重複這樣的模式，只是對象反過來，他「嬌養、溺愛」他的母親。面對無止境的照護衝突，妮爾試圖盡力而為。

家庭的失落模式因為離婚和死亡而使情況變得更加複雜。鮑伯的父母親在他們第一個孫子出生那一年離婚，即鮑伯和妮爾結婚後兩年。鮑伯的父親受酗酒所苦，並在鮑伯三十九歲那年因肺癌去世。更上一代，鮑伯的爺爺奶奶也在他們第一個孫子出生的那一年分開，然後在第二個孫子出生的那一年離婚。

維拉的父親在她十三歲時去世。妮爾的父親則在她七歲時因重度憂鬱症住院接受電抽搐療法（ECT）治療。他一生都受憂鬱症所苦，並在妮爾二十四歲時去世。妮爾的爺爺在她父親五歲時去世，她的外公則在她母親兩歲時去世。鮑伯的爺爺在鮑伯五歲時去世。

有鑑於新家庭成員加入時的不穩定模式，最近的孫女出生和母親／岳母的「入侵」，可預見對家庭產生的壓力。如果家庭無法比上幾代更好地因應這些改變，那麼在接下來的一年中，生重病或死亡的風險可能會很高。

維拉搬到城裡兩個月後，妮爾開始感到疲倦和煩躁。一周後，鮑伯在吃了一塊肉後感到劇烈疼痛，並開始嘔吐鮮血。他很快接受食道撕裂手術，但術後感染延長他這一次，也是他第一次住院的時間。研究顯示嚴重的家庭壓力與免疫系統功能受抑制有關（Schmidt, 1983）。

鮑伯出院後幾天，妮爾因嚴重貧血住院，並發現原發部位不明的轉移性癌症；她接受化療。妮爾回家後不久，鮑伯因脾臟周圍感染再次入院。此時，他們二十一歲的女兒茱迪拒絕與母親談論她的癌症，而住院醫生懷疑她在使用非法藥物。

在我們的訪談中，鮑伯和妮爾坦率地談論他們與維拉的衝突，但他們拒絕接受諮商的幫助來因應這壓力。他們習慣自己處理問題，並預計從他們的教會和朋友那裡獲得必要的額外支持。我雖然感到非常不安，但作為一名顧問，我尊重他們的意願，並沒有強力說服他們安排另一個家庭會議，但如果是他們的初級保健醫生，我很有可能會這麼做。

當一個人被診斷出轉移性癌症時，和他們的初級保健醫生和／或心理治療師會進行一次或多次家庭會議，用以幫助家庭應對治療的困難。如果治療不成功，家庭會議可以支持有尊嚴的臨終過程及哀悼歷程（Worby & Babineau, 1974）。

在接下來的十一個月裡，維拉因不明確原因的不適多次住院，妮爾的癌症治療無效。鮑伯花了很多時間在醫院陪伴妻子和母親，而不在孩子的身邊。他們的主要照護醫生持續提供諮商的機會，但他們一再拒絕。妮爾於二〇一六年三月因癌症併發症去世。兩位家庭醫師在哀悼期間與各個家庭成員交談，但鮑伯仍然拒絕家庭會議和接受諮商。

妮爾去世後三個月，鮑伯舉槍自殺。兩年後，他的母親過世。

我猜測鮑伯無法忍受沒有妻子、又和母親「重新接上臍帶」的情況下繼續生活。在妮爾癌症治療早期，維拉曾敦促他「她去世後，不要等太久，趕快再去找一個新妻子，更適合你的」。我為他們的孩子感到難過，尤其是還留在家的那兩個孩子，他們不得不面對同時失去父母的痛苦。然而，我不能對鮑伯的決定做出負面評價。我認為，他做出一個他自認身處如此糟的情況下，唯一的合理選擇。如果事後我有機會和他的孩子們交談，我想這會是我想對他們說的最重要的話。

繪製一個家系圖有時可以幫助醫生理解為什麼病患會做出醫生認為的不明智、不理性，甚至道德上錯誤的決定。作為家庭醫生的我們，其中一項任務就是盡量不對病患帶有偏見。家系圖在困難情況下的最有用的功能之一便是促進我們對病患自主權的接納度，即便病患做出有爭議的決定。

拉里和康妮

拉里和康妮第一次到我辦公室是為了認識他們的新醫生。拉里是一名四十四歲從事研究工作的博士，而康妮是一名三十五歲的家庭主婦。最初的家系圖資料包括他們結婚前兩年的資訊——拉里的第二次婚姻、康妮的第三次婚姻。拉里的第一任妻子莎拉患有躁鬱症，且言語和身體虐對他們的孩子，他們三年前分居。莎拉在拉里和康妮結婚前的六個月，在家庭湖邊小屋自殺。這使得家庭週末到那裡度「休閒娛樂」假時，感到有些陰森森、毛毛的感覺。

拉里除了患有適應疾患混合情緒障礙，他的健康狀況良好。康妮則長期受焦慮、反覆復發的憂鬱症狀，以及運動障礙所苦。拉里有兩個孩子，十二歲的養子伯特和八歲親生女兒布莉安娜，而康妮則對於自己身為繼母的角色感到苦擾。伯特五歲時被診斷出注意力不足過動症（ADD），故服用派醋甲酯（Methylphenidate），其症狀有所改善。康妮的十六歲和十四歲的兩個兒子則與她的第一任前夫住在堪薩斯州。當他們夏天來訪時，情況變得更加複雜。

除了定期的醫療照護訪視外，他們在接下來的五年內，進行了一系列的諮商，包括個別諮商、夫妻諮商和全家諮商。其中一些是預防性的，一些與危機有關。危機通常以兒童為焦點的，而當康妮感到絕望時，則進行個別或夫妻諮商。

家系圖（**圖 10.4：拉里和康妮，1985 年**）顯示一個不穩定關係的強烈模式。拉里的父母在他一歲時離婚。他的父親再婚兩次，和第二任妻子生了一個女兒。他的母親再婚又離婚四次；她與第二任丈夫育有三個兒子。康妮的父

圖10.4　拉里和康妮，1985年

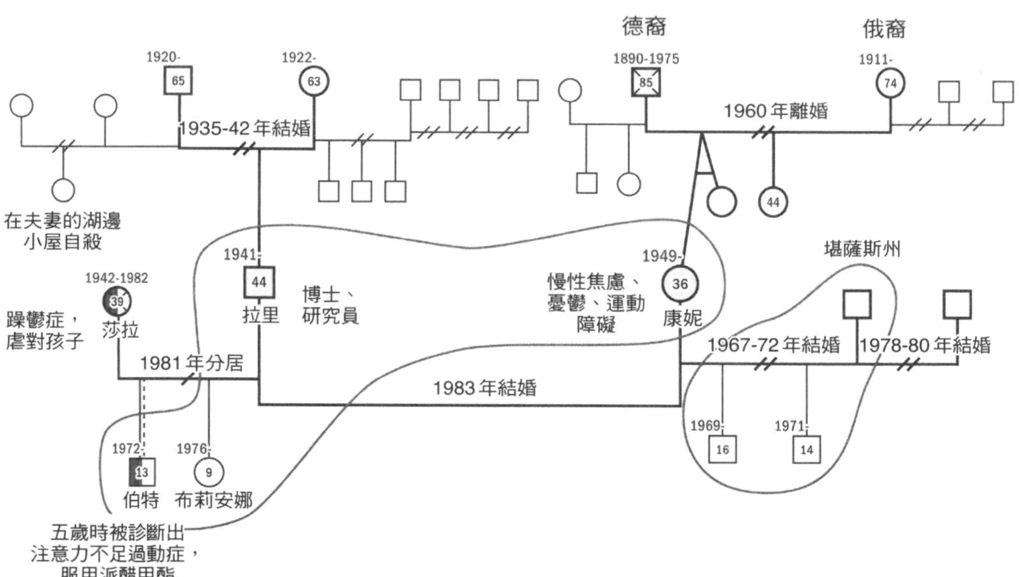

母在她和同卵雙胞胎妹妹十一歲時離婚。她的父親前段婚姻育有兩個孩子；她出生時，父親五十五歲，並在她三十歲時去世。她的母親比康妮的父親小十八歲。家鄉有傳聞說她同父異母手足的兒科醫生是她的生父。她的母親再婚又離婚兩次。康妮從她雙胞胎妹妹那獲得一些支持，但母親和同父異母兄姊的支持卻不多，而他們都住得很遠。由於他們父母親發生很多事情，所獲得的（外）祖父母信息很少，因此沒有包括在家系圖中。

我認識他們時，諮商似乎幫助拉里和康妮強化他們的婚姻關係，但育兒對他們來說仍然是挑戰。拉里的孩子們在青春期青時相當不穩定，伯特的學業表現不佳、酒精濫用、用非法藥物、多次重度憂鬱發作，但最終情況有所好轉。布莉安娜十歲時憂鬱開始發作，但她對諮商的反應良好，度過青春期和早期成年期，現在是一名按摩治療師和自然療法從業者，並有自己的孩子。

雖然家系圖可以識別出明顯的家庭模式，而這些模式可以運用諮商可緩解的，但有些模式似乎不可避免。我最近得知拉里和康妮最終離婚了，並分別和

他們的第三任和第四任配偶結婚。

玲達、帕特里克和吉諾

玲達二十三歲、單身，是一位呼吸治療師。首次來到我們家庭醫療中心時，她表示她的經期已經晚兩個月。她得知自己懷孕後，非常高興，但擔憂家人的反應。她的家系圖（**圖 10.5：玲達、帕特里克和吉諾，2000 年**）顯示她與她羅馬天主教的母親和三個年幼的弟妹一起生活。她的父母最近離婚。她的母親患有憂鬱症，三年前曾自殺未遂。她的一個妹妹則是反覆憂鬱。她父親的弟弟和父親都因酗酒去世。玲達與她的未婚夫帕特里克已訂婚三年（她母親自殺未遂的那一年）。

圖10.5　玲達、帕特里克和吉諾，2000年

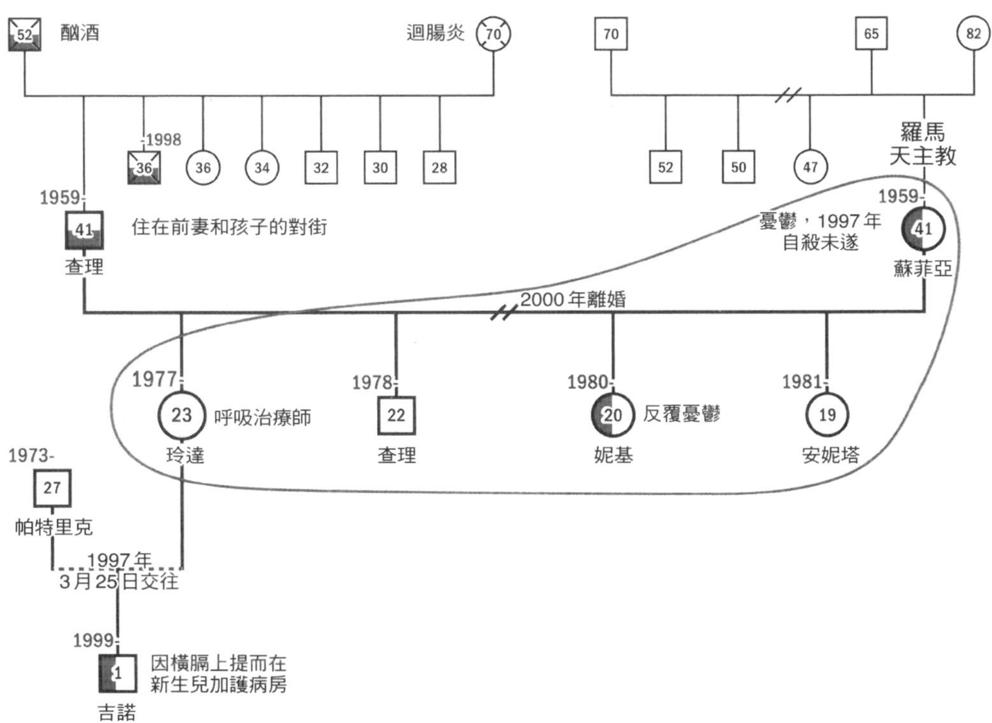

讓玲達感到寬慰的是，她的未婚夫、母親和弟妹都立刻給予支持。她的父親則是一開始就指責她（玲達的爺爺和叔叔都因酗酒早逝，她父親則是在一個情感不穩定的家庭長大）。然而，他最後變得更加正向積極。在一個平穩的懷孕和分娩過程後，吉諾出生了。

吉諾出生後約十分鐘，呼吸變得急促，新生兒科醫生接手他在新生兒加護病房的照護。他被診斷出横膈上提（diaphragmatic eventration）——是一種横膈肌不夠緊和下拉程度不足，使肺部充氣出現問題的狀況。新生兒科醫生認為這個缺陷可能可自行矯正。

然不到二十四小時，吉諾插上呼吸管。根據横膈上提的醫學文獻研究，並電話諮詢這類罕見病症的專家，均建議立即進行手術，折疊横膈肌並向下拉，擴大肺容積，允許正常呼吸道樹增生，同時防止不可逆轉的肺部疤痕（Langer, Filler, Coles & Edmunds, 1988）。然而，新生兒科醫生對於核准此手術有些遲疑。當地社區唯一執行過這種手術的外科醫生也建議再觀察一段時間。

吉諾出生後的第四天，不再用呼吸器，他的母親、祖母和阿姨提出很多疑問。我保留我認為吉諾應儘快接受手術以達到最大呼吸潛力的非專家意見，因為我不希望削弱新生兒科醫生和外科醫生的專業。

接下來的四周裡，吉諾在額外的氧氣幫助下僅有輕微的改善。我在二月十八日與家庭見面，強烈建議儘早進行手術——越早越好。家庭對進行手術有所保留，他們仍相信吉諾最終可以僅依靠支持性護理就能康復。二月二十三日，吉諾又因為長時間低氧量又戴上呼吸器輔助呼吸。我再次與家庭見面，並再次強烈建議儘早進行手術。隨後，我帶著沮喪、悲傷和擔憂的心情離城去參加專業會議。

在家庭醫學教師協會的家庭會議上，我參加了由家庭醫生霍華德・西爾弗曼（Howard Silverman）主持的治療儀式研討會。該研討會包括實際的儀式，旨在幫助參與者確定他們參加研討會的原因，而我參加的原因是因為我對吉諾的情況感到困擾。

或許對於吉諾的家人和我來說，有必要舉行一個儀式，而我也決定如此做，最後證明此舉是值得的。我回城後，我立刻開車去醫院。抵達時，吉諾的母親和外婆都在他的嬰兒床旁。外科醫生已經安排三天後進行手術。我提出儀式的想法，她們都表示非常感興趣。我收集所需的材料，然後進行家訪。我描述近期出版物（Crouch, 2016）所分享一些關於儀式的細節，我們聚焦於放下之前的期望，調整為對吉諾未來更實際的期待。

這個儀式開啟了一個坦誠的對話之門，透明化所發生的一切，降低我們的恐懼、焦慮和挫折感，賦權我們彼此幫助，以便能夠更好地應對這種情況。參與這個療癒的儀式也減輕我們內心的一些內疚感。這時的我則感到自己最像一位治療師。

相隔一周，分別針對吉諾兩側橫膈肌動了兩次手術。術後一周，他從出院返家，但他仍然需要三個半月的補充性氧氣治療。每次兒童健康檢查，他的生長狀況都很好，雖緩慢但穩定的發展進步中。

接下來的十年，吉諾變成一個正常、活躍的十二歲男孩。他對他母親的在家自學教育反應良好。吉諾十歲時，他在語言和數學的測試成績比同年級的孩子高出數個年級數。他有一個充滿愛心和溫柔的靈魂，喜歡動物、和叔叔一起釣魚，也喜歡騎自行車。他遠遠超越我們在儀式中的實際期待，即使當時事情看起來是如此的晦暗。

如果我一開始沒有和玲達一起繪製家系圖，進而「瞭解整個家庭」，也許我就不會有勇氣向他們提出舉行儀式的建議。關於父母的宗教、憂鬱、酗酒和關係破裂的家系圖資訊，讓我在與家庭討論婚姻和生死議題時更加謹慎和尊重。

對於許多醫生來說，像儀式這樣非傳統的做法脫離他們的舒適圈。當臨床工作者因病患的困境感到壓力或痛苦，卻又不確定該如何應對時，我會鼓勵他或她尋求並安排適當的諮詢是必要的。當家系圖顯示毒害議題時，「關閉潘多拉盒」則是另一種處遇方式。

家庭醫學／醫療的家系圖

我曾以家系圖的形式描述家庭醫學（family medicine）和家庭醫療（family

practice）專業之間的潛在的相關性；儘管看起來有些性別偏見，但它仍然具有一定的隱喻外顯效度（Crouch, 1989）。在這個更新版本中（**圖10.6：家庭醫療和家庭醫學的家系圖**），家庭醫學和家庭醫療於一九六九年誕生，是家庭醫學學科的兩個孿生子女，他們的父親是全科醫學（General Practice）。不清楚哪個連結是母親——社會責任、照護品質還是政治手段。

爺爺是常規醫學（Allopathic Medicine），第一次婚姻中與人本主義（Humanism）生下兩個兒子全科醫學（General Practice）和全科內科醫學（General Internal Medicine）和兩個女兒兒科（Pediatrics）和精神科（Psychiatry），然後再與引人入勝的二老婆高科技（High Technology）生下另一個兒子醫學專科（Medical Specialization）。高科技和前伴侶理髮外科醫生（Barber surgeon）有一個兒子外科（Surgery）。常規醫學的弟弟骨科醫學（Osteopathic Medicine）生下了眾多的子女和孫子女，他們與常規醫學的後代結婚；妹妹順勢療法（Homeopathic Medicine）生下的後代相對較少，幾乎被醫學家庭的其他成員孤立。

家庭醫學和家庭醫療今年已經五十歲——處於中年並面臨中年危機的風險。家庭醫學在七〇年代至九〇年代之間與生物心理社會醫學（Biopsychosocial Medicine）長期交往，出下家庭取向護理和家庭取向研究，這兩者是這個時代均不太被家庭醫學承認的後代。它們似乎還不完全合法，但具有潛在的強大力量，就像《權力遊戲》（*Game of Thornes*）中的瓊恩．雪諾一樣。

家庭醫療和第一任妻子管理式照護（Managed Care）生下初級保健醫生（Primary Care Provider-PCP，又稱「守門員」）。家庭醫學和家庭醫療分別都和迷人又具魅力的電子病歷（Electronic Medical Record）結合，導致醫生對病患的注意分散，忽略醫病交流（Crouch, 2004）。然後，家庭醫學和電子病歷生下以病人為本的醫療之家（Patient-Centered Medical Home）。這些表親正試圖與他們的父母以各種和諧方式有效合作。

家庭醫學和家庭醫療都正在經歷性別轉變，從男性到女性。現在女性家庭醫療住院醫師的比例超過百分之五十，許多家庭醫療住院醫學學科的師資行列中，女性的比例也接近或超過百分之五十。看到這種轉變在未來會如何影響

圖10.6　家庭醫療和家庭醫學的家系圖

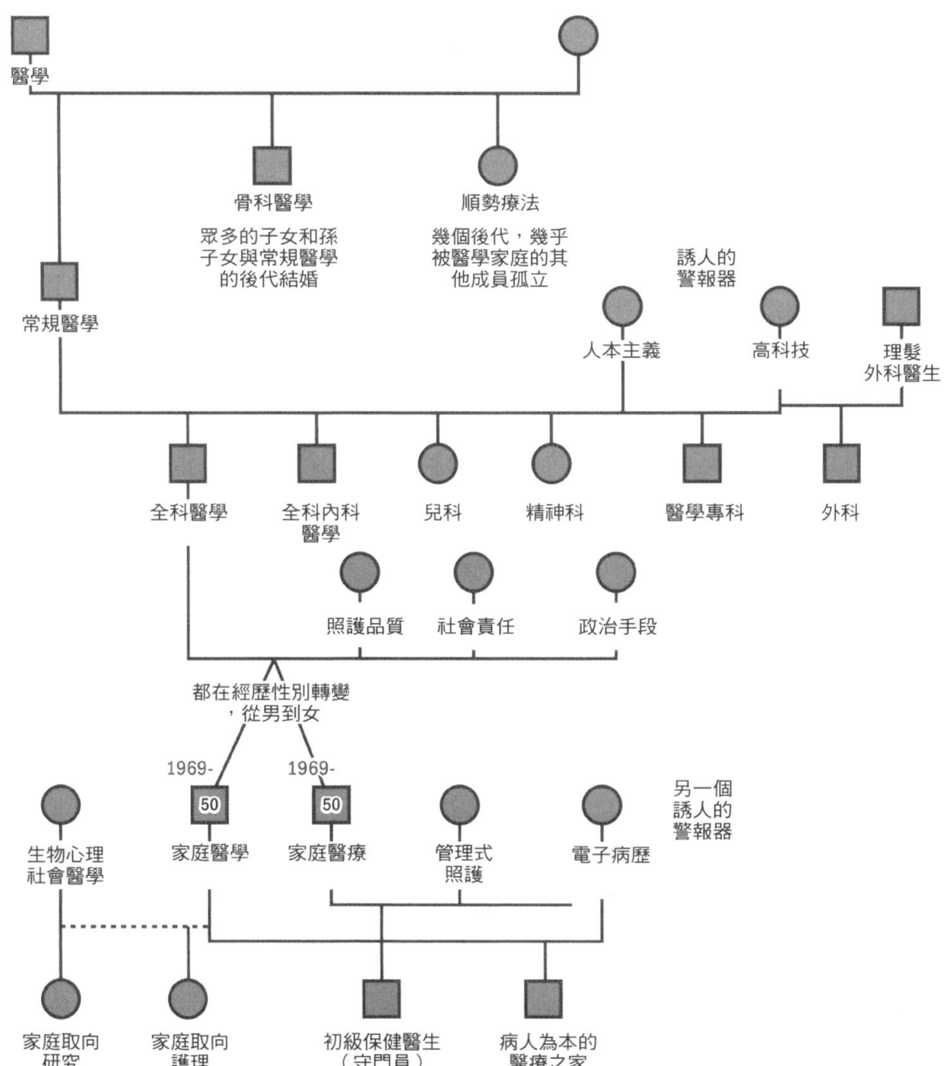

家庭醫學和家庭醫療的價值觀和組織決策，將是有趣的。也許，在基因組學演進的推動下，家庭取向護理和研究比起八〇年代，將再次綻放並獲得更多的成

果、更強大和更普遍。

病人為本的醫療之家在二〇〇四年首次以家庭醫學新模式問世（Green et al., 2004），然家庭系統取向則在二十一世紀的醫療保健系統中被刪去，家庭系統取向是家庭醫學的主要特徵和新家庭醫學實踐模式的特性。家庭取向僅在核心價值和能力的前言聲明中被簡短提及：「健康和疾病……某種程度上取決於病患身為家庭和社區一員的生活脈絡。」儘管看到全人，但病人為本的醫療之家操作焦點放在個人，並未在照護指南或獎勵中提到家庭取向照護。

直到二〇〇一年，美國家庭醫師學會網站仍有一個名為「關於家庭醫療的事實」的頁面，其包括這樣的論述：

> 家庭醫療是一個醫學專業，提供個人和家庭持續性和綜合性的護理。它的專業廣度集結生物學、臨床學和行為科學。（Gutierrez & Scheid, 2019）

根據該消失的頁面，以及「關於我們」的替代頁面（家庭醫學專業）上完全缺席的家庭概念（此頁面很難被找到），家庭醫師專業組織似乎也將家庭取向護理和行為醫學從其核心價值和使命中剔除。

相比之下，施坦格（Stange）在二〇一六年發人深省的文章〈堅持和放手〉（Holding On and Letting Go）提問未來的家庭醫師，期待透過下列提問（部分內容）來指出，我們需要以一種適應迅速變化社會的方式來尊重這門學科的創始價值：

> 在新的資訊時代，假若我們決定保留但重新研發我們對於良好醫療的根本理解，即良好的健康照護不僅是商品，更是關係，那麼是否要建立一個在深刻瞭解個人、家庭和社區持續性的夥伴關係？

我的想法是「就讓它這樣吧」。或者就像《公主新娘》電影中韋斯特利對巴特卡普說的那樣：「隨你的意。」

繪製家系圖的喜悅

連續繪製二十年的家系圖使我成為一名更好的家庭醫生，在診斷上和治療面上都是如此。使用家系圖極大地增強我與病患和家庭的關係。家系圖鼓勵人們講述他們的故事。聽到並被他們的故事所觸動，是成為初級保健提供者中最有價值的部分。

那些病患的故事是我最珍惜的。我希望給年輕一代的家庭醫生和其他醫療提供者建議，意識到與病患系統性相關的價值，並體會使用家系圖來繪製他們的家庭來豐富自己和病患生活的價值。

CHAPTER 11

家庭遊戲家系圖

with伊莉安娜・吉兒博士（Eliana Gil Ph.D.）

家庭遊戲家系圖（Family Play Genograms）是家系圖評估法和治療效益的自然延伸產物。家庭遊戲家系圖是由伊莉安娜・吉兒所開發，我們與她合作多年。遊戲家系圖是結合家系圖的結構及好玩有趣的小模型運用（人物、動物和各種物件），讓孩童及成人創造出想像的家系圖，而這個家系圖能作為和孩童一起展現評估及處遇的工具。這個強大的技巧讓家系圖栩栩如生呈現。

關於此技巧的詳細解說和示範，請參見我們的影片〈在心理治療中運用家庭遊戲家系圖〉（Using Family Play Genograms in Psychotherapy，可在psychotherapy.net上看到）。若有興趣拓展家系圖的藝術表達，還可以參考黛博拉・施羅德（Deborah Schroder, 2015）的《在原生家庭治療中，探索和發展以藝術為基礎的家系圖應用》（*Exploring and Developing the Use of Art-Based Genograms in Family of Origin Therapy*）。

在家庭遊戲家系圖的活動中，家庭成員可以從一系列的小人物、動物和物品中，選擇代表每位家庭成員物件，並將其放置在一張大紙上（約3呎x4

呎）。這個活動可以顯示家庭成員之間的有趣信息，包括他們如何相互連結、如何看對方，以及他們如何看待已故的家庭成員。他們的討論會圍繞著他們是如何運用其創造力、幻想和想像力選出這些小物件，不僅有助於澄清家庭歷史，也能擴展他們對關係和衝突的看法。有時根據道聽途說而非第一手知識的家庭故事、謠言或傳說，會影響象徵性的表述。家庭遊戲家系圖可以探索和擴展這樣的觀點，允許成員們創建新的敘事，從他們所聽到關於大家庭成員的故事建構起。

年輕和年長的家庭成員都可以使用小物件作為他們分享其對家庭歷史秘密或常見認知的起點。如同心理劇（Moreno, 2019）和家庭雕塑（Papp, Silverstein & Carter, 1973; Satir, Gomori, Gerber & Banmen, 1991）等技巧相似，參與者被要求視覺化或肢體展現出關係在未來可以有什麼不同，宛若他們能夠處理自身的經歷，而家庭遊戲家系圖活動則可包括設置想像的家系圖，將成員帶入一個他們希望的未來，如此他們彼此間的關係，以及和歷史的關係都會發生轉變。在討論他們的家系圖歷史時，引入隱喻的元素通常能讓家庭成員有更多的彈性想像未來改變的可能性，即使他們承認事實本身不能改變——唯一能變的是應對方式。

遊戲家系圖對治療中的家庭關係也具有轉化的可能性。就像其他形式的遊戲治療一樣，它們允許家庭成員在小型外部世界的現實中表達他們的內在經驗，表達他們對自己和家庭其他成員的想法、情感和幻想。小物件提供了圖形化但有趣味的小型代表物，可以顯示家庭成員如何相互連結，以及他們如何分離或不同。遊戲家系圖可用於個體，甚至是年齡只有五歲的小孩，或是高齡八十五歲的曾祖母。它們可用於多個家庭成員，用以瞭解每個人對關係的看法。

創建家系圖圖像

通常，家系圖是由臨床工作者提前繪製，或是與個人或家庭一起在大型畫架紙或海報紙上繪製。家庭成員會被要求不僅要添加血緣上和法律上相關的家庭成員，還包括對家庭生活有重要影響的任何人，包括朋友和寵物。

練習

一旦家系圖繪圖完成，邀請個案從架子或桌子上的各種小物品中，選擇一個來代表家系圖上的每個人，包括他們自己。然後，將所選的物件放置在相對應之代表人物的圓圈和方塊上。

家庭成員有充分的時間思索他們想選擇的代表物件，然後請他們分享背後的思考歷程。與年幼孩子一起工作時，治療師為了促進治療性對話，可能會在歷程中給予孩子一些提示。孩子可以僅選擇每個物件，然後由父母幫助他們將物件放在特定的家庭成員旁，這樣的做法對一些孩子來說會感到相對自在。臨床工作者或許可以給猶豫不確定的孩子一些具體和抽象選擇的示範，來鼓勵他們探索可能性。

有些人選擇多個小物件來代表一個家庭成員，這可能反映出矛盾情感或關係的複雜性。當與寄養家庭的安置兒或家中有多位照顧者的孩子一起工作時，在同一張紙上構建一系列家系圖將有助於工作的進展。此種做法也能在家系圖變得過於擁擠之前，逐步給予一系列指令，用以掌控訪談的節奏，協助信息的處理及理解。

舉例來說，家庭成員先為他們當前家戶中的每個家庭成員挑選一個物件，包括寵物。然後，他們分享他們的選擇，接著再繼續為大家庭成員選擇物件。當其他家庭成員選擇代表大家庭成員的物件時，寄養童則可以描繪之前家庭的組成。家庭成員可以包括朋友、治療師、教師、寵物或其他重要的關係，無論是過去還是現在。這可以讓臨床工作者一窺複雜卻又清晰的家庭成員的關係世界。

然後，家庭成員再輪流討論他們的選擇，這有助於他們闡釋他們為不同家庭成員挑選之物件的含義。治療師可以根據成員的選擇，並與他們討論所選物件的過程，學到許多關於家庭關係和問題解決的風格和模式。

當每個人都做出選擇，鼓勵家庭成員看看這個家庭遊戲家系圖後，表達看法及提問。與其詢問家庭成員為什麼選擇此特定物件，不如進行更開放的對話，邀請他們自願提供關於物件及該物件和家庭成員之間關係的各種資訊

（「有讓你感到驚訝的選擇嗎？」或「哪些物件最接近你對那個人的印象？」）。

第一個發言的人往往會設定提供之資訊類型的基調。因此，若臨床工作者提出廣泛的問題來促進家庭成員間的對話，如：「關於那個部分，多說一點。」可能會有所幫助。

小物件的象徵性的本質就使它們成為一個引人入勝的工具，用創造性和幻想性的方式顯示未被看到的家庭特徵和模式。即使是困難的關係也可以用幽默的方式反映出來，其也展現出個體的韌性。一個個案（可在psychotherapy.net上看到〈家庭遊戲家系圖〉的影片示例），曾經在生活中經歷許多創傷性壓力，為她的前夫選擇了一個相當小的男性人物。當我們討論她的選擇時，她說曾有一段時間，她的丈夫顯得非常巨大，但現在他在她的生活中扮演一個相對非常小的角色，她認為一個可笑的小牛仔形象反映了這種變化。

這位女士還選擇了一個上面掛滿小嬰兒的美洲印第安人玩偶來代表自己，她說她覺得自己這麼多年都將她生活的重心放在撫養孩子上。她所選的這個物件充分反映出她感受到的負擔和壓力，但當她在討論其含義時，她反而笑了。不知何故，遊戲的幽默和小物件的微小尺寸使她能夠表達自己的感受，以幽默的方式欣賞自己和自己的處境。

她的十幾歲的女兒選用「走路的牙齒」來代表母親——是一個小腳上有發條的大嘴巴玩具。女兒最近對母親非常憤怒，但不知何故將其譯成走路的牙齒，用來表達她對母親「話太多」的挫折和不滿，以及兩者互動中滑稽的一面。透過的選擇，他們瞭解到彼此對自己、彼此關係以及大家庭的看法，而在家庭遊戲家系圖脈絡下彼此分享，為他們的討論增添了輕鬆感，因為以往他們的討論都過度專注在彼此之間的衝突上。家庭遊戲家系圖不僅讓他們在更廣泛的脈絡下看對方，也讓他們找到雙方許多的連結點。

一旦家庭成員各自講述他們所選物件的故事，治療師可以徵得成員的許可，拍下他們各自的家庭遊戲家系圖。然後，個人或家庭可以把照片帶回家，促進更多的對話，而臨床工作者則保留照片副本，以便日後重建遊戲家系圖，繼續治療對話。

運用遊戲家系圖來邀請、連結和鮮活治療過程

這種技巧通常能夠避開個案的抵抗，引發真誠地揭露其對自己和他人的看法。這種情況會發生的原因之一是，個人對自己、家庭和童年所形塑的僵化故事往往會變得自我增強。這種僵化可能會導致忽視或拒絕新的「對抗性敘事」（counter-narrative）信息。

在治療中，與家庭共同創建家系圖是一種可以收集和組織資訊的重要方式，特別是有關家庭組成、結構、成就及功能不彰的跨世代模式，以及家庭成員間的關係問題（情感疏離、親近或截斷）。家系圖能幫助臨床工作者和家庭一邊獲取對個案家庭系統和歷史更廣泛理解，一邊組織、反思，並提出對家庭模式和重要生活經歷的新洞察。

遊戲允許積極主動地展現想像和視覺化。遊戲的過程中，個案通常達到多種正向的結果，包括外化議題（其有時在運用口語的治療方式中更難呈現）。

許多人在談論其議題時，會感到文化上和個人上的限制。他們可能對治療有種不忠誠、不自在的感覺，擔心誇大議題，或是在說的過程中讓它顯得更重要，或者擔心被視為脆弱或軟弱。遊戲通常可以讓他們轉銜進困難情感議題的過程更為平順。

一旦運用符號與自己和他人進行溝通，就可能出現不同的歷程。當問題對個案來說變得太大而難以承受時，「微型化」（miniaturizing）議題或許能幫助個案應對和管理。遊戲治療允許個案將情感或個性特徵注入於物件中，其也能夠創造與痛苦議題間更安全的距離，從而促進對創傷議題的認知、理解和因應。

與珍妮的一次遊戲家系圖

當我（蘇莉・派崔）第一次遇到珍妮時，十三歲的她（**圖 11.1：珍妮：寄養照顧的兒童**），已經在寄養照顧體系生活了五年。現在是她的第三個寄養家庭。她反覆無常、憂鬱、在學校惹麻煩、和同學爭吵，拒絕做學校作業。她和

圖11.1　珍妮：寄養照顧的兒童

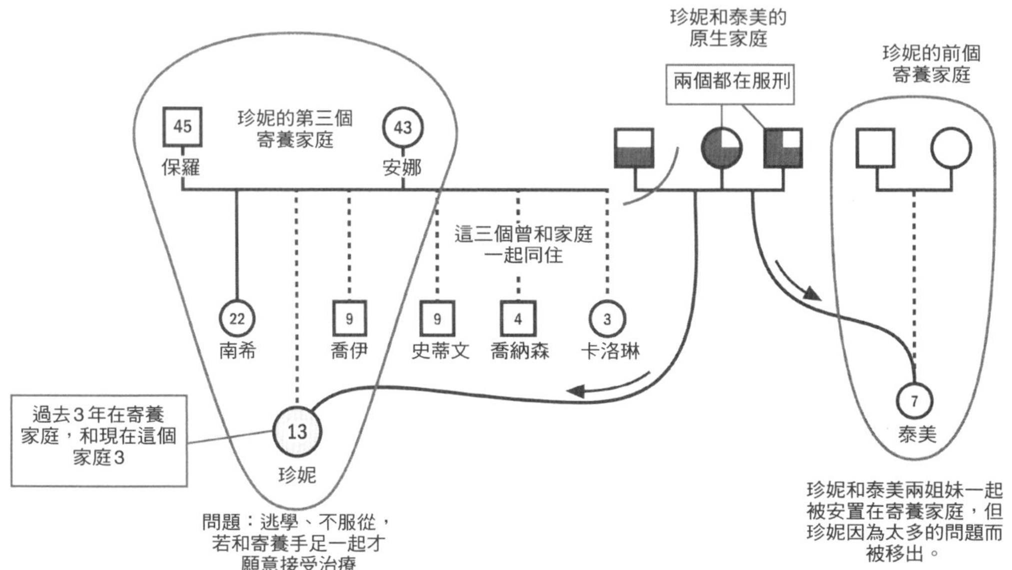

她同母異父的妹妹泰美早在五年前，因為父母的毒品問題，而被帶離父母的照顧。珍妮的父親在她出生後不久就失聯。當珍妮六歲時，她的母親與不同的父親生下第二個女兒泰美，泰美的父親很快因販毒被判刑入獄。珍妮的母親現在也因販毒入獄。

最初，這兩姊妹一起被安置。儘管第二對寄養父母希望讓兩姊妹持續待在一起，但珍妮好爭辯的行為讓他們不堪負荷。七歲的泰美因為更容易管理，所以她留下，珍妮則搬到另一個新的寄養家庭。新的寄養父母同意長期照顧她。然而，這次搬離意味著她要與妹妹分開，這對她來說無疑是一個重大的失落。

珍妮拒絕參與治療，因為她認為「談事情」是毫無用處的，不會改變任何事情。然而，她同意與家中的其他寄養童一起參加家庭治療。這一次的會談，珍妮和九歲的寄養弟弟喬伊一起參加，因為當時家裡只有他們兩個寄養童。

珍妮強烈抗拒探索家庭議題，因此我們在一張大紙上繪製了家系圖，從她當時一起生活的人開始：珍妮和喬伊、寄養父母以及他們當時二十二歲的親生女兒南希。接著，要求珍妮和喬伊被要求添加任何他們希望包括的人。他們添加另外三名寄養童：史蒂文、喬納森和卡洛琳，他們直到最近還跟他們住在一起。接下來，他們被要求選擇代表他們對每個家庭成員的想法和感受的小物件，包括自己。

他們做出選擇後（**圖11.2：珍妮：寄養家庭遊戲家系圖**），珍妮和喬伊談到曾經和他們一起住的其他寄養童，並共同討論為他們所選的物件。他們同意選一隻可愛的象寶寶和杯子蛋糕代表喬納森；巫師代表史蒂文，因為兩人都一致認為他喜歡變魔術；小丑代表卡洛琳，因為她曾經總是抱著她的小丑布偶入睡。他們不知道她現在是不是還繼續抱著它入睡。

當他們選擇完小物件後，他們繼續談談為自己所選的物件。珍妮說她為自己選了美人魚，因為她覺得自己就像是「在水底下」，沒有人理解她。

她繼續說，如果美人魚離開水來到陸地上生活，她就會死。如果珍妮直接談論她的感受，這樣的對話就不可能發生，因為她認為談論事情是毫無用處的。但透過美人魚的隱喻，她在相對安全的遊戲情境中，分享了她對現存難題

圖11.2　珍妮：寄養家庭遊戲家系圖

的深切感受。

喬伊選擇了一個年輕的武士，手持武器，彷彿他有那武器，他將永遠不會輸。顯然，對他來說，有一種保護自己的方式很重要。兩個孩子都表達了他們的害怕、失落和被遺棄感。他們還談了他們的優點。喬伊選擇灰姑娘來代表珍妮，他說灰姑娘「漂亮、人又好」。然後，他選一個新娘來代表寄媽，珍妮則是選一個強大的《星際大戰》角色艾米達拉女王帶代表寄媽。至於寄爸，喬伊選新郎；珍妮則選一個有趣的玩具人物，因為她說寄爸像那個玩具人物一樣幽默和隨和。

十三歲的珍妮能夠使用隱喻，選擇小物件來代表她對每個人的感情。喬伊的選擇則是更具體，而這是可預料的，因為他只有九歲。遊戲家系圖是一個很好工具，適用於各種發展程度的兒童和家庭。在以後的會談中，珍妮和喬伊能夠透過遊戲家系圖中的人物，在一種不具威脅性的方式下，進一步處理他們的感受。例如談論小美人魚如何可以安全，以及灰姑娘的優點。我使用美人魚和「在水底下」的隱喻，進一步深入探討珍妮對其他家庭成員的疏離感。

我們開始將注意力放在「離開」水底會是什麼感覺，也就是說，她能被他人更理解時。我們注意到，如果她離開了水，她就會加入她的遊戲家系圖中的所有其他陸地生物。當我問珍妮，如果她不在水中，而是站在堅實的地面上，對她來說會是什麼感覺時，她說她會有腿，不再是「半魚」了。

「如果我有腿，我就可以自己去很多地方，也許會有我想參觀的地方。我也可能喜歡玩或奔跑，甚至可能學開車，如果我有腿的話。」她意識到腿給她一種控制感，讓她感到更具靈活性，更準備好為自己行動。

然後我們稍微談論被理解的問題。我要她列出一張清單，包括所有她希望任何人都能理解的事情，以及她最渴望被誰理解。這次討論的結果非常豐碩，她更清楚地意識到自己的保留。未來的會談中，珍妮在她的遊戲家系圖中加入了她的原生家庭成員，談了她的憤怒和失落。她為母親選擇了一顆有裂縫的心，並說她愛她的母親，對她的入獄感到心碎。

她為父親選擇了小丑，說她總是聽說他很狡猾但有幽默感。至於她的妹妹泰美，她選擇了一隻小狗，並說她很甜美和忠誠，她想念妹妹。透過看到她可以有很多方式和她生活中的人連結，珍妮開始處理她的感受，以更健康的方式表達她的情感。

家庭遊戲家系圖的使用材料

家庭遊戲家系圖所使用的小物件僅受治療師想像力的限制。在我們的學院（www.multiculturalfamily.org）中，我們使用小型、攜帶式的小物件套組，可以在一元店或手工藝品店購得，包括二到三英寸的玩具人物、玩偶屋、車輛、樹木、動物、鈕扣和石頭。更精細的物件可以從遊戲治療網站或兒童或手工藝品店購買。

我們建議治療師關注個案的文化和種族背景，並確保所收集的物件能夠反映出多元文化。人物的膚色是一個明顯的議題。有色人種的家庭當然難以對有著粉紅膚色的人物物件組產生共鳴。穆斯林家庭可能會抗拒以人的形象來描繪家庭成員，他們可能更喜歡具象徵性的代表方式。另一個重要的文化考慮因素是提供代表多元人類環境的物件，包括城市和鄉村、山區和沙漠。我們也有黏土和紙張，若個案無法在可選擇的物件中找到想要的時，他們可以製作自己的小型模型。

我們有時也使用貼紙和家庭圖拼貼，讓兒童可以將家庭遊戲家系圖帶回家作。家庭遊戲家系圖的網路程式的運用只是時間遲早的問題，其將能允許家庭成員選擇物件並將它們放在他們的圖表上，就像他們現在可以在家系圖網站www.genopro.com中放上個人照片來繪製有家庭照片的家系圖一樣。

其他家庭遊戲家系圖的練習

根據臨床情況，治療師和家庭的想像力是他們在選擇家庭遊戲家系圖物件的唯一限制。特定情況下，以下任何一種方法都可能證明有用：

- 繪製過去某個特定時刻的家系圖，該時刻可能是有創傷，或是艱難的，比如失落時、青少年代間衝突時或關係截斷時。

- 繪製一個代表資源和復原力來源的家系圖，要求參與者選擇物件來代表那些在他們生活中特別有幫助或有意義的人。
- 透過探索大家庭中的具體關係，將核心家庭中的嚴重衝突置於脈絡中中。
- 透過所選的小物件來進行想像的對話。例如，治療師可能問家庭：如果蜂鳥和馬（代表剛剛去世的可愛祖父）可以就家庭問題進行對話，他們可能會對泰莎現在的問題說什麼？如果螳螂（一個十一歲男孩選擇的物件，代表他那因虐待指控而失去監護權的母親）可以對雄鷹（男孩選擇的自己）發表意見，你認為她可能會說什麼？然後他會說什麼？他可能會對變色龍（姊姊）或對小熊幼仔（弟弟）說什麼？
- 討論家庭成員所做但又放棄的選擇。
- 要求家庭成員移動他們的小物件——例如，讓青少年的模型轉身問父母一個具體的問題。
- 請個案雕塑他們所選小物件的身體姿勢，並探索那感受。
- 當存在嚴重衝突或截斷時，要求家庭成員選擇物件來代表過去關係中的自己和對方，最正向的時刻、最糟時刻，以及如果他們的問題能解決，未來美好的時刻。

使用遊戲家系圖來尋找家庭資源

薩姆遜家庭（**圖 11.3：薩姆遜家**）展示了運用遊戲家系圖來尋找資源的價值。這對夫婦已離婚四年，女兒們相繼開始花大部分時間在父親那裡。母親受藥物和情緒問題所苦多年，最近有人因她在購物中心對待兒子的行為而報警，她因此失去兒子的監護權。

父親對育兒感到不知所措，於是尋求治療的幫助。在與家庭成員進行幾次對話之後，我（莫妮卡）決定與孩子和他們的父親一起進行家庭遊戲家系圖（**圖 11.4：薩姆遜資源遊戲家系圖**）。我請他們每個人為核心家庭中的每個成員選

圖11.3　薩姆遜家

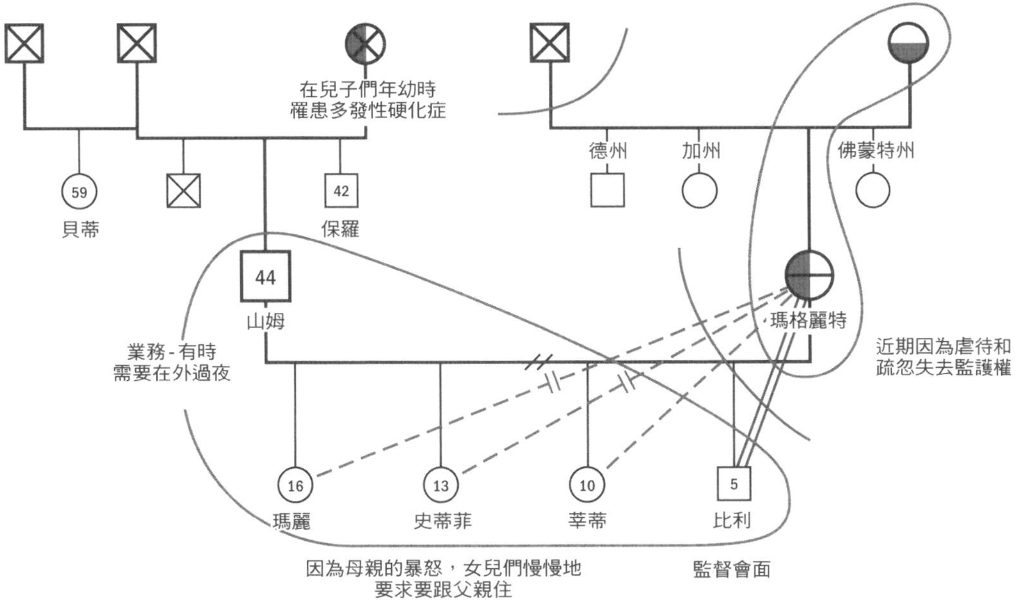

圖11.4　薩姆遜資源遊戲家系圖

擇物件，以及他們認為是資源的其他人。代表母親的物件，孩子們選了：龍、眼鏡蛇、一個分為黑暗和光明的男人半身像和龍蝦，傳達的是他們無法信任她，也難以和她相處。他們口頭上無法多講關於她的事，即使現在，他們似乎也不願意多談他們所選擇的物件，特別是年幼的幾個。

對於父親，他們選了商人、電腦、一塊代表「和平」的石頭和時鐘，因為他總是催促他們準時。父親選了一隻展翅的鷹代表自己，因為他說他必須總是在家人的上方盤旋。么兒選了一輛車代表自己（小男生通常都會選擇汽車來代表家中的每個人！），而女兒們選擇代表自己和彼此的都是關於運動、時尚和粉紅色豹。父親則選一個年輕的溜冰女子、一把吉他、一隻小狗還代表三個女兒，一個小男孩來代表他的兒子。

當他們討論完核心家庭後，他們便描述其他的小物件，這是他們為能對他們的現狀有幫助的人所選的。父親一開始說他想不到任何人，但後來他選了個吱吱作響的修女，代表大他十五歲同母異父的姊姊。當他和弟弟還小且母親生病時，這個姊姊對他來說，就像個母親的角色。三個青春期的女兒都選家庭朋友——密友的父母親（有寶寶的猴子、袋鼠和巫師），她們感覺到親近；而么兒則是選他的狗，此讓其他人笑了，因為他們都同意狗是他們最好、最有愛的資源！

當家庭在製作家族遊戲家系圖時，所得出的具體細節能讓家庭體察到能夠給予他們幫助的資源，同時也提供一個和大家庭「親戚」分享共度愉快時光的機會，進而讓彼此覺得更有連結。接下來的幾週，這個家庭因父親必須出城而面臨危機，原因是他們找不到可以求助的人。我想知道「修女」姊姊在哪裡。起初他說他是不可能打電話給她的；他只是無法想像向她尋求幫助，但在他迫切需要找到解決方案時，他還是打電話給她，而令他驚訝的是，她說她非常樂意提供幫助。很快地，她在支持侄女和侄子方面變得更加積極。

亞蕾克西絲的例子：再婚家庭中的兒童性虐待

亞蕾克西絲是一個十四歲、多明尼加裔美國女孩，從她十歲到十三歲這三年間，她遭受繼父的性虐待（**圖 11.5：亞蕾克西絲**）。當她告訴學校諮商師所發生的事。她的繼父被捕，承認性虐待，並被監禁。亞蕾克西絲出現一些反叛的行為：晚歸、抽煙、吸大麻、逃學。她接受六個月的治療，但拒絕談論她被性虐待一事，她說她已經談過該事了，而且那已經是過去式，她對它不再有任何的感覺。

治療中，我（蘇莉．派崔）與亞蕾克西絲一起建構一個家系圖，並請她添加任何她想包括的人（**圖 11.6：亞蕾克西絲家庭遊戲家系圖**）。她添加了她生父的新家庭、她最好的朋友和她的男朋友。

我們為她父親的第二段婚姻畫了一條婚姻線，然後加上他的妻子和他們的孩子（一女一男），然後在下面添加一個圓圈，代表她最好的朋友南希，一個方形代表她的男朋友吉米。接下來，請亞蕾克西絲選擇小物件，來顯示她對家中每一個人的感覺和想法，包括她自己。

圖 11.5　亞蕾克西絲

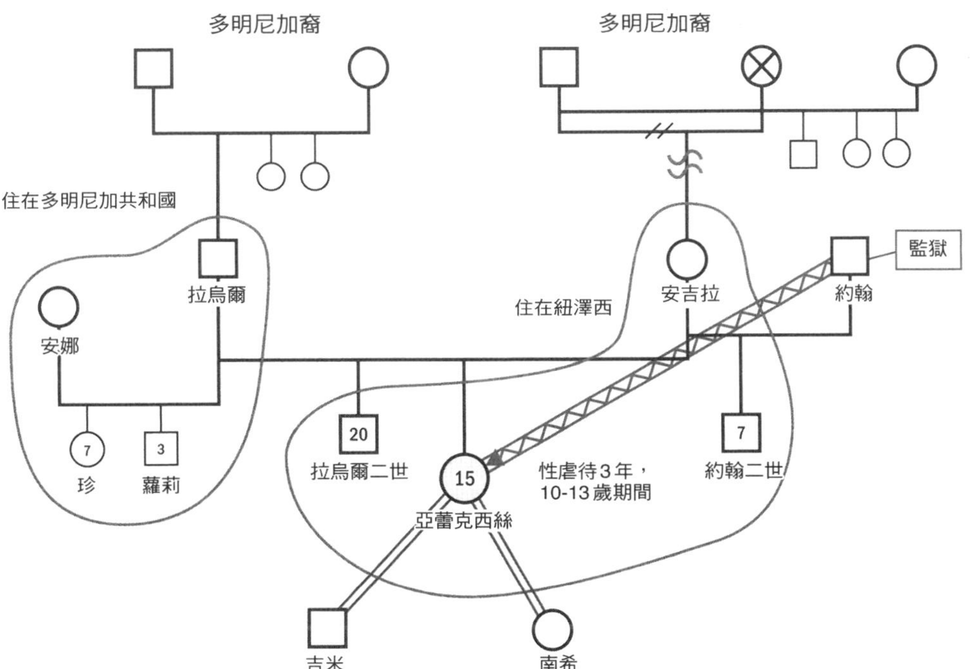

圖11.6　亞蕾克西絲家庭遊戲家系圖

她讓她生父面對並看著第二段婚姻的兩個幼兒，但卻是背對亞蕾克西絲現在的家庭。她選擇一個非常小的女性人物來代表她自己，以及她稱之為「女王」的物件來代表她母親。她為她的繼父選擇一個帶有武器及具威脅性章魚男的形象。這些令人感嘆的視覺表像全都是她對自己和對她父母親的感覺。與其分享我的觀察，還不如請她告訴我她的家系圖。

她說：「我為我父親選擇了這個形象，因為他非常英俊。」然後她形容所有象徵孩子的物件，並陳述她每一個選擇背後的原因。她說，她為她最好的朋友選擇漂亮的公主形象，「因為她很漂亮」，並為她的男朋友選擇「淺膚色男子」，因為他很帥，膚色較淺。她指著代表她同父異母弟妹的小女孩和小寶寶模型，談到她去拜訪她在多明尼加共和國的父親時，她和她同父異母弟妹玩得多開心。

至於哥哥，亞蕾克西絲選了一個卡通人物「巴特」來代表他，因為，如同她所形容，他「總是在學校惹麻煩，毫無例外」。有趣的是，她並沒有為她父親的第二任妻子選擇代表物件。我一開始選擇不評論此事，但心裡注意到她可能正在逃避對她父親新妻子的感受，因為她是父親離開的原因。

亞蕾克西絲尚未談論她為母親和繼父所選擇的小物件。我請她告訴我這些選擇的背後原因。這打開了對話的大門。她說：「我為繼父選擇了這個擁有武器的醜陋傢伙，因為他看起來很凶惡和可怕。」她接著繼續說，她希望他能繼續待在監獄裡，她擔心他出獄後可能會返回他們的家。她還談到了她為母親選擇的小物件，她表示母親對她擁有完全的掌控權力。

我要求她多講一些，她開始表現出害怕、生氣和無力感。她談到她生父在其中所扮演的角色，她說如果他在她身邊，「一切都不會發生」。亞蕾克西絲將代表生父的小物件放置成面對第二段婚姻的子女、背對她的家，這樣強而有力的視覺突顯了她的被遺棄感。

遊戲家系圖開啟亞蕾克西絲談論她被性虐待的感受的可能性，儘管她認為自己對此無話可說。她也談到她在許多方面對母親權力的矛盾的感覺。當她的繼父虐待她的時候，她母親無能為力，然而，當母親知道所發生的事後，就採取行動保護亞蕾克西絲。她作證指控他，然後提出離婚。亞蕾克西絲說，她有時覺得她母親對她的掌控太多，但另一方面，她說她母親正運用她的權力來做善事，她正在保護她的孩子。

我們照了張遊戲家系圖的相存檔。在之後進行會談中，亞蕾克西絲則運用此遊戲經驗來討論女皇如何因獲得知識而變強大。這個過程中，在她意識到自己的小物件顯得很小，所以想知道她的新知識是否會增強她的力量。使用這些隱喻幫助亞蕾克西絲處理她的恐懼、憤怒和無力感，並為她的未來設想新的可能性。

幾個月後，我請亞蕾克西絲再次為她的遊戲家系圖選擇物件。她為自己和母親選擇了不同的物件，也為其他家庭成員也添加了物件。她為自己選擇了一個更大、更有趣的物件，並為她母親選了一隻正在下蛋的母雞。當她暑假拜訪住在多明尼加共和國的父親和家人時，她與他們重新取得了聯繫。她開始感受到家人更多的支持，這次她加入祖母和姑姑。

顯然，透過包括這些所有這些親戚，她感到獲得更多的家庭支持，而這些親戚的小物件也都相具體的傳達他們各自的優勢。她感覺到自己更堅強了，也似乎與她大家庭的連結更緊密了。她與母親也相處得更好，並視她為一隻慈愛的母雞，會保護她，而不是控制她。然而，也如**圖 11.7：亞蕾克西絲家庭遊**

圖 11.7　亞蕾克西絲家庭遊戲家系圖之二

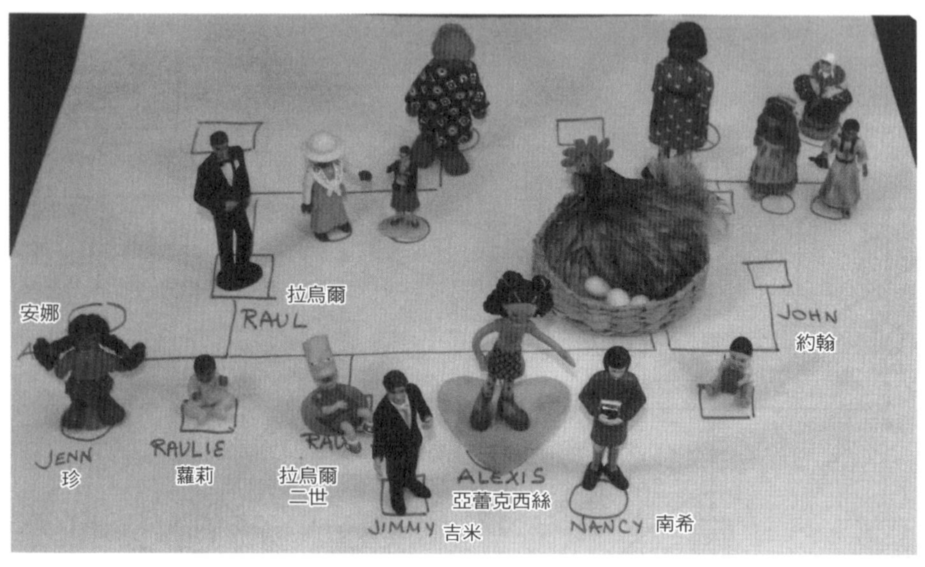

戲家系圖之二所示，她似乎還沒有準備好為面對她新繼母的議題。

野口：家外人

野口家（**圖 11.8：野口家**）為了他們十四歲的兒子布蘭登前來尋求協助，因為布蘭登拒絕上學，整夜不睡或徹夜不歸、白天睡覺。當父母親質問他為什麼拒絕遵從即便是最小的規定時，他轉而破壞家具。他的父親浩二是個平面設計師，從日本來到美國學藝術。他的母親泰瑞是個來自愛爾蘭工人階級背景的美術教師，她在大學認識了浩二。

浩二和泰瑞來治療會談時，自認自己不是好父母。他們認為自己一直被要求做他們做不到的事，因此覺得自己是失敗者。他們一直被告知該如何做——意即設立堅定的規範——但是他們做不到。他們氣彼此、氣學校，也氣他們的兒子。他們似乎不能像夫妻般地進行對話；唯一談話的話題只是繞著布蘭登而已。

儘管父母親同意合作，提供家系圖資訊，但他們似乎並未認為他們的歷史

圖11.8　野口家

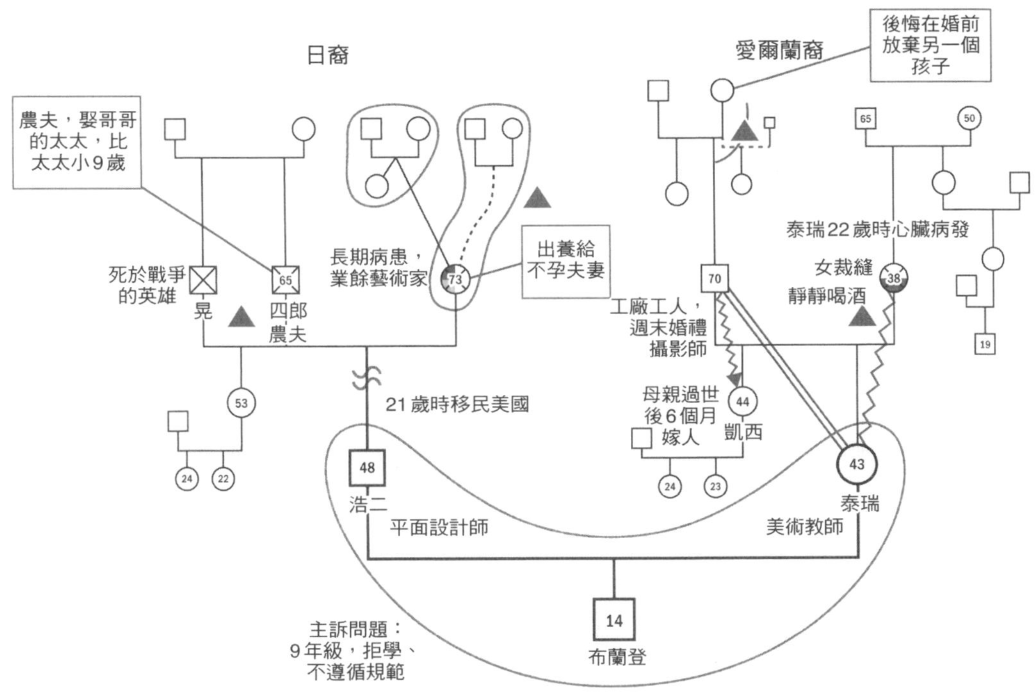

與問題有關，且關於被要求參與治療一事，極度防衛抗拒。他們強烈地拒絕系統化思考，這或許源自於他們的原生家庭截斷與他們的關係，並且不願意認同他們，這似乎讓他們完全不知如何和兒子連結。布蘭登也陷入困境，無法超越兒童的階段。他的父母似乎無法幫助他度過青春期，同時朝向成年期邁進。由於他的父母從未界定明確界限，所以他似乎不清楚自己屬於哪一個世代。

每當治療師試圖將焦點放在父母設立界線，或是父母親彼此的關係時，父母便退縮或覺得惱怒。布蘭登無論是和父母一起或自己一人，通常對治療豪無回應。為了在非言語媒介中引起他的興趣，治療師要求他使用小型模型創建一個沙盤世界。但很明顯地，布蘭登難以執行該項指令，甚至父母親加入該次治療前，他都無法在他的沙盤中做出任何決定。父母加入的那一刻，他在父親鼓勵的當下，遲疑地放入了幾個人物。

圖11.9 野口家的家庭遊戲家系圖

下一週，治療師決定進行家庭遊戲家系圖，希望幫助家庭和歷史、和彼此之間建立連結。治療師和家庭一起在一張大張的紙上畫家族家系圖，並且要每位家庭成員先輪流為自己選一個物件，然後再為彼此選一個物件（**圖11.9：野口家的家庭遊戲家系圖**）。

令人驚訝的是，選擇的過程，有非常豐富的談論、詢問和笑聲。布蘭登堅持將他上週在沙盤中包含的物件帶入家庭遊戲家系圖中（一個紫色的怪物代表自己、一隻死掉的雞代表外公、一頭大象代表姑丈、一隻幼獅代表父親）。從前一次活動所延伸下來的延續性，是自治療開始以來，首次展現出來的連貫性或「歸屬感」。

當泰瑞選物件代表父母時，她第一次公開談論她想找出她在原生家庭位置的掙扎。她選擇麵棍代表母親，接著談論一直以來她都覺得自己是屬於她的父親，而她姊姊則是屬於母親，她形容母親是一個「非常無聊的家庭主婦」。母親因心臟病發突然過世衝擊著她對父母親及姊姊的複雜感覺，泰瑞當時二十二歲。姊姊凱西在接下來的六個月內結婚並離開了該州，也正值泰瑞即將從大學畢業並離家。她感到被姊姊拋棄，同時也感到對父親的內疚，因為父親一直都是偏袒她而不是姊姊。隨著她在談論這個時，布蘭登問她為什麼為父親選一隻貓，為她姊姊選一隻老鼠。她帶著一絲強烈的情感回答道，儘管她愛她父親，但她認為他一直都對她姊姊殘忍。

當探索浩二方的家系圖時，則引發他為什麼也和他家庭疏離的有趣討論。浩二選擇一名士兵扮演他的大伯晃，而大伯晃也是他母親的第一任丈夫；一隻狗代表他的父親四郎，他說因為印象中父親一直很軟弱；他選擇一張擔架床代表他母親。

泰瑞對這些選擇感到困惑，這促使浩二必須解釋他幾乎不記得的一些記憶，這些記憶是直到被遊戲家系圖觸發才想起來的。浩二在成長的過程中，並不知道自己的家庭歷史。八歲時，他曾問過姊姊：為什麼爸爸的照片和所有過世親戚的照片一起放在祭壇。姊姊笑了笑，告訴了父母，他們也感到好笑，因為浩二將父親四郎和大伯晃（死於戰爭的軍事英雄）搞混了。被嘲笑的浩二覺得被羞辱，並將這個經驗解讀為他是家裡的「局外人」，因而不再詢問真正的家庭歷史。

直到他成年，正準備去美國時，罹患心臟病和關節炎並且相當病重的母親告訴他：她是多麼感激他的父親四郎，四郎小她九歲，不僅同意娶她，也願意接受她前段婚姻的小女兒。她告訴他，若不是四郎，她無地方可去。她又告訴他：她是雙胞胎，她的父母將她送給一對年紀較長無子嗣的夫妻扶養，而她的雙胞胎妹妹則由她們的父母親扶養。她一直照顧那對扶養她的夫婦，但是他們兩人身體都虛弱，在她嫁給晃後不久即過世了。

浩二說他會選擇擔架床代表他母親，是因為她總是在生病。在那一刻，沒有為自己未曾見過面的祖母選物件的布蘭登，走到小型模型的架子前，選了一個裝扮吸引人的婦人，將她放置在床上，當作他的祖母。

浩二說，就在他母親告訴他父親的事之後，他覺得或許父親永遠不可能取代大伯晃，那位在戰場上光榮犧牲的英雄。父親作為一個農民，受的教育比哥哥少。父親雖然承擔了照顧嫂嫂的責任，但他永遠無法真正取代被視為戰爭英雄的哥哥，所以他也感到自己像一個局外人，彷彿他不屬於他的家庭。他長大後不了解自己的歷史，也不覺得他可以問。

因此，浩二的父母，相較於他們更受歡迎的手足來說，似乎都感到自己是局外人。而浩二是他們的孩子。或許當他和自覺自己在家中的歸屬感是破損的泰瑞交往時，兩人互補彼此的不足。泰瑞似乎覺得她對她父親來說太重要，以至於姊姊被錯待，而她的家在她準備離家獨立前就分崩離析。

透過製作家族遊戲家系圖，父母倆能夠開始對彼此訴說自己的故事。布蘭登的能夠參與，或許也有助於在過程中給予他們一種新的連結感。當他們分享他們為自己、彼此和大家庭成員所選之物件的意義時，他們似乎第一次成為一家人，而這樣的一家人可以克服他們困難的歷史，找到一種歸屬於彼此的方式。父母親兩人被他們為自己所選的小模型而逗笑。

泰瑞選了一個「找到瓦爾多」（Where's Waldo）的小物件，她對小物件的描述是這個人知道自己要去哪，但別人很難找到他。父親和兒子都覺得這樣的物件的描述對她而言是相當貼切的。有趣的是，父親和兒子對特瑞的選擇都更清楚地顯示她的優勢：浩二選了一個調色板代表泰瑞，因為他認為他的妻子非常有創意，布蘭登則選一匹小馬，他認為這匹馬很吸引人且活躍。

浩二選一隻海豹代表自己，他說他有時候感覺自己像海豹一樣滑溜。但他隨即補充說，他之所以選擇海豹，是因為它的力量和快速游泳的能力。泰瑞選堅實的男人代表她的丈夫，這顯示她對他的看法與他對自己的看法不同。

這些小物件似乎成為一種彼此討論分享的途徑，他們開始討論各自在彼此關係中所扮演的角色以及想扮演的角色。即使布蘭登為自己所選的物件是張開雙臂的紫色怪物，似乎幾近開玩笑地威脅，但與此同時，父母為他所選的物件則分別是一隻小鴨子和一隻小狗，都似乎透露出他是一個需要保護的人。

後續當我們和浩二談論他的角色時，我們想知道他是否能這些象徵小物件中找到一個他的位置，即他所選的強大、威嚇代表大伯的士兵、代表父親的狗，以及代表他自己的小物件（自己、妻子和兒子所貢獻的海豹、獅子幼崽、男人。我們似乎可以從他們在家族遊戲家系圖中所做的選擇清楚地看出，雖然父母親需要對他們的兒子採取較強勢、較保護性的角色，但是卻受到他們歷史的阻礙而無法做到。

對於浩二的母親，布蘭登和泰瑞似乎也提出不同的觀點。布蘭登選擇一位美麗的女人代表奶奶，而泰瑞則是選擇一隻鳥代表婆婆。有趣的是，這讓浩二想起他母親所擁有美妙嗓音，以及她年輕時喜歡唱歌。

對於泰瑞的母親，似乎也有類似的情況。泰瑞用麵棍代表她母親，反映出她作為家庭主婦角色的受限，而布蘭登則選尼斯湖水怪，意味著起初似乎格格不入，但卻暗示著一種超越死亡和超越肉眼所能見的力量。

這次會談成為我們日後回溯關鍵經驗的捷徑，用以鼓勵泰瑞和浩二在與兒子的關係中採取更堅定的立場，將他視為一個「遊戲的怪物」，但不是一個真正的怪物，就像一隻需要被教游泳的小鴨子。這次會談後不久，父母親能夠對布蘭登的限制堅持到底，也能堅持他必須承擔後果，所以他必須為自己的逃學出庭。當態度強硬的法官表示布蘭登十六歲前，不是學校就是監獄時，布蘭登開始去上學了。

遊戲、想像和創造力與家系圖歷史相結合，通常會開啟家庭較深層的歷史。或許，遊戲的成分降低了浩二和泰瑞的防衛和抗拒，也或許因為兩個人都是藝術家，藝術遊戲的表達方式讓他們更自在，有助於鬆動他們言語和情感上的問題因應。小型模型尤其讓浩二能夠連結深層的童年感受，這些感受是他無法用言語描述。

無論如何，家庭遊戲家系圖為野口家提供了一個結構，讓父母能夠分享他們不僅從未真正理解、也從未分享過關於原生家庭的故事。不知何故，小型模型的隱喻似乎讓他們能夠表達他們來自哪裡的過往，進而使他們能夠開始轉變彼此之間的角色。布蘭登需要清楚及明確的界限，而這個界線是父母無法為他設立的，因為父母並沒有意識到他們一直把自己視為局外人。透過這個練習活動和他們所選的具體物件，家庭利用家庭遊戲家系圖的具體、象徵性和無威脅的結構，來面對他們的歷史並改變他們的現在。

總結

家庭遊戲家系圖可以用於單獨的個人或夫妻和家庭。象徵性的符號和隱喻可以有助於個案擴展他們對家庭歷史、關係、衝突、聯盟、優勢和脆弱的表達。

透過外化迫在眉睫困境的小物件，以及一種有距離的方式進行應對和解決問題，玩具具有輕鬆化難題影響的功用。家庭遊戲家系圖實際上可能減少內省和自我揭露的抗拒，所激發的遊戲能量還有助於創造性的變革。它們還能幫助家庭獲取復原力資源，並看到自己和對方的不同樣貌。

附錄

家系圖地圖

- 符號和地圖結構－通常顯示三代或更多世代家庭成員之間的法律和血緣關係。符號也用於顯示與朋友、教父母、寵物和其他重要關係的非血緣親屬關係。
- 關係線展示家庭成員的情感模式，是家系圖中最不精確的部分，特別是因為關係總是在變動。但這些線條至少可以傳達家庭成員關係的基本感覺，包括親密、疏遠、衝突、截斷、身體和性虐待及照顧關係。
- 其他符號指出家庭成員的功能（成癮、精神或身體疾病、秘密、移民以及與社區資源的連結等）。
- 家系圖通常包括以下資訊：

  ——年齡、出生日期、結婚日期、分居日期、離婚日期，移民日期

  ——種族背景

  ——宗教

  ——當前所在位置

  ——教育

  ——職業

  ——軍事服務

  ——法律糾紛、情緒或身體問題或殘疾

  ——所屬的社交或社區團體（例如：戒酒協會、兄弟會、政治團體）
- 與家庭成員有關的治療師和其他主要專業人士

家系圖訪談大綱

- 始於主訴問題
  ——他們此刻尋求的幫助是什麼？
  ——問題是什麼時候開始的？
  ——誰注意到它？其他人如何看待這個問題？家人成員的反應是什麼？
  ——問題發生前，家人的關係如何？關係因問題而有不同嗎？
  ——若問題持續，會發生什麼事？
  ——他們最希望的改變是什麼？
- 詢問家戶脈絡
  ——誰住在家裡（姓名、年齡、性別、職業、健康狀況）？
  ——其他家庭成員住在哪裡？
  ——家庭出現過類似的問題嗎？
  ——過去嘗試過用什麼方法解決這個問題或類似的問題（治療、住院、看醫生、宗教協助、家庭成員、冥想等）
  ——家中最近有任何的改變嗎（搬出、搬入、生病）？
  ——詢問原生家庭：
    - 父母和外（祖）父母（姓名、年齡、職業、伴侶關係、健康狀況、出生和死亡的日期、種族、宗教、移民）？
    - 家中的性別角色和規條？
  ——生命事件及壓力源：不合時宜或創傷性的死亡、疾病、衝突、關係截斷、復原力、身體或性虐待？
  ——關係：特別親近、過度高功能或低功能、天使或魔鬼、衝突、關係截斷？
- 詢問家庭成員的優勢
  ——什麼是他們在行的？天父、運動、人際技巧、熱愛大自然？
  ——幽默、音樂、藝術、工作、嗜好？
- 什麼是他們希望和復原力的來源
  ——屬靈或宗教

——朋友、社交和／或社區連結

——大自然、音樂、藝術、工作等

追蹤家系圖的模式

- 關係模式和三角關係

——權力：身體的、心理的、財務的、職業的、知識的、情感的

——家庭成員之間的連結或疏離程度

——過度高功能或低功能、親密／疏離、好人／壞人等之間的平衡

- 與性別、年紀差距、命名、能力和殘疾有關的手足模式
- 失落

——尤其是不合時宜的、創傷的、矛盾不明的

——多重失落的同時發生

——未解決的哀悼—能夠從痛苦失落的情感恢復過來，例如自殺，或從失去主要照顧者或經濟支柱的破壞性影響中恢復過來。

- 家庭經歷的生命週期或關鍵生命事件

——符合或不符時宜的生命週期轉變：出生、展翅獨立、形成伴侶關係、離家、教育和職業路徑、照顧、死亡。

——每個關鍵家庭成員的同世代的人，即他們成長的歷史時期和地點。他們所處時代的精神是什麼？

——搬遷和移民

- 遺漏訊息、不一致和秘密

——鼓勵病患對秘密和遺漏的訊息保持好奇

——鼓勵病患保有探究精神，透過DNA、家系圖資訊進行調查，訪談家人和家庭朋友來填補資訊的空白或揭露秘密。

- 日期的巧合

——多個壓力源同時發生：可能導致關係截斷、焦慮、疾病，失落後的結婚等。

——壓力源在與之前世代的相同年紀或生命週期階段發生。

參考文獻

Adler, A. (1959). *The practice and theory of individual psychology*. Paterson, NJ: Littlefield, Adams.

Ahrons, C. (1998). *The good divorce*. New York, NY: Harper Paperbacks.

Alexander, D., & Clark, S. (1998). Keeping "the family" in focus during patient care.

In P. D. Sloane, L. M. Slat, P. Curtis, & M. H. Ebell (Eds.), *Essentials of Family Medicine* (3rd ed., pp. 25– 39). Baltimore, MD: Williams & Wilkins.

Altshuler, S. J. (1999). Constructing genograms with children in care: Implications for casework practice. *Child Welfare*, *78*(6), 777–790.

American Academy of Family Physicians. (n.d). Retrieved Feb 14, 2019, from https://www.aafp.org/ about.html

Andres, F.D., & Lorio, J.P. (1974). Georgetown family symposia: A collection of selected papers (Vol 1). Washington, DC: Family Section, Department of Psychiatry, Georgetown University Medical Center.

Anonymous. (1972). On the differentiation of self. In J. Framo (Ed.). *Family interaction: A dialogue between family researchers and family therapists*. New York: Springer.

Anonymous. Mandala. (2019). Wikipedia article. Accessed March 27, 2019. https://en.wikipedia.org/ wiki/Mandala \

Anzieu, D. (1986). *Freud's self-analysis*. Madison, CT: International Universities Press.

Appignanesi, L., & Forrester, J. (1992). *Freud's* women. New York: Basic Books.

Arora, K, & Baima, T. (2016). Friendship across the life cycle. In M. McGoldrick, N. Garcia Preto, & B. Carter, B (Eds.). *The expanding family life cycle: Individual, family and social perspectives*, (5th ed.). New York:New York: Pearson.

Aten, J.D., Madson, M.B., & Johnston Kruse, S. (2008). The supervision genogram: A tool for prepar- ing supervisors-in-training. *Psychotherapy Theory* Research & Training, 45(1), 111–116.

Bair, D. (2003). *Jung: A biography*. New York, NY: Lit- tle Brown.

Baird, M.A., & Grant, W.D. (1994). Families and health. In R.B. Taylor, A.K. David, T.A.

Johnson, Jr., D.M. Phillips, & J.E. Scherger (Eds.). *Family medicine principles and practice* (4th ed., pp. 10–15). New York: Springer-Verlag.

Baird, M.A., & Grant, W.D. (1998). Families and health. In R.B. Taylor, A. K. David, T. A. Johnson, Jr., D. M. Phillips, & J. E. Scherger (Eds.), *Family medicine principles and practice* (5th ed., pp. 26–31). Baltimore, MD: Williams & Wilkins

Bank, S. P., & Kahn, M.D. (1997). *The sibling* bond.New York: Basic Books.

Banmen, J. (2002). The Satir model: Yesterday and today. Contemporary Family Therapy: An Interna- tional Journal, *24*(1), 3–22, March.

Bannerman, C. (1986). The genogram and elderly patients. *Journal of Family Practice, 23*(5), 426–427.

Barlow, N. (1958). *The autobiography of Charles Darwin 1809–1882*. New York, NY: W. W. Norton.

Barth, J.C. (1993). *It runs in my family: Overcoming the legacy of family illness*. New York: Brunner/Mazel.

Bateson, G. (1979). Mind and nature. New York: Bantham. Bateson, M.C. (1984). *With a daughter's eye.* New York:William Morrow & Co.

Beck, R.L. (1987). The genogram as process. *American Journal of Family Therapy, 15*(4), 343–351.

Bepko, C.S. & Krestan. J. (1985). *The responsibility trap: Women and men in alcoholic families.* New York,: Free Press.

Bernikow, L. (1980). *Among women.* New York: Harper & Row.

Bowen, M. (Anonymous) (1972). On the differentiation of self. In Family Interaction: A Dialogue Between Family Researchers and Family Therapists, (Ed. J. Framo)., N.Y. Springer.

Bowen, M. (1978a). *Family therapy in clinical* practice. New York: Jason Aronson.

Bowen, M. (1978b). *Family therapy in clinical* practice. New York: Jason Aronson.

Bowen, M., & Butler, J. (2013). *The origins of family psychotherapy*. New York: Jason Aronson.

Boyd-Franklin, N. (2006). *Black families in therapy: Understanding the African American experience, (2nd ed.)*. New York: Guilford.

Bradt. J. (1980). *The family diagram*. Washington. DC: Groome Center.

Bragg, M. (1990). *Richard Burton: A life*. New York: Warner Books.

Brott, P.E. (2001). The storied approach: A postmod- ern perspective for career counseling. *The Career Development Quarterly*, *49*(4), 304–313

Burke, J.L., & Faber, P. (1997). A genogrid for couples. *Journal of Gay and Lesbian Social*

Services, 7(1), 13–22. Butler, J.F. (2008). The family diagram and genogram: Comparisons and contrasts. *American Journal of Family Therapy, 36*(3), 169–180.

Byng-Hall, J. (2004). Loss and family scripts. In F. Walsh & M. McGoldrick (Eds.), *Living beyond loss: Death and the family*. New York: W. W. Norton.

Callas, J. (1989). *Sisters*. New York: St. Martin's. Campbell, C. (1998). *The real Diana.* New York: St. Martin's.

Campbell, T.L., McDaniel, S.H., Cole-Kelly, K., Hepworth, J., & Lorenz, A. (2002). Family inter- viewing: A review of the literature in primary care. *Family Medicine, 34*(5), 312–318.

Caplow, T. (1968). *Two against one: Coalitions in* triads. Englewood Cliffs. NJ: Prentice Hall.

Carter, B. (1991). Death in the therapist's own fam- ily. In M. McGoldrick, C. Anderson, & F. Walsh (Eds.), *Living beyond loss: Death in the family.* New York: Norton.

Carter, E.A. (1982). Supervisory discussion in the presence of the family. In R. Whiffen & J. Byng- Hall (Eds.), *Family therapy supervision*. London: Academic Press.

Carter, E.A., & McGoldrick, M. (1976). Family ther- apy with one person and the family therapist's own family. In P. Guerin (Ed.), *Family therapy*. New York: Gardner.

Chrzastowski, S.K. (2011). A narrative perspective on genograms: Revisiting classical family therapy methods. *Clinical Child Psychiatry and Psychiatry, 16*(4), 635–644.

Chappell, N.L. (1991). *Social supports and* aging. Toronto: Butterworths.

Christie-Seely, J. (1986). A diagnostic problem and family assessment. Journal of Family Practice, 22(4), 329–339.

Cicirelli, V.G. (1989). Feelings of attachment to sib- lings and well-being in later life. *Psychology and Aging, 4*(2), 211–216.

Cicirelli, V.G. (1995). *Sibling relationships across the life span*. New York: Plenum.

Clinton, B. (2005). *My life*. New York: Vintage.

Clinton Kelly, V., with Morgan, J. (1994). *My life: Leading with my heart.* New York: Pocket Books.

Cohen, E. & Brown Clark, S. (2010). *John Romano and George Engel: Their lives and work.* Rochester, NY: Meliora Press.

Cohler, B.A., Hosteler, J., & Boxer, A. (1998). Gen- erativity, social context, and lived experience: Narratives of gay men in middle adulthood. In D. McAdams & E. de St. Aubin (Eds.), *Generativity and adult development. Psychosocial perspective on caring and contributing to the next generation*. Washington, DC: American Psychological Association Press.

Colon, F. (1973). In search of one's past: An identity trip. *Family Process, 12*(4), 429–38.

Colon, F. (1978). Family ties and child placement. *Family Process*. *17*(3), 189–312.

Colon, F (2019). The discovery of my multicultural identity. In M. McGoldrick. (Ed.). *Revisioning family therapy: Race, culture and gender in clinical practice*. New York: Guilford.

Colon-Lopez, F. (2005). *Finding my face: The memoir of a Puerto Rican American*. Victoria, BC, Canada: Trafford Publishing.

Congress, E.P. (1994). The use of culturagrams to assess and empower culturally diverse families. *Families in Society*, *75*(9), 531–540.

Connidis, I.A., & Barnett, A.E. (2018). *Family ties & aging* (3rd ed). New York: Sage.

Crouch, M.A. (1986). Working with one's own family: Another path for professional development. *Family Medicine, 18*(2), 93–98.

Crouch, M.A. (1989). A putative ancestry of family practice and family medicine: Genogram of a discipline. *Family Systems Medicine, 7*(2), 208–212.

Crouch M.A. (2004). A new triangle participant: Commentary on van Walsum, Lawson, and Bramson. *Families, Systems, & Health, 22*(4), 477–480.

Crouch, M.A. (2016). A breath of fresh air: A family ceremony. *Families, Systems, & Health, 34*(1), 64–66.

Crouch, M. & Davis, T. (1987). Using the genogram (family tree) clinically. In M. Crouch & L. Roberts (Eds.), *The family in medical practice: A family systems primer.* New York: Springer–Verlag.

Crouch, M. & Roberts, L. (Eds.). (1987). *The family in medical practice: A family systems primer*. New York: Springer.

Daily Mail Reporter. (2011). Still holding on to his son's legacy: Steve Jobs' biological father clings to his iPhone as he reveals his grief. Retrieved from https://www.dailymail.co.uk/news/article-2047588/Steve-Jobs-dead-Father-Abdulfattah-John-Jandali-son-met.html

Darkenwald, G.G., & Silvestri, K. (1992). *Analysis and assessment of the Newark Literacy Campaign: A report to the Ford Foundation*. Newark, NJ: Newark Liter- acy Campaign.

Daughhetee, C. (2001). Using genograms as a tool for insight in college counseling. Journal of College Counseling, 4(1), 73–76.

Davis, O. & Dee, R. (2000). *With Ossie and Ruby: In this life together*. New York: Harper Collins

Dean, P.H. (1989). Paul Robeson. In E. Hill (Ed.), *Black heroes: Seven plays*. New York: Applause The atre Book Publishers.

Desmond, A. & Moore, J. (1991). *Darwin: The life of a tormented evolutionist.* New York: W.W. Norton.

Dumas, C.A., Katerndahl, D.A., & Burge, S.K. (1995). Familial patterns in patients with infrequent panic attacks. *Archives of Family Medicine*, *4*(10), 862–867.

Dunn, A.B., & Dawes, S.J. (1999). Spiritually- focused genograms: Keys to uncovering spiritual resources in African American families. *Journal of Multicultural Counseling & Development, 27*(4), 240–255.

Dunn, A.B. & Levitt, M.M., (2000). July. The geno- gram: From diagnostics to mutual collaboration. *Family Journal: Counseling and therapy for Couples and Families*, *8*(3). 236–244.

Eissler, K.R. (1978). *Sigmund Freud: His life in pictures and words*. New York: Helen & Kurt Wolff Books, Harcourt Brace, Jovanovich.

Elder, G.H., Jr. (1977). Family history and the life course. *Journal of Family History*, *2*(4), 279–304.

Elder, G.H. (1986). Military times and turning points in mens' lives. Developmental Psychology, 22(2), 233–245.

Elder, G. (1992). Life course. In E. Borgatta & M. Borgatta (Eds.), *Encyclopedia of sociology* (Vol. 3, 1120– 1130), New York: Macmillan.

Ellenberger, H.F. (1970). *The discovery of the unconscious: The history and evolution of dynamic psychiatry*. New York: Basic Books.

Emerson S. (1995). A different final exam: using stu- dents' own family genograms. *The Family Journal, 3*(1), 57–58.

Engel, G. (1975). The death of a twin: Mourning and anniversary reactions: Fragments of 10 years of self-analysis. *International Journal of Psychoanalysis, 56* (l), 23–40.

Erikson Bloland, S. (2005). *In the shadow of fame: A memoir by the daughter of Erik H. Erikson*. New York: Viking.

Erlanger, M. A. (1990). Using the genogram with the older client. Journal of Mental Health Counseling 12(3): 321–331.

Estrada, A.U., & Haney, P. (1998). Genograms in a multicultural perspective. *Journal of Family Psycho- therapy, 9*(2), 55–62.

Falicov, C. J. (2012). Immigrant family processes: A multidimensional framework. In F. Walsh (Ed.), *Normal family processes* (4th ed., pp 297–323). New York: Guilford Press.

Falicov. C. J. (2015*). Latino families in therapy: A guide to multicultural practice* (2nd ed.). New York: Guilford Press.

Falicov, C. J. (2016). Migration and the Family life cycle. In M. McGoldrick, N. Garcia Preto, & B. Carter (Eds.), *The expanded family life cycle* (5th ed.). Boston, MA: Pearson.

Fink, A.H., Kramer, L., Weaver, L.L., & Anderson, J. (1993). More on Genograms:

Modifications to a model. *Journal of Child and Adolescent Group Ther- apy, 3*(4), 203–206.

Fishel, E. (1979). *Sisters: Love and rivalry inside the family and beyond.* New York: William Morrow.

Fogarty, T. (1973). *Triangles. The Family*. New Rochelle, NY: Center for Family Learning.

Fonda, P. (1998). *Don't tell dad*. New York: Hyperion. Foster, M.A., Jurkovic, G. J., Ferdinand, L. G., & Meadows, L. A. (2002). The impact of the geno- gram on couples: A manualized approach. *The Family Journal. 10*(1), pp. 34– 40.

Frame, M.W. (1996). Counseling African Americans: Integrating spirituality in therapy. *Counseling & Values, 41*(1), 16–29.

Frame, M.W. (2000a). Constructing religious/spiritual genograms. In R.E. Watts (Ed.), *Techniques in marriage and family counseling, Vol. 1. The family psychology and counseling series*, pp. 69–74.

Frame, M.W. (2000b). The spiritual genogram in family therapy. *Journal of Marital and Family Therapy, 26*(2), 211–216.

Frame, M.W. (2001). The spiritual genogram in training and supervision. *The Family Journal, 9*(2), 109–115.

Framo, J. (Ed.). (1972). *Family Interaction: A dialogue between family researchers and family therapists*. New York: Springer.

Freeman, L., & Strean, H.S. (1981). *Freud and women*. New York: Frederick Ungar Publishing Company. Freire, P. (1994). *The pedagogy of hope*. New York: Continuum.

Freud, E.L. (Ed.). 1975. *The letters of Sigmund* Freud. New York: Basic Books.

Freud, S. (1988). *My three mothers and other* passions. New York: New York University Press.

Friedman, E.H. (1971). The birthday party: An exper- iment in obtaining change in one's own extended family. *Family Process, 10*(2), 345–349.

Friedman, E. H. (1985). *Generation to generation: Family process in church and synagogue.* New York: Guilfored Press.

Friedman, E. H. (1987). The birthday party revisited: Family therapy and the problem of change. In P. Titelman (Ed.), *The therapist's own family.* New York: Jason Aronson.

Friedman, E. H. (2007). *A failure of nerve: Leadership in the age of the quick fix*. New York: Seabury Books.

Friedman, H. L., & Krakauer, S. (1992). Learning to draw and interpret standard and time-line geno- grams: An experimental comparison. *Journal of Family Psychology, 6*(1), 77–83.

Friedman, H., Rohrbaugh, M., & Krakauer, S. (1988). The timeline genogram: Highlighting temporal aspects of family relationships. *Family Process*, *27*(3), 293–304.

Friedman. L. J. (1999). *Identity's architect*. New York: Scribner.

Friesen, P., & Manitt, J. (1991). Nursing the remarried family in a palliative care setting. *Journal of Pallia- tive Care*, *6*(4), 32–39.

Garrett, R.E., Klinkman, M. & Post, L. (1987). If you meet Buddha on the road, take a genogram: Zen and the art of family medicine. *Family Medi- cine,19*(3), 225–226.

Gartner, J. (2008). *In search of Bill Clinton: A psychologi- cal biography.* New York: St. Martin's Press.

Gelb, A., & Gelb, B. (1987). *O'Neill.* New York: Harper & Row.

Genetic Geneology, https://thegeneticgenealogist.com. Retrieved 8/17/19.

Gerson, R., Hoffman, S., Sauls, M., & Ulrichi, D. (1993). Family-of-origin frames in couples therapy. *Journal of Marital and Family Therapy*, *19*(4), 341–354.

Gewirtzman, R. C. (1988). The genogram as a visual assessment of a family's fugue. *Australian Journal of Sex, Marriage and Family, 9*(1), 37– 46.

Gibson, D. (2005). The use of genograms in career counseling with elementary, middle, and high school students. *Career Development Quarterly*, *53*(4), 353–362.

Gil, E. (2003). Play genograms. In C.E. Sorit & L.L. Hecker (Eds.), *The therapist's notebook for children and adolescents: Homework, handouts, and activities for use in psychotherapy* (pp. 97–118). New York: Haworth Press.

Gil, E. (2015). Play in family therapy. 2nd edition. New York: Guilford Press. Ch 11.

Gil, E. (1991). The healing power of play: Working with abused children. New York: Guilford Press.

Gladwell, M. (2008). *Outliers*: *The story of success.* New York: Little Brown & Co.

Glosoff, H.L., & Durham, J.C. (2011). Using supervision to prepare social justice counseling advocates. *Counselor Education and Supervision, 50*(2), 116–129.

Golden, E., & Mohr, R. (2000). Issues and techniques for counseling long-term, later-life couples. *Family Journal: Counseling & Therapy for Couples & Families, 8*(3), 229–235.

Goodman, R.D. (2013). The transgenerational trauma and resilience genogram. *Counseling Psychology Quarterly, 26*(3), 386– 405.

Goodyear-Brown, P. (2001). The preschool play geno- game. In H.G. Kaduson & C.E. Schaefer (Eds.), *101 more favorite therapy techniques* (pp. 225-228). Northvale, NJ: Jason Aronson.

Gordon H. (1972). The family history and the pedigree chart. *Postgrad Med, 52*(2), 123–125.

Gordon-Reed, A. (2008). *The Hemingses of Monticello: An American family*. New York: W. W.

Norton.

Graham, L.O. (2000). *Our kind of people: Inside America's Black upper class*. New York: Harper.

Granello, D.H., Hothersall, D. & Osborne, A.L. (2000). The academic genogram: Teaching for the future by learning from the past. *Counselor Education and Supervision, 39*(3), 177–188.

Green, L.A., Graham, R., Bagley, B., Kilo, C.M., Spann, S.J., Bogdewic, S.P., & Swanson, J. (2004). Task force 1. Report of the task force on patient expectations, core values, reintegration, and the new model of family medicine. *Annals of Family Medicine*, *2*(1), S1:S33–S50.

Greenwald, J.L., Grant, W.D., Kamps, C.A., & Haas- Cunningham, S. (1998). The genogram scale as a predictor of high utilization in a family practice. *Family, Systems & Health, 16*(4), 375–391.

Guerin, P.J. (Ed.). (1976). *Family therapy.* New York: Gardner.

Guerin P.J., & Pendagast E.G. (1976). Evaluation of family system and genogram. In P.J. Guerin (Ed.), *Family Therapy: Theory and Practice* (pp. 450– 64). NY: Gardner Press.

Guerin, P., & Fogarty, T. (1972). The family therapist's own family. *International Journal of Psychiatry*, *10*(1). 6–22.

Guerin, P., Fogarty, T.F., Fay, L.F., & Kautto, J.G. (1996). *Working with relationship triangles.* New York: Guilford.

Gutierrez, C., & Scheid P. (2019). The history of family medicine and its impact on U.S. health care delivery. Retrieved from https:// www.aafpfoundation.org/content/dam/foundation/documents/who-we-are/cfhm/FMImpactGutierrezScheid.pdf

Gwyther, L. (1986). Family therapy with older adults. *Generations, 10*(3), 42– 45.

Hall, C. M. (1987). Efforts to differentiate a self in my family of origin. In P. Titelman (Ed.), *The therapist's own family*. New York: Jason Aronson.

Hardy, K.V. (2018). Family therapy with poor families. In M. McGoldrick & K.V. Hardy (Eds.), *Revisioning family therapy* (3rd ed.). New York: Guilford.

Hardy, K.V., & Laszloffy, T.A. (1995). The cultural genogram: Key to training culturally competent family therapists. *Journal of Marital and Family Therapy, 21*(3), 227–237.

Harmon, A. (2006, June 11). Who's your Great- Great-Great-Great-Granddaddy? *New York Times,* retrieved from https://www.nytimes.com/2006/06/11/weekinreview/11harmon.html

Hartman, A. (1978). Diagramatic assessment of family relationships. *Social Casework, 59(*8), 465–476.

Hartman, A. (1995). Diagramatic assessment of family relationships. *Families in society, 76(*2), 111–122.

Haskins, J. (1978). *Scott Joplin: The man who made Ragtime*. Briarcliff Manor, NY: Scarborough.

Havel, V. (1991). Speech at Lehigh University, Oct 26, 1991.

Hays, E.R. (1967). *Those extraordinary Blackwells*. New York: Harcourt Brace.

Hockley, J. (2000). Psychosocial aspects in palliative care: Communicating with the patient and family. *Acta Oncologica, 39*(8), 905–910.

Hodge, D.R. (2000). Spiritual ecomaps: A new dia- grammatic tool for assessing marital and family spirituality. *Journal of Marital and Family Therapy, 26*(2), April, 217–228.

Hodge, D.R. (2001a). Spiritual genograms: A genera- tional approach to assessing spirituality. *Families in Society, 82*(1), 35–48.

Hodge, D.R. (2001b). Spiritual assessment: A review of major qualitative methods and a new framework for assessing spirituality. *Social Work, 46*(3), 203–214.

Hodge, D.R, (2004a). Social work practice with Muslims in the United States. In A. T.Morales & B.W. Sheafor (Eds.), *Social work: A profession of many faces* (10thed., pp. 443–469). Boston, MA: Allyn & Bacon.

Hodge, D.R. (2004b). Spirituality and people with mental illness: Developing spiritualcompetency in assessment and intervention. Families in Society, *85*(1), 36–44.

Hodge, D.R. (2004c). Working with Hindu clients in a spiritually sensitive manner.*Social Work, 49*(1), 27–38.

Hodge, D.R. (2005a). Spiritual life maps: A client- centered pictorial instrument forspiritual assess- ment, planning, and intervention. *Social Work, 50*(1), 77–87.

Hodge, D.R. (2005b). Spiritual ecograms: A new assessment instrument for identifying clients' spir- itual strengths in space and across time. *Families in Society, 86*(2), 287–296.

Hodge, D.R. (2005c). Spiritual assessment in marital and family therapy: A methodological framework for selecting from among six qualitative assessment tools. *Journal of Marital and Family Therapy, 32*(4), 341–356.

Hodge, D.R. (2005d). Developing a spiritual assessment toolbox: A discussion of the strengths and limitations of five different assessment methods. *Health and Social Work, 30*(4), 314–323.

Hodge, D.R., & Williams, T.R. (2002). Assessing Afri- can American spirituality withspiritual eco-maps. *Families in Society, 83*(5-6), 585–595.

Hof, L., & Berman, E. (1986). The sexual genogram. *Journal of Marital and Family Therapy,* 12(1), 39–47.

Hoffman, E. (1994). *The drive for self: Alfred Adler and the founding of individual psychology*. New York: Addison-Wesley.

Holmes, T.H., & Masuda, M. (1974). Life change and illness susceptibility. ln B. S. Dohrenwend & B. Dohrenwend (Eds.), *Stressful life events: Their nature and effects*. New York: Wiley.

Holmes, T.H., & Rahe, T.H. (1967). The social adjustment rating scale. *Journal of Psychosomatic Research, 11*(2), 213–218.

Horn, M. (1983). Sisters worthy of respect: Family dynamics and women's roles in the Blackwell family. *Journal of Family History*, *8*(4), 367–382.

Huygen, F.J.A. (1982). *Family medicine: The medical life history of families*. New York: Brunner/Mazel.

Imber-Black, E. (1999). *The secret life of families*. New York: Bantam Books.

Imber-Black, E. (Ed.). (1993). *Secrets in families and family therapy*. New York: W.W. Norton.

Ingersoll-Dayton, B., & Arndt, B. (1990). Uses of the genogram with the elderly and their families. *Journal of Gerontological Social Work, 15*(1–2), 105–120.

Isaacson, W. (2011). *Steve Jobs*. New York: Simon & Schuster.

Jacobs, A.J. (2017). *It's all relative: Adventures up and down the world's family tree*. New York: Simon & Schuster.

Johnson, P. (2005). *George Washington: Founding* father. New York: Harper Collins.

Johnson, S. (2018). *Farsighted: How we make the decisions that matter the most*. New York: Random House.

Jolly, W.M., Froom, J., & Rosen, M.G. (1980). The genogram. *Journal of Family Practice, 10*(2), 251–255.

Jones, E. (1953, 1954, 1955). *The life and work of Sigmund Freud*. 3 volumes. New York: Basic Books.

Jordan, K. (2004). The color-coded timeline trauma genogram. *Brief Treatment and Crisis Intervention*, *4*(1), 57–70.

Jordan, K. (2006). The scripto-trauma genogram: An innovative technique for working with trauma survivors' intrusive memories. *Brief Treatment and Crisis Intervention, 6*(1), 36–51.

Kağnıcı, D.Y. (2011). Teaching multicultural counseling: An example from a Turkish counseling under- graduate program. *Eğitim Araştırmaları [Eurasian Journal of Educational Research], 44*, 118–128.

Kağnıcı, D.Y. (2014). Reflections of a Multicultural Counseling Course: A qualitative study with counseling students and counselors. *Educational Sciences: Theory & Practice, 14*(1), 53–62.

Keiley, M.K., Dolbin, M., Hill, J., Karuppaswamy, N., Liu, T., Natrajan, R., Poulsen, S., Robins, N, & Robinson, P. (2002). The cultural genogram: Expe- riences from within a marriage and family therapy training program. *Journal of Marital and Family Therapy, 28*(2), 165–178.

Kelly, G.D. (1990). The cultural family of origin: A description of a training strategy. *Counselor Education and Supervision, 30*(1), 77–84.

Kerr, M.E. (2019). Bowen Theory's Secrets. New York: W.W. Norton.

Kerr, M.E., & Bowen, M. (1988). *Family evaluation*. New York: W.W. Norton.

Kluger, J. (2011). *The sibling effect*. New York: River- head Books.

Krüll, M. (1986). *Freud and his father*. New York: W.W. Norton.

Kuehl, B.P. (1995). The solution-oriented genogram: A collaborative approach. *Journal of Marital and Family Therapy, 21*(3): 239–250.

Kuhn, J. (1981). Realignment of emotional forces following loss. *The Family, 5*(1), 19–24.

Laird, J. (1996a). Family-centered practice with lesbian and gay families. *Families in Society: Journal of Contemporary Human Services, 7* (9), 559–572.

Laird, J. (1996b). Invisible ties: Lesbians and their fam- ilies of origin. In J. Laird & R.J. Green (Eds.), *Lesbians and gays in couples and families*. San Francisco: Jossey-Bass.

Langer, J.C., Filler, R.M., Coles, J., & Edmonds, J.F. (1988). Plication of the diaphragm for infants and young children with phrenic nerve palsy. *Journal of Pediatric Surgery,* 23(8), 749–751.

LaSala, M. (2002). *Triangles, Angels, Villains, and* Victims. Presentation at Multicultural Family Institute, April

Launer, J. (2017). *Why doctors should draw genogramsincluding their own. Postgraduate Medical Journal, 93*(1103), 575–576.

Leman, K. (2009). *The birth order book*. Grand Rapids, MI: Baker Publishing Group

Lerner, H. (1984). The cosmic countermove: *Family Therapy Networker,* Sept–Oct.

Lerner, H. (1990). *The dance of intimacy.* New York: Harper Collins. Ch1

Lerner, H. (1994). *The dance of deception*. New York: Harper Collins. Ch1

Lerner, H. (1997). *The dance of anger*. New York: Harper Collins. Ch1

Lerner, H. (2002). *The dance of connection.* New York: Harper Collins.

Lerner, H. (2005). *The dance of fear.* New York: Harper Collins.

Lerner, H. (2012). *Marriage rules*. New York: Avery. Lewis, K. G. (1989). The use of color-coded geno-grams in family therapy. *Journal of Marital and Family Therapy, I*(2), 169–176.

Libbon, R., Triana, J., Heru, A., & Berman, E. (2019). Family skills for the resident toolbox:

The 10-min genogram, ecomap, and prescribing homework. *Academic Psychiatry, 43*(4), 435–439.

Like, R.C., Rogers, J., & McGoldrick, M. (1988).

Reading and interpreting genograms: A systematic approach. *Journal of Family Practice, 26*(4), 407–412.

Lipset, D. (1980). *Gregory Bateson: The legacy of a scientist*. Englewood Cliffs, NJ: Prentice.

Luepnitz, D.A. (1989). Virginia Satir. *Journal of Feminist Family Therapy, 1*(3), 73–83.

Maccoby, E.E. (1990). Gender and relationships: A developmental account. *American Psychologist, 45*(4), 513–520.

Magnuson, S. (2000). The professional genogram: Enhancing professional identity and clarity. *Family Journal: Counseling & Therapy for Couples & Families*, *8*(4), 299–401.

Magnuson, S., & Shaw, H.E. (2003). Adaptations of the multifaceted genogram in counseling, training and supervision. *Family Journal: Counseling & Therapy for Couples & Families, 2*(1), 45–54.

Magnuson, S., Norem, K., & Skinner, C.H. (1995). Constructing genograms with lesbian clients. *The Family Journal: Counseling and Therapy for Couples and Families*, *3*(2) 110–115.

Malott, K. M., & & Magnuson, S. (2004). Using gen-ograms to facilitate undergraduate students' career development: A group model. The Career Development Quarterly, *53*(4), pp. 178–186.

Mandala. (n.d.). Retrieved March 27, 2019, from https://en.wikipedia.org/wiki/Mandala

Manne J. (2009). Family constellations: A practical guide to uncovering the origins of family conflict. Berkeley, CA: North Atlantic Books.

Maraniss, D. (1995). *First in his class: The biography of Bill Clinton.* New York: Touchstone.

Masson, J. (Ed.). (1985). *The complete letters of Sigmund Freud to Wilhelm Fleiss: 1887-1904*. Cambridge, MA: Belnap Press.

Mathias, B. (1992). *Between sisters: Secret rivals, intimate friends*. New York: Delacorte Press.

McDaniel, S. H., Hepworth, J. H., & Doherty, W. J. (1993). A new prescription for family health care. *The Family Therapy Networker*, 17, 18-29-62-63.

McDaniel, S. Hepworth, J. & Doherty (2003). *The shared experience of illness*. New York: Basic Books.

McCullough-Chavis, A. & Waites, C. (2004). Genograms with African American families. Considering cultural context. *Journal of Family Social Work, 8*(2), 1–17.

McGill, D.M. (1992). The cultural story in multicul- tural family therapy. *Families in Society: Journal of Contemporary Human Services, 73*(6), 339–349.

McGoldrick, M. (1981). Problems with family geno- grams. *American Journal of Family Therapy, 7*, 74–76.

McGoldrick, M. (1982). Through the looking glass: Supervision of a trainee's trigger family. In J. Byng- Hall & R. Whiffen (Eds.), *Family therapy supervision.* London: Academic Press.

McGoldrick, M. (1989). Sisters. In M. McGoldrick, C. Anderson, & F. Walsh (Eds.), *Women in families.* New York: W.W. Norton.

McGoldrick, M. (1995). *You can go home again: Reconnecting with your family.* New York: W.W. Norton.

McGoldrick, M. (2004a). Echoes from the past: Help- ing families mourn their losses. In F. Walsh & M. McGoldrick, (Eds.), *Living beyond loss* (2nd ed., pp. 50–78). New York: W.W. Norton.

McGoldrick, M. (2004b). The legacy of loss. In F. Walsh & M. McGoldrick (Eds.), *Living beyond loss* (2nd ed., pp. 104–129). New York: W.W. Norton.

McGoldrick, M. (2011). *The genogram journey: Reconnecting with your family*. New York: W.W. Norton.

McGoldrick, M. (2016a). Becoming a couple. In M. McGoldrick, N. Garcia Preto & B. Carter (Eds.), *The expanding family life cycle: Individual, family and social perspectives* (5th ed.). New York: Pearson.

McGoldrick, M. (2016b). *The genogram casebook: A clinical companion to Genograms: Assessment and Intervention*. New York: W.W. Norton.

McGoldrick, M. (2019). Homelessness and the spiritual meaning of home. In M. McGoldrick (Ed.), *Revisioning family therapy: Addressing diversity in clinical practice and training* (3rd ed.). New York: Guilford.

McGoldrick, M., & Carter, B. (2001). Advances in coaching: Family therapy with one person. *Journal of Marital and Family Therapy, 27*(3), 281–300.

McGoldrick, M., & Carter, B. (2016). The remarriage cycle: Divorced, multinuclear and recoupled fami- lies. In M. McGoldrick, N.Garcia Preto, & B. Car- ter, (Eds.). *The expanding family life cycle: Individual, family and social perspectives* (5th ed.). New York: Pearson.

McGoldrick, M., & Garcia-Preto, N. (2005). Cultural assessment. In M. McGoldrick, J. Giordano, & N. Garcia-Preto, (Eds.), *Ethnicity and family therapy* (3rd ed.). New York: Guilford.

McGoldrick, M., Carter, B., & Garcia Preto, N. (2016a). Overview: The life cycle in its changing context: Individual, family and social perspectives. In M. McGoldrick, N.

Garcia Preto, & B. Carter (Eds.). *The expanding family life cycle: Individual, family and social perspectives* (5th ed.). New York: Pearson.

McGoldrick, M., Garcia Preto, N., & Carter, B. (Eds.). (2016b). *The expanding family life cycle: Individual, family and social perspectives* (5th ed.). Boston: Pearson.

McGoldrick, M., Giordano, J., & Garcia-Preto, N. (Eds.). (2005). *Ethnicity and family therapy* (3rd ed.). New York: Guilford.

McGoldrick, M., & Hardy, K.V. (Eds.). (2019). *Revisioning family therapy: Addressing diversity in clinical practice & training* (3rd ed.). New York: Guilford.

McGoldrick, M., Loonan, R., & Wohlsifer, D. (2006). Sexuality and culture. In S. Leiblum (Ed.) *Principles and practice of sex therapy* (4th ed.). New York: Guilford.

McGoldrick, M., & Ross, M., (2016). Violence and the family life cycle. In M. McGoldrick, N. Garcia Preto, & B. Carter (Eds.), *The expanding family life cycle: Individual, family and social perspectives* (5th ed.). Boston: Pearson.

McGoldrick, M. & Walsh, F. (2016). Death and the family life cycle. In M. McGoldrick, N. Garcia Preto, & B. Carter (Eds.). *The expanding family life cycle: Individual, family and social perspectives* (5th ed.). New York: Pearson.

McGoldrick, M., & Walsh, F. (2004). A time to mourn: Death and the family life cycle. In F. Walsh & M. McGoldrick (Eds.). *Living beyond loss: Death and the family* (2nd ed.). New York: W.W. Norton.

McGoldrick, M., & Watson, M. (2016). Siblings through the life cycle. In B. Carter & M. McGoldrick (Eds.), *The expanded family life cycle: Individual, family and social perspectives* (5th ed.). Boston: Pearson.

McMillen, J.C., & Groze, V. (1994). Using placement genograms in child welfare practice. *Child Welfare, 73*(4): 307–318.

McNaron, T. A. H. (Ed.). (1985). *The sister bond: A feminist view of a timeless connection.* New York: Pergamon Press.

Medalie JH. (1978). Family history, data base, family tree, & family diagnosis. In J.H. Medalie (Ed.), *Family Medicine: Principles and Applications* (pp. 329– 36). Baltimore: Williams & Wilkins, 1978.

McIlvain, H., Crabtree, B., Medder, J., Strange, K. C., & Miller, E. L. (1998). Using practice genograms to understand and describe practice configurations. *Family Medicine, 30*(7), 490– 496.

Milewski-Hertlein, K. A. (2001). The use of a socially constructed genogram in clinical practice. *American Journal of Family Therapy, 29*(1), 23–38.

Miller, J. (2019). *The ethos and ethics of global family therapy.* International Family Therapy

Association Annual Conference, Aberdeen, Scotland.

Moon, S.M., Coleman, V.D., McCollum, E.E., Nelson, T.S., & Jensen-Scott, R.L. (1993). Using the genogram to facilitate career decisions: A case study. *Journal of Family Psychology, 4*(1), 45–56.

Moreno, J. L. (2019). The essential Moreno: Writings on Psychodrama, Group Method, and Spontaneity. New Paltz, New York: Tusitala Publishing.

Mullins, M.C., & Christie-Seely, J. (1984). Collecting and recording family data: The genogram. ln J. Christie-Seely (Ed.), *Working with the family in primary care.* New York: Praeger.

Nabokov, V. (1959). *The real life of Sebastian* Knight. Norfolk, CT: New Directions. C

Nagel, P.C. (1987). *The Adams women.* New York: Oxford University Press.

Nealy, E. (2017). *Transgender children and youth: Cultivating pride and joy with families in transition*. New York: W. W. Norton.

Nealy, E. (2019). Identity transitions and transfor- mations across the life cycle. In M. McGoldrick & K.V. Hardy (Eds.). Revisioning family therapy: Addressing diversity in clinical practice and train- ing (3rd ed.). New York: Guilford.

Nerin, W.F. (1986). *Family reconstruction: Long day's journey into light*. New York: W. W. Norton.

Nerin, W.F. (1993). *You can't grow up till you go back home: A safe journey to see your parents as human*. New York: Crossroads Publishing.

Norris, J.E., & Tindale, J.A. (1994). *Among generations: The cycle of adult relationships*. New York: W.H. Freeman.

Oestreich, J.R. (2006, February 19). The asterisks tell the story: What tangled webs operas can weave. That's where a five page diagram comes in. *New York Times*. Retrieved from https://www.nytimes.com/2006/02/19/ arts/music/the-asterisks-tell-the-story.html

Okiishi, R. W. (1987). The genogram as a tool in career counseling. *Journal of Counseling and Development. 66* (3), 139–143.

Olsen, S., Dudley-Brown, S., & McMullen, P. (2004). Case for blending pedigrees, genograms and eco- maps: Nursing's contribution to the big picture. *Nursing & Health Sciences, 6*(4), 295–308.

Papadopoulos, L., Bor, R., & Stanion, P. (1997). Genograms in counseling practice (Part 1). *Counselling Psychology Quarterly, 10*(1) 17–28.

Papp, P., Silverstein, O., & Carter, E. A. (1973). Family sculpting in preventive work with well families. *Family Process*, 1*2*(25), 197–212.

Paul, N. (1988). Personal Communication.

Paul, N., & Paul B.B. (1986). *A marital puzzle*. New York: W.W. Norton.

Peluso, P. (2003). The ethical genogram: A tool for helping therapists understand their ethical decision-making roles. *The Family Journal, 11*(3), 286–291.

Pendagast, E.G., & Sherman, C.O. (1975). A guide to the genogram. *The Family, 5*(1), 3–14.

Petry, S.S., & McGoldrick, M. (2005). Genograms in assessment and therapy. In G.P. Koocher, J.C. Nor- cross & S.S. Hill (Eds.). *The psychologists' desk reference* (2nd ed.). New York: Oxford University Press.

Phelps, E., Furstenberg, F.F., & Colby, A. (Eds.). (2002). *Looking at lives*. New York: Russell Sage.

Phillips, A. (2014). *Becoming Freud: The making of a psychoanalyst*. New Haven: Yale University Press.

Pinderhughes, E. (2019). Black genealogy revisited: Restorying anAfrican American family. In M. McGoldrick (Ed.), *Re-visioning family therapy: Race, culture, and gender in clinical practice.* New York: Guilford.

Pinderhughes, E., Jackson, V., & Romney, P. (2017). Understanding power: An imperative for human services. NASW Press.

Rainsford, G.L., & Schuman, S.H. (1981). The family in crisis: A case study of overwhelming illness and stress. *Journal of the American Medical Association, 246*(1), 60– 63.

Rakel, R.E. (1977). *Principles of family medicine.* Philadelphia: W.B. Saunders.

Rembel, G.R., Neufeld, A., Kushner, K.E. (2007). Interactive use of genograms and ecomaps in family caregiving research. *Journal of Family Nursing, 13*(4), 403– 419.

Richardson, R.W. (1987). *Family ties that bind: A self-help guide to change through family of origin therapy* (2nd ed.). Bellingham, WA: Self-Counsel Press.

Richardson, R.W. & Richardson L.A. (2000) *Birth order and you* (2nd ed.). Bellingham, WA: Self- Counsel Press Reference Series.

Rigazio-DiGilio S.A., Ivey, A.E., Kunkler-Peck, K.P. & Grady, L.T. (2005). *Community genograms: Using individual, family, and cultural narratives with clients.* New York: Teachers College Press.

Roazen, P. (1993). *Meeting Freud's family*. Amherst, MA: University of Massachusetts Press.

Robeson, Paul. (1988). *Here I stand.* Boston: Beacon Press. Robinson, J. (1972). *I never had it made*. New York: Putnam.

Robinson, S. (1996). *Stealing home*. New York: Harper Collins.

Rogers, J.C. (1994a). Can physicians use family gen- ogram information to identify patients at risk of anxiety or depression? *Archives of Family Medicine*, *3*(12), 1093–1098.

Rogers, J. C. (1994b). Impact of a screening family gen- ogram on first encounters in primary care. Journal of Family Practice, *4*, 291–301.

Rogers, J. C. (1990). Completion and reliability of the self-administered genogram SAGE). Family Practice, *7*, 149–151.

Rogers, J.C., & Cohn, P. (1987). Impact of a screening family genogram on first encounters in primary care. *Journal of Family Practice*. *4*(4), 291–301.

Rogers, J.C., & Durkin, M. (1984). The semi-structured genogram interview: l. Protocol, ll. Evaluation. *Family Systems Medicine, 2(*25), 176–187.

Rogers, J.C., Durkin, M., & Kelly, K. (1985). The fam- ily genogram: An underutilized clinical tool. *New Jersey Medicine, 82*(11), 887–892.

Rogers, J.C., & Holloway, R. (1990). Completion rate and reliability of the self-administered genogram (SAGE). *Family Practice, 7*(2), 149–51.

Rogers, J.C., Rohrbaugh, M., & McGoldrick, M. (1992). Can experts predict health risk from family genograms? *Family Medicine, 24*(3), 209–215.

Rogers, J., C., & Rohrbaugh, M. (1991). The SAGE- PAGE trial: Do family genograms make a dif- ference? *Journal of the American Board of Family Practice, 4*(5), 319–326.

Rohrbaugh, M., Rogers, J.C., & McGoldrick, M. (1992). How do experts read family genograms? *Family Systems Medicine, 10(*1), 79–89.

Rolland, J. (1994). *Families, illness, and disability.* New York: Basic Books

Rolland, J.S. (2018). Helping couples and families navigate illness and disability: An integrated approach. New York: Guilford Press.

Rutherford, A. (2017). *A brief history of everyone who ever lived: The stories in our genes*. London: Weidenfield and Nicolson.

Salmon, C., & Schumann, K. (2012). *The secret power of middle children: How middleborns can harness their unexpected and remarkable abilities*. New York: Plume.

Satir, V. (1968). *Conjoint family therapy*. Palo Alto: Science & Behavior Books

Satir, V. (1988). *New peoplemaking*. Palo Alto: Science & Behavior Books.

Satir, V., Gomori, M., Gerber, J., & Banmen, J. (1991). Satir Model: Family Therapy and beyond. Palo Alto: Sciencwe and Beyavior Books.

Satir, V., & Baldwin, M. (1983). Satir step by step: A guide to creating change in families. Palo Alto: Science & Behavior Books.

Scharwiess, S.O. (1994). Step-sisters and half-brothers: A family therapist's view of German unification and other transitional processes. *Contemporary Family Therapy, 16*(3), 183–197.

Schoeninger, Douglas, (2010). Personal Communication.

Scherger, J.E. (2005). The biopsychosocial model is shrink wrapped, on the shelf, ready to be used, but waiting for a new process of care. *Families, Systems, & Health, 23*(4), 444–447.

Schmidt, D.D. (1983). Family determinants of disease: depressed lymphocyte function following the loss of a spouse. *Family Systems Medicine 1*(1), 33–39.

Schroder, D. (2015). *Exploring and developing the use of art-based genograms in family of origin therapy*. Spring-field, Illinois: Charles C. Thomas, Publishers.

Schutzenberger, A.A. (1998). The ancestor syndrome: Transgenerational psychotherapy and the hidden links in the family tree. New York: Routledge.

Scrivner, R., & Eldridge, N.S. (1995). Lesbian and gay family psychology. In R.H. Mikesell, D. Lus-terman, & S. McDaniel (Eds.), *Integrating family therapy: Handbook of family psychology and systems therapy* (pp. 327–345). Washington, DC: American Psychological Association.

Shakespeare, W. *Julius Caesar* (I, ii, 140–141).

Shapiro, D. (2019). *Inheritance: A memoir of genealogy, paternity and love*. New York: Knopf.

Shaw, B.M., Bayne, H., & Lorelle, S. (2012). A con- structivist perspective for integrating spirituality into counselor training. *Counselor Education & Supervision, 51*(4), 270–280.

Shellenberger, S., Dent, M.M., Davis-Smith, M., Seale, J.P., Weintraut, R., Wright, T. (2007). A cultural genogram: A tool for teaching and practice. *Families, Systems & Health*, 25(4), 367–381.

Shellenberger, S., & Hoffman, S. (1998). The changing family-work system. In R.H. Mikesell, D. Lus- terman, & S. McDaniel (Eds.). *Integrating family therapy: Handbook of family psychology and systems therapy* (pp. 461–479). Washington, DC: American Psychological Association.

Shellenberger, S., Shurden, K.W., & Treadwell, T.W. (1988). Faculty training seminars in family systems. *Family Medicine, 20*(3), 226–227.

Shellenberger, S., Watkins-Couch, K. & Drake, M.A. (1989). Elderly family members and their caregivers: Characteristics and development of the rela- tionship. *Family Systems Medicine, 7*(3), 317–322.

Sherman, M.H. (1990). Family narratives: Internal representations of family relationships and affec- tive themes. *Infant Mental Health Journal, 11*(3), 253–258.

Sherman, R. (2000). The intimacy genogram. In R.E. Watts (Ed.). *Techniques in marriage and family counseling Vol. 1. The family psychology and counseling series*, pp. 81–84.

Shernoff, M.J. (1984). Family therapy for lesbian and gay clients. *Social Work, 29*(4), 393–396.

Shields, C.G., King, D.A., & Wynne, L.C. (1995). Interventions with later life families. In

R.H. Mike-sell, D. Lusterman, & S. McDaniel (Eds.), *Integrating family therapy: Handbook of family psychology and systems therapy* (pp. 141–158). Washington, DC: American Psychological Association.

Siegel, D.J. (2016). *Mind: A journey to the heart of being human*. New York: W. W. Norton.

Siegel, D. J. (2015). *The developing mind: How relationships and the brain interact to shape who we are* (2nd ed.). New York: W. W. Norton.

Slater, S. (1995). *The lesbian family life cycle.* New York: Free Press.

Sloan, P.D., Slatt, L.M., Curtis, P., & Ebell, M. (Eds.). (1998). *Essentials of family medicine* (2nd ed.). Balti- more, MD: Williams & Wilkins.

Soh-Leong, L. (2008). Transformative aspects of geno- gram work: Perceptions and experiences of graduate students in a counseling training program. *The Family Journal, 16*(1), 35–42G.

Sproul, M.S., & Galagher, R.M. (1982). The genogram as an aid to crisis intervention. *Journal of Family Practice, 14*(55), 959–960.

Stange K.C. (2016). Holding on and letting go: A per-spective from the Keystone IV Conference. *Journal of the American Board of Family Medicine, 29*(Supplement 1), S2–S39.

Stanion, P., Papadopoulos, L., & Bor, R. (1997). Genograms in counselling practice. Counselling practice. *Counselling Psychology Quarterly, 10* (2), 139–148.

Stanton, M.D. (1992). The time line and the "why now?" question: A technique and rationale for therapy, training, organizational consultation and research. *Journal of Marital and Family Therapy. 18(*4), 331–343.

Steinglass, P., Bennett, L., Wolin, S., & Reiss, D. (1987). *The alcoholic family*. New York: Basic Books.

Sternbergh, A. (2018, October 4). The extinction of the middle child: They're becoming an American rarity, just when America could use them most. New *York Times*, Retrieved from https://www.thecut.com/2018/07/the-middle-child-is-going-extinct.html.

Stoneman, Z., Brody, H., & MacKinnon, C. (1986). Same-sex and cross-sex siblings: Activity choices, roles, behavior and gender stereotypes, *Sex Roles 15*(9–10), 495–511.

Sulloway, F.J. (1996). *Born to rebel: Sibling relationships, family dynamics and creative lives*. New York: Pan- theon.

Swales, P. (1982). Freud, Minna Bernays, and the con- quest of Rome: New light on the origins of psycho- analysis. *The New American Review*, 1, 2(3), 1–23.

Swales, P. (1986). Freud, his origins and family history. UMDNJ- Robert Wood Johnson Medical School.

Taylor, R.B., David, A.K., Johnson, T.A., Jr., Phillips, D.M. & Scherger, J.E. (Eds.). (1998). *Family Medicine Principles and Practice* (5th ed.). Baltimore, MD: Williams & Wilkins.

Thomas, A.J. (1998). Understanding culture and worldview in family systems: Use of the multicultural genogram. *The Family Journal: Counseling and Therapy for Couples and Families, 6*(1). 24–31.

Titelman, P. (1998). *Clinical applications of Bowen family systems theory*. New York: Haworth.

Titelman, P. (Ed.). (2003). *Bowen family systems theory perspectives*. New York: Haworth.

Titelman, P. (2007). *Triangles: Bowen family systems theory perspectives*. New York, Haworth.

Titelman, P. (2015). *Differentiation of self: Bowen family systems theory perspectives*. New York: Routledge.

Toman, W. (1976). *Family constellation* (3rd ed.). New York: Springer.

Troncale, J.A. (1983). The genogram as an aid to diagnosis of distal renal tubular acidosis. *Journal of Family Practice, 17*(4), 707–708.

Turabian, J.L. (2017). Family genogram in general medicine: A soft technology that can be strong. An update. Research in Medical and Engineering Sciences, 3(1).

Valliant, G. (1977). *Adaptation to life*. Boston: Little, Brown.

Vaillant, G. E. (2012). *Triumphs of Experience*. Cam-bridge, Mass: Belnap Press of Harvard University

Wachtel, E.F. (2016).*The heart of couple therapy: Knowing what to do and how to do it.* New York: Guilford Press.

Walsh, F. (1983). The timing of symptoms and critical events in the family life cycle. ln H. Liddle (Ed.), *Clinical implications of the family life cycle.* Rockville, MD: Aspen.

Walsh, F. (Ed.). (2009). *Spiritual resources in family therapy*. New York: Guilford.

Walsh, F. (Ed.). (2015). *Normal family processes: Growing diversity and complexity,* (4th ed). New York: Guilford.

Walsh, F. (2016a). *Strengthening family resilience* (3rd ed.). New York: Guilford Press.

Walsh, F. (2016b). Families in later life: Challenges, opportunities and resilience. In M. McGoldrick, N. Garcia Preto, & B. Carter (Eds.). *The expanding family life cycle: Individual, family and social perspectives* (5th ed.). Boston: Pearson.

Walsh, F. & McGoldrick, M. (2004). *Living beyond loss: Death and the family* (2nd ed.). New York: W. W. Norton.

Waters I., Watson W., & Wetzel W. (1994). Geno-grams: Practical tools for family physicians. *Canadian Family Physician*; 40, 282–286.

Wattendorf, D.J., & Hadley, M.S. (2005). Family history: The three generation pedigree. *American Family Physician, 72*(3), 441– 448.

Watts Jones, D. (1998). Towards an African-American genogram. *Family Process, 36*(4), 373–383.

Weiss, E.L., Coll, J.E., Gerbauer, J., Smiley, K., & Carillo, E. (2010). The military genogram: A solution-focused approach for resilience building in service members and their families. *The Family Journal, 18*(4), 395– 406.

White, M. (1995). Family therapy workshop. Family Institute of New Jersey.

White, M. (2006) (personal communication).

White, M.B. & Tyson-Rawson, K.J. (1995). Assessing the dynamics of gender in couples and families: The Gendergram. *Family Relations, 44*(3), 253–260.

Wikipedia, (2019). Thomas Wedgewood (photogra- pher). Retrieved 8/19/19: https://en.wikipedia.org/ wiki/Thomas_Wedgwood_(photographer)

Willow, R.A., Tobin, D.J., & Toner, S. (2011). Assessment of the use of spiritual genograms in counselor education, *Counseling and Values, 53*(3), 162-236.

Widmer R.B., Cadoret, R.J. & North, C.S. (1980). Depression in family practice. Some effects on spouses and children. *Journal of Family Practice, 10*(1), 45-51.

Wimbush, F.B., & Peters, R.M. (2000). Identification of cardiovascular risk: Use of a cardiovascular- specific genogram. *Public Health Nursing, 17*(3), 148–154.

Worby, C.M., & Babineau, R. (1974). The family interview: Helping patient and family cope with meta- static disease. *Geriatrics, 29*(6), 83–94.

Wright, L. (1995, August 7). Double mystery: The nature of twins . *The New Yorker.*

Wright, L.M., & Leahey, M. (2013). *Nurses and families: A guide to family assessment and intervention* (6th ed.). Philadelphia: F.A. Davis.

Wright, L.M., & Leahey, M. (1999). Maximizing time, minimizing suffering: The 15-minute (or less) family interview. *Journal of Family Nursing, 5*(3), 259–274.

Yarrow P, Stookey P, Travers M. The Great Man- dala (song). (1967). http://lyrics.wikia.com/wiki/ Peter,_Paul_%26_Mary:The_Great_Mandala_ (The_Wheel_Of_Life) https://www.youtube.com/ watch?v=xpIh68Kh_-s Accessed March 27, 2019.

Young-Bruel, Elizabeth. (1988). *Anna Freud: A biography*. New York: Summit Books.

Yznaga, S. (2008). Using the genogram to facilitate the intercultural competence of Mexican immigrants. *The Family Journal: Counseling and Therapy for Cou- ples and Families, 16*(2), 159–165.

Zide, M.R. & Gray, S.W. (2000). The solutioning process: Merging the genogram and the solution- focused model of practice. *Journal of Family Social Work, 4*(1), 3–19.

Zill, N. (2015). More than 60% of U.S. kids live with two parents. Institute for Family Studies. Retrieved from: https://ifstudies.org/blog/more-than-60-of-u-s-kids-live-with-two-biological-parents.

家系圖影片

McGoldrick, M. (1996). The legacy of unresolved loss: A family systems approach. Video available from www.psychotherapy.net.

McGoldrick, M. (2016). Genogram creation in four minutes. Retrieved from https://www.youtube.com/ watch?v=qUbfMufq2uo&t=2s

McGoldrick, M. (2016). Harnessing the power of gen- ograms. Video available from www.psychotherapy.net

McGoldrick, M. (2017). Triangles and family therapy: Strategies and solutions. Video available from www.psychotherapy.net

McGoldrick, M. (2018). Couples therapy: A systemic approach. Video available from www.psychotherapy.net

McGoldrick, M. (2018). Assessment and engagement in family therapy. Video available from www.psychotherapy.net

McGoldrick, M. (2018). Using family play genograms in psychotherapy. Video available from www.psychotherapy.net

McGoldrick, M. (2019). Facing Ourselves from the Ghosts of our Families. Available from the Mul- ticultural Family Institute in Highland Park New Jersey (www.multiculturalfamily.org).

McGoldrick, M. (2019). Racism, Family Secrets and the African American Experience. Available from the Multicultural Family Institute in Highland Park New Jersey

McGoldrick, M., (2019) Creating a genogram. Video available from www.multiculturalfamily.org

網站

https://thegeneticgenealogist.com

https://www.genopro.com/genogram/examples/

https://www.multiculturalfamily.org

a source of various genogram videos in the process of development.

謝辭

來自莫妮卡・麥戈德里克

我要感謝許多人在這本書的發展中提供幫助。我特別要感謝藍迪・格爾森（Randy Gerson）對描述家系圖模式做出的努力，透過他在電腦應用方面的創新使家系圖的運用更為普遍，以及他個人和我們共同的努力，讓家系圖電腦化——即使我們尚未完成我們的目標。我要感謝我多年的朋友和同事邁克・羅爾博（Michael Rohrbaugh），他是最先說服我寫關於家系圖的文章，然後挑戰我的假設，幫助我釐清即思考我對家系圖及其作為研究和臨床工具的潛力。

我的姊妹夢娜（Morna）和妮爾（Neale），以及姪子蓋・利文斯頓（Guy Livingston）、休・利文斯頓（Hugh Livingston）和姪女瑪麗亞・斯佩林（Maria Sperling），在他們冒險的生活之間，幫助我發展家系圖。我的朋友和生命伙伴們給我不可計量的支持，幫助我思索家系圖和其隱含之意，讓我更瞭解家庭：貝蒂・卡特（Betty Carter），芙瑪・華許（Froma Walsh），卡爾・安德森（Carol Anderson），妮蒂亞・嘉西亞・普托（Nydia Garcia Preto），波萊特・摩爾・海因斯（Paulette Moore Hines），芭芭拉・佩特科夫（Barbara Petkov），羅伯托・方特（Roberto Font），肯・哈迪（Ken Hardy），查理・薩頓（Charlee Sutton），傑恩・馬布比（Jayne Mahboubi），伊莉安娜・吉兒（Eliana Gil），諾雷格・伯恩（Nollaig Byrne），伊梅爾達・科爾根・麥卡錫（Imelda Colgan McCarthy），曼尼・博伊德・富蘭克林（Many Boyd Franklin），伊萊恩・平德休斯（Elaine Pinderhughes），西莉亞・法利科夫（Celia Falicov），麗茲・尼科萊（Liz Nicolai），伊芙琳・李（Evelyn Lee），米格爾・荷爾南德斯（Miguel Hernandez），瑪琳・華森（Marlene Watson），約翰・佛瓦爾斯基

（John Folwarski），凡妮莎・瑪哈茂德（Vanessa Mahmound），凡妮莎・傑克森（Vanessa Jackson），羅珊娜・蕾爾・奎恩（Roxana Llerna Quinn），卡羅琳・莫伊尼漢・布拉特（Carolyn Moynihan Bradt），瓊安・賈爾斯-多諾萬（Joanne Giles-Donovan），道格・舒恩辛格（Doug Schoeninger），吉姆・比特（Jim Bitter），羅恩・阿龍斯（Ron Arons），大衛・麥吉爾（David McGill）。

感謝費爾南多・柯隆（Fernando Colon），他是我再次找到的朋友和心靈伙伴，他提供我靈感、幫助和肯定，尤其是關於無血緣親戚網絡的重要性。我謝謝我的朋友羅伯特・傑・葛恩（Robert Jay Green），他挑戰我無條件相信家系圖之適切性的信念，幫助我釐清家庭和「家（home）」對我而言之最深層的意義。麥克爾・克勞奇是醫學領域中在家系圖運用上最具創造力的人之一，而這版能和他重新連結可說是很大的收穫。非常幸運地，不僅是他貢獻的章節，還因為他在審查整個手稿時所展現出來的出色編輯和撰寫能力。

我們極度感謝www.genopro.com的創建者丹・莫林（Dan Morin），感謝他多年來的友誼及對我們工作的持續支持；我們也感謝丹的同事阿圖羅・阿爾瓦拉多（Arturo Alvarado），他花了很多很多時間幫助我們為本書繪製家系圖。我也非常感激我們的電腦顧問本班・福雷斯特（Ben Forest），多年來在我遇到無數次電腦故障和電腦惡夢時，他幫助我繼續寫作和繪製家系圖。

最重要的是，我感謝蘇莉・派崔（Sueli Petry）對家系圖的奉獻，因為她的努力，讓此書的第四版（此指英文版）最後得以完成。一開始，身為學生的她展現出對家系圖的強烈興趣，而在探索家系圖議題的歷程中，和我成為朋友和同事的她，給予我穩定的支持。

我最深的感謝獻給在我自身家系途中與我最親密的家人，我結髮五十年的丈夫索福柯・歐爾甘尼德斯（Sophocles Orfanidis）和我的兒子約翰・丹尼爾・歐爾甘尼德斯（John Daniel Orfanidis）。約翰出生時，正值這本書第一版的出版，約翰剛成年時，也恰好是本書的第三版。他現在已是丈夫和四個孩子的父親。我們自己的家系圖因媳婦安娜・德帕爾瑪（Anna De Palma）、她的父母雷妮和比爾・德帕爾瑪（Renee and Bill De Palma）和我的孫子歐文（Owen）的加入而有了美好的擴展。我希望有一天歐文和我心愛的曾外甥雷恩佐・利文斯頓（Renzo Livingston）會分享我的對家系圖的熱情，特別是我們的家系圖。

對於我自己的家系圖將如何隨著下一代而擴展家庭，我充滿期待。當然，如果沒有我父母和所有先我而去的其他家人的支持，這本書就不會問世——無論是透過血緣、法律關係，或是靈性親和力的連結，他們都是我的家系圖的一部分。我有著許多親友的支持、創意和慷慨，沒有他們我無法寫這本書。有著他們的支持，我為所有來世的人而寫——無論連結是透過生血緣或其他知識、情感或靈性而建立的。我感受到我父母、我姑婆瑪米、我的姐妹和侄子們對我所做的一切給予的正向支持。我感謝那些閱讀段落並大方給我回饋的人。

然而對於這本書——在概念上組織條理起來是特別困難的——我要特別感謝那些在我一生中幫助我保持條理的人：照顧者、管家，以及努力幫我安排事情讓我得以專注於工作的人，但他們也教會我努力將事情安排井井有條的價值：瑪格麗特．布希（Margaret Bush），她教會我如何在日常生活中有條不紊地管理生活；安．鄧斯頓（Ann Dunston），從一九五六年起近四十年來，當我們家族中有變動，她都會幫助每位經歷變動的成員，直到她一九九三年去世為止。

我還要感謝那些幫助我們撫養兒子的管家和照顧者：亞歷山德拉．多羅申科（Alexandra Doroshenko）、安德烈亞．勞里茨恩（Andrea Lauritzen）、安吉拉．麥金尼爾（Angela McInerney）、凱倫．韋爾什（Karen Welsh）、梅格．蒂西奧（Meg Tischio）和帕特里夏．普羅阿諾（Patricia Proano）。我還要感謝那些從一九七二年以來管理我的生活和辦公室的人：邁拉．韋頓（Myra Wayton）、簡妮．斯通（Jeaninne Stone）、勒內．坎貝爾（Rene Campbell）、弗蘭．斯奈德（Fran Snyder），以及最近幾年的喬治安．索倫森（Georgann Sorensen）——他們的愛和善良讓我們的辦公室運轉順利。沒有他們，我永遠無法專注於這項工作。

我也要感謝黛博拉．馬爾穆德（Deborah Malmud），她是我合作過最有創意和最支持的編輯。我知道我永遠可以仰賴她的支持。

來自蘇莉．派崔

和莫妮卡一起完成這本書是一段令人驚嘆的旅程。我感謝她在我加入她的班級成為她學生的頭幾天裡對我的指導，也感謝她在過去二十年的同事情誼和友誼。憑藉她的智慧、毅力和嚴謹的職業道德，她挑戰我更深入思考我們治療的家庭，以及如何追蹤關係、傳承和眾多家庭模式，這些都共同形塑眼前這個家庭的故事。

對我來說，能夠參與這個過程是一次不可思議的經歷。當我就讀心理系碩士課程的第一年，以及莫妮卡的《失落傳奇》（*Legacy of Loss*）的錄影帶，我第一次對家系圖和家庭模式產生濃厚的興趣。影帶中的家庭和莫妮卡都讓我深受感動，莫妮卡讓這個家庭的家系圖鮮活了起來。有了那次強烈的經驗，我想更理解家庭系統。莫妮卡是我的導師和朋友，我非常感激她的友誼、她的精力、她對生活的喜悅，以及她對工作的愛和尊重。

我也感謝有如此的榮幸與我親愛的朋友和導師妮迪亞・加西亞-普雷托（Nydia Garcia-Preto）合作，她挑戰我繪製更好的家系圖，並將家庭經驗中的移民、種族、文化和種族經歷的都納入脈絡中，這些家庭治療的重要組成部分。我感謝她的友誼，以及我的朋友和同事芭芭拉・佩特科夫（Barbara Petkov）、保萊特・海恩斯（Paulette Hines）、查利・薩頓（Charlee Sutton）、羅伯托・方特（Roberto Font）、安吉麗娜・貝利（Angelina Belli）以及許多其他人，他們都是多元文化家庭研究所廣泛網絡的一部分，我們一起合作研究家系圖和家庭治療。

我還要感謝我的父母。我的母親卡塔琳娜・塞帕羅維奇（Caterina Separovich de Carvolho）在她成為美國公民後，將自己的名字改為凱薩琳。她一直過著如同局外人的生活，她是自南斯拉夫移民在巴西後的第一個孩子，然後從巴西到美國的成年移民。她和我的父親阿里斯堤茲・貝里洛・德・卡瓦洛（Aristides Berilo Carvalho）每天都面臨壓迫，但他們傳承了家庭模式的信念：勤奮工作、愛、生活本質是美好的，而這些也是我在家系圖上看到上一代人傳承下來的價值觀。

最後，我感謝我的許多家人和朋友；他們都是我家系圖的一部分。最後，我感謝我的丈夫和終生伴侶卡爾・派崔（Karl Petry），他每天都用愛和鼓勵來培養我。

共同謝辭

我們非常感謝諾頓（Norton）所有幫助我們本書的工作人員，包括我們出色的編輯黛博拉・馬爾穆德（Deborah Malmud），還有非常勤奮、親切和周到的校稿員伊麗莎白・貝爾德（Elizabeth Baird），尤其是本書的編輯瑪麗亞・埃普斯（Mariah Eppes）和產品經理凱特琳・麥肯齊（Katelyn MacKenzie）；他們從我們一開始合作，就用最好的方式將我們的努力付諸實踐。還有W. W. Norton出版社背後眾多其他工作人員，使這個新版成為可能並付諸實現。

家庭評估與會談案例

家系圖實務操作必備指南

莫妮卡・麥戈德里克
（Monica McGoldrick）著
定價480元

快速掌握系統思考與會談互動的技巧
社工、家庭治療師與諮商輔導不可或缺的實用工具書

★以實際案例示範會談的步驟與技巧
★融合多位家族治療先進的智慧以及作者長年的實務經驗
★附案例影片網址，可線上觀看作者與家庭的訪談過程
★實務工作者、家庭研究者的重要參考資源

對一個有家庭關係問題或創傷歷史的個案來說，他可能很難跟治療師談論過往和現在的關係，然而，家系圖能讓我們以一種不具威脅、不對立的方式，瞭解個案的過去經歷，繪製關鍵的複雜訊息，進行有效的評估和治療。本書透過既豐富又詳盡的案例，示範了如何在實務工作中活用家系圖，來與個案進行接觸和合作。

書中探討了各種議題：個案對家系圖評估的抗拒、克服功能不彰的關係模式、如何和夫妻伴侶工作、離婚和再婚議題的探索、如何運用家庭遊戲家系圖和孩子會談溝通、修復家庭成員間的衝突與破碎關係，最後也提醒治療師本身，需要關照自己的家庭經驗，在助人之餘，也別忘記這是自助最重要的途徑。

這是一本在心理健康實務中，教導如何運用家系圖的一個實用且重要的最佳指南，也是家庭工作者（社會工作師、臨床及諮商心理師、精神科醫師、護理師等）不可或缺的參考與智慧來源。

【專家一致推薦】

吳方芳／家立立基金會執行長
莫茲婷／格瑞思心理諮商所所長
張貴傑／玄奘大學社會工作學系副教授
彭南元／台北地方法院家事庭法官
彭榮邦／慈濟大學人類發展與心理學系助理教授
劉可屏／輔仁大學社會工作學系副教授

國家圖書館出版品預行編目資料

家庭系統評估與會談：在社會脈絡下探索家庭，掌握評估與會談的技巧 / 莫妮卡.麥戈德里克(Monica McGoldrick), 藍迪.格爾森(Randy Gerson), 蘇莉.派崔(Sueli Petry)著；楊東蓉譯. -- 初版. -- 臺北市：啟示出版：英屬蓋曼群島商家庭傳媒股份有限公司城邦分公司發行, 2024.04

面； 公分. --(Knowledge系列；28)
譯自：Genograms: Assessment and Treatment

ISBN 978-626-7257-33-3 (平裝)

1. CST: 家族治療 2.CST: 心理治療

178.8 113002653

線上問卷回函

Knowledge系列28

家庭系統評估與會談：在社會脈絡下探索家庭，掌握評估與會談的技巧

作　　者／莫妮卡・麥戈德里克（Monica McGoldrick）、藍迪・格爾森（Randy Gerson）、蘇莉・派崔（Sueli Petry）
譯　　者／楊東蓉
企畫選書人／彭之琬、周品淳
總　編　輯／彭之琬
責任編輯／周品淳

版　　權／吳亭儀、江欣瑜
行銷業務／周佑潔、周佳葳、賴正祐
總　經　理／彭之琬
事業群總經理／黃淑貞
發　行　人／何飛鵬
法律顧問／元禾法律事務所王子文律師
出　　版／啟示出版
台北市南港區昆陽街 16 號 4 樓
電話：(02) 25007008　傳真：(02)25007759
E-mail:bwp.service@cite.com.tw
發　　行／英屬蓋曼群島商家庭傳媒股份有限公司城邦分公司
台北市南港區昆陽街 16 號 8 樓
書虫客服服務專線：02-25007718；25007719
服務時間：週一至週五上午09:30-12:00；下午13:30-17:00
24小時傳真專線：02-25001990；25001991
劃撥帳號：19863813；戶名：書虫股份有限公司
讀者服務信箱：service@readingclub.com.tw
城邦讀書花園：www.cite.com.tw
香港發行所／城邦（香港）出版集團有限公司
香港九龍土瓜灣土瓜灣道86號順聯工業大廈6樓A室
電話：(852)25086231　傳真：(852)25789337　E-MAIL：hkcite@biznetvigator.com
馬新發行所／城邦（馬新）出版集團【Cite (M) Sdn Bhd】
41, Jalan Radin Anum, Bandar Baru Sri Petaling, 57000 Kuala Lumpur, Malaysia.
電話：(603) 90578822　傳真：(603) 90576622
Email: cite@cite.com.my

封面設計／李東記
排　　版／芯澤有限公司
印　　刷／韋懋印刷事業有限公司

■ 2024 年 4 月 9 日初版

Printed in Taiwan

定價 620 元

城邦讀書花園
www.cite.com.tw

 ISBN 978-626-7257-33-3